Hans-Georg Petersen

Sozial-
ökonomik

Verlag W. Kohlhammer
Stuttgart Berlin Köln

CIP-Titelaufnahme der Deutschen Bibliothek

Petersen, Hans-Georg:
Sozialökonomik / Hans-Georg Petersen. – Stuttgart ; Berlin ;
Köln : Kohlhammer, 1989

ISBN 3-17-010442-X

Alle Rechte vorbehalten
© 1989 W. Kohlhammer GmbH
Stuttgart Berlin Köln
Gesamtherstellung:
W. Kohlhammer Druckerei GmbH + Co Stuttgart
Printed in Germany

Inhaltsverzeichnis

Vorwort 11

Grundlegende Literatur 13

A. Einführung 15

I. Zur Stellung der Sozialökonomik in der Wirtschafts- und
   Sozialpolitik 15
   - 1.1. Begriff und Definitionen 16
   - 1.2. Begriffe und Ziele der Gesellschafts- und Sozialpolitik .. 17
   - 1.3. Arten sozialer Risiken 19
   - 1.4. Soziale Sicherung – Kategorie der Distribution oder Allokation? 20
   - 1.5. Soziale Sicherung als Kollektivgut 22
   - 1.6. Wohlfahrtstheoretische Begründung der sozialen Sicherung 23
   - 1.7. Formen der Umverteilung 27

II. Soziale Sicherung und Gesellschaftssysteme 28
   - 2.1. Gesellschaftsstruktur und soziale Sicherung 29
   - 2.2. Soziale Sicherung in unterschiedlichen Gesellschaftssystemen 30
   - 2.2.1. Soziale Sicherung in archaischen Gesellschaften .. 30
   - 2.2.2. Soziale Sicherung in feudalen Gesellschaften 32
   - 2.2.3. Soziale Sicherung in Industriegesellschaften 36
   - 2.3. Ideengeschichtliche und historische Entwicklungen zur sozialen Sicherung 38
   - 2.3.1. Die Entstehung der sozialen Frage in Deutschland .. 38
   - 2.3.2. Die Triebkräfte der sozialpolitischen Entwicklung .. 41

Literatur 44

B. Ökonomische Theorie der Sozialen Sicherung 46

III. Ökonomische Sicherungspolitik 46
   - 3.1. Risiko und ökonomische Sicherungspolitik 46
   - 3.2. Instrumente der ökonomischen Sicherungspolitik .. 48
   - 3.2.1. Vermögenspolitik als ökonomische Sicherungspolitik ... 49

3.2.2.	Ökonomische Sicherung durch den Markt	50
3.2.3.	Ökonomische Sicherung durch Transfers	51
3.3.	Institutionen der ökonomischen Sicherungspolitik und ihre Grenzen	52
3.3.1.	Die Versicherungen	53
3.3.1.1.	Die Individualversicherung	53
3.3.1.2.	Die Grenzen der Individualversicherung	54
3.3.2.	Institutionen mit ökonomischer Sicherung als Nebenaufgabe	58
3.3.3.	Der Staat	59
3.3.3.1.	Interventionen zur Behebung der Restriktionen privater Versicherbarkeit	59
3.3.3.2.	Staatliche Sicherung für Haushalte	63
IV.	**Mikroökonomische Analyse der Sozialen Sicherung**	65
4.1.	Soziale Sicherung und privates Haushaltsverhalten	65
4.1.1.	Individual- oder Haushaltsprinzip	65
4.1.2.	Bedürfnisse, Lebensstandard, Lebensniveau und Haushaltseinkommen	66
4.1.3.	Einkommen und Konsumentenverhalten	67
4.2.	Änderungen im Lebensniveau und im Konsumverhalten infolge immaterieller und materieller Wandlungen	68
4.2.1.	Wertewandel und Bedürfniswandel	68
4.2.2.	Änderung des Realeinkommens	69
4.2.2.1.	Einkommensänderungen	69
4.2.2.2.	Preisänderungen	70
4.2.2.3.	Einkommens- und Substitutionseffekte	71
4.2.2.4.	Realtransfers	74
4.2.2.5.	Zwangsnachfrage	77
4.2.2.6.	Die Wirkungen der Instrumente im Vergleich	77
4.3.	Wirkungen auf das Haushaltsangebot auf den Faktormärkten	78
4.3.1.	Das Einkommen-Freizeit-Modell	78
4.3.2.	Betrachtung der Gesamtinzidenz einzelner Maßnahmen der sozialen Sicherung	83
4.3.3.	Das Kapitalangebot	84
V.	**Makroökonomische Analyse der Sozialen Sicherung**	86
5.1.	Gesamtwirtschaftlich orientierte Grundkonzeptionen der sozialen Sicherung	86
5.1.1.	Zwei konträre »Philosophien«	87
5.1.2.	Soziale Sicherung zwischen »Versicherung«, »Versorgung« und »Fürsorge«	88
5.1.3.	Die Problematik der verschiedenen Sicherungsmaximen	90
5.1.4.	Zur Begründung einer sozialen Sicherung	92
5.1.5.	Die Sozialversicherung als Koordinationsinstrument verschiedener Zielsetzungen	95
5.2.	Multiplikatorwirkungen	99
5.2.1.	Isolierte Multiplikatorwirkungen von Real- und monetären Transfers	99

5.2.2.	Die Berücksichtigung der Finanzierungsseite	101
5.2.3.	Die Berücksichtigung unterschiedlicher Konsumquoten	102
5.2.4.	Negative Anreize im Multiplikator-Modell	103
5.3.	Soziale Sicherung und Stabilisierungszielsetzung (Konjunktur)	105
5.4.	Soziale Sicherung und Allokationszielsetzung (Wachstum)	106
5.5.	Soziale Sicherung und Bevölkerungsentwicklung	108
5.5.1.	Mögliche Ursachen einer schrumpfenden Bevölkerung	109
5.5.2.	Ökonomische Theorie der Fruchtbarkeit	110
5.5.3.	Prognosen der Bevölkerungsentwicklung	112
5.5.4.	Ökonomische Konsequenzen von Bevölkerungsveränderungen	117
5.5.4.1.	Auswirkungen auf die Gesamtnachfrage	117
5.5.4.2.	Gesamtwirtschaftliches Gleichgewicht bei schrumpfender Bevölkerung	118
5.5.4.3.	Alternde Bevölkerung und Motivation	121
VI.	**Zur Theorie einer Sozialen Rentenversicherung**	**122**
6.1.	Beitrags- versus Steuerfinanzierung	124
6.1.1.	Beitragsäquivalenz	124
6.1.2.	Steueräquivalenz	125
6.1.3.	Grundsicherung und Höherversicherung	127
6.2.	Kapitaldeckungs- versus Umlageverfahren	128
6.2.1.	Zusammenhänge zwischen den Verfahren	128
6.2.2.	Lastverschiebung durch Kapitalfonds?	129
6.2.3.	Verdrängung privater Ersparnis?	130
6.3.	Rentenhöhe und Versorgungsniveau	133
6.3.1.	Problematik des Versorgungsniveaus	133
6.3.2.	Brutto- versus Nettoversorgungsniveau	134
6.3.3.	Besteuerung der Renten	135
6.3.4.	Rentenanpassung	136
6.3.5.	Versorgungsniveau und Bevölkerungsentwicklung	137
VII.	**Gesundheitsökonomik**	**139**
7.1.	Gesundheitssicherung als ökonomisches Problem	139
7.1.1.	Gesundheit als Kollektivgut	140
7.1.2.	Die Zielsetzung der ökonomischen Effizienz	141
7.2.	Systemanalyse der Krankenversicherung	142
7.2.1.	Aufgabenstellung der Krankenversicherung	142
7.2.2.	Grundmodell einer privaten Krankenversicherung (PKV)	143
7.2.3.	Grundmodell einer gesetzlichen Krankenversicherung (GKV)	144
7.3.	Personelle Umverteilung in der GKV	147
VIII.	**Familienlastenausgleich**	**148**
8.1.	Arten und Zielsetzungen des Familienlastenausgleichs	149
8.1.1.	Monetäre Transfers	150

	8.1.2.	Realtransfers	151
	8.1.3.	Steuerliche Begünstigung	152
	8.2.	Ausgewählte Familienlastenausgleichskonzepte	153
	8.2.1.	Kinder- und Jugendrente	153
	8.2.2.	Familienlastenausgleich durch horizontale Einkommensumverteilung	155
	8.2.3.	Familienlastenausgleich über Einkommensteuer	156
	8.2.3.1.	Ehegattensplitting	156
	8.2.3.2.	Familiensplitting	159
	8.2.3.3.	Freibeträge und Abzugsbeträge	159
	8.2.3.4.	Zusammenfassende Beurteilung	160
	8.2.4.	Kindergeld	160
	8.2.5.	Förderung der Ausbildung	161
	8.2.6.	Familienlastenausgleich als sozialpolitisches Subsystem	162
	8.3.	Familienilienlastenausgleich und generatives Verhalten	163

Literatur ... 164

C. Soziale Sicherung in der Bundesrepublik Deutschland ... 168

IX. Einrichtungen der Alterssicherung ... 168

	9.1.	Die gesetzliche Rentenversicherung (GRV)	168
	9.1.1.	Der versicherte Personenkreis	169
	9.1.2.	Die Finanzierung	169
	9.1.3.	Die Aufgaben und Leistungen	171
	9.1.4.	Die steuerliche Behandlung von Beiträgen und Renten	181
	9.2.	Die Versorgungseinrichtungen des öffentlichen Diensts	183
	9.2.1.	Die Beamtenversorgung	183
	9.2.2.	Die Zusatzversorgung	185
	9.3.	Die betriebliche Altersversorgung	187
	9.4.	Die privaten Lebensversicherungen	192
	9.5.	Die sonstige Vermögensbildung	195
	9.6.	Die Nebenerwerbstätigkeit	198
	9.7.	Zusammenfassung	199

X. Einrichtungen der Gesundheitsvorsorge ... 203

	10.1.	Die gesetzliche Krankenversicherung (GKV)	203
	10.1.1.	Der versicherte Personenkreis	203
	10.1.2.	Die Finanzierung	205
	10.1.3.	Aufgaben und Leistungen	207
	10.2.	Die privaten Krankenversicherungen (PKV)	210
	10.3.	Die Beihilfe im öffentlichen Dienst	213

XI. Die gesetzliche Unfallversicherung ... 214

	11.1.	Der versicherte Personenkreis	214
	11.2.	Die Finanzierung	215
	11.3.	Aufgaben und Leistungen	215

XII.	Die Arbeitslosenversicherung		217
	12.1.	Der versicherte Personenkreis	218
	12.2.	Die Finanzierung	218
	12.3.	Aufgaben und Leistungen	218
XIII.	Die Sozialhilfe		222
	13.1.	Definition der Sozialhilfe	222
	13.2.	Empfänger der Sozialhilfe	222
	13.3.	Leistungen der Sozialhilfe	223
	13.4.	Sozialhilfe an alte Menschen	224
XIV.	Der Familienlastenausgleich		226
	14.1.	Die Förderung der Ehe	226
	14.2.	Kinderlastenausgleich	227
	14.3.	Ausbildungsförderung	228

Literatur 229

D. Soziale Sicherung in der Krise 234

XV.	Übergeordnete Ursachen		234
XVI.	Die Kostenentwicklung in Einzelbereichen der Sozialen Sicherung		236
	16.1.	Probleme der gesetzlichen Rentenversicherung	236
	16.1.1.	Kurz- und mittelfristige Finanzierungsprobleme	236
	16.1.2.	Bevölkerungsschrumpfung und Rentenfinanzen	238
	16.2.	Kostenexplosion bei der Krankenversicherung	239
	16.3.	Die Lage der Arbeitslosenversicherung	241
	16.4.	Die Expansion der Sozialhilfeaufwendungen	241
XVII.	Moderne Politische Ökonomie und integrierte Steuer- und Sozialreform		245
	17.1.	Moderne Politische Ökonomie und expandierender Sozialaufwand	245
	17.2.	Integrierte Steuer- und Sozialreform	246
	17.3.	Zukunftsperspektiven der sozialen Sicherung	249

Literatur 250

Abbildungsverzeichnis 252

Tabellenverzeichnis 253

Personenregister 254

Sachregister 257

Vorwort

Der Titel »Sozialökonomik« bedarf einer näheren Erläuterung, da dieser Begriff in der Dogmengeschichte mit unterschiedlichen Inhalten belegt ist. Ein Hauptanliegen dieses Lehrbuches ist es, das Instrumentarium der ökonomischen Theorie im Hinblick auf die Problematik der »sozialen Sicherung« anzuwenden. Dabei kann die ökonomische Theorie einerseits zur Rechtfertigung staatlicher Eingriffe in die soziale Sicherung herangezogen werden, andererseits liefert sie Anhaltspunkte dafür, wie der Einsatz sozialpolitischer Instrumente die Verhaltensweisen der betroffenen Bürger tangiert. Gerade die Wirkungslehre dürfte angesichts knapper Mittel und unsicherer Verhaltensanpassungen zukünftig von besonderer Bedeutung sein. Betrachtet man darüber hinaus die praktische Sozialpolitik, ist diese in der Vergangenheit oft mit mehr »Herz« als »Verstand« betrieben worden. Eine gewisse »Renaissance« des ökonomischen Gedankenguts erscheint erforderlich und kann sehr wohl zu einer rationaleren Gestaltung des sozialen Sicherungssystems beitragen.
Die Darstellung beschränkt sich weitgehend auf verbale Ausführungen, deren Verständnis durch einige Abbildungen und wenige mathematische Ableitungen erleichtert werden soll. Damit wird auch Lesern, die nicht schwerpunktmäßig das Studium der Volkswirtschaftslehre betreiben, der Zugang zu dieser für die Bewältigung unserer Zukunftsprobleme so wichtigen Materie erschlossen. Das Lehrbuch kann als eigenständiges Werk im Fach »Sozialpolitik« eingesetzt werden. Da die soziale Sicherung in starkem Umfang mit finanzwirtschaftlichen Instrumenten – beispielsweise Steuern und Transfer – betrieben wird, bietet sich auch die Integration in die finanzwissenschaftliche Lehre an. Daher wurde das vorliegende Lehrbuch im Zusammenhang mit den Bänden »Finanzwissenschaft I« und »Finanzwissenschaft II« konzipiert, die ebenfalls in diesem Verlag erschienen sind. Alle drei Bände richten sich an Studenten des wirtschafts- und sozialwissenschaftlichen Hauptstudiums. Große Teilbereiche sind allerdings auch für Praktiker und Studenten von Fachhochschulen geeignet.
Die Bände folgen einem einheitlichen Aufbau; Begriffsbildungen und Definitionen sind aufeinander abgestimmt. Über entsprechende Hinweise im Text sowie über identisch aufgebaute Sachregister ist eine enge Verzahnung der Kapitel und Bände gegeben. Die wichtigsten Begriffe werden dort, wo ihre Definition bzw. ausführliche Behandlung zu finden ist, durch Fettdruck hervorgehoben; auf sie wird im Sachregister durch Fettdruck der jeweilien Seitenzahl hingewiesen. Für das Gesamtverständnis weniger wichtige Passagen sind eng und klein gesetzt; in ihnen werden Spezialprobleme erörtert, denen man sich in einem ausführlichen Studium näher widmen kann.
Mit dem Erscheinen der »Sozialökonomik« geht zugleich eine Phase ihrem Ende entgegen, die durch eine hohe Arbeitsanspannung gekennzeichnet war. Ohne Unterstützung durch mein bewährtes Mitarbeiter-Team wäre es mir sicherlich nicht möglich gewesen, diese Bände in relativ kurzer Folge fertigzustellen. Allen Helfern sei herzlich gedankt. Friedrich HINTERBERGER, Michael

HÜTHER und Klaus MÜLLER haben die »Sozialökonomik« kritisch gelesen und mit mir ausführlich diskutiert. Kerstin HEYD fertigte die Abbildungen sorgfältig an und wurde dabei von Thomas NAGEL am PC unterstützt. Die gesamte Textverarbeitung lag in bekannt bewährter Weise bei Frau Helga PFEIFFER. Markus WILL hat tatkräftig beim Korrekturlesen geholfen. Selbstverständlich gehen alle Fehler zu meinen Lasten.

Gießen, im Januar 1989

Hans-Georg PETERSEN

Grundlegende Literatur

Ausgewählte sozialpolitische Lehrbücher
BÄCKER, G., R. BISPINCK, K. HOFMANN und G. NAEGELE: Sozialpolitik. Eine problemorientierte Einführung. Köln 1980.
BRÜCK, G. W.: Allgemeine Sozialpolitik – Grundlagen, Zusammenhänge, Leistungen. Köln 1976.
BURGHARDT, A.: Kompendium der Sozialpolitik. Berlin 1979.
CULYER, A. J.: The Political Economy of Social Policy. 2. Aufl., Oxford 1983.
GILBERT, N.: Capitalism and the Welfare State. Dilemmas of Social Benevolence. New Haven, London 1983.
GORDON, A.: Economics and Social Policy. An Introduction. Oxford 1982.
HEYDE, L.: Abriß der Sozialpolitik. 12. Aufl., Heidelberg 1966.
JAHN, K.: Allgemeine Sozialversicherungslehre. 2. Aufl., Stuttgart, Berlin, Köln, Mainz 1980.
LAMPERT, H.: Sozialpolitik. Berlin, Heidelberg, New York 1980.
LAMPERT, H.: Lehrbuch der Sozialpolitik. Berlin, Heidelberg, New York 1985.
LIEFMANN-KEIL, E.: Ökonomische Theorie der Sozialpolitik. Berlin, Göttingen, Heidelberg 1961.
MAGILL, R. S.: Social Policy in American Society. New York 1984.
PRELLER, L.: Sozialpolitik – Theoretische Ortung. Tübingen 1962.
SCHACHTSCHABEL, H. G.: Sozialpolitik. Stuttgart, Berlin, Köln, Mainz 1983.
SPINNARKE, J.: Soziale Sicherheit in der Bundesrepublik Deutschland. Die Sozialversicherung – System. Recht. Leistungen. 3. Aufl., Heidelberg 1985.
WEDDINGEN, W.: Grundzüge der Sozialpolitik und Wohlfahrtspflege. Stuttgart 1957.
ZERCHE, J. und F. GRÜNDGER: Sozialpolitik. Einführung in die ökonomische Theorie der Sozialpolitik. Düsseldorf 1982.

Handbücher, Sammelwerke, Schriftenreihen und Statistiken
BIEBACK, K.-J. (Hrsg.): Die Sozialversicherung und ihre Finanzierung. Bestandsaufnahme und Perspektiven. Frankfurt, New York 1986.
BUNDESMINISTERIUM FÜR ARBEIT UND SOZIALORDNUNG: Einkommens- und Vermögensverteilung. Bonn verschd. Jg.
BUNDESMINISTERIUM FÜR ARBEIT UND SOZIALORDNUNG: Sozialbericht. Bonn lfd.; Materialband zum Sozialbudget. Bonn lfd.
BUNDESMINISTERIUM FÜR ARBEIT UND SOZIALORDNUNG: Übersicht über die soziale Sicherung. Bonn 1977.
DEUTSCHER BUNDESTAG: Rentenanpassungsbericht. Deutscher Bundestag, Drucksache, Bonn lfd.
FELS, G., A. SEFFEN und O. VOGEL (Hrsg.): Soziale Sicherung. Von der Finanzkrise zur Strukturreform. Köln 1984.
HERDER-DORNEICH, Ph. (Hrsg.): Dynamische Theorie der Sozialpolitik. Berlin 1981.
HERDER-DORNEICH, Ph. (Hrsg.): Überwindung der Sozialstaatskrise. Ordnungspolitische Ansätze. Baden-Baden 1985.
JUNGBLUT, M. (Hrsg.): Krise im Wunderland. Neue Wege wagen – Vorschläge zu einer Umorientierung in der Wirtschafts- und Sozialpolitik. München 1983.
KOSLOWSKI, P., Ph. KREUZER und R. LÖW (Hrsg.): Chancen und Grenzen des Sozialstaats. Staatstheorie – Politische Ökonomie – Politik. Tübingen 1983.

Külp, B. und W. Schreiber (Hrsg.): Soziale Sicherheit. Köln, Berlin 1981.
Sachverständigenkommission Alterssicherungssysteme: Vergleich der Alterssicherungssysteme und Empfehlungen der Kommission. Berichtsbände 1 und 2 sowie Anlagebände A und B, Bonn o. J.
Sozialbeirat: Langfristige Probleme der Alterssicherung in der Bundesrepublik Deutschland. Bd. 1 – 3, Bonn o. J.
Statistisches Bundesamt: Sozialleistungen. Fachserie 13. Stuttgart, Mainz lfd.
Transfer-Enquete-Kommission: Das Transfersystem in der Bundesrepublik Deutschland. Stuttgart, Berlin, Köln, Mainz 1981.
Transfer-Enquete-Kommission: Zur Einkommenslage der Rentner – Zwischenbericht der Kommission. Stuttgart, Berlin, Köln, Mainz 1979.

A. Einführung

Der Terminus »Sozialökonomik« wurde aus zwei Gründen gewählt:

(a) Mit ihm soll betont werden, daß im Mittelpunkt der Betrachtungen *ökonomische Denkkategorien* stehen werden, die Ausführungen sich also vorwiegend auf eine Anwendung ökonomischer Theorien auf soziale Fragestellungen und Probleme erstrecken. Dadurch soll nicht die Bedeutung anderer Disziplinen wie Gesellschaftspolitik, Soziologie, Sozialpsychologie, Sozialethik usw. für die Sozialpolitik in Frage gestellt, sondern deren Dominanz in der sozialpolitischen Literatur ausgeglichen werden. Für die ökonomische Betrachtungsweise existiert anscheinend noch eine gewisse Marktlücke.

(b) Mit dem Begriff »Sozialökonomik« sei gleichfalls darauf hingewiesen, daß an dieser Stelle *nicht das gesamte Spektrum der wissenschaftlichen und praktischen Sozialpolitik* abgehandelt werden soll. Einerseits kann das wichtige Gebiet der »Geschichte der Sozialpolitik« nur äußerst rudimentär umrissen werden, andererseits bleiben wesentliche Teilbereiche wie Arbeitnehmerschutzpolitik, Arbeitsmarktpolitik, Mitbestimmungspolitik, Wohnungspolitik und Vermögenspolitik unbehandelt. Da diese Ausführungen vor allem für Studenten der Wirtschaftswissenschaft bestimmt sind, ist diese Beschränkung weniger gravierend, weil diese Politikbereiche i. d. R. im Rahmen der Wirtschafts- und Finanzpolitik behandelt werden.

I. Zur Stellung der Sozialökonomik in der Wirtschafts- und Sozialpolitik

Wirtschaftswissenschaft, Sozialpolitik und auch Sozialökonomik sind selbstverständlich Teile der übergreifenden Sozialwissenschaften, in deren Mittelpunkt der Mensch als soziales Wesen steht. Die praktische oder angewandte Sozialpolitik umfaßt alle konkreten Maßnahmen zur Verbesserung der ökonomischen und sozialen Stellung bestimmter Personen oder Gruppen; sie wird für wesentliche Politikbereiche im Abschnitt C (Soziale Sicherung in der Bundesrepublik Deutschland) behandelt. Die wissenschaftliche Sozialpolitik (oder »Ökonomische Theorie der Sozialpolitik«[1], siehe Abschnitt B) hat – so SCHACHTSCHABEL – ihren zentralen Standort in der Volkswirtschaftslehre[2].

---
1 So auch der Titel des grundlegenden Werkes von LIEFMANN-KEIL.
2 Weitere Vertreter dieser Richtung sind u. a. SCHILCHER, SANMANN und KÜLP.

A. Einführung

Traditionell ist die nahe Verwandtschaft mit der theoretischen Wirtschaftspolitik. Da sich aber im historischen Entwicklungsprozeß immer deutlicher der Staat als Hauptträger der Sozialpolitik herauskristallisiert hat, werden die Verbindungen zur Finanzwissenschaft zunehmend enger. So wird es heute üblich, finanzwissenschaftliche Theorien, wie z. B. die Theorie der öffentlichen Güter, die Verteilungstheorien, die Abgabentheorie etc. auf sozialpolitische Fragestellungen anzuwenden. Darüber hinaus wird Sozialpolitik im großen Umfang mit finanzwirtschaftlichen Instrumenten – insbesondere Steuern und Transfers – betrieben. Allein deshalb ist eine integrierte Betrachtung von *Finanz- und Sozialsystem* erforderlich.

1.1. Begriff und Definitionen

Während in der Volkswirtschaftstheorie die Frage nach der *Höhe* des Sozialprodukts im Vordergrund steht, wird in der Sozialökonomik die Problematik der *Verteilung* des Sozialprodukts betont. Diese divergierenden Fragestellungen beider sozialwissenschaftlichen Teilgebiete haben in dogmenhistorischer Betrachtung oft heftige Kontroversen ausgelöst: Standen auf der einen Seite die »**Liberalen**« mit ihrer Forderung nach einem möglichst *hohen* Sozialprodukt, so forderten auf der anderen Seite die »**Sozialpolitiker**« zunächst eine *gleichmäßigere* und damit nach ihrer Meinung »*gerechtere*« Einkommensverteilung. Die Kontroversen sind nicht ausgeräumt und bestimmen bis heute die praktische wirtschafts- und sozialpolitische Diskussion: hier materielles Wachstum, dort bestenfalls qualitatives Wachstum, insbesondere unter Betonung des Umweltschutzes.
Mit der praktischen Sozialpolitik ist i. d. R. eine Redistribution der Einkommen verbunden, was in der Vergangenheit dazu beigetragen hat, auch die wissenschaftliche Durchdringung der praktischen Sozialpolitik – nämlich die Sozialökonomik – überwiegend als **Verteilungsökonomik** zu betrachten; LIEFMANN-KEIL: »Die Sozialpolitik ist eine Politik der Einkommensverteilung geworden, ...« In dieser Klassifizierung liegt allerdings die Gefahr, *jegliche* Sozialpolitik als Politik der personellen Einkommensumverteilung aufzufassen; dabei ist ein wesentlicher Teil der Aufgaben, die von sozialen Sicherungssystemen wahrgenommen werden, nicht ausschließlich mit personeller Redistribution verbunden, sondern vielmehr mit einem **Risikoausgleich** zwischen den Mitgliedern einer Risikogemeinschaft. Gerade in jüngerer Zeit ist dem **Versicherungsgedanken** in der sozialen Sicherung wieder verstärkt Aufmerksamkeit gewidmet worden (z. B. SCHMÄHL, WAGNER, PETERSEN). Die Renaissance des Versicherungsgedankens kann zu einer gewissen »Entideologisierung« der Diskussion beitragen: Aus der Theorie der Privatversicherung lassen sich Referenzmodelle ableiten, die mit existierenden sozialen Sicherungseinrichtungen verglichen werden können. Damit wird die Grundlage dafür geschaffen, daß auch die praktische sozialpolitische Diskussion weniger vom Gefühl als vielmehr von der Ratio her bestimmt werden könnte.
Neben die Verteilungsökonomik im Rahmen der Sozialökonomik tritt die **Sicherungsökonomik** (RIESE). Die Sozialökonomik hat also nicht nur zur Aufgabe, die theoretischen Grundlagen dafür zu schaffen, wie die wirtschaftliche und/oder gesellschaftliche Stellung sozial benachteiligter Gruppen verbes-

sert werden kann (z. B. im Sinne einer reinen »Armenhilfe«); ihre Aufgabe liegt ebenso darin, der praktischen Sozialpolitik alternative Sicherungsmodelle zu liefern, die alle Gesellschaftsschichten umfassen.[3] Diese Sicherungsmodelle können sowohl privatwirtschaftlich als auch staatswirtschaftlich orientiert sein. Die Sozialökonomik ist daher alles andere als eine *Rechtfertigungslehre für bestehende soziale Einrichtungen*, wenn auch viele sozialpolitische Veröffentlichungen scheinbar hierin ihren Hauptzweck haben. Vielmehr muß eine wissenschaftlich betriebene Disziplin Bestehendes in Frage stellen und Perspektiven für die Zukunft liefern, sich also von nicht mehr zu rechtfertigenden Traditionen wie auch von Fragen der tagespolitischen Opportunitäten loslösen.

1.2. Begriffe und Ziele der Gesellschafts- und Sozialpolitik

Wirtschafts-, Finanz- und Sozialpolitik haben gesellschaftliche Konsequenzen, sie müssen deshalb – wenn auch nicht immer primär – als Gesellschaftspolitik gesehen werden. Sozialpolitische Ziele sind eng mit den **gesamtgesellschaftlichen Zielen** verknüpft. Dazu zählen vor allem Frieden, Freiheit, Gerechtigkeit, Sicherheit und Wohlstand (vgl. vor allem GIERSCH). Aus sozialökonomischer Sicht vordringlich sind die Ziele **Gerechtigkeit** und **Sicherheit**. Mit der Gerechtigkeit kann entweder eine Gleichmäßigkeit bzw. Verhältnismäßigkeit (im Sinne »gleicher Lohn für gleiche Leistung«) oder aber eine ausgleichende Gerechtigkeit (umverteilende) gemeint sein. Der ersteren Ausprägung des Gerechtigkeitsbegriffs entspricht die **Leistungsgerechtigkeit**, die als Maßstab die aufgewendete Mühe des einzelnen zur Grundlage hat. Da die subjektive Mühe als Norm zu praktisch unlösbaren Problemen bei dem interpersonellen Vergleich physischer und psychischer Anstrengungen führt, bedarf es eines Bewertungssystems. Ein solches Bewertungssystem ist der *Markt* (z. B. leistungsbezogenes Markteinkommen).
Die zweite Ausprägung des Gerechtigkeitsbegriffs – die umverteilende Gerechtigkeit – stellt nicht auf die Leistung, sondern den Bedarf ab. Wie stark die **Bedarfsgerechtigkeit** (»Jedem nach seinen Bedürfnissen«) von der Leistungsgerechtigkeit abweicht, kann wissenschaftlich obektiv nicht festgestellt werden, da es nicht möglich ist, den Umfang und die Intensität der Bedürfnisse des einzelnen zu messen und interpersonell zu vergleichen. Im Grenzfall wird davon ausgegangen, daß alle Menschen gleiche Bedürfnisse haben, woraus die Forderung nach einer völligen Einkommensnivellierung folgt. Werden nur Grundbedürfnisse als für alle Menschen gleich erfüllbar angesehen, wird das Ausmaß der notwendigen Umverteilung der am Markt erzielten Leistungseinkommen weitaus geringer sein.
Vor allem die Forderung nach umverteilender Gerechtigkeit kann mit der Zielsetzung *Freiheit* in Konflikt geraten, wenn *staatlicher Zwang* erforderlich wird, um die als notwendig erachtete Umverteilung auch realisieren zu können. Andererseits sind auch Konflikte mit der *Wohlstandszielsetzung* möglich, wenn beispielsweise die Einkommensnivellierung durch staatliche Zwangsabgaben

---

[3] Im Sinne einer integrierten Sozialpolitik (vgl. insbesondere PFAFF/VOIGTLÄNDER).

A. Einführung

für Bezieher hoher Einkommen und Transfers an untere Einkommensschichten dazu führt, daß die »Reichen« ihr Verhalten anpassen und ihr am Markt erzieltes Einkommen durch eine Verringerung ihres Leistungsangebots reduzieren (*negative Anreizwirkungen*). In diesem Falle wäre mit der Einkommensnivellierung eine Schrumpfung des Gesamtwohlstandes verbunden, die auch Auswirkungen auf die durch die Umverteilung Begünstigten nach sich ziehen kann (bis hin zur Arbeitslosigkeit).

Bei der Zielsetzung der *Sicherheit* geht es den Menschen allgemein um den internationalen und sozialen Frieden, konkret um ihre Gesundheit, die Sicherung von Einkommen und Vermögen, den Schutz vor den materiellen Auswirkungen von Arbeitslosigkeit, Krankheit, Invalidität und Arbeitsunfähigkeit im Alter. Sicherheit ist individuell erreichbar durch eine planmäßige Zukunftsvorsorge aus eigener, freier Entscheidung, z. B. über Schonung der Gesundheit, freiwillige Versicherung gegen die sogenannten Standardrisiken wie Krankheit, Unfall und Invalidität, Ansammlung von Vermögenswerten zur Altersvorsorge und aus sonstigen Vorsorgemotiven. Diese **individuelle Sicherung** hat sich in der gesellschaftlichen Entwicklung oft als nicht ausreichend oder lückenhaft erwiesen; nicht zuletzt deswegen sind **kollektive** oder **soziale Sicherungssysteme** entwickelt worden. Als Minimalforderung bedeutet soziale Sicherung die Vermeidung der Folgen, die mit inflatorischen oder deflatorischen Prozessen verbunden sind – nämlich die Vermeidung oder zumindest Reduzierung der Folgen allgemeiner Vermögens- und Beschäftigungsrisiken. Diese *Minimalforderung* kommt auch in zwei Zielen des Stabilitätsgesetzes zum Ausdruck: *Stabilität des Preisniveaus* und *hoher Beschäftigungsgrad*.

Mit sozialer Sicherheit kann aber auch jene *Maximalforderung* verbunden sein, derzufolge *jegliche individuelle Vermögens- und Beschäftigungsrisiken auszuschalten* seien (von der Vollbeschäftigungsgarantie hin bis zum verfassungsmäßig verbrieften Grundrecht auf Arbeit). Eine derartige totale Sicherheit läßt sich *nicht* mit einem marktwirtschaftlichen System vereinbaren; denn wenn niemand in seiner Position gefährdet werden darf, müssen die bürgerlichen Freiheitsrechte wie Berufs-, Arbeitsplatz-, Standortwahl usw. per ordre de mufti geregelt, muß die Freiheit zugunsten eines staatlichen Zwangssystems aufgegeben werden. Ob derartige Systeme wirklich zu einem höheren Gesamtwohlstand beitragen, erscheint heute fraglicher denn je. Abgesehen von dieser Maximalposition der sozialen Sicherheit gibt es durchaus Gründe, die für staatlichen Zwang im Zusammenhang mit der sozialen Sicherung sprechen, ohne daß dadurch der Gesamtwohlstand reduziert werden muß. Dazu später Näheres.

Konkreter als die gesellschaftspolitischen Ziele sind die von MUSGRAVE postulierten **finanzpolitischen Ziele** hinsichtlich der Allokation, Distribution und Stabilisierung. Auch die soziale Sicherung kann zu einer optimalen Allokation der Produktivkräfte beitragen, eine »gerechte« Einkommensverteilung anstreben und ebenfalls die Stabilitätspolitik unterstützen. Allerdings sind hier nicht zuletzt auf Unzulänglichkeiten im existierenden System der sozialen Sicherheit zurückzuführende Antinomien feststellbar. Darüber hinaus ist die extensive Verfolgung einer ganz bestimmten Zielsetzung – sei es Maximierung des materiellen Wohlstands oder auch die Egalisierung der Einkommensverteilung – in der Regel mit gesamtgesellschaftlichen (volkswirtschaftlichen) *Kosten* verbunden, die sich oft – wenn auch nicht quantitativ exakt – in einer Verletzung der anderen Zielsetzungen ausdrücken lassen (Opportunitätskosten).

Beseitigung von Armut, Umverteilung, Schutz vor Krankheit, Invalidität,

Arbeitsunfähigkeit im Alter etc. stellen Kategorien dar, die mit dem Einkommen und Vermögen verbunden sind. Akzeptiert man das *Markteinkommen* als Maßstab der individuellen Leistungsfähigkeit und soll die soziale Sicherung einsetzen, wenn die persönliche Leistungsfähigkeit nicht ausreicht, um ein angemessenes Markteinkommen zu erzielen, dann sind – soweit ein entsprechender Ausgleich nicht auf freiwilliger Basis erfolgt – mittels staatlichen Zwanges **Einkommensziele** (z. B. soziales bzw. sozialkulturelles Existenzminimum oder auch ein höheres Sicherungsniveau) zu setzen, die durch Einsatz entsprechender Instrumente (z. B. Steuern und Transfers) zu realisieren wären. Ein an der theoretischen Sozialökonomik orientiertes System der sozialen Sicherung ist immer an Einkommenszielen auszurichten, also *final* zu orientieren (ALBERS). Das dem **Finalprinzip** folgende Sicherungssystem bemißt die Leistungen allein an der jeweiligen Lage des Berechtigten, ohne Rücksicht darauf, wie diese Situation zustande gekommen ist. Demgegenüber findet auch heute noch in der Praxis der sozialen Sicherung häufig das **Kausalprinzip** Anwendung, demzufolge die sozialen Leistungen wegen einer in der Vergangenheit liegenden Ursache (causa) gewährt werden (z. B. Kriegsopferrente als Ausgleich einer Kriegsverletzung, Witwenrente als Ausgleich für den Ausfall des Ernährers usw.). Das Kausalprinzip hat zur Folge, daß es einerseits beim Zusammentreffen mehrerer sozialrechtlich relevanter Tatbestände zu einer **Kumulation von Sozialleistungen** kommen kann (eventuell mit der Folge von »**Überversorgungstendenzen**«), andererseits sozial bedeutsame Tatbestände (noch) nicht erfaßt sind, so daß daneben auch »**Unterversorgung**« existieren kann.[4]

1.3. Arten sozialer Risiken

Die heute als **soziale Risiken** akzeptierten Sachverhalte sind nicht objektiv vorgegeben, sondern das Ergebnis eines von interessierten Gruppen beeinflußten und keineswegs beendeten *Meinungsbildungsprozesses*. Sie hängen eng mit der wohlfahrtsstaatlichen Entwicklung zusammen, die sich in den verschiedenen Ländern durchaus unterschiedlich vollzogen hat: Auf der einen Seite steht beispielhaft Schweden mit einem umfassenden System sozialer Sicherung, auf der anderen Seite die Vereinigten Staaten mit einem eher rudimentären System. Es gibt allerdings eine Reihe der bereits erwähnten **Standardrisiken**, über deren Abdeckung durch ein System sozialer Sicherung ein relativ weitgehender Konsens besteht. Differenzen existieren lediglich hinsichtlich der konkreten Fixierung dieser Risiken und des zu gewährenden **Sicherungsniveaus**. Betrachtet man beispielsweise das Risiko »Alter«, so besteht keinesfalls Einigkeit darüber, wann der Tatbestand »Alter« (ob bei 55, 60, 65 oder erst 70 Jahren) vorliegt, welche besondere Belastung damit verbunden ist und welche Leistungen in welcher Höhe beansprucht werden können. Entsprechend stark divergieren auch die Einzelregelungen in den verschiedenen existierenden Alterssicherungssystemen (ROSA).

---

4 Beispielsweise bei der Versorgung von Witwen, die zugunsten der Kindererziehung auf eine eigene Erwerbstätigkeit verzichtet und damit keine bzw. nur geringe Rentenansprüche haben.

A. Einführung

Trotz dieser Schwierigkeiten besteht eine von der ALLGEMEINEN KONFERENZ DER INTERNATIONALEN ARBEITSORGANISATION (ILO) beschlossene Übereinkunft, die **Mindeststandards** für Leistungen der sozialen Sicherung im Falle des Eintritts folgender Risiken normiert:

- Krankheit,
- Arbeitslosigkeit,
- Alter,
- Arbeitsunfälle und Berufskrankheiten,
- Familienlasten,
- Mutterschaft,
- Invalidität,
- Tod des Unterhaltspflichtigen.

Vor allem amerikanische Autoren haben einen **Risikobegriff** (**economic insecurity**) geprägt, der eng mit der Finalorientierung korrespondiert; dieser umfaßt folgende Tatbestände (TURNBULL u. a.):

(1) **Einkommensausfall** (**loss of income**),
(2) **zusätzliche** (überdurchschnittliche) **Ausgabenbelastung** (**additional expenses**),
(3) **nicht ausreichendes Einkommen** (**insufficient income**),
(4) **unsicheres Einkommen** (**uncertainty of income**).

Damit ist der Risikobegriff zum einen mehr kausal und zum anderen mehr final umrissen. Die ökonomische Theorie arbeitet aber mit präziseren Risiko- und Unsicherheitsbegriffen, die unten (siehe unten B.3.1.) noch näher zu betrachten sein werden.

1.4. Soziale Sicherung – Kategorie der Distribution oder Allokation?

Betrachtet man den Lebenseinkommenszyklus eines Menschen, dann ist festzustellen, daß er i. d. R. *einen* oder *mehrere Tatbestände* des kausal- und finalorientierten Risikos zumindest *temporär* aufweisen wird. Existiert nun ein System der sozialen Sicherung, das die o. a. Risikoarten abdeckt, sich aber nicht am gesamten **Lebenseinkommen**, sondern am jeweiligen **Periodeneinkommen** orientiert, so werden in entsprechenden Perioden Sozialleistungen gewährt. Das kann gewollt sein (wie z. B. beim Kindergeld), aber auch häufig ungewollt zu perversen Umverteilungseffekten führen: Wer vom Lebenseinkommen her gesehen »reich« ist, kann in bestimmten Perioden als »arm« gelten. Die Behauptung, daß private Gewinne privatisiert, private Verluste aber sozialisiert werden, hat deshalb in diesem Zusammenhang ihren Sinn.[5] Ist eine Person vom Lebenseinkommen her gesehen als »reich« einzustufen, so kann man von dieser Person erwarten, daß sie die o. a. Risikoarten *privat* abdeckt – sei es durch vorsorgliche Vermögensbildung oder durch Versicherung. Die **privat-**

---

[5] Z. B. bei der periodenorientierten Gewährung eines sozialen Existenzminimums; eine spätere Rückzahlungspflicht früher gewährter Sozialleistungen könnte derartige perverse Umverteilungswirkungen verhindern.

I. Zur Stellung der Sozialökonomik

wirtschaftliche Versicherung hat im übrigen – wie noch zu zeigen sein wird – nichts mit personeller Umverteilung zu tun, sondern sie betreibt einen Risikoausgleich zwischen den Versicherungsnehmern. Auch die *soziale* Sicherung kann auf dem versicherungstheoretischen **Äquivalenzprinzip** basieren, demzufolge die Beitragsleistungen der Versicherten eng mit der Gegenleistung der Versicherung korrelieren; Abweichungen bedürfen einer sozialen und ökonomischen Rechtfertigung. Soziale Sicherung muß also nicht per se Distribution sein, kann aber bewußt gestaltete und rational begründete Umverteilungselemente umfassen.

Daß die Umverteilungselemente in der praktischen Sozialpolitik vielen als dominant erscheinen, mag auch darin begründet liegen, daß der Lebenseinkommensbegriff theoretisch leicht formulierbar, aber praktisch kaum handhabbar ist.[6] Das Lebenseinkommen ist überwiegend »uncertainty income« mit der Folge, daß viele Bürger einmal unter das soziale Sicherungssystem fallen und meist in dem System auch dann verbleiben, wenn sich ihre Einkommenslage wesentlich verändert hat.[7]

Soziale Sicherung wird also sowohl Elemente eines (vielleicht gesamtgesellschaftlichen, zumindest gruppenmäßigen) Risikoausgleichs als auch Elemente der Umverteilung aufweisen. Aber kann die soziale Sicherung darüber hinaus Elemente der Produktion aufweisen, also allokativ begründet werden?

Die ökonomische Klassik – ebenso wie die neoklassische Theorie – unterstellt gemeinhin, daß die Rückwirkungen der sozialen Sicherung *negativer* Natur seien, die Sozialpolitik die Produktion also einschränke (kontraproduktive negative Anreizwirkungen; vgl. RIESE). Dem steht die Ansicht gegenüber, daß das kapitalistische System ohne soziale Sicherung längst zusammengebrochen wäre. Denn dieses System produzierte eine Einkommens- und Vermögensverteilung, die von der Masse immer weniger toleriert wurde, so daß Revolution und Systemveränderung drohten. Die Einführung der sozialen Sicherung kann somit auch als *Rückversicherung* dafür angesehen werden, daß die kapitalistische Produktion – wenn auch sozial modifiziert – aufrechterhalten bleiben konnte: Soziale Sicherung wäre so gesehen also nicht Behinderung, sondern *Voraussetzung für die Marktproduktion*. Gleichzeitig wird mit der sozialen Sicherung die Reproduktion des Faktors Arbeit sichergestellt.

Darüber hinaus läßt sich gerade im Zusammenhang mit der Alterssicherung in Industriegesellschaften zeigen, daß soziale Sicherungssysteme zur Kapitalbildung im öffentlichen Bereich beitragen können und dadurch erst die Voraussetzung für eine erfolgreiche Marktproduktion schaffen (siehe 5.1.4.). Damit weist die soziale Sicherung neben Risikoausgleich und Umverteilung auch *produktionserhaltende* und *produktionsfördernde* Aspekte auf: Zumindest theoretisch kann die soziale Sicherung nicht nur umverteilungseffizient sein und somit die herrschende Gerechtigkeitsvorstellung verwirklichen, sondern auch die Allokation der Ressourcen verbessern und damit dem Gesamtwohlstand (materiellem *und* qualitativem Wachstum) förderlich sein. Praktisch kann sie gleichwohl perverse Umverteilungsergebnisse liefern und kontraproduktiv wirken.

---

6 Hier sei insbesondere auf die Diskussion um die Lebenseinkommensbesteuerung verwiesen, in der die praktische Problematik deutlich zutage tritt (PETERSEN: Finanzwissenschaft I, D.2.6.1.).

7 Ein besonders augenfälliges Problem ist hier die »Fehlbelegung« im sozialen Wohnungsbau.

A. Einführung

1.5. Soziale Sicherung als Kollektivgut

Bei der Beantwortung der Frage, inwieweit die ökonomische Sicherung individuell oder kollektiv organisiert werden kann und soll, vermag die »Theorie der **öffentlichen Güter**« – von MUSGRAVE auch als »Theorie des Marktversagens« bezeichnet – eine gewisse Hilfestellung zu leisten (PETERSEN: Finanzwissenschaft I, C. I.). Rein **private Güter** sind solche Güter, bei denen kein Marktversagen vorliegt. Von privaten Gütern gehen **interne Effekte** aus, die die Konsumenten zum Kauf (und damit der Entrichtung des Kaufpreises) anregen, zugleich aber werden Konsumenten vom Verzehr eines Gutes ausgeschlossen, wenn sie nicht willens oder in der Lage sind, den Kaufpreis zu entrichten (Funktionieren des **Ausschlußprinzips**). Ökonomische Sicherung wäre ein privates Gut, wenn diese *beiden Bedingungen erfüllt* wären.

Das rein öffentliche Gut als Gegenpol zum rein privaten Gut ist dadurch gekennzeichnet, daß von einem solchen Gut *keine internen* Effekte ausgehen, die den Konsumenten zur Entrichtung eines Kaufpreises veranlassen; diese Güterkategorie ist vielmehr durch sogenannte **externe Effekte** gekennzeichnet, die in das privatwirtschaftliche Nutzen-/Kostenkalkül nicht einfließen. Die Externalitäten sind mit der Unteilbarkeit des Konsums dieser Güter verbunden, so daß die anteiligen Kosten nicht einem bestimmten Konsumenten angelastet werden können; wie erwähnt, ist der Konsument nicht bereit, einen Kaufpreis zu entrichten, weil er selbst oder andere dieses Gut auch ohne Gegenleistung konsumieren können – es versagt das Ausschlußprinzip und damit der Markt; ein privates Angebot kommt nicht zustande.

Zwischen den Polen rein privates und rein öffentliches Gut steht das sogenannte **meritorische Gut**, von dem sowohl interne als auch externe Effekte ausgehen, da ein Teil des Nutzens eines solchen Gutes individuell konsumierbar und zurechenbar ist, der andere Teil des Nutzens aber der Allgemeinheit zugute kommt. Je nachdem, welcher Nutzenteil (interner oder externer) überwiegt, sind die Menschen mehr oder weniger bereit, ein solches Gut über den Markt zu erwerben. Aus übergeordneter Sicht könnte also, dominieren die externen Effekte, ein meritorisches Gut in zu geringem Umfange nachgefragt werden, was den Staat veranlassen könnte, in die Konsumentensouveränität einzugreifen.

Wie wäre nun die ökonomische Sicherung in diese Güterkategorie einzuordnen? Es wäre möglich, daß die Menschen infolge **gestörter Präferenzen** (z. B. durch die Bevorzugung des Gegenwartskonsums gegenüber dem Zukunftskonsum) nicht ausreichend vorsorgen: Sie sparen z. B. nicht oder nicht ausreichend für ihr Alter bzw. für Zeiten des Einkommensausfalls im Krankheitsfalle. Dann fehlen z. B. ausreichende Mittel für die Bezahlung der Krankheitskosten. Liegt eine Infektionskrankheit vor, bedroht dieser Kranke infolge des Infektionsrisikos auch seine Mitmenschen (negativer externer Effekt), was Krankheitskosten und Einkommensausfall bei diesen zur Konsequenz haben kann. Ein Teilnutzen der Krankheitskosten wäre zwar internalisierbar, ein anderer Teilnutzen (nämlich die Beseitigung des Infektionsherdes und damit der Ansteckungsgefahr für andere) aber nicht. Gesundheitsvorsorge oder überhaupt soziale Sicherung[8] wäre somit ein *meritorisches Gut*, das von den Menschen nicht ausreichend

---

8 Ähnliche Argumentationsreihen lassen sich für alle der o. a. kausalen Risikotatbestände aufbauen.

nachgefragt wird und deshalb privatwirtschaftlich auch nur in zu geringem Umfang angeboten wird. Hierin könnte also eine Rechtfertigung dafür gesehen werden, daß der Staat mittels Zwang ein soziales Sicherungssystem installiert. Man sollte sich allerdings davor hüten zu glauben, daß damit die *Notwendigkeit* der Existenz eines *sozialen* Sicherungssystems wissenschaftlich objektiv nachgewiesen ist; das vermag die Theorie der öffentlichen Güter nicht zu leisten. Ob ein Gut externe Effekte aufweist, ist eine Frage der individuellen und gesellschaftlichen **Bewertung**, und Wertungen sind zeitlichem Wandel unterworfen. Denken wir an das Beispiel des Gutes Bildung, das heute staatlich produziert und zum Nulltarif angeboten wird. Ein gut ausgebildeter Mensch (z. B. mit Hochschulbildung) wird nicht nur sich selbst verwirklichen und auch sein Einkommen erhöhen (interner Effekt), sondern kann gleichzeitig mit seinem Innovationsvermögen, beispielsweise durch Schaffung neuer Produkte oder Produktionsverfahren, den Wohlstand der Gesamtbevölkerung (externer Effekt) erhöhen. Werden solche externen Effekte gesellschaftlich als wichtig erachtet, ist Bildung ein meritorisches Gut. Schwinden allerdings die externen Effekte infolge eines Überangebots an Hochqualifizierten oder durch Wertewandel (von materiellen zu immateriellen Werten), dann kann sich Bildung wieder in ein privates Gut verwandeln, so daß staatliches Angebot zum Nulltarif nicht mehr zu rechtfertigen ist.

Ob soziale Sicherung Kollektivgutcharakter hat, hängt von den *vorherrschenden* Wertungen ab. Da es immer abweichende Minderheitspositionen gibt, die vielleicht infolge der Argumentation der Vertreter dieser Position auch längerfristig einen Wertewandel herbeizuführen vermögen, kann es nicht überraschen, daß einige Autoren die soziale Sicherung für rein privatwirtschaftlich organisierbar halten (z. B. VAUBEL). Immerhin verdienen derartige Überlegungen Beachtung, können sie doch dazu beitragen, den freiwilligen und selbstverantwortlichen Lösungen im Bereich der sozialen Sicherung ein größeres Gewicht zu verleihen und so der Tendenz zu weiteren Reglementierungen durch staatlichen Zwang entgegenzuwirken.

1.6. Wohlfahrtstheoretische Begründung der sozialen Sicherung

Ein theoretisch geschlossenes Gebäude zur Behandlung sozialpolitischer Fragen bildet die **Wohlfahrtstheorie**. Mit Hilfe dieser Theorie können unter der Setzung einer ganzen Reihe von Normen konkrete Steuer-/Transfersysteme abgeleitet werden, die sowohl dem Grundsatz der ökonomischen Effizienz als auch dem Grundsatz der Gerechtigkeit entsprechen (BRUNNER). Diese Theorie ist allerdings allein nicht befriedigend, da sie einerseits aufgrund der Vielzahl der vorgegebenen **Normen** äußerst *restriktiv* und damit wenig realitätsnah ist und andererseits nur sehr *grobe* Aussagen über die Art der Steuer- und Transfertarife zuläßt. Mit ihr kann also bestenfalls eine – wie auch immer geartete – negative Einkommensteuer begründet werden, nicht aber ein *differenziertes* System der sozialen Sicherung. Das mag daran liegen, daß die Wohlfahrtstheorie nur einen Aspekt der Sozialökonomik – nämlich die Verteilungsökonomik – umfaßt, während das Sicherungsproblem (bzw. Unsicherheit) ausgeklammert bleibt.

A. Einführung

Eine fundamentale Norm der Wohlfahrtstheorie ist das **Pareto-Kriterium**; eine PARETO-optimale Allokation der Ressourcen (und damit ökonomische Effizienz) ist erreicht, wenn es nicht mehr möglich ist, ein Gesellschaftsmitglied besser zu stellen, ohne ein anderes schlechter zu stellen (PETERSEN: Finanzwissenschaft I, Abschnitt A.2.2.). Bei rein **individualistischen Nutzenfunktionen**, bei denen der Einzelnutzen allein vom Einkommen des Individuums abhängt (also reiner **Egoismus** vorliegt), ist eine Umverteilung ausgeschlossen. Bei umverteilungspolitischen Maßnahmen gibt es i. d. R. Verlierer und Gewinner. Eine PARETO-Verbesserung verbunden mit einer Umverteilung wäre aber denkbar, wenn die Gewinner die Verlierer kompensieren würden. Über die hypothetische Kompensation existiert eine breite Literatur (KALDOR, HICKS, SCITOVSKI, SAMUELSON u. a.), auf die hier nicht näher eingegangen werden soll (siehe z. B. LUCKENBACH).
Das Gerechtigkeitskriterium kann man auch in die Effizienzüberlegungen einbeziehen, indem man das Instrument einer »**Sozialen Wohlfahrtsfunktion**« (BERGSON) einführt, die die soziale Wohlfahrt als eine Funktion der unterschiedlich verwirklichten Nutzenniveaus der einzelnen Gesellschaftsmitglieder mißt. Das Ausmaß der erfoderlichen Umverteilung hängt dann im wesentlichen von der Steigung der Sozialen Wohlfahrtsfunktion ab, d. h. von der Gewichtung der in ihr zum Ausdruck kommenden individuellen Nutzen. Während bei Anwendung der Kompensationskriterien im wesentlichen nur eine *freiwillige* Umverteilung vollzogen wird, kann diese bei Anwendung der Sozialen Wohlfahrtsfunktion auch *unfreiwilliger* Natur sein.

Die in der Literatur vorhandenen Sozialen Wohlfahrtsfunktionen lassen sich gewissermaßen nach ihrem »sozialen Engagement« ordnen, das in der Art der Aggregation der Individualnutzen zum Ausdruck kommt. So stellt die BENTHAMSCHE Wohlfahrtsfunktion (auch als utilitaristische Wohlfahrtsfunktion bezeichnet) einfach die Summe der individuellen Nutzen dar; sie folgt also dem Prinzip »des höchsten Glücks der größten Zahl«. Diese additive Wohlfahrtsfunktion schließt nicht aus, daß es ein Maximum gibt, in dem eine oder mehrere Personen überhaupt keinen Nutzen empfangen. Letzteres ist bei einer NASH-Wohlfahrtsfunktion, bei der die Individualnutzen multiplikativ verknüpft sind, ausgeschlossen. Ein noch höheres Ausmaß an Umverteilung läßt die RAWLSsche Wohlfahrtsfunktion zu, derzufolge die Wohlfahrt der Gesellschaft erst dann maximal wird, wenn es nicht mehr möglich ist, den Nutzen derjenigen Person zu erhöhen, die den geringsten Nutzen empfängt. M. a. W. wird der minimale Nutzen maximiert (**Maximin-** oder **Leximin-Prinzip**).[9] Mit der Festlegung der Art der Sozialen Wohlfahrtsfunktion ist natürlich ein Werturteil verbunden.

Zu betonen ist, daß Umverteilung (insbesondere unfreiwilliger Art) auch bei rein individuellen Nutzenfunktionen ableitbar ist. Mathematisch faßbar sind derartige Ansätze oft nur dadurch, daß von ordinaler zu kardinaler Nutzenmessung übergegangen wird und häufig identische Nutzenfunktionen für alle Individuen unterstellt werden; insbesondere letzteres stellt ein *normatives* Vorgehen dar. Wir sind bisher von rein egoistischen Präferenzen ausgegangen, was einen in der Ökonomik durchaus üblichen Extremfall darstellt. In der Realität wird es neben egoistischen aber auch altruistische Präferenzen geben.

---

[9] Demgegenüber gibt es auch eine »elitäre« Wohlfahrtsfunktion, die erst ihr Maximum erreicht, wenn der Nutzen derjenigen Person, die den höchsten Nutzen empfängt, maximiert ist (Maximax-Prinzip). Dieses Prinzip dürfte allerdings gegen die heutige vorherrschende Gerechtigkeitsvorstellung verstoßen.

I. Zur Stellung der Sozialökonomik

Vor allem die neuere Wohlfahrtstheorie befaßt sich mit der Behandlung von **altruistischen Präferenzen**, um trotz der Annahme von ordinalen, nichtvergleichbaren Nutzen und Geltung des PARETO-Kriteriums zu einer Begründung von Umverteilungsaussagen zu gelangen. Wenn nämlich »reiche« Individuen in gewisser Weise Nutzen aus dem erhöhten Konsum »armer« Individuen ziehen, könnte darin ein Anlaß zu PARETO-verbessernder Umverteilung bestehen. Dabei dreht sich die Diskussion um die Frage, ob bei Vorliegen interdependenter Nutzenfunktionen Umverteilung **privaten »Spendern«** (**Philanthropie**) überlassen sein soll oder aber staatliches Eingreifen nötig ist. Existiert allerdings eine Vielzahl von »reichen« Individuen, dann nimmt die Umverteilung den Charakter eines öffentlichen Gutes an: denn von Umverteilungsmaßnahmen, die ein einzelner »Reicher« vollzieht, profitieren auch alle anderen »Reichen«. M. a. W. versagt das Ausschlußprinzip, es kommt zu einem **Trittbrettfahrer-Problem** (**»free-rider«**-Problem). Eine PARETO-verbessernde Umverteilung aufgrund freiwilliger privater Spenden dürfte dann nicht zustande kommen.

Die Interdependenzen in den Nutzenfunktionen können von vielerlei Gestalt sein, entsprechend dem komplexen Beziehungsgeflecht, das zwischen der Wohlfahrt eines Individuums und den Lebensumständen der übrigen Gesellschaftsmitglieder eines Gemeinwesens bestehen mag. BRENNAN unterscheidet fünf Hauptmotive, die zu einer Umverteilung von »reich« zu »arm« führen können: außer der hier angesprochenen (1) Philanthropie auch den bereits erwähnten (2) Schutz vor Revolution und das von uns der Sicherungsökonomik zugewiesene (3) Versicherungsmotiv. Neben dem Motiv (4) »Garantie optimaler Einkommensströme über die Zeit bei unvollkommenen Kapitalmärkten«, das wir unten mit dem Begriff des intertemporalen Einkommensausgleichs erfassen, nennt er als Motiv (5) Böswilligkeit und Neid. Hier sehen die Nutzeninterdependenzen so aus, daß die Nutzen der »Armen« dadurch reduziert werden, daß sie die Nutzen der »Reichen« negativ bewerten. Welche Art von Nutzeninterdependenz angenommen wird, unterliegt – solange keine gesicherten empirischen Erkenntnisse vorliegen – ebenfalls subjektiven Wertungen.

Beschränken wir uns auf den positiven Aspekt des Altruismus, der eine Art der gegenseitigen Bedachtnahme darstellt, zieht der einzelne nicht nur Nutzen aus seinem eigenen Einkommen, sondern auch aus dem Nutzen anderer Wirtschaftssubjekte; m. a. W. stört die Armut anderer Mitbürger die eigene Wohlfahrt. Altruismus ist also eine Form der Sympathie im Sinne von SEN.[10] Im Zusammenhang mit Altruismus sind es weniger Gerechtigkeitsprinzipien, die in die individuellen Präferenzen eingehen, als vielmehr die eigene *Betroffenheit* von der tatsächlichen Konsequenz einer bestimmten sozialen Entscheidung für andere Personen. »Das subjektive Element der individuellen Nutzenfunktion bleibt im Vordergrund« (BRUNNER).

Zur näheren Beschreibung der Verteilungskonsequenzen des Altruismus seien zwei extreme Fälle aufgeführt:

– Zunächst legt jedes Individuum Wert auf die Erhöhung seines eigenen Einkommens; nur bei dem Vergleich zweier Situationen mit gleichem eigenen Einkommen wirkt sich das nicht-egozentrische Verhalten in der Weise aus, daß jene Situation mit höherem fremden Einkommen bevorzugt wird. Jede Substitutionsmöglichkeit zwischen eigenem und fremden Einkommen bleibt ausgeschlossen. In der Theorie des »social choice« wird so etwas als »lexikographische Berücksichtigung fremder Einkommen in der eigenen Nutzenfunktion« bezeichnet.

---

10 SEN unterscheidet zwei Arten von Motiven, die ein Abgehen von egozentrischen Interessen eines Individuums bedeuten: Sympathie und Verpflichtung (»sympathy and commitment«). Dabei beruht die Verpflichtung weniger auf einer persönlichen Beurteilung, als vielmehr auf einem moralischen Standpunkt im Sinne einer verallgemeinerungsfähigen Regel.

A. Einführung

- Ein Individuum schätzt das Einkommen eines anderen in beliebiger Höhe genauso wie das eigene. Die Substitutionsrate zwischen eigenem und fremden Einkommen wäre konstant eins.

Im ersteren Fall wird man keinen echten Altruismus erkennen können; dieser muß jedenfalls in einem gewissen Ausmaß eine *Substitutionsmöglichkeit* zwischen *eigenem* und *fremden* Einkommen umfassen. In letzterem Extremfall ist hingegen jede Sekundäreinkommensverteilung (nach Steuern und Transfers) gleich akzeptiert. In der Realität dürfte altruistisches Verhalten zwischen diesen beiden Extremen liegen, wobei Substituierbarkeit in gewissen Grenzen zugelassen wird. Dabei dürfte spätestens dann, wenn das Einkommen eines anderen Individuums die Höhe des eigenen übersteigt, die Substitutionsrate zwischen eigenem und fremden Einkommen unter eins fallen (abnehmende Grenzrate der Substitution).

Bei in den individuellen Nutzenfunktionen angelegtem Altruismus hängt also das Ausmaß der Umverteilung von der jeweils gewünschten Substitution zwischen eigenem und fremdem Einkommen ab. Die aus ihnen ableitbare Soziale Wohlfahrtsfunktion wäre gleichfalls individualistisch, und zwar derart, daß die *soziale Wohlfahrt positiv vom individuellen Nutzen abhängt*. Eine erste Modifikation könnte darin gesehen werden, daß weiterhin die individuellen Nutzen als Argumente in einer Sozialen Wohlfahrtsfunktion auftauchen, diese aber nicht mehr monoton mit den Individualnutzen ansteigt; eine solche Wohlfahrtsfunktion wird – obwohl noch individualistisch – als nichtparetianisch bezeichnet; gegenüber paretianischen Sozialen Wohlfahrtsfunktionen wäre i. d. R. mit einem höheren Umverteilungsausmaß zu rechnen. In *nichtparetianische Soziale Wohlfahrtsfunktionen* gehen als Argumente neben den Nutzenniveaus auch die **Nutzendifferenzen** zwischen den Wirtschaftssubjekten ein, wobei das Ausmaß der Umverteilung von der Höhe der tolerierten Nutzendifferenzen abhängt. Werden im Extremfall Nutzendifferenzen *nicht* toleriert, erhalten wir die **egalitäre Lösung**, die eine völlige Gleichverteilung der Nutzen hervorbringt. Zu ähnlichen Ergebnissen können auch »**kollektivistische**« oder »**diktatorische**« Soziale Wohlfahrtsfunktionen gelangen, in die keine individuellen Nutzen, sondern gesamtgesellschaftliche Zielgrößen einfließen.

Wie bereits oben erwähnt, kann die Wohlfahrtstheorie keine unmittelbaren Handlungsanweisungen für die Ausgestaltung eines sozialen Sicherungssystems liefern. Zumindest macht sie drei Dinge deutlich: (1) Sie hebt den Zusammenhang zwischen Art des Werturteils und Ausmaß der Umverteilung hervor und vermag dadurch die Rationalität der politischen Entscheidung zu erhöhen. (2) Dadurch, daß die Zielsetzungen Effizienz und Gerechtigkeit zusammenhängend behandelt werden, wird der mögliche »**trade-off**« zwischen diesen Zielen deutlich; m. a. W. ist die Verfolgung eines Ziels i. d. R. mit **Opportunitätskosten** (Kosten der Verfehlung des anderen Ziels) verbunden. (3) Nicht zuletzt zeigt die Wohlfahrtstheorie – sind nicht-egozentrische Präferenzen zugelassen – die Notwendigkeit des staatlichen Eingriffs im Bereich der personellen Umverteilung, da diese ähnlich einem öffentlichen Gut ist.

1.7. Formen der Umverteilung

Wenn auch soziale Sicherung nicht ausschließlich mit Redistribution von Einkommen und Vermögen verbunden ist, so spielt die Distributionszielsetzung doch eine bedeutsame und in der Praxis vielleicht dominierende Rolle. Nach LIEFMANN-KEIL sind neben der Forderung nach gerechteren Leistungsentgelten (d. h. vor allem Verbesserung der sozialen Stellung der Arbeitnehmer) zwei Umverteilungsziele von besonderer Bedeutung für die Sozialpolitik:

1. das Ziel des **interpersonellen Ausgleichs der Einkommen** und
2. das Ziel des **intertemporalen Ausgleichs der Einkommen**.

Der interpersonelle Ausgleich stellt nichts anderes als Einkommensredistribution dar, die entsprechend den vorherrschenden Gerechtigkeitsvorstellungen zu einer **Nivellierung** der Markteinkommen führen soll. M. a. W. soll die Verteilung der Einkommen nach Eingriff des Staates (sekundäre Einkommensverteilung) gleichmäßiger sein als die sich im Marktprozeß ergebende Einkommensverteilung (primäre Einkommensverteilung). Gemessen an dem im gesamten Leben bezogenen marktlichen Leistungseinkommen sorgt der interpersonelle Ausgleich dafür, daß Menschen mit höheren Markteinkommen Einkommensteile entzogen und auf Menschen mit niedrigerem oder keinem Markteinkommen übertragen werden. Dabei ist es natürlich möglich, daß ein einzelner temporär belastet und temporär begünstigt worden ist; personelle Umverteilung liegt jedoch nur vor, wenn sich bezogen auf das Lebenseinkommen ein positiver oder negativer **Nettoumverteilungssaldo** ergibt.

Das Ziel des intertemporalen Ausgleichs der Einkommen wird nach LIEFMANN-KEIL mit der Forderung nach sozialer Sicherung gleichgesetzt. Soziale Sicherung – interpretiert als Einkommenssicherung – kann die Sicherung eines Existenzminimums, aber auch die Absicherung eines Nichtleistungseinkommens (z. B. Altersrente) in einem ganz bestimmten Verhältnis zum früheren Leistungseinkommen (also die Fixierung eines **Versorgungsniveaus**) bedeuten. In der *kurzfristigen* (Ein-Perioden-) Betrachtung stellt sich die intertemporale Umverteilung auch als interpersonelle Umverteilung dar. Die aktiven Versicherten erbringen Geldleistungen (Prämien), die jedenfalls z. T. an die passiven Versicherten (Leistungsempfänger) transferiert werden. In unserer Lebenseinkommensbetrachtung verschwindet allerdings dieser Umverteilungseffekt, da jeder aktive Versicherte in einer **Versichertenkohorte**[11] einmal Leistungsempfänger wird.

Darüber hinaus tritt in existierenden sozialen Sicherungssystemen eine **intergenerative Einkommensumverteilung** auf, die mit einer bestimmten Ausgestaltung des Systems zwangsläufig verbunden sein kann. Eine solche intergenerative Umverteilung resultiert zwischen Versichertenkohorten, wenn sich die

---

11 Die Kohortenanalyse (entwickelt als Methode von der Bevölkerungswissenschaft) dient zur Erfassung, Beschreibung und Messung der in einem bestimmten langen Zeitraum (Leben) in einer Folge von Zeitabschnitten eintretenden Ereignisse (z. B. Geburt, Kindheit, Schul- und Berufsausbildung, Berufstätigkeit, Alter, Tod); diese Kohorten (oder Generationen) gelten als »gleichartig«, wenn sie vom gleichen Zeitpunkt an dem Risiko des betreffenden Ereignisses (bzw. der Ereignisse) ausgesetzt waren (z. B. Angehörige eines Geburtenjahrgangs oder mehrerer folgender Geburtenjahrgänge).

A. Einführung

Äquivalenz zwischen Beitragsleistung und Versicherungsgegenleistung ändert. Das kann zum einen geschehen, wenn das Beitrags-/Leistungsverhältnis per Gesetz verändert wird bzw. zum anderen die Bevölkerungsentwicklung zu Änderungen hieran zwingt.

Im Rahmen der personellen Umverteilung zwischen Haushalten wird des weiteren zwischen **vertikalem** und **horizontalem Einkommensausgleich** unterschieden; bei der vertikalen Umverteilung erfolgt ein Einkommensausgleich zwischen Haushalten mit unterschiedlich hohem Einkommen (Umverteilung »von oben nach unten« und vice versa); demgegenüber wird bei der horizontalen Umverteilung ein Einkommensausgleich zwischen Haushalten mit gleich hohem Gesamteinkommen, aber z. B. unterschiedlicher Personenzahl bzw. unterschiedlicher Ausgabenbelastung betrieben. Dazu zählen die Maßnahmen des Familienlastenausgleichs (insbesondere des Kinderlastenausgleichs).

II. Soziale Sicherung und Gesellschaftssysteme

Soziale Sicherung ist nicht erst eine Erfindung der Industriegesellschaft, auch in anderen historischen Gesellschaftssystemen hat es Formen sozialer Sicherung gegeben. Die Betrachtung unterschiedlicher Gesellschaftssysteme im Hinblick auf die Bedeutung für die soziale Sicherung kann aus zweierlei Gründen relevant sein (PARTSCH): Einerseits kann die Analyse der sozialen Sicherung in nicht-industriellen Gesellschaften wichtige Anhaltspunkte dafür liefern, wie Probleme, die sich heute insbesondere in **Entwicklungsländern** abzeichnen, vermieden werden können. Die Übertragung moderner Sicherungsformen auf Länder mit extrem unterschiedlichem Entwicklungsniveau kann gerade die Probleme verschärfen, die eigentlich vermindert werden sollten: Landflucht und Einkommensdifferenzierung.

Andererseits sind in den **Industriegesellschaften** die *Grenzen* der modernen Systeme sozialer Sicherung immer deutlicher hervorgetreten. Wachstumsverlangsamung, steigende Abgabenbelastungen im Marktsektor, schrumpfende Bevölkerung, Abwendung vom Marktsektor hin zur Schattenwirtschaft und damit verbunden eine Ausbreitung alternativer Lebensformen haben der wohlfahrtsstaatlichen Euphorie ein Ende gesetzt. Das Bewußtsein, unter – wie Erich SCHNEIDER es formulierte – »dem kalten Stern der Knappheit« zu leben, breitet sich aus und schafft Raum für *ökonomische* Überlegungen: nämlich ob soziale Sicherung nicht mit weniger Bürokratie und geringerem Mitteleinsatz, mit weniger staatlichem Zwang und mehr **Eigenverantwortlichkeit** – damit auch Freiheit – des einzelnen erreicht werden kann. Ein Blick auf die soziale Sicherung in anderen Gesellschaftsformen vermag sicherlich die Phantasie anzuregen, zumal die Gesellschaftssysteme in einem permanenten, wenn auch säkularen Wandel begriffen sind, so daß die heutigen Sicherungsformen einst überlebt sein können.

2.1. Gesellschaftsstruktur und soziale Sicherung

Soziale Sicherung wird als »**gesellschaftliche Sicherung**« aufgefaßt, und zwar in dem Sinne, daß das Objekt der Sicherungspolitik die *Gesamtgesellschaft* und nicht etwa nur eine ganz bestimmte Gruppe (die »sozial Schwachen«) ist. Die **Eigenvorsorge** (»individuelle« Sicherung) wird in der sozialpolitischen Literatur überwiegend nicht zur sozialen Sicherung gezählt. Hier wird bewußt von dieser Gepflogenheit abgewichen, die Möglichkeiten der individuellen Daseinsvorsorge werden vielmehr zum Instrumentarium eines **umfassenden Systems der sozialen Sicherung** gezählt. Das erscheint insbesondere deshalb gerechtfertigt zu sein, weil die Möglichkeit zur individuellen Sicherung die Notwendigkeit der kollektiven Sicherung beschränkt; zwischen individueller und kollektiver Sicherung mag es in gewissen Grenzen *Substitutionsbeziehungen* geben. Ein System sozialer Sicherung in diesem Sinne umfaßt also Instrumente individueller und kollektiver Sicherung.
Determiniert wird die soziale Sicherung vor allem durch die Gesellschaftsstruktur, das Wohlstandsniveau und die vorherrschenden Werthaltungen. Die zuerst genannte Determinante ist zugleich die wichtigste; die **Gesellschaftsstruktur** ist gekennzeichnet durch den Altersaufbau der Bevölkerung, die Familienstruktur, die Siedlungsstruktur, die Produktions- und Berufsstruktur. All diese Strukturelemente sind für die Gestaltung der sozialen Sicherung von erheblicher Bedeutung. Die Gesellschaftsstruktur spiegelt die herrschenden sozialen Verhältnisse, die Lebenslagen der Gesellschaftsmitglieder wider, die für die Art des eingesetzten Sicherungsinstrumentariums (individuell oder kollektiv), aber auch den Umfang der notwendigen personellen Umverteilung entscheidend sind.
Das **Wohlstandsniveau** gibt letztlich Auskunft darüber, welche Ressourcen zur Sicherung und zur Umverteilung zur Verfügung stehen; denn beide erfordern den Einsatz knapper Güter. Herrscht Knappheit, und das war in allen historischen Gesellschaftssystemen der Fall, sind ökonomische Erwägungen unabdingbar: Zur Sicherung und Umverteilung kann nur das eingesetzt werden, was produziert worden ist, und produziert wird – über den Eigenbedarf hinaus – wohl auch nur, wenn nicht der gesamte Überschuß für diese Zwecke Verwendung findet. Der ökonomische Entwicklungsstand – z. B. die Entwicklung hin zur Geldwirtschaft – ermöglicht im übrigen soziale Sicherungsmethoden, die unabhängig von personalen Beziehungen sind: Anstelle persönlicher Realtransfers können Geldleistungsansprüche (Renten) durch Geldzahlungen (Beiträge) erworben werden.
Werte und **Werthaltungen** sind, wie bereits gezeigt wurde, entscheidend für die Art der sozialen Sicherung. Aus ihnen werden die **sozialen Normen** abgeleitet, die bestimmen, wer zu den Leistungsempfängern und den Belasteten eines Systems der sozialen Sicherung zählt. Diese Normen sind notwendig, da die soziale Sicherung i. d. R. nicht ausschließlich durch Eigenvorsorge und/oder freiwillige Transfers (private Spenden) betrieben werden kann (Problem des Trittbrettfahrerverhaltens); ohne verbindliche Regelungen dürfte eine kollektive Sicherung weder zuverlässig noch in ausreichendem Umfang zustande kommen. Dabei sind auch die gesellschaftlichen Normen historischem Wandel unterworfen.

A. Einführung

2.2. Soziale Sicherung in unterschiedlichen Gesellschaftssystemen

Die Determinanten der sozialen Sicherung sind interdependent. So kann letztlich eine Änderung des Wohlstandsniveaus infolge eines Wandels ökonomischer Bedingungen (z. B. eine fortschreitende Arbeitsteilung) eine Anpassung der Gesellschaftsstruktur und der sozialen Normen erzwingen. Umgekehrt kann genauso ein Wertewandel von materiellen zu immateriellen Werten eine Anpassung der ökonomischen Struktur (Produktionsweise) und damit verbunden der Gesellschaftsstruktur zur Folge haben.
Betrachtet man den bisherigen langfristigen Entwicklungsprozeß, so haben sich in dessen Verlauf aus kleinen, homogenen sozialen Gebilden durch zunehmende **Arbeitsteilung**, soziale Schichtung und weitere strukturelle Wandlungen immer größere, heterogenere und komplexere Gesellschaften ergeben. Diese von der Soziologie als »**Prozeß der sozialen Differenzierung**« bezeichnete Entwicklung (BERNSDORF) führte nicht nur zu einem Wandel in den Determinanten der sozialen Sicherung, sondern auch zu einer ausgeprägten Differenzierung der individuellen Lebenslagen.
Dem Grade der Differenzierung entsprechend lassen sich idealtypisch drei **Gesellschaftssysteme** gegeneinander abgrenzen (PARTSCH):

(1) die **archaische Gesellschaft**, gering differenziert, einfach strukturiert;
(2) die **feudale Gesellschaft**, stärker differenziert;
(3) die **industrielle Gesellschaft**, stark differenziert, arbeitsteilig organisiert und hochtechnisiert.

Gegenstand gerade der jüngeren Diskussion ist eine vierte Gesellschaftsform, die nach-industrielle Gesellschaft. Aus der umfassenden wissenschaftlichen und populärwissenschaftlichen Literatur läßt sich heute aber noch nicht schließen, ob sich dieses Gesellschaftssystem wieder den vor-industriellen Formen annähert oder ein Aufbruch zu neuen Ufern erfolgt. Über die soziale Sicherung in der nach-industriellen Gesellschaft ließe sich bestenfalls spekulieren. Darauf soll im folgenden verzichtet werden. Der Hinweis auf post-industrielle Entwicklungsformen soll nur verdeutlichen, daß Gesellschaften permanent im Wandel begriffen sind und die gegenwärtigen Formen nicht unbedingt den Höhepunkt gesellschaftlicher Entwicklung darstellen müssen, auch wenn viele zeitgenössische Ökonomen dies zu glauben scheinen.

2.2.1. Soziale Sicherung in archaischen Gesellschaften

Archaische Gesellschaften (andere Bezeichnung: »primitive Gesellschaften«, »Naturvölker«) sind durch eine nur *geringe Zahl von Mitgliedern* gekennzeichnet, die beständige und direkte Beziehungen zueinander unterhalten. Es fehlen die wirtschaftlichen Voraussetzungen sowohl für eine Bildung sozialer Schichten als auch für die Entstehung stabiler Herrschaftsverhältnisse (Staaten im modernen Sinne). Die Gesellschaftsmitglieder sind überwiegend verwandtschaftlich miteinander verbunden und stellen aus der Sicht der sozialen Sicherung eine geschlossene Solidargemeinschaft dar.

II. Gesellschaftssysteme

In archaischen Gesellschaften dominieren je nach regionaler Umwelt die Jagd und Sammeltätigkeit, der Fischfang, die Viehhaltung, der Garten- und Feldbau. Obwohl es zwischen einzelnen archaischen Gesellschaften erhebliche Differenzen geben kann, zählen zu ihren Gemeinsamkeiten vor allem die wenig entwickelte Technologie, der geringe personelle Umfang und das weitgehende Fehlen einer sozialen und ökonomischen Differenzierung. In der archaischen Ökonomie wirtschaftet der Mensch nicht als isoliertes Wesen, sondern er produziert und konsumiert in der Gemeinschaft. Wirtschaften ist hier ein sozialer Prozeß, in dem sich der Mensch bzw. die Gruppe von Menschen Elemente der Natur aneignet, sie gegebenenfalls verändert und sie schließlich wieder an die Natur zurückgibt. Wirtschaften in der archaischen Gesellschaft ist gleichsam ein ökologischer Prozeß, der von der jeweils verfügbaren Technologie abhängig ist. Aufgrund der wenig entwickelten Technik ist der Mensch überwiegend auf Muskelkraft für den Zweck der Produktion angewiesen. Technischer Fortschritt bleibt weitgehend aus, was wiederum den stationären Charakter des archaischen Wirtschaftens zur Folge hat. Die durch die Technik sehr beschränkten Möglichkeiten des Lagerns und Speicherns sowie des Transports von Gütern bedingen ein hohes **Subsistenzrisiko**, d. h. daß die dauerhafte Versorgung mit dem Lebensnotwendigen nicht kontinuierlich sichergestellt ist.

Aus den Beschränkungen des archaischen Wirtschaftens folgen einige wichtige Konsequenzen für die Organisation von Produktion und Umverteilung. Überleben kann der einzelne und die Gruppe nur dadurch, daß egozentrisches Handeln weitgehend unterdrückt, kooperatives und **solidarisches Verhalten** gefordert und gefördert wird. Die Ökonomie ist in das Gesellschaftssystem also völlig integriert und führt kein Eigenleben. Typisch ist ferner, daß es in diesen Gesellschaften zwar Privateigentum an den selbst hergestellten Gegenständen (z. B. Kleidung, Waffen usw.) gibt, aber nicht an den für alle lebenswichtigen Ressourcen wie Land, Wald, Wasser usw.; diese befinden sich im Besitz des Familienverbandes oder einer übergeordneten Gemeinschaft. Ferner werden die Arbeiten im Kollektiv geleistet, und zwar nicht nur solche, die in jedem Fall ein Zusammenwirken mehrerer erfordern (z. B. Bau eines Hauses), sondern auch Arbeiten, die grundsätzlich individuell verrichtet werden könnten (z. B. die Feldbestellung).

Die Distribution innerhalb der archaischen Gesellschaft ist in einer Weise geregelt, die allen Gesellschaftsmitgliedern das Überleben sichert. Eine ausschließlich leistungsorientierte Verteilung der erwirtschafteten Güter ist damit von vornherein ausgeschlossen. Leistungsanreize bleiben dennoch erhalten, weil jeder erfolgreiche individuelle Einsatz durch einen Gewinn an Sozialprestige entlohnt wird, der den sozialen Status des einzelnen erhöht.

Die archaischen Sozialstrukturen sind gekennzeichnet durch die gesellschaftliche Anerkennung von Ehe, Familie und übergeordneten Verwandtschaftsgruppen und Beziehungen. Aufgrund der Produktionsweise und des Subsistenzrisikos ist die sogenannte **Kernfamilie** (oder **Kleinfamilie**) – bestehend aus einem Ehepaar und deren unverheirateten Kindern – für archaische Gesellschaften *ungeeignet*. Diese Familienform ist zu klein und zu kurzlebig, um alle Aufgaben in dieser Gesellschaft lösen zu können. Viel verbreiteter sind dagegen Verbindungen mehrerer Kernfamilien, die in zwei Grundformen auftreten:

(1) die polygame Familie, bestehend aus zwei oder mehreren Kernfamilien, die durch einen gemeinsamen Ehepartner bzw. ein gemeinsames Elternteil verbunden sind;
(2) die erweiterte Familie (Drei-Generationen-Familie, **Großfamilie**), bestehend aus zwei oder mehreren Kernfamilien, die durch eine Ausweitung der Eltern-/Kindbeziehung verbunden sind, z. B. durch das Zusammenleben der Kernfamilien verheirateter Söhne mit der ihres Vaters.

Der Güteraustausch wird in archaischen Gesellschaften beherrscht von der spezifischen Beziehung, die zwischen den Tauschpartnern besteht. Der Tausch folgt hier einem Prinzip der Gegenseitigkeit oder **Reziprozität**, das allgemeiner und umfassender ist als das in Industriegesellschaften den Markttausch bestimmende Prinzip der Äquivalenz

A. Einführung

von Gütern und Leistungen. Nach dem Prinzip der Gegenseitigkeit werden Transaktionen mit weitgehend unbestimmter Beziehung zwischen Leistung und Gegenleistung getätigt, z. B. Gaben an Verwandte. Der materielle Aspekt tritt völlig zurück hinter die zwischen den Beteiligten bestehenden persönlichen oder sozialen Beziehungen. Zwar begründet jede Leistung einen Anspruch auf eine Gegenleistung, doch deren Quantität, Qualität und Zeitpunkt werden nicht im voraus festgelegt, sondern hängen ab von den Möglichkeiten des Empfängers und dem Bedarf des Gebers.

Ein konstituierendes Prinzip sozialer Sicherung ist in archaischen Gesellschaften die Verwandtschaft. Darüber hinaus ist soziale Sicherung durch intertemporalen Einkommensausgleich infolge der technisch bedingten Unmöglichkeit begrenzt, lebenswichtige Konsumgüter, wie z. B. Nahrungsmittel, dauerhaft zu konservieren. Der interpersonelle Einkommensausgleich hängt demgegenüber von der Verfügbarkeit eines Überschusses an Gütern und Leistungen ab. Ein solcher ist gegeben, wenn die jeweils Arbeitsfähigen mehr Güter erzeugen und mehr Leistungen erbringen können, als zur Erhaltung ihrer Arbeitsfähigkeit (Reproduktion) benötigt wird. Dieser Güterüberschuß kann eingesetzt werden zur Versorgung der jeweils Arbeitsunfähigen. Da die Produktionsmöglichkeiten pro Kopf in archaischen Gesellschaften allerdings äußerst gering sind, muß der Anteil der Nichtproduzierenden ebenfalls niedrig sein. Statt auf einer irgendwie gearteten Äquivalenz beruht die soziale Sicherung in archaischen Gesellschaften auf der interpersonellen Einkommensumverteilung, die toleriert wird und die Leistungsfähigkeit wenig beeinflußt, da es sich hier überwiegend um Umverteilung zwischen Verwandten handelt.

Wie die neuere ethnologische Forschung zeigt, hat es auch in der archaischen Gesellschaft bereits Formen sozialer Alterssicherung gegeben. Der Brauch der Altentötung war – anders als SCHMOLLER früher vermutet hatte – durchaus nicht generell üblich, allenfalls auf extreme Notlagen begrenzt (Hungersnöte, Zwang zum Ortswechsel, Ausbruch von Epidemien). Waren die Lebensumstände günstiger, wurden kranke und alte Menschen fast immer von ihren Angehörigen versorgt. Dabei ist natürlich zu beachten, daß die soziale **Alterssicherung** in diesen Gesellschaften durch die Tatsache erleichtert wurde, daß der Anteil der Alten an der Bevölkerung *außerordentlich niedrig* lag.

Alterssicherung ist immer mit Konsumverzicht der Jüngeren verbunden. Die vielleicht einfachste Methode, diesen erforderlichen Konsumverzicht zugunsten der Älteren herbeizuführen, stellt die in archaischen Gesellschaften sehr verbreitete Tabuisierung bestimmter Nahrungsmittel dar. Beispielsweise galt der Verzehr bestimmter Früchte oder Teile des erlegten Wildes als äußerst gefährlich für alle Gruppenmitglieder unterhalb einer gewissen Altersgrenze. Eine weitere wichtige Form der sozialen Alterssicherung bestand in der Reservierung bestimmter wenig anstrengender Tätigkeiten für alte Menschen. Darüber hinaus wurde den Älteren häufig das Recht eingeräumt, polygam zu leben (insbesondere das Recht auf jüngere oder mehrere Partner). Ein Hauptgrund für diese Bereitschaft der Jüngeren zum Verzicht (also für die Privilegierung des Alters) ist darin zu sehen, daß diese Privilegien nicht aufgrund besonderer Abstammung, Vermögen oder Macht bestehen, sondern ausschließlich infolge fortgeschrittenen Alters. Für die Jüngeren ist es somit nur eine Frage der Zeit, bis auch sie diese Privilegien genießen können.

2.2.2. Soziale Sicherung in feudalen Gesellschaften

In feudalen Gesellschaften sind die ökonomischen und sozialen Bedingungen nicht mehr für alle gleich. Die Lebenslagen unterscheiden sich infolge der **arbeitsteiligen** Produktion in Landwirtschaft, Gewerbe und Handel und infolge der vertikalen Gliederung der Gesellschaft in **Stände**. Soziale Sicherung kann also in einem solchen Gesellschaftssystem nicht mehr in einer umfassenden Solidargemeinschaft erfolgen. Zum einen sind die Risiken der einzelnen infolge der ökonomischen Arbeitsteilung zu verschieden, zum anderen divergieren aufgrund der sozialen Differenzen auch die Verteilungsinteressen. Infolgedessen *differenziert* sich auch das System der sozialen Sicherung. Dies erfolgt in einer Vielzahl unterschiedlicher Personenverbände, die neben anderen Zwecken auch dem solidarischen Risiko- und Bedarfsausgleich dienen. Darüber hinaus entwickeln sich Formen **herrschaftlicher Fürsorge** und Versorgung für Abhängige und Untergebene, die nicht fähig zur Selbsthilfe und zum Zusammenschluß mit Gleichgestellten nicht berechtigt sind.

Nach HINTZE wird der **Feudalismus** konkret durch drei wesentliche Faktoren geprägt:

(1) »Aussonderung eines hochausgebildeten, dem Herrscher in Treue verbundenen berufsmäßigen Kriegerstandes«;
(2) »Ausbildung einer grundherrschaftlich-bäuerlichen Wirtschaftsweise, die diesem privilegierten Kriegerstand ein arbeitsfreies Renteneinkommen gewährt«;
(3) »lokale Herrenstellung dieses Kriegsadels«.

Die wirtschaftliche Basis dieses Herrschaftssystems bildet die Landwirtschaft. Infolge der wenig entwickelten Produktionstechnologie und der ebenfalls nur begrenzt vorhandenen Verkehrsinfrastruktur lebte die Mehrzahl der Bevölkerung auf dem Lande und war im wesentlichen mit der Erzeugung von Nahrungsmitteln beschäftigt. Die Grundeinheit der ländlichen Produktion stellte die bäuerliche **Hauswirtschaft** dar. Diese Gemeinschaft umfaßte außer der Kernfamilie des Bauern häufig weitere Verwandte, aber auch eine unterschiedlich große Zahl nicht verwandter Personen (das Gesinde). Aus dem Zwang zur Zusammenarbeit bei größeren Vorhaben (z. B. Hausbau oder Rodung) entstanden vielfältige Verknüpfungen zwischen den einzelnen Bauernwirtschaften, die sich in der Bildung örtlicher Genossenschaften und Gemeinschaften niederschlugen.

Die bäuerliche Produktion diente in erster Linie der Sicherung der Versorgung der Hausgemeinschaft. Im Laufe der Zeit ermöglichte die Landwirtschaft jedoch auch die Erzeugung von Überschüssen, die es erlaubten, daß eine wachsende Zahl von Menschen von einer bäuerlichen Arbeit befreit werden konnte. Dabei handelte es sich einerseits um Personen, die ein Gewerbe ausübten und für ihre Leistungen oder Erzeugnisse mit landwirtschaftlichen Produkten entlohnt wurden, und zum anderen um Personen, die aufgrund von Macht, Besitz oder Privilegien einen Anspruch auf Teile des Überschusses erheben und durchsetzen konnten (**Grundherrschaft**).

Der Grundherr hatte das Obereigentum an dem Land, das im wesentlichen auf Okkupation, Belehnung und Schenkungen (an Kirche und Klöster) zurückging. Die Bauern hatten also nur ein Untereigentum bzw. bloßes Nutzungsrecht. Darüber hinaus waren sie Eigentümer ihrer Arbeitsmittel und verfügten daher nicht nur – im Gegensatz zum modernen Proletarier – über ihre Arbeitskraft. Ihre wirtschaftliche Handlungsfreiheit war zwar durch Abgaben und Dienstpflichten beschränkt, sie konnten aber relativ selbständig produzieren.

Im Laufe der feudalen Entwicklung kam es zur Bildung städtischer Lebensformen, wobei die städtische Wirtschaft sich nicht neben oder im Gegensatz zur ländlichen Wirtschaft, sondern zunächst in Abhängigkeit vom Lande und später in einem Verhältnis wechselseitiger Beeinflussung entwickelte. Die städtische Entwicklung war im wesentlichen durch Handwerk und Handel geprägt. Für den Handwerker war in erster Linie sein

A. Einführung

in vielen Jahren erworbenes berufliches Können (Meisterschaft) bedeutsam. Der Händler andererseits war vor allem angewiesen auf seine Kenntnisse von den verschiedenen Märkten. Gemein war der ländlichen und der städtischen Wirtschaftsweise die überwiegend hauswirtschaftliche Betriebsform.

Da in der feudalen Gesellschaft ein entwickeltes, leistungsfähiges Staatswesen fehlt, ist die Sicherung des einzelnen von der Begründung und Aufrechterhaltung bestimmter interpersoneller Beziehungen abhängig. Hierzu zählt das **Lehenswesen**, in dem sich der Untergebene verpflichtete, seinem Herrn Dienste und Gehorsam zu leisten, wofür der Herr ihm seinerseits Unterhalt und Schutz zu gewähren hatte. Bestimmend für dieses Verhältnis war nicht die Verwandtschaft; es wurde vielmehr getragen von dem im einzelnen normativ nicht erfaßbaren Begriff der *Treue*. Derartige personelle Bindungen stifteten das unerläßliche Maß an Existenzsicherheit, setzten aber auch einen teilweisen Verzicht auf persönliche Freiheitsrechte voraus, was beim ökonomisch schwächeren und schutzbedürftigen Partner zur Abhängigkeit führen konnte.

Da auch in feudalen Gesellschaften die individuelle Risikovorsorge *unzureichend* bleibt, eignet sich als Methode sozialer Sicherung hier in erster Linie die interpersonelle Umverteilung, die in der feudalen Gesellschaft zum Teil noch innerhalb verwandtschaftlicher Bindungen erfolgt. Allerdings beschränkt sich der Schutz zusehends auf nahe Verwandte. Für die soziale Sicherung in feudalen Gesellschaften sind andere Organisationsformen zu nennen: die Hausgemeinschaft, die Nachbarschaft und die Genossenschaft.

In der *Hausgemeinschaft* (oder auch Großfamilie) leben nicht ausschließlich durch Eheschließung oder Blutsverwandtschaft miteinander verbundene Personen, sondern in erster Linie durch die spezifischen Rollen, die sie in den arbeitsteilig organisierten Hauswirtschaften übernehmen. Eine derartige Hausgemeinschaft dürfte im allgemeinen jene Mindestgröße erreichen, die im Risikofalle eine Verteilung der Lasten ermöglicht und damit eine zu hohe Inanspruchnahme des einzelnen vermeidet. Diese Hausgemeinschaft ist aber nicht nur eine Arbeits- und Produktionsgemeinschaft, sondern bildet auch eine Verbrauchs- und Versorgungsgemeinschaft. Dadurch wird eine Verteilung der lebensnotwendigen Güter möglich, die auch den Bedarf jener berücksichtigt, die vorübergehend oder auf Dauer nicht oder nur eingeschränkt arbeitsfähig sind.

Die von den einzelnen Hausgemeinschaften nicht oder nur unzulänglich zu erbringenden Leistungen können oft nur durch das Zusammenwirken mit Nachbarn erstellt werden, da zentrale Funktionsträger (Staat, Organisationen der Daseinsvorsorge) noch weitgehend fehlen. In der feudalen ländlichen Gesellschaft stellt die *Nachbarschaft* eine soziale Institution dar, die zum Teil lebenswichtige Funktionen übernimmt (Allmendennutzung, Bau einer Kirche und Unterhalt des Priesters usw.). Auch die zwischen Nachbarn stattfindenden Austauschprozesse folgen nicht einem strengen Äquivalenzprinzip von Leistung und Gegenleistung, sondern einem Prinzip der Gegenseitigkeit oder Reziprozität. Ein derartiges Prinzip setzt eine Dauerhaftigkeit einer Solidargemeinschaft voraus. Insofern waren auch Hemmnisse hinsichtlich der Mobilität und der Freizügigkeit erforderlich.

In den *Städten* bildete sich eine eher **genossenschaftliche Struktur** der sozialen Sicherung heraus (z. B. Gilden der Kaufleute und Zünfte der Handwerker). Die Mitgliedschaft in einer *Zunft* beispielsweise bot den unerläßlichen Schutz vor existentiellen Risiken und stellte so ein Mittel der sozialen Sicherung dar. Das wirtschaftliche Grundanliegen der Zünfte, die Garantie der standesgemäßen Einkünfte der Meister, beinhaltete aus heutiger Sicht auch ein sozialpolitisches Ziel, nämlich die Sicherung eines ausreichenden Einkommens für alle. Um dieses Ziel realisieren zu können, wurde der Wettbewerb durch eine Vielzahl von Maßnahmen und Vorschriften soweit wie möglich beschränkt (**Zunftzwang** – mit Begrenzung der Zahl der anbietenden Handwerker, Ausschaltung der Konkurrenz zwischen den einzelnen Anbietern durch Festpreise,

Fixierung der Löhne, der Zahl der Arbeitskräfte, der Arbeitstechniken und -bedingungen usw.). Diese Regelungen trugen zu einer gewissen Egalisierung der Einkünfte bei und boten einen Schutz vor den Risiken des freien Marktes, der aber vom einzelnen auch mit dem Verzicht auf dessen Chancen erkauft werden mußte. In den Zünften galt eine Vielzahl von Normen, die oft sehr detailliert festlegten, auf welche Weise und in welchem Umfang unverschuldet in Not geratene Zunftangehörige zu unterstützen sind. Die Zünfte beruhten also auf der Solidarität ihrer Mitglieder, die zu gegenseitiger Hilfe verpflichtet waren.

Die Formen sozialer Sicherung in feudalen Gesellschaften sind noch wenig erforscht, so daß wir uns hier auf Ausführungen über das Risiko »Alter« beschränken müssen. Auch in feudalen Gesellschaften stellte die **Alterssicherung** nicht ein solches Problem dar wie in heutigen Industriegesellschaften, da die alten Menschen in allen nicht-industriellen Gesellschaften nur einen verschwindend kleinen Teil der Bevölkerung stellen.[12]

Im übrigen wurde die Alterssicherung in Feudalgesellschaften auch dadurch erleichtert, daß ein Ausscheiden aus dem Arbeitsprozeß bei Erreichen eines ganz bestimmten Lebensjahres nicht üblich war. Alte Menschen nehmen am Arbeitsprozeß teil, solange sie dessen Anforderungen gewachsen sind. Auf dem *Lande* erfolgte die Alterssicherung vorwiegend in Form des sogenannten **Altenteils**. Hierbei handelt es sich um eine rechtlich geregelte Form der Versorgung des alten Bauern bzw. der alten Bäuerin innerhalb des Rahmens der Hausgemeinschaft. Diese Form der Alterssicherung ist eine notwendige Folge der weitgehend naturalwirtschaftlichen Verhältnisse auf dem Lande. Denn erst die geldwirtschaftliche Entwicklung ermöglichte den Bezug einer Geldrente und eine familienunabhängige Befriedigung des Bedarfs von Gütern und Leistungen am Markt. Wer auf dem Lande auch im Alter noch zu den Besitzlosen zählte, war zur Weiterarbeit gezwungen, solange er dazu fähig war. Wenn Arbeitsunfähigkeit eintrat, waren die Betroffenen auf die Hilfe ihrer Angehörigen oder auf die Großzügigkeit ihrer Herren und Arbeitgeber oder auf die Unterstützung durch die Dorfgemeinde und die Kirche angewiesen. Ob diese **Fürsorge** immer materiell ausreichte, ist nicht bekannt, da hierzu so gut wie keine verläßlichen Daten vorliegen (siehe IMHOF).

Für die Alterssicherung in der *Stadt* waren die Voraussetzungen günstiger, da hier die ökonomischen Verhältnisse schon stärker entwickelt waren. Im Handwerk mußten die Erwerbstätigen erst relativ spät ausscheiden, da wichtiger als der Einsatz körperlicher Kraft oft das technische Können und vor allem die Berufserfahrung des einzelnen waren. Ließ allerdings die Leistungsfähigkeit eines Handwerksbetriebes infolge zunehmenden Alters des Meisters nach, so bedeuteten die Ausschaltung interner Konkurrenz und die weitgehende Verhinderung des technischen Fortschritts immer noch eine Begünstigung dieser leistungsschwächeren Anbieter und erlaubten damit auch jenen Handwerksmeistern das wirtschaftliche Überleben. Oft waren die Meisterwitwen zur Weiterführung des Betriebes berechtigt, so daß deren Versorgung auf diese Weise gesichert wurde.

Es gab auch konkrete Formen der Hilfe im Alter, beispielsweise im Falle arbeitsunfähiger Meister, die dann einen zusätzlichen Gesellen einstellen durften oder aber in einem städtischen oder kirchlichen **Hospital** (frühestens seit dem 12. Jahrhundert) auf Kosten der Zunft leben konnten. Die Hospitäler fungierten außer als Einrichtungen zur

---

12 Der Bevölkerungsanteil der alten Menschen nimmt erst zu, seit der medizinische Fortschritt für ein Sinken der Sterberate gesorgt hat und schließlich der sich ausbreitende Wohlstand infolge der Industrialisierung auch zu einer Absenkung der Geburtenrate führt.

A. Einführung

Krankenpflege gleichzeitig als Fürsorgeanstalten für Arme und Alte. In der Stadt setzte sich auch eine andere Form der Alterssicherung durch: Der Erwerb einer **Leibrente**, die durch die Übertragung eines wirtschaftlich nutzbaren Gutes an einen Dritten (den Rentengeber) erworben werden konnte. Während anfänglich die Übergabe von Grundstücken und ähnlichen Rechten dominierte, konnten mit der sich entwickelnden Geldwirtschaft zugleich Rentenrechte gegen die Hergabe von Geldsummen erworben werden. Der Unterschied zwischen städtischer Leibrente und ländlichem Altenteil ist darin zu sehen, daß der Erwerber einer Leibrente einen Anspruch auf periodisch wiederkehrende Leistungen in vertraglich festgelegter Höhe bis zu seinem Lebensende erwarb. Der Altenteiler hingegen war auf Gewährung des Unterhalts im Alter angewiesen, was auf im wesentlichen durch Tradition und individuellen Bedarf bestimmtem, allgemeinem Recht beruhte. Die Leibrentenkonstruktion ließ im übrigen auch die Möglichkeit offen, die Versorgung der Hinterbliebenen sicherzustellen.

Eine Alterssicherung durch Leibrente konnte aber nur erlangen, wer über ein **Vermögen** verfügte, das den Erwerb einer ausreichend hohen Rente gestattete. Wer ein solches nicht hatte und arbeitsunfähig infolge Alters wurde, war – sofern er nicht vom ehemaligen Arbeitgeber versorgt wurde – auf die kirchliche oder städtische Fürsorge angewiesen. Das Fehlen einer Alterssicherung für diese Schichten sorgte dafür, daß in der feudalen Gesellschaft nicht Kinderreichtum, sondern *Alter* die wichtigste Ursache von **Armut** war.

2.2.3. Soziale Sicherung in Industriegesellschaften

In den **Industriegesellschaften** ist die Arbeitsteilung infolge des technischen Fortschritts weiter vorangeschritten. Entsprechend stark ist auch die gesellschaftliche Differenzierung ausgeprägt. Die industrielle Ökonomie ist gekennzeichnet durch einen zunehmenden Grad der **Technisierung**: Anstelle der handwerklichen Auftragsproduktion tritt die industrielle **Massenproduktion**; diese erfordert eine hohe Zahl von Arbeitskräften, die vom Lande in die sich bildenden Industriegebiete zuwandern. Infolge der wachsenden Bevölkerung aufgrund des medizinischen Fortschritts (sinkende Kindersterblichkeit, wachsende Lebenserwartung) einerseits und der Anwendung zunehmend arbeitssparender Methoden in der Landwirtschaft andererseits konnte die Nachfrage der Industrie nach Arbeitskräften leicht befriedigt werden.

Die Änderung der Produktionsweise, verbunden mit einer Aufhebung der Beschränkungen der feudalen Ökonomie (Abschaffung des Zunftwesens, der Mobilitätshemmnisse z. B. durch Bauernbefreiung, Einführung der Gewerbefreiheit), hatte eine Stärkung des **Marktsektors** zur Folge, der anfänglich auch durch eine scharfe Wettbewerbssituation geprägt war. Vor allem gespeist aus der Landbevölkerung entwickelte sich in den Industrieregionen eine Arbeiterklasse, die selbst kein Eigentum an Produktionsmitteln hatte und zu ihrem Unterhalt lediglich ihre Arbeitskraft vermarkten konnte.

Die »Verwandtschaft« verlor noch weiter an Bedeutung; allein die räumliche Trennung von den Abwanderungsregionen sorgte dafür, daß die Hausgemeinschaft oder Großfamilie aufgelöst, die Familiengröße also auf die **Kernfamilie (Kleinfamilie)** *reduziert* wurde. Damit waren auch die feudalen Instrumente sozialer Sicherung – neben Hausgemeinschaft insbesondere die Nachbarschaft – außer Kraft gesetzt und die o. a. Risikotatbestände gesellschaftlich nicht mehr abgedeckt. Wie auch in den anderen Gesellschaftssystemen erwies sich die individuelle Vorsorge als nicht ausreichend, um ein gesundes soziales Umfeld zu schaffen und zu erhalten.[13] Vielmehr traten in der Arbeiterklasse Verelendungen auf, denen mit den verbliebenen fürsorglichen Instrumenten vor allem der Kirchen, aber auch Gemeinden und einiger Unternehmer nur völlig unzureichend entgegengewirkt werden konnte.

Gerade die ökonomischen Prinzipien des **Liberalismus**, z. T. verbunden mit den Grundsätzen der **protestantischen Ethik**, sorgten für eine grundlegende Änderung in der Wertehaltung: Die jenseits-orientierte Betrachtung des Mittelalters wich einer diesseits-orientierten Perspektive des Industriezeitalters; die materiellen Werte traten in den Vordergrund, das Bild des nutzenmaximierenden »**homo oeconomicus**« wurde bestimmend.

Die überwiegende Orientierung an den Gesetzen des Marktes (Leistung) verdrängte zunehmend die früheren Vorstellungen hinsichtlich des Bedarfs. Die resultierenden extremen Ungleichheiten in der Einkommens- und Vermögensverteilung im reinen Kapitalismus trugen bald zum Entstehen **sozialrevolutionärer Theorien** bei (Frühsozialisten, Marx und Engels), die eine Überwindung dieses »Ausbeutungssystems« forderten. Diesen Vorstellungen traten die »**Sozialreformer**« entgegen, die soziale Komponenten in das kapitalistische System einbauen wollten: nämlich einerseits die Schaffung sozialer Sicherungseinrichtungen und andererseits die Umverteilung der Einkommen im Sinne einer Nivellierung durch die Einführung einer progressiven Einkommensteuer – also eigentlich die Schaffung eines Systems, das wir heute als »**soziale Marktwirtschaft**« bezeichnen.

In den Industriegesellschaften ist dann die Entwicklung der Systeme sozialer Sicherung sehr weit vorangeschritten. »Soziale Sicherung« kann in diesen bestimmt werden als die zweckorientierte Tätigkeit von Organisationen des öffentlichen Rechts (Staat oder Gebietskörperschaften bzw. Sozialleistungsträger), deren Aufgabe es ist, einem gesetzlich fixierten Personenkreis (Anspruchsberechtigte) bestimmte Leistungen bei Vorliegen bestimmter Anspruchsvoraussetzungen (Eintritt eines der o. a. Risikotatbestände) zu gewähren. Die soziale Sicherung wird also weitestgehend verrechtlicht und zunehmend auf eine gesamtgesellschaftliche Basis gestellt. Die individuelle Vorsorge, auch bei den wohlhabenderen Schichten (die in allen Gesellschaftssystemen dazu in der Lage waren), tritt in den Hintergrund.

Das entwickelte System der sozialen Sicherung umfaßt neben den Zweigen der Sozialversicherung auch den Bereich der Sozialhilfe. Wegen dieser Bestimmtheit des Begriffes sozialer Sicherung in den Industriegesellschaften kann sich die Darstellung auf die Erläuterung der objektiv feststellbaren (da gesetzlich verankerten) Leistungsprinzipien und Organisationsformen beschränken; dazu unter C. Näheres.

---

13 Auf die ökonomischen Gründe für die unzureichende individuelle Vorsorge wird unten (3.3.1.2.) eingegangen.

A. Einführung

2.3. Ideengeschichtliche und historische Entwicklungen zur sozialen Sicherung

Die Darstellung der dogmenhistorischen Entwicklung kann genauso wie die wirtschafts- und sozialgeschichtlichen Aspekte nur in äußerst groben Zügen erfolgen. Wichtig hierbei – und das sei besonders hervorgehoben – ist die gegenseitige Einflußnahme zwischen Dogmengeschichte und Wirtschaftsgeschichte; die Bildung ökonomischer Theorien hat die tatsächliche wirtschaftliche und soziale Entwicklung beeinflußt, wie diese wiederum zur Modifizierung bzw. Bildung neuer Theorien beigetragen hat (KOLMS).

2.3.1. Die Entstehung der sozialen Frage in Deutschland

Zu Beginn des 19. Jahrhunderts waren noch wesentliche Teile des feudalen gesellschaftlichen und ökonomischen Systems erhalten. Der überwiegende Teil der deutschen Bevölkerung lebte auf dem Lande und war hier in der landwirtschaftlichen Produktion tätig, entweder als freier Bauer auf eigenem Grund und Boden oder aber – z. B. in der ostdeutschen Gutswirtschaft – als Tagelöhner oder unter der Gutsherrschaft mit eingeschränkten Freiheitsrechten. Die Existenz der Landbevölkerung wurde noch in bedeutendem Umfang durch **Eigenproduktion** gesichert. In den Städten lebte etwa ein Viertel der deutschen Bevölkerung. Das noch vorherrschende Handwerk war in den Zünften organisiert, die – wie dargestellt – strenge Regelungen hinsichtlich der Zahl und der Niederlassung von Handwerksbetrieben aufgestellt hatten. Auch in den Städten spielte die Eigenproduktion noch eine sehr bedeutende Rolle: Zeitgenössische Autoren bescheiben sehr plastisch, daß in den Haushalten neben den Produkten aus den üblichen Hausgärten (Gemüse, Obst, z. T. Tierhaltung) auch Kleidung und Schuhe, Wolle, Stoffe, Polsterwaren und Betten entstanden (SOMBART).

Das feudale Gesellschafts- und Wirtschaftssystem war, jedenfalls nach heutigem Verständnis, alles andere als frei. Außer der Schutzherrschaft gab es noch andere, erhebliche Beschränkungen der persönlichen Freiheitsrechte: Heiratsbeschränkungen (auf dem Lande z. B. für Kinder, die nicht den Hof erbten, in den Städten z. B. für Handwerksgesellen), Beschränkungen der Berufswahl und der Berufsausübung, Umzugs- und Zuzugsbeschränkungen usw. Für eine romantisch-verklärte Betrachtung dieser Epoche besteht also kein rechter Anlaß. Andererseits trug dieses Gesellschaftssystem zu einer gewissen Sicherheit der Einkommen der Menschen bei; insbesondere über die Verbindung zur landwirtschaftlichen Eigenproduktion war die Existenz – jedenfalls was die Versorgung mit Grundnahrungsmitteln betraf – gesichert.
Die handwerkliche Produktion war – wie wir bereits gesehen haben – im wesentlichen **Auftragsfertigung**, d. h. der Handwerker wurde erst tätig nach der Auftragserteilung, der vorher eine verbindliche Preisabsprache vorausging. Die Produktion war noch wenig differenziert, so daß das herzustellende Produkt innerhalb einer Werkstatt alle verschiedenen Produktionsstufen durchlief; die Bearbeitung lag meist in der Hand nur einer Person. Eine Zergliederung des Herstellungsprozesses (»arbeitsteiliger Produktionsprozeß«) – wie z. B. in extremer Form am modernen Fließband – gab es noch nicht. Die relativ gesicherte Existenz in dieser Epoche wurde allerdings durch Katastrophen, Kriege, Epidemien usw. häufig erheblich beeinträchtigt. Die Grenzen des feudalen Gesellschaftssystems zeigten sich, als aufgrund steigender Geburtenzahlen, aber noch mehr aufgrund einer verminderten Kindersterblichkeit sowie steigenden Durchschnitts-

II. Gesellschaftssysteme

alters infolge des medizinischen Fortschritts die Bevölkerung stärker zu wachsen begann. Der aufkommende Liberalismus trug die Tendenz zur Bildung eines **freiheitlichen Rechtsstaats** in sich, die ihren Ausdruck in der Bauernbefreiung und der Einführung der Gewerbefreiheit fand. Beide Maßnahmen gingen einher mit einer Aufhebung von Ehehindernissen, die die oben erwähnten höheren Geburtenzahlen mit verursacht haben dürften. Dem starken Bevölkerungswachstum waren die überkommenen Produktionsweisen nicht gewachsen. Für eine gewisse Zeit bildet die Auswanderung insbesondere nach Übersee ein Ventil, das im wesentlichen 1893 geschlossen wurde, als in Nordamerika die freie Landnahme aufhört. Das Elend wurde noch durch eine Binnenwanderung vergrößert, die in den 70er Jahren des vorigen Jahrhunderts einsetzt und bis zum Ersten Weltkrieg andauert (insbesondere aus den preußischen Ostprovinzen nach Berlin und Brandenburg sowie nach Westdeutschland), denn die landwirtschaftliche Produktion bot für Landarbeiter keine ausreichende Existenzgrundlage mehr.

Es spricht einiges dafür, daß das Bevölkerungswachstum in Deutschland eine Industrialisierungswelle mit ausgelöst hat, die nach 1850 einsetzte und später insbesondere durch die Zolltarifreform von 1878/79 beschleunigt wurde. Mit dieser Reform führte man Schutzzölle ein, welche die inländischen Produzenten gegenüber der ausländischen Konkurrenz schützen und überhaupt erst lebensfähig machen sollten. Die sich nun entwickelnde Industrie und der rasante technische Fortschritt führten nicht zu einer nachhaltigen Besserung der Lage der Arbeiterklasse.

Die liberalen Vorstellungen hatten in den Anschauungen über die Zusammenhänge zwischen Staat und Wirtschaft einen vollständigen Wandel herbeigeführt. Adam Smith hatte die Lehre vertreten, daß das wirtschaftliche Handeln des Menschen vorwiegend von seinem Egoismus geleitet werde. Diese Triebfeder sei stark genug, jedem zu zeigen, was seinem persönlichen Wohlergehen am meisten nutzen würde. Dieser **Egoismus** liege dem Tauschverkehr (also dem Austausch von Gütern gegen Geld) zugrunde und rufe so die Arbeitsteilung hervor, die noch durch den technischen Fortschritt gefördert würde. Der Egoismus veranlasse auch den Kapitalbesitzer, seine Mittel in solche Unternehmen zu lenken, die ihm den größten Gewinn versprächen. Gleichzeitig wird damit auch der Wohlstand aller gefördert.
Die Forderungen nach vollkommener Freiheit im Wirtschaftsleben wurden in Deutschland weitgehend erfüllt, wie die Aufhebung der nahezu alles regelnden staatlichen Gesetze und Verordnungen zeigte. Zwischen Unternehmern und Arbeitern entstand durch den Wegfall der Reste der Zunftordnungen ein vollkommen freies Vertragsverhältnis, von dem der im Zusammenhang mit dem technischen Fortschritt aufkommende Großbetrieb sehr profitierte. Diese Vertragsfreiheit brachte für die Arbeiterklasse nicht die erwartete Wohlstandsvermehrung, sondern vielmehr die oben erwähnte Massenverelendung. Die Ursachen hierfür lagen insbesondere darin begründet, daß in der Industrialisierungsphase das Kapital relativ knapp, Arbeitskraft aber reichlich vorhanden war, so daß sich der u. a. aufgrund des technischen Fortschritts real wachsende Wohlstand nicht gleichmäßig auf die Gesamtbevölkerung verteilte: Gewinner waren die Kapitaleigentümer, Verlierer waren die Arbeiter. Natürlich wurden somit die Investitionsmöglichkeiten für die Unternehmer noch verbessert, wodurch der Industrialisierungsprozeß weiter beschleunigt wurde.
In der vorkapitalistischen Zeit sah das Verhältnis von Arbeit und Kapital wie folgt aus: War der arbeitende Mensch Eigentümer von Produktionsmitteln (Boden und/oder Kapital), dann war er frei, war er nicht Eigentümer von Produktionsmitteln und produzierte für Fremde, dann war er unfrei. Erst im **Kapitalismus** wurde die Freiheit der Person nicht mehr mit dem Eigentum an Produktionsmitteln verknüpft. Erstmals genoß also eine besitzlose Schicht, die allmählich zur Mehrheit der Bevölkerung anwuchs, persönliche Freiheitsrechte in weitem Umfang. Der Genuß war allerdings erheblich getrübt durch die wirtschaftliche Abhängigkeit vom kapitalistischen Arbeitgeber, der auf optimale Ausnutzung seines Kapitals bedacht war. Das Ergebnis waren

A. Einführung

lange wöchentliche Arbeitszeiten (um 1850 über 80 Stunden), Löhne, die an der Grenze des physischen Existenzminimums lagen, Kinderarbeit, fristlose Kündigungen usw. Das führte schließlich zu einer erheblichen Verschlechterung der Volksgesundheit, was selbst einige Konservative veranlaßte, **soziale Reformen** zu fordern, weil sie u. a. die Wehrfähigkeit des Volkes bedroht sahen.

Da die feudale Ordnung weitgehend beseitigt war, machte sich nun das Fehlen jeglicher Sicherungseinrichtungen im Falle vorübergehenden oder andauernden Arbeitseinkommensverlustes durch Arbeitslosigkeit (die insbesondere in den ausgeprägten Wirtschaftskrisen des 19. Jahrhunderts häufig ein ungeheures Ausmaß erreichte), aber auch durch Krankheit, Unfall, vorzeitige Erwerbsunfähigkeit, Alter oder Tod bemerkbar.

Wie bereits erwähnt, hatte sich die Hausgemeinschaft bzw. Großfamilie aufgelöst. In diesem Verbande war es – wie gezeigt wurde – möglich gewesen, die Risiken von Arbeitslosigkeit, Krankheit, Erwerbsunfähigkeit und Alter gemeinsam zu tragen. Fiel eine Person der erwerbstätigen Generation aus, konnte besonders auf dem Land immer noch die alte Generation als Nothelfer einspringen. Darüber hinaus bildete auch die landwirtschaftliche und handwerkliche Eigenproduktion, die vorwiegend in den Händen der alten Generation lag, ein Element relativer Sicherheit. Die Solidargemeinschaft »Großfamilie« bildete aber nicht nur eine ökonomische Einheit zur Verringerung der wirtschaftlichen Risiken jedes einzelnen Familienmitglieds, sondern auch eine biologische Interessengemeinschaft: Die in die Großfamilie integrierte alte Generation machte der im fortpflanzungsfähigen Alter stehenden Generation deutlich, daß sie zur Sicherung ihres eigenen Lebensabends eine ausreichend große Nachkommenschaft zeugen und aufziehen mußte. Die Aufzucht von Kindern war also eine Maßnahme der Selbsterhaltung.
Der oben beschriebene Industrialisierungsprozeß brachte nicht zuletzt aufgrund des rasanten technischen Fortschritts einen Zwang zur stärkeren **Arbeitsteilung**, die sich sinnvoll nur in großen Produktionsstätten durchführen ließ. Diese siedelten sich in erster Linie in Städten an, so daß von ihnen auch ein Anreiz zur Zuwanderung ausging. Die Wanderung vom Land in die Stadt nahm ein ungeheures Ausmaß an: Während 1871 noch drei Viertel der deutschen Bevölkerung in Landgemeinden lebten und die städtische Bevölkerung nur ein Viertel ausmachte, lebte 1910 nur die Hälfte auf dem Lande, die andere Hälfte in der Stadt. In die Städte wanderten insbesondere die jüngeren Leute, also die erwerbsfähige Generation, während auf dem Lande oft die Alten und Arbeitsunfähigen zurückblieben. Aber die arbeitsteilige Produktionsweise und die sich verschärfenden Arbeitsbedingungen (insbesondere die oben erwähnten langen Arbeitszeiten) verringerten die Möglichkeiten zur städtischen Eigenproduktion, so daß langsam die wirtschaftliche Grundlage auch der städtischen Großfamilie zerstört und damit ihre Bedeutung als soziale Sicherungseinrichtung erheblich beeinträchtigt wurde. Insgesamt führte die Einführung der kapitalistischen Produktionsweise zu einer Auflösung von Hausgemeinschaft und Großfamilie.
Nun sollte man aber die frühere Großfamilie nicht romantisieren. Ob in ihr wirlich immer eine solche Solidarität herrschte, die Lobredner ihr gerne zuschreiben, sei dahingestellt. Immerhin war mit der Großfamilie ein Problem verbunden, das vielleicht schwerer wiegt als die Probleme, die die heutige Zwei-Generationen-Familie aufwirft: Zu jener Zeit konnte nur eine begrenzte Zahl von Familien begründet werden, ein großer Teil der Bevölkerung war von der Familiengründung ausgeschlossen und darauf angewiesen, als Verwandter oder aber als familienfremdes Gesinde in der Großfamilie Unterkunft zu suchen. Erst die Kleinfamilie ermöglicht es allen, die es wollen, eine Familie zu gründen.

Der Preis, den die kapitalistische Produktionsweise und die in ihrer Folge entstehende Kleinfamilie forderten, war zunächst sehr hoch:

II. Gesellschaftssysteme

(1) Die Erwerbstätigen begaben sich in eine vertraglich nur unzureichend geregelte Abhängigkeit von den Arbeitgebern, die diese zu ihrem Vorteil – dem Eigennutzpostulat des Liberalismus folgend – ausnutzten. Die Lage der neu entstandenen Arbeiterklasse war katastrophal. Auf ihr Bedürfnis nach sozialer Sicherheit fand die neue Wirtschaftsordnung ohne die regelnde Hand des Staates keine Antwort.

(2) Durch die Auflösung der Hausgemeinschaft bzw. Großfamilie wurde das überkommene System der sozialen Sicherung zerstört, ohne daß zunächst ein neues geschaffen wurde. Die auch räumlich von den Alten getrennte erwerbstätige Generation war wirtschaftlich einfach nicht in der Lage (vielleicht manchmal auch nicht bereit), eine ausreichende Versorgung der älteren Generation sicherzustellen. Daher lebten die meisten Alten und Erwerbsunfähigen in heute kaum vorstellbarem Elend.

Diese beiden Tatbestände waren also für die Entstehung der **sozialen Frage** in der zweiten Hälfte des 19. Jahrhunderts ausschlaggebend. Noch ein weiterer »psychologischer« Tatbestand soll hier genannt werden: Die Auflösung der Großfamilie führte auch dazu, daß bei der erwerbstätigen Generation der Zusammenhang zwischen der Zeugung und Aufzucht der Kinder und der Sicherung ihres eigenen Lebensabends in Vergessenheit geriet (**Reproduktion**). Es entstand bei den Erwerbstätigen allmählich die Meinung, für ihr Alter durch Sparen oder durch eine Lebensversicherung selbst sorgen zu können. Vielleicht hat auch dies dazu beigetragen, daß Ende des 19. Jahrhunderts die Geburtenzahlen schon einmal stark rückläufig waren.

2.3.2. Die Triebkräfte der sozialpolitischen Entwicklung

Die soziale Frage gewann insbesondere nach der sogenannten Gründerkrise, die dem deutsch-französischen Krieg von 1870/71 folgte, erheblich an Brisanz und fand zunehmende Beachtung in der Öffentlichkeit, bei Wissenschaft und Politik. Auch unter den sogenannten Kapitalisten gab es eine Reihe von Leuten, die sich für eine Besserung der sozialen Lage der Arbeiter einsetzten. Besonders traten Vertreter der Kirchen und christliche **Sozialreformer** hervor, denen eine Gruppe engagierter Hochschullehrer nicht nachstand. Bis heute bekannt sind die Gründer des »Vereins für Socialpolitik« (1872) – u. a. Lujo BRENTANO, Wilhelm ROSCHER, Gustav SCHMOLLER und Adolph WAGNER. Diese Gruppe grenzte sich besonders deutlich von der Gruppe der sogenannten Sozialrevolutionäre ab, von denen an erster Stelle Karl MARX und Friedrich ENGELS zu nennen sind. Beide reduzierten die soziale Frage auf den simplen Nenner, daß die gesamte Gesellschaft sich in zwei Klassen spalte, die Kapitalistenklasse (Bourgeoisie) und die Arbeiterklasse (Proletariat). Die Arbeiterklasse könne sich aus ihrer bedrückenden Lage nur befreien, wenn der ganze »Überbau« der Gesellschaft beseitigt wird. Im »Kommunistischen Manifest« (Paris 1848) kündigten MARX und ENGELS an, daß nicht nur die Abschaffung des bürgerlichen Eigentums erfolgen würde, sondern auch, daß Deutschland im Mittelpunkt der Revolution stehen werde.

Der militante Kommunismus hatte zur Folge, daß sich das bürgerliche Lager, Unternehmer, Beamte und Parlamentarier, relativ eng zusammenschloß, um gegen den drohenden Kommunismus Front zu machen. Sozialpolitische Ideen vermochten sich deshalb bei ihnen kaum durchzusetzen, vielmehr drangen sie auf ein Verbot der

A. Einführung

bestehenden sozialdemokratischen Partei, das im Sozialistengesetz (1878) ausgesprochen wurde. Zwischen diese beiden Lager gerieten die Sozialreformer; insbesondere die oben erwähnten Universitätslehrer vermochten zunächst weder bei der Beamtenschaft noch bei den Parlamentariern ausreichendes Verständnis für die Notwendigkeit von Sozialreformen zu erwecken. Von konservativer Seite wurden sie mit dem Schimpfwort »**Kathedersozialisten**« belegt. Aus heutiger Sicht aber haben sich gerade diese Kathedersozialisten mit ihren Vorstellungen weitgehend durchsetzen können. Sie akzeptierten – jedenfalls dem Grundsatz nach – das kapitalistische System, da in ihren Augen die liberale marktwirtschaftliche Ordnung in Verbindung mit der Eigentumsordnung im besonderen Maße Anreize für Privatinitiativen zu bieten schien, die von risikobereiten Unternehmerpersönlichkeiten auch genutzt wurden und letztlich – trotz aller sozialen Probleme – die Entwicklung vorantrieben. Die überkommene Wirtschaftsordnung war nicht mehr fähig gewesen, die stark wachsende Bevölkerung ausreichend zu versorgen. So war es Absicht der Sozialreformer, die neue Wirtschaftsordnung im Prinzip beizubehalten, aber ihre Fehlentwicklungen, die sich vor allem in ihren ersten Entwicklungsphasen gezeigt hatten, zu beseitigen oder wenigstens zu verringern. Deshalb schlugen sie Korrekturen am kapitalistischen System vor, die der Staat durchsetzen sollte. Diese Korrekturen hatten den Zweck, die Sicherung der breiten Massen vor den Risiken von Arbeitslosigkeit, Krankheit, Erwerbsunfähigkeit und Alter jedenfalls insoweit zu gewährleisten, als mit Eintritt eines dieser Risiken nicht gleich die physische Existenz des einzelnen bzw. ganzer Familien gefährdet wurde. Die historische Entwicklung hat schließlich erwiesen, daß ein in dieser Weise »reparierter« Kapitalismus wesentlich erfolgreicher arbeiten kann als der heute existierende »reale« Sozialismus, der ja von den kommunistischen Endvorstellungen über die Gesellschaft noch weit entfernt ist.

Die Sozialreformer allein waren jedoch nicht in der Lage, die herrschenden Schichten von der Notwendigkeit einer aktiven Sozialpolitik zu überzeugen. Zu stark wirkten noch die Ideen des Liberalismus nach, mit denen ja gerade erst der Einfluß des Staates auf seine Bürger zurückgedrängt worden war; ein staatlicher Einfluß allerdings, dessen Richtung noch nicht nachhaltig von demokratischen Parlamenten bestimmt war, sondern überwiegend von der Willkür mehr oder weniger aufgeklärter Fürsten. Erst die sich allmählich durchsetzende Demokratisierung in der politischen Ordnung schuf auch einen erweiterten Spielraum für die sich entwickelnde theoretische Sozialpolitik, die vorher praktisch nicht existierte. Die ablehnende Haltung des Liberalismus gegenüber jeglicher Form von Sozialpolitik war geprägt durch die Vorstellung von David RICARDO und Robert MALTHUS, denen zufolge jede Sozialpolitik nur die Reichen arm, die Armen aber nicht reich machen würde.

Diese Aussage war nicht etwa von besonderer Herzlosigkeit bestimmt, sondern folgt zwingend aus dem von Ferdinand LASSALLE so bezeichneten »**ehernen Lohngesetz**«. RICARDO unterscheidet in seiner Lohntheorie einen Marktpreis für die menschliche Arbeit, der tatsächlich gezahlt wird, und einen natürlichen Preis, um den der tatsächliche Preis immer schwankt. Der natürliche Preis der Arbeit wird bestimmt durch die Kosten, die aufgewendet werden müßten, um den Arbeitern ihren Lebensunterhalt und die Erziehung der Kinder zu ermöglichen. Steigt nun der Marktlohn, so nimmt die Zahl der Eheschließungen zu: Die Zahl der Kinder wächst. Gleichzeitig ist die Sterblichkeitsrate aufgrund der verbesserten Lebenshaltung rückläufig, so daß das Angebot von Arbeit steigt. Bei gleichbleibender Nachfrage nach Arbeit muß dann der Lohn sinken. Wenn der Lohn unter den *natürlichen Lohn* sinkt, werden Eheschließungen und Geburten ab-, die Sterblichkeitsrate aber zunehmen; dadurch entsteht ein rückläufiges Angebot von Arbeitskräften, so daß bei gleichbleibender Nachfrage der Marktlohn wieder steigt und sich dem natürlichen Lohn nähert.

Eine Sozialpolitik, die mit **Transfers** (also Übertragung von Mitteln der Reichen auf die Armen) die Lage der Arbeiterklasse bessern wolle, würde gleichbedeutend sein mit einer

II. Gesellschaftssysteme

Erhöhung der Löhne über den natürlichen Lohn hinaus und so lediglich den Prozeß der **Bevölkerungsvermehrung** in Gang setzen, der letztlich wieder zu einer Verschlechterung der Lage der Arbeiterklasse führen mußte. Diesem Teufelskreis meinten viele nur durch Zerstörung des kapitalistischen Systems entkommen zu können. RICARDO dachte allerdings bei seinem natürlichen Preis der Arbeit nicht an das physiologische Existenzminimum, das gerade zum Überleben ausreichen würde. Er dachte vielmehr an ein soziales (sozial-kulturelles) Existenzminimum, zu dem ebenso die gewohnheitsmäßigen »Annehmlichkeiten« des Lebens zählten. Er war also durchaus der Meinung, daß man durch eine Erhöhung des allgemeinen Lebensstandards auch die Lage der Arbeiterklasse verbessern konnte.

Die politische Entwicklung ging allerdings über derartige fragwürdige Theorien hinweg, die das **Geburtenverhalten** allein von *materiellen* Anreizen bestimmt sahen. Nach einigen Vorläufern entstand die Sozialdemokatische Partei, die als »Arbeiterpartei« der sozialpolitischen Bewegung erst die notwendige Basis verschaffte und mit der sich auch die Durchschlagskraft der sozialreformerischen, allerdings auch der sozialrevolutionären Ideen erhöhte. Hier ist insbesondere Ferdinand LASSALLE zu nennen, der den existierenden liberalen Staat als »**Nachtwächterstaat**« brandmarkte, welcher nur die innere und äußere Sicherheit gewährleiste und nicht zum Wohlergehen seiner Bürger beitrage, sondern vielmehr die Ausbeutung breiter Bevölkerungsschichten dulde. Die 1875 gegründete »SOZIALISTISCHE ARBEITERPARTEI DEUTSCHLANDS« strebte in ihrem Gothaer Programm die Demokratisierung von Staat und Gesellschaft an. Dies sollte durch Aufklärungsarbeit und durch die Eroberung der parlamentarischen Mehrheit mit den Mitteln der bürgerlichen Demokratie erreicht werden. Sie war also nicht sozialrevolutionär im MARXschen Sinne. Bereits in der Reichstagswahl des Jahres 1877 gewann die Partei mit nahezu 500 000 Stimmen 12 Reichstagssitze. Dieser Erfolg veranlaßte BISMARCK zu dem Versuch, die weitere Entwicklung der Sozialdemokratischen Partei zu unterbinden. Das sollte mit dem erwähnten Sozialistengesetz, das ausführlich »Gesetz zur Abwehr der gemeingefährlichen Bestrebungen der Sozialdemokratie« hieß und 1877 vom Reichstag verabschiedet wurde, erreicht werden. Dieses bis 1890 verlängerte Gesetz führte zu erheblicher Erbitterung und letztlich auch zur Radikalisierung der Arbeiterschaft, ohne daß die weitere Entwicklung aufgehalten werden konnte, denn die Teilnahme der SPD an den Wahlen mit wachsenden Stimmengewinnen war nicht verboten, da nicht die Partei, sondern nur die »gemeingefährlichen Bestrebungen« (gemeint waren die Attentate auf WILHELM I.) verfolgt werden durften. Genausowenig wie die Entstehung und Ausdehnung der SPD ließen sich die Entstehung und Ausbreitung der Gewerkschaften verhindern, die im großen und ganzen identische Zielsetzungen verfolgten.

Schließlich wurde **Arbeitnehmer-Schutzpolitik** zur weiteren Sicherung der Existenz des politischen und gesellschaftlichen Systems unabdingbare Notwendigkeit. Zwar wurden die ersten Arbeiterschutzgesetzentwürfe von BISMARCK noch schärfstens abgelehnt (er war der Ansicht, daß der Arbeiterschutz den Gewinn der Unternehmer zu sehr schmälere, ja die Produktion überhaupt in Frage stelle). Anfang der 80er Jahre jedoch trieb er selbst die **Sozialgesetzgebung** stark voran. BISMARCK war damit nicht Sozialpolitiker aus freien Stücken, sondern folgte vielmehr den politischen Realitäten. Er ging wohl von der Erkenntnis aus, ein System könne aus wirtschaftlicher Sicht noch so effizient arbeiten, es werde auf die Dauer doch keinen Bestand haben, wenn es von der Masse seiner Bevölkerung, die zunehmend demokratische Rechte verlange und auch erhalte, nicht akzeptiert wird.

Zur Erhaltung des marktwirtschaftlichen Systems, das trotz aller Fehlentwicklungen die wirtschaftliche Entwicklung erheblich beschleunigt und für eine rasche Umsetzung des technischen Fortschritts gesorgt hatte, erwies sich eine Sozialgesetzgebung als unabdingbare Voraussetzung. BISMARCK war der Überzeugung, daß es prinzipiell möglich sei, den politischen Repräsentanten bestimmter sozialer Gruppen und Interessen (also insbesondere den Sozialdemokraten und den Gewerkschaften) sozusagen von Staats wegen das Wasser abzugraben, sie mit dem Zangengriff direkter politischer Repression (Sozialistengesetze) und staatlicher Begünstigung ihrer Anhänger auszuschalten. Er nannte dabei

A. Einführung

»Entgegenkommen gegen die Wünsche der arbeitenden Klasse durch Gesetzgebung und Verwaltung« und »Hemmung der staatsgefährlichen Agitation durch die Verbots- und Strafgesetze« in einem Atemzug. Ein vom Staat getragenes und auf den Staat verweisendes Versicherungssystem sei geeignet, so hat er Mitte Dezember 1880 ohne Umschweife zu Papier gebracht, »in der großen Masse der Besitzlosen die konservative Gesinnung zu erzeugen, welche das Gefühl der Pensionsberechtigung mit sich bringt. Wer eine Pension hat für sein Alter, der ist viel zufriedener und viel leichter zu behandeln, als wer darauf keine Aussicht hat« (GALL).

Ein erster Ansatz zur Lösung der drängenden sozialen Probleme ist in der »**kaiserlichen Botschaft**« von WILHELM I. vom 17. November 1881 zu sehen, in der die Sozialversicherungsgesetzgebung angekündigt wurde. Mit dieser Botschaft sollte nicht zuletzt der demokratischen Bewegung die Anziehungskraft genommen werden. In den folgenden Jahren schuf man dann die drei Säulen der **Sozialversicherung**:

(1) durch das »Gesetz, betreffend die **Krankenversicherung** der Arbeiter« vom 15. 3. 1883,
(2) durch das »**Unfallversicherungsgesetz**« vom 6. 7. 1884 und
(3) durch das »Gesetz, betreffend die **Invaliditäts- und Alterssicherung**« vom 22. 7. 1889.

Eine **Arbeitslosenversicherung** gehörte nicht zu dem Vorschlagskatalog. Nach einigen Vorläufern im Bereich der Erwerbslosenfürsorge wurde die Arbeitslosenversicherung, wie wir sie heute kennen, erst 1927 eingeführt.
Es ist immerhin erwähnenswert, daß mit diesen Gesetzgebungswerken Deutschland zum Vorreiter auf dem Gebiet der sozialen Sicherung wurde. Seinem Beispiel folgten im 19. Jahrhundert einige europäische Staaten, andere erst in den 30er Jahren des 20. Jahrhunderts (darunter die USA).

Literatur

Einführende Literatur
GIERSCH, H.: Allgemeine Wirtschaftspolitik – Grundlagen. Wiesbaden 1961. Zweites und Drittes Kapitel.
LAMPERT, H.: Sozialpolitik. Berlin, Heidelberg, New York 1980. Zweiter Teil.
LIEFMANN-KEIL, E.: Ökonomische Theorie der Sozialpolitik. Berlin, Göttingen, Heidelberg 1961. Erster Teil.
LUCKENBACH, H.: Theoretische Grundlagen der Wirtschaftspolitik. München 1986. Hauptteil I.
PARTSCH, M.: Prinzipien und Formen sozialer Sicherung in nicht-industriellen Gesellschaften. Berlin 1983. Kapitel 5 und 6.
PETERSEN, H.-G.: Finanzwissenschaft I. Stuttgart, Berlin, Köln, Mainz 1988. Kapitel A.II. und C. I.
PETERSEN, H.-G.: Sicherheit der Renten? Die Zukunft der Altersversorgung. Würzburg, Wien 1981. Kapitel II.
SCHACHTSCHABEL, H.-G.: Sozialpolitik. Stuttgart, Berlin, Köln, Mainz 1983. Kapitel 1 (Grundlagen).

Vertiefende Literatur
ALBERS, W.: Möglichkeiten einer stärker final orientierten Sozialpolitik (Schriften der Kommission für Wirtschaftlichen und Sozialen Wandel, Bd. 119). Göttingen 1976.

Literatur

BERDING, H. (Hrsg.): Sozialpolitik im Vergleich (Geschichte und Gesellschaft, 13. Jg., 1987/H. 2). Göttingen 1987.

BERGSON (Burk), A.: A Reformulation of Certain Aspects of Welfare Economics. In: Quarterly Journal of Economics, Vol. 52, 1938, S. 310 – 334.

BERNSDORF, W. (Hrsg.): Wörberbuch der Soziologie. 2. Aufl., Stuttgart 1969.

BRENNAN, G.: »Pareto-Optimal Redistribution«: A Perspective. In: Finanzarchiv, N. F. Bd. 33, 1974/75, S. 237 – 271.

BRUNNER, J. K.: Zur Theorie der Steuergerechtigkeit. Normative Fundierung und distributive Konsequenzen der Einkommensbesteuerung. Habilitationsschrift, Linz 1986.

FRITZSCHE, B.: Zur Bedeutung von Wirtschaftswachstum und Zinsen für die Stabilität der staatlichen Alterssicherung. In: Mitteilungen des RWI, 36. Jg., 1985/1, S. 23 – 45.

GALL, L.: Bismarck – Der weiße Revolutionär. 3. Aufl., Frankfurt, Berlin, Wien 1980.

HENSCHEL, V.: Geschichte der deutschen Sozialpolitik 1880 – 1980. Frankfurt 1983.

HINTZE, O.: Wesen und Verbreitung des Feudalismus. In: Ders.: Feudalismus – Kapitalismus. Hrsg. von G. OESTREICH, Göttingen 1970, S. 12 – 47.

IMHOF, A. E.: Die verlorenen Welten. München 1984.

IMHOF, A. E.: Von der unsicheren zur sicheren Lebenszeit. Ein folgenschwerer Wandel im Verlaufe der Neuzeit. In: Vierteljahresschrift für Sozial- und Wirtschaftsgeschichte, 71. Bd., 1984, S. 175 – 198.

JÜTTEMEYER, K. H. und H.-G. PETERSEN: West Germany. In: J.-J. ROSA (Hrsg.): World Crisis in Social Security. Paris, San Francisco 1982, S. 181 – 205.

KOLMS, H.: Art. Finanzwirtschaft, öffentliche IV: Geschichte. In: Handwörterbuch der Wirtschaftswissenschaft. Bd. 9, Stuttgart u. a. O. 1982, S. 764 – 782.

KOLMS, H.: Art. Steuern II: Geschichte. In: Handwörterbuch der Wirtschaftswissenschaft. Bd. 7, Stuttgart u. a. O. 1977, S. 310 – 324.

LIEFMANN-KEIL, E.: Sozialinvestition und Sozialpolitik. Zur Perpetuierung der Sozialpolitik. In: Gewerkschaftliche Monatshefte, 23. Jg., 1972, S. 24 – 38.

PETERSEN, H.-G.: Theorie und Praxis der Alterssicherung – Stand, Ansatzpunkte für Reformen und ihre Auswirkungen in der Bundesrepublik Deutschland. Gießen 1986.

RIESE, H.: Wohlfahrt und Wirtschaftspolitik. Hamburg 1975.

ROSA, J.-J. (Hrsg.): The World Crisis in Social Security. Paris, San Francisco 1982.

SCHMÄHL, W. (Hrsg.): Versicherungsprinzip und soziale Sicherung. Tübingen 1985.

SCHMOLLER, G.: Die soziale Frage. Klassenbildung, Arbeiterfrage, Klassenkampf. Wien, Leipzig 1918.

SEN, A.: Collective Choice and Social Welfare. San Francisco u. a. O. 1970.

SOMBART, W.: Die deutsche Volkswirtschaft im neunzehnten Jahrhundert. 6. Aufl., Leipzig, Berlin 1912.

STRUWE, J.: Sozialpolitik als Wachstumsquelle. Plädoyer für eine Neubesinnung über die Chancen der Sozialpolitik. In: Aus Politik und Zeitgeschichte (Beilage zur Wochenzeitung »Das Parlament«), B 44, 1984, S. 27 – 37.

TURNBULL, J. G., C. A. WILLIAMS and E. F. CHEIT: Economic and Social Security. 4. Aufl., New York 1973.

VAUBEL, R.: Die soziale Sicherung aus ökonomischer Sicht. In: H. SIEBERT (Hrsg.): Perspektiven der deutschen Wirtschaftspolitik. Stuttgart, Berlin, Köln, Mainz 1983, S. 151–164.

WAGNER, G.: Umverteilung in der Gesetzlichen Rentenversicherung. Frankfurt, New York 1984.

B. Ökonomische Theorie der Sozialen Sicherung

In diesem Abschnitt geht es zunächst um die theoretische Durchdringung des Sicherungsbegriffes und seiner Bedeutung für die soziale Sicherung; daran schließt sich eine mikro- und makroökonomische Analyse der sozialen Sicherung an, die sowohl die ökonomischen Begründungen für soziale Sicherungssysteme aufzeigen als auch mögliche Wirkungen dieser Systeme darstellen soll. Dieser Abschnitt wird abgeschlossen mit dem Versuch, einige theoretische Aussagen zu ausgewählten Bereichen (Alter, Gesundheit, Familienlastenausgleich) der sozialen Sicherung zu formulieren.

III. Ökonomische Sicherungspolitik

Im Vordergrund dieses Kapitels steht die Klärung wichtiger Begriffe, die im Zusammenhang mit Sicherheit und ihrem Gegenteil – Unsicherheit – auftauchen. Danach gilt es, den Inhalt der hier zu betrachtenden **Sicherungspolitik** abzugrenzen, bevor auf die möglichen Instrumente und Institutionen der ökonomischen Sicherungspolitik eingegangen werden kann.

3.1. Risiko und ökonomische Sicherungspolitik

An dieser Stelle erweist es sich als erforderlich, den Begriff **Risiko** genauer zu beleuchten. Dabei ist darauf hinzuweisen, daß gerade in einem großen Teil der ökonomischen Literatur – insbesondere der Neoklassik – durch die hypothetische Annahme der vollkommenen Voraussicht dieses grundsätzliche Merkmal wirtschaftlichen Handelns ausgeblendet wird. In der »General Theory« von KEYNES stehen dagegen Fragen der Unsicherheit in kurz- und mittelfristiger Sicht im Vordergrund (im Zusammenhang mit der Konjunkturproblematik und den stabilisierenden Staatsinterventionen). Der staatliche **Interventionismus** zur Verringerung privater Risiken steht im Mittelpunkt der traditionellen Theorie der Sozialpolitik.[1] Bevor man allerdings an staatliche Interventionen

---

[1] Gerade auch die Kritiker der »konservativen« Sozialpolitik messen dem Staat eine beherrschende Bedeutung zu: »Eine Theorie sozialer Sicherung kann deshalb nur als Theorie der Produktion erfaßt werden. Und die Produktion von Sicherheit übernimmt

III. Sicherungspolitik

denkt, sollte man sich in marktwirtschaftlich orientierten Systemen zunächst über die *Grenzen der Risikoübertragung durch die Märkte* (insbesondere Versicherungsmärkte) klar werden und erst dann über die erforderlichen Staatsinterventionen Überlegungen anstellen. Staatsinterventionen wären nicht nur mit der »Theorie der öffentlichen Güter«, sondern mit »Risikominderung« zu begründen (SCHÖNBÄCK).

Der Risikobegriff selbst ist ausgesprochen vielschichtig. Auf KNIGHT geht die Unterscheidung von *Risiko* (oder Unsicherheit) und **Ungewißheit** zurück. Bei ersterem ist die Wahrscheinlichkeitsverteilung des Eintritts der Ergebnisse möglicher Handlungen bekannt; es handelt sich hierbei um die o. a. **Standardrisiken**, die *»normalen«* Wechselfälle des Lebens. Bei der *Ungewißheit* hingegen ist die *Wahrscheinlichkeit des Eintritts eines Ereignisses unbekannt.* Ungewißheiten liegen nicht in dem einzelnen Menschen begründet, sondern sind vielmehr allgemeiner Natur – so z. B. rezessionsbedingte Arbeitslosigkeit, Inflation, Veränderungen in der Bevölkerungszahl und -struktur, soziale Katastrophen, Naturkatastrophen usw.

Hinsichtlich der Unsicherheit bieten sich die Methoden der *individuellen* Sicherungspolitik an (FORSTER):

(1) *Risikovermeidung*, d. h. die Entstehung eines Schadens wird von vornherein zu verhindern versucht (z. B. durch Maßnahmen der Unfallverhütung);
(2) *Risikoverminderung*, d. h. der Versuch, die Wahrscheinlichkeit des Eintritts eines Schadens zu verhindern (z. B. Gurtpflicht beim Kraftfahrzeug);
(3) *Risikoüberwälzung*, d. h. die Übertragung der ökonomischen Folgen eines Schadensereignisses auf andere Wirtschaftssubjekte über den Marktmechanismus (entsprechend der Steuerüberwälzung);
(4) *Selbstübernahme des Risikos*, d. h. die negativen ökonomischen Folgen eines Schadensereignisses werden von den Betroffenen selbst getragen;
(5) *Versicherung*, d. h. die Verteilung des Risikos auf eine Gruppe von Personen, die vom selben Risiko betroffen sind (Risikoausgleich).

Hinsichtlich der Ungewißheiten *versagen* diese Methoden der individuellen Sicherungspolitik; insofern muß neben die individuelle die *kollektive* Sicherungspolitik treten, für die – insbesondere bei katastrophalen Schadensereignissen – letztlich der Staat benötigt wird.

Ökonomische Sicherungspolitik wird grundsätzlich von Unternehmungen und Haushalten betrieben. Da im Mittelpunkt unserer Betrachtungen die soziale Sicherung der Haushalte steht, wollen wir uns auf diese beschränken. Wie unsere Ausführungen im II. Kapitel verdeutlicht haben, bildet den Mittelpunkt der Risikoproblematik die Familie (ökonomisch: Haushalt), die als natürliches System des **Risikoausgleichs** fungieren kann. Die Zerstörung der Großfamilie, eine zunehmende Arbeitsteilung verbunden mit verminderter Eigenproduktion, ein wachsendes Einkommensrisiko infolge zunehmender Konkurrenz auf den sich entwickelnden Märkten haben die Funktion dieses Systems erheblich beeinträchtigt. Die sich ausbreitende Unsicherheit des Menschen resultiert aus dem komplexen, anonymen Wirtschaftsprozeß und aus der Abhängigkeit von vielen anderen Wirtschaftssubjekten.

---

weitgehend der Staat, weil die Produktion ... beim Staat am sichersten aufgehoben ist ...« (RIESE). Ob diese Position angesichts der Erfahrungen der letzten Dekaden zu halten ist, wird noch zu erörtern sein.

B. Theorie der Sozialen Sicherung

Eine Möglichkeit der ökonomischen Sicherungspolitik liegt darin, das vom Risiko betroffene System (die Familie) zu nehmen und es (sie) zu veranlassen, Maßnahmen gegen dieses Risiko zu ergreifen. Erst wenn das risikobedrohte Primärsystem nicht in der Lage ist, Gegenmaßnahmen einzuleiten, ist gemäß dem **Subsidiaritätsprinzip** und dem **Solidaritätsprinzip** die *übergeordnete* Gemeinschaft gefordert. Neben diesen vor allem von der Sozialethik und katholischen Soziallehre formulierten Prinzipien kann auch die Orientierung am wirtschaftlichen Eigennutz dazu führen, daß die von einem Risiko bedrohten Menschen kooperieren, um Skalenerträge über die Verteilung des Risikos auf viele zu erzielen. Es gibt also eine ganze Palette von Lösungsansätzen, neben marktwirtschaftlichen auch gemeinwirtschaftliche und natürlich staatliche.

Die Politik der sozialen Sicherung muß einen genügenden Spielraum für **Selbstverantwortung** und **Selbsthilfe** schaffen. Tut sie das nicht und basiert sie zunehmend auf staatlicher Intervention, droht der totale Versorgungsstaat, der die persönliche Verantwortung einschränkt und in letzter Konsequenz auch die bürgerlichen Freiheitsrechte beseitigt. *Völlige* Sicherung ist in einer Welt knapper Ressourcen und zahlreicher Risiken *nicht* erreichbar, ja ökonomisch nicht einmal wünschbar. Denn das Pendant zum Risiko bildet die **Chance** (auf Gewinn oder zusätzlichen Nutzen) – die eigentliche Antriebskraft des marktwirtschaftlichen Innovationssystems. Sicherlich ist es eine Frage der Werthaltung des einzelnen, wo die Grenze der Sicherungsmöglichkeit liegt und wo die Grenze zwischen individueller und kollektiver Absicherung gezogen wird. Die hier betrachtete ökonomisch orientierte Theorie kann wesentliche Anhaltspunkte liefern, wo rationalerweise staatliche Intervention beginnen sollte. Denn *möglich* ist die staatliche Aufgabenerfüllung immer, *notwendig* hingegen nur in den *wenigsten* Fällen.

3.2. Instrumente der ökonomischen Sicherungspolitik

Ökonomische Sicherung bedeutet, unvorhersehbare, zufällige Ausgaben zu decken oder unvorhersehbaren Einkommensausfall bzw. in der fernen Zukunft liegenden Einkommensausfall (Alterssicherung) zu ersetzen. Sicherungsgüter können selbst erstellt (Eigenproduktion) oder entgeltlich bzw. unentgeltlich von anderen bezogen werden (FORSTER). Zur Deckung zufälliger Ausgaben bzw. unvorhersehbaren Einkommensausfalls muß – sofern nicht laufende Überschüsse vorhanden sind – auf Bestände zurückgegriffen werden. *Vermögen*, ererbtes oder durch Ersparnis selbst gebildetes, ist daher das primäre Instrument der ökonomischen Sicherung in entwickelten Industriegesellschaften. Die nötigen finanziellen Mittel zur ökonomischen Sicherung können aber auch über *Märkte* bezogen werden, deren wesentliche Kennzeichen das Äquivalenzprinzip (Verhältnis von Leistung und Gegenleistung) und Ausschlußprinzip (wer den »Preis« nicht entrichten kann, wird vom »Konsum« ausgeschlossen) sind. Ökonomische Sicherungsleistungen sind allerdings auch ohne Gegenleistung möglich. Man spricht dann von *Sicherungstransfers*, die entweder von Privaten oder vom Staat gewährt werden. Die drei genannten Instrumente sind die grundlegenden Mittel zur ökonomischen Sicherung. Aus ihrem *kombinierten Einsatz* entsteht das *System der sozialen Sicherung*. Die Mittelwahl wird einerseits durch die oben aufgeführten Prinzipien der Subsidiarität und Solidarität bestimmt, andererseits durch das Wohlstandsniveau, die Gesellschaftsstruktur und die Werte der Gesellschaft (also die unter 2.1. aufgeführten Determinanten sozialer Sicherung). Da diese in einem beständigen Wandel begriffen sind, müßte auch das System sozialer Sicherung *fortlaufend angepaßt* werden. Eine solche Anpassung ist in der Realität allerdings nicht zu beobachten, was auf eine ganze Reihe von Gründen (insbesondere polit-ökonomischer Art) zurückzuführen ist und was auch die unten behandelte Krise mit ausgelöst haben dürfte.

3.2.1. Vermögenspolitik als ökonomische Sicherungspolitik

Betrachtet man den **Lebenszyklus** (das **Lebenseinkommen**) eines Wirtschaftssubjektes, so stellt sich dieser (dieses) aus ökonomischer Sicht als permanenter Ablauf von Einnahmen und Ausgaben dar. Unsicherheiten finden hierin in Form von Schadensfällen, d. h. *ungeplanten* Ausgaben bzw. Einkommensausfällen, ihren Niederschlag. Wird von interpersoneller Umverteilung abstrahiert, kommt nur ein **intertemporaler Einkommensausgleich** in Frage, der die Deckung unvorhergesehener Schäden ermöglichen soll. Der einzelne kann durch vorheriges Sparen und (temporäre) **Vermögensbildung** oder Verschuldung (gewissermaßen »negative Vermögensbildung«) und nachheriges Sparen die gewünschte Umverteilung des Lebenseinkommens erreichen. Die Sicherheit, die das Vermögen bietet, beruht auf der Möglichkeit zum temporären Einkommensausgleich, m. a. W. auf der Eigenschaft des Vermögens, als Finanzquelle für unvorhergesehene Ausgaben und Einkommensausfälle zu dienen.

In der *Neigung zur Ersparnis* drückt sich also neben der Einkommenshöhe (gewissermaßen das Sparmotiv der KEYNESschen Konsumtheorie) auch das **Risikoverhalten** des Menschen aus. Neben dem konsumorientierten oder (temporären) Zwecksparen gibt es zwei weitere wichtige **Sparmotive**: das Sicherungs- bzw. Vorsorgesparen und das Ertragssparen. Sehen wir vom letzteren, für unsere Analyse weniger bedeutsamen Sparmotiv ab, dann wird derjenige, der eine große **Risikoscheu** (bzw. hohes Sicherungsbedürfnis) aufweist, einen relativ *hohen* Anteil seines Periodeneinkommens für Vorsorgezwecke sparen und damit ein großes Vermögen bilden, wofür selbstverständlich auch eine entsprechende Einkommenshöhe erforderlich ist. Der **Risikogeneigte** mit geringem Sicherungsbedürfnis wird bei horizontalem Vergleich (d. h. gleicher Einkommenshöhe) weniger oder nichts für Vorsorgezwecke sparen, auf Vermögensbildung aus diesem Motiv heraus also verzichten.

Die individuelle Absicherung des Menschen durch Vermögen besitzt den großen *Vorteil* der Dispositionsfreiheit; als *Nachteil* sind vor allem spezielle Risiken zu nennen, die in der Person des einzelnen begründet liegen. Mangelnde Information kann beispielsweise zur Anlage in Vermögensformen verleiten, die alles andere als sicher sind. Die Vermögenssicherheit liegt letztlich in einer vernünftigen Vermögensstruktur begründet; eine solche zu erreichen ist angesichts der Komplexität der hierfür relevanten Märkte ein äußerst schwieriges Unterfangen.

Die Sicherungsfunktion des Vermögens und die Unwägbarkeiten bei der privaten Vermögensbildung haben dazu beigetragen, daß nahezu in allen

B. Theorie der Sozialen Sicherung

Industriestaaten heute eine bewußte **Vermögensbildungspolitik** (Sparförderungspolitik und zum Teil auch Wohnungspolitik) betreiben wird mit dem Ziel, eine möglichst *breite Streuung* der Vermögenswerte zu erhalten. Diese Politik ist allerdings nicht nur in Verbindung mit dem Sicherungsziel (intertemporaler Einkommensausgleich), sondern auch in Verbindung mit dem Ziel der personellen Umverteilung zu sehen. Auf Einzelheiten kann an dieser Stelle nicht eingegangen werden (FORSTER und LAMPERT).

3.2.2. Ökonomische Sicherung durch den Markt

Gehen wir idealtypisch von einem *vollkommen funktionierenden Marktmechanismus* aus, dann leitet dieser die knappen Ressourcen in die rentabelste Verwendung, wie sie sowohl den Präferenzen der Konsumenten als auch den technischen Produktionsbedingungen der Produzenten entspricht. Unsicherheit ist kein Gut im materiellen Sinne; Unsicherheit kann aber in dieser modelltheoretischen Welt nach ARROW und DEBREU in Form von »Optionsgütern« eingeführt werden. Es werden gewissermaßen Versicherungspolicen ausgegeben und auf dem Markt gehandelt. Diese Policen gewähren dem Inhaber dann einen Anspruch auf genau quantifizierte Einheiten eines Gutes, wenn der Tatbestand eintritt, über den Unsicherheit herrscht. Diese Policen stellen letztlich Verträge dar, die über bestimmte Gütermengen abgeschlossen werden, wobei die Vertragserfüllung nur dann fällig wird, wenn ein bestimmter Zustand eintritt, ansonsten besteht Leistungsfreiheit.

Über die **Märkte** kann ein interpersoneller Ausgleich der Risiken erfolgen, wie sie z. B. in der individuellen Vermögensbildung involviert sind. Die Märkte sorgen für eine Erhöhung der Transparenz, bessere Information und erhöhen die Anpassungsgeschwindigkeit (sorgen für Flexibilität). Abgesehen von diesem modelltheoretischen Konstrukt sind übrigens in jedem Kauf- bzw. Dienstleistungsvertrag Risikoelemente enthalten; so regelt ein großer Teil des *Sachenrechts des BGB* die Risikoübertragung und -weiterwälzung (z. B. Garantieleistungen, Wartungsverträge, Leasing, Rücknahmeverpflichtung etc.). Im Marktgeschehen wird also fortlaufend individuelle Risikopolitik betrieben, und es gibt ausgesprochene Risikogeschäfte wie beispielsweise Leibrentenverträge, Erfolgshonorare u. ä.

Nun ist die Erkenntnis alles andere als neu, daß Märkte nicht immer dem Idealbild der vollkommenen Konkurrenz entsprechen, ja sogar völlig versagen können (siehe »Theorie der öffentlichen Güter«; PETERSEN: Finanzwissenschaft I, C. I.). Hier kann in gewissen Grenzen die staatliche Wettbewerbs- und Ordnungspolitik ansetzen (FORSTER). Wo sie als nicht ausreichend erscheint, wird staatliche Intervention erforderlich (dazu unten 3.3.). Es sollte jedoch grundsätzlich deutlich werden, daß die Märkte als Risikoausgleichsinstrument funktionieren können und es tatsächlich auch tun. Daß in der *praktischen Sozialpolitik* weniger auf Vermögensbildung und Märkte gesetzt worden ist, hat – wie noch zu zeigen sein wird – vielerlei ökonomische Ursachen, die sich allerdings in den 100 Jahren, in denen praktische Sozialpolitik durch staatliche Institutionen betrieben worden ist, grundlegend gewandelt haben.

3.2.3. Ökonomische Sicherung durch Transfers

Die ökonomische Sicherung durch unentgeltliche Leistung hat in den archaischen und feudalen Gesellschaftssystemen – wie gezeigt wurde – eine beherrschende Rolle gespielt; hierbei handelte es sich in erster Linie um *private* Transfers. Auch in den marktwirtschaftlich orientierten Industriegesellschaften werden große Teile der Transferströme nicht über Märkte geleitet und unterliegen damit nicht der Steuerung über den Marktmechanismus; gerade das mit ihm verbundene Ausschlußprinzip dürfte hierfür eine der wesentlichen Ursachen sein. So fallen heute wesentliche Bereiche der Sicherungsökonomik in die Zuständigkeit der **Transferökonomik** (**grants economics**) oder der Finanzwissenschaft.

Unentgeltliche Übertragungen sind ex definitione mit *personeller* Umverteilung verbunden. Wenn sie neben den eindeutigen Umverteilungswirkungen auch Sicherungswirkungen (Risikoausgleich und intertemporalen Einkommensausgleich) hervorrufen, so sind diese von den Umverteilungswirkungen definitorisch exakt zu unterscheiden, was allerdings in der Praxis im einzelnen mit ganz erheblichen Problemen verbunden sein kann.

Im Sinne der »grants economics« ist der **Transfer** eine *Ergänzung* der Marktbeziehung, die Tauschwirtschaft wird also durch beide Arten der Tauschbeziehung (Markttausch und Transfer) geprägt. Dabei ist eine genaue Unterscheidung der auf *Gegenseitigkeit* (Reziprozität) bedachten Tauschbeziehungen von den *einseitigen* des Transfers oft schwierig, da in tatsächlichen Tauschbeziehungen häufig beide Formen vermischt auftreten. Darauf ist bei Sicherungsleistungen und deren Finanzierung zu achten. Transfers beinhalten also immer Umverteilung, aber nicht zwangsläufig ökonomische Sicherung (z. B. der private Transfer in Form einer Schenkung). Andererseits muß man auch vor dem Irrtum warnen, jegliche staatliche Sozialleistung beinhalte personelle Umverteilung; auch diese kann lediglich dem Zweck der ökonomischen Sicherung (insbesondere des intertemporalen Einkommensausgleichs) dienen.[2] Es wäre also ein Trugschluß, mit dem vermeintlich hohen Anteil der Sozialleistungen an den öffentlichen Gesamtausgaben gleichermaßen das personelle Umverteilungsvolumen charakterisieren zu wollen; wesentliche Teile hiervon dienen dem intertemporalen Einkommensausgleich. Es bleibt natürlich die Frage, ob sich der Staat in diesem Bereich tatsächlich so stark engagieren muß, wie er es heute tut.

Unter Transfers mit Sicherungswirkung (**Sicherungstransfers**) verstehen wir solche, die folgende Bedingungen erfüllen (Forster):

(1) Die *Bedingungen für den Leistungsfall* (Eintritt, Leistungshöhe, -dauer und -art) müssen *vor* dem Schaden festgelegt werden;
(2) sie werden *einseitig* festgelegt, z. B. durch den Staat per Gesetz;
(3) die Leistungsfälle müssen *zufällig und unabhängig voneinander* sein.

Zu (1) ist anzumerken, daß damit die Prüfung der Notwendigkeit der Leistung verbunden ist. Die **Sozialhilfe** wäre ein solcher Sicherungstransfer, sofern eine entsprechende Einkommens- und Vermögensprüfung erfolgt. An der Frage

---

[2] So umfassen z. B. die Leistungen der GRV (Renten) neben Sicherungselementen (intertemporaler Einkommensausgleich) auch Umverteilungselemente der verschiedensten Art (siehe unten).

B. Theorie der Sozialen Sicherung

nach den Begünstigten scheiden sich *private* und *staatliche* Transfers; bei ersteren ist der Transfergeber (Spender) in der Auswahl frei, während bei letzteren rechtsstaatliche Prinzipien (Gleichbehandlungsgebot) einen offenen Kreis fordern.

Der **staatliche Transfer** ist wesentlicher Bestandteil des Systems sozialer Sicherung; man kann ihn i. d. R. dadurch kennzeichnen, daß durch Gesetz die Bedingungen für die Leistungen a priori fixiert werden, die Finanzierung durch allgemeine Haushaltmittel abgedeckt wird. Die staatlichen Transfers werden – sieht man einmal von der Entwicklungshilfe an andere Länder ab – zwei Destinatoren gewährt: an *private Haushalte* in Form von **Sozialleistungen** und an *private Unternehmungen* in Form von **Subventionen**. Diese Unterscheidung ist allerdings mehr theoretischer Natur, da auch bei der Subventionierung von Wirtschaftssektoren häufig sozialpolitische Zielsetzungen im Hintergrund stehen, ja – wie neuere Untersuchungen gezeigt haben (JÜTTEMEIER) – sogar quantitativ dominant sind; die Subventionierung der Unternehmen soll dann den Haushalten indirekt zugute kommen (z. B. durch niedrigere Preise). Trotz dieser Bedeutung der Subventionierung auch für die privaten Haushalte wollen wir uns im folgenden auf die Sozialleistungen beschränken.

Es sei an dieser Stelle nochmals betont, daß im Laufe der wohlfahrtsstaatlichen Entwicklung der **private Transfer** relativ an Bedeutung *verloren* hat, während der staatliche Transfer laufend zunahm. Zwischen beiden Transferarten besteht aber auch heute noch eine enge Verzahnung. So können im Rahmen der Einkommensteuer beispielsweise außergewöhnliche Belastungen im Zusammenhang mit der Unterstützung hilfsbedürftiger Angehöriger (also private Transfers) berücksichtigt werden; sie sind in bestimmten Grenzen von der Bemessungsgrundlage abzugsfähig. Damit werden private Sicherungsleistungen in Form von Steuerminderleistungen – jedenfalls partiell (und zwar in Höhe des jeweiligen Grenzsteuersatzes) – auf den Staat übertragen. Mittels der Einkommensteuerstatistik ließen sich die privaten Transfers folglich zu einem Teil erfassen, eine umfassende Ermittlung über amtliche Statistiken ist aber nicht möglich.

3.3. Institutionen der ökonomischen Sicherungspolitik und ihre Grenzen

Vermögen, Markt und Transfer stellen *alternative Instrumente* zur ökonomischen Sicherung dar, der sich die risikobedrohten Menschen bedienen können. Da sich Vermögen als alleiniges Instrument in der arbeitsteiligen Wirtschaft als nicht ausreichend erwiesen hat, werden auch von den Vertretern einer marktwirtschaftlichen Ordnung i. d. R. alle drei Sicherungsinstrumente als systemkonform angesehen, wenngleich bei einigen besondere Präferenzen für die ersten beiden Instrumente (Vermögen und Markt) vorhanden sein mögen. Jedes Instrument hat ganz spezielle ökonomische Wirkungsmechanismen, weist Vor- und Nachteile auf. Daher ist ein kombinierter Einsatz dieser Instrumente sinnvoll, so daß ein **System sozialer Sicherung** sich aus *verschiedenen* Sicherungs*institutionen* zusammensetzt, die sich einzelner Sicherungs*instrumente* bedienen oder diese auch kombiniert einsetzen. **Sicherungsinstitutionen** sind

III. Sicherungspolitik

ökonomische, selbständige Einrichtungen, die für andere Sicherungsaufgaben übernehmen und für diesen Zweck Sicherungsleistungen erstellen; sie sind damit Träger der individuellen und staatlichen Sicherungspolitik. Zu diesen Sicherungsinstitutionen zählen wir hier die Versicherungen, die Institutionen mit ökonomischer Sicherung als Nebenaufgabe und den Staat.

3.3.1. Die Versicherungen

In der Sicherungsinstitution »**Versicherung**« wirken die Instrumente *Vermögen* und *Markt* zusammen. Vermögensbildung kann bekanntlich durch individuelles Sparen geschehen, wobei der einzelne das jeweilige Anlagerisiko für sich allein trägt. Die **Lebensversicherung** z. B. bietet – sehen wir einmal von einer reinen Risikolebensversicherung ab – neben der Bildung eines Vermögensanspruchs auch einen **Risikoausgleich** zwischen den Mitgliedern. Wird eine solche Versicherung freiwillig über den Markt abgeschlossen, liegt eine Individualversicherung vor, mit der wir uns in diesem Kapitel beschäftigen wollen. Es gibt allerdings eine ganze Reihe von ökonomischen Gründen, daß ein Individualversicherungssystem, das alle sozialen Risiken abdeckt, nicht zustandekommen kann. Gerade diese »Grenzen der Individualversicherung« machen andere Institutionen der ökonomischen Sicherung erforderlich.

3.3.1.1. Die Individualversicherung

Spaltet man durch eine *Risikoübertragung* die Risiken von den gewöhnlichen Gütern ab, so entsteht ein eigenes Gut – der Versicherungsschutz. Dieser wird von den Versicherungen »produziert« und auf dem Markt angeboten. Der Nachfrager (Versicherungsnehmer) ist grundsätzlich frei, ob er dieses Gut erwerben will oder nicht. Mit dem Erwerb des »Versicherungsgutes« übernimmt die Versicherung ein genau umschriebenes Risiko, so daß der Versicherte von solchen Risikofolgen freigestellt wird, die seine Existenz bedrohen, solange er nicht in der Lage ist, genügend Rücklagen anzusammeln. Im Schadensfall ist die Versicherung zu einem Wertausgleich (natural oder in Geld) verpflichtet; i. d. R. wird die Versicherungsleistung in eine Absicherung des Einkommens- und Vermögensrisikos umgewandelt.
Die Versicherung umfaßt auch *kollektives Sparen* (nämlich das Ansammeln gemeinsamer Prämienreserven) mit der Absicht, das Sparziel durch Ausschalten von Unsicherheiten für die Spargemeinschaft zu sichern; es wird also eine organisierte Rücklagenbildung in Verbindung mit einer Liquiditätsvorsorge betrieben (Lobscheid).
Bei der **Individualversicherung** werden die Versicherungsprämien allein auf der Grundlage des Versicherungsrisikos nach dem **versicherungstechnischen Äquivalenzprinzip** berechnet, d. h. in strenger Anlehnung der vereinbarten Leistung (z. B. Rente) an die Prämienzahlung. In der Individualversicherung werden die versicherten Risiken, die den einzelnen treffen können und von ihm allein nicht zu bewältigen wären, zusammengelegt. Der Beitrag bemißt sich im Verhältnis zur individuellen *rechnerischen Wahrscheinlichkeit*, daß der Schadensfall für den Versicherten eintritt. Die gesamte Beitragssumme wird so bemessen, daß sie zur Deckung der gesamten eintretenden Risiken gerade ausreicht (zuzüglich der in der Versicherung entstehenden Kosten und

B. Theorie der Sozialen Sicherung

Gewinne). Damit sind alle Beiträge, auch die der von Schäden verschont Gebliebenen, aufgezehrt. Diejenigen, bei denen der Versicherungsfall nicht eingetreten ist, haben nicht etwa einen Verlust gemacht, denn sie haben als Gegenleistung für ihre Prämienzahlung die Freistellung von einem für sie untragbaren und möglicherweise ihre Existenz vernichtenden Risiko erhalten. Eine Individualversicherung geht man also aus dem *ökonomischen Kalkül* heraus ein – nicht etwa, um den Mitversicherten (im Sinne des Solidaritätsprinzips) behilflich, sondern um selber geschützt zu sein.

3.3.1.2. Die Grenzen der Individualversicherung

Die Risikoübertragung und der Risikoausgleich über Versicherungsmärkte haben allerdings *Grenzen*; es existiert eine ganze Reihe von Gründen, die das Zustandekommen einer Individualversicherung *unmöglich* macht. Einige dieser Gründe werden von FELDSTEIN aufgeführt; eine umfassende Darstellung ist bei SCHÖNBÄCK zu finden, der die wichtigsten Restriktionen privater Versicherbarkeit mittels Nutzenüberlegungen auch formal verdeutlicht, worauf hier verzichtet werden soll. Genannt werden die folgenden Gründe:

(a) *Risikoverhalten*

Das Wirtschaftssubjekt, das risikogeneigt ist (risk lover) – m. a. W. also kein Sicherungsbedürfnis hat –, wird nur eine Versicherungsprämie akzeptieren, die relativ gering und kleiner ist als die für die Risikodeckung mindestens erforderliche Versicherungsprämie. Die praktische Bedeutung dieses Verhaltenstypus hängt von seiner empirischen Verbreitung in den entsprechenden Einkommens- und Vermögensbereichen ab. **Risikoneigung** muß nun nicht stetig über den gesamten Einkommens- und/oder Vermögensbereich gelten; es ist durchaus denkbar, daß sich Bereiche von Risikoneigung mit Bereichen der **Risikoscheu** (Risikoaversion) *abwechseln*. Bei Großrisiken (wobei der mögliche Schaden zum Gesamtvermögen relativ groß ist) dürfte Risikoneigung eine geringere Rolle spielen; eher bedeutsam ist diese Verhaltensweise bei mittlerem oder kleinem Vermögen.[3]

Ein Spezialfall liegt vor, wenn ein Wirtschaftssubjekt zwar risikoscheu ist, diese aber gering ist im Verhältnis zur zu zahlenden Versicherungsprämie. Die **Versicherungsprämie** setzt sich nämlich nicht nur aus den *reinen Risikokosten* (»statistisch faire« Prämie) zusammen – die übrigens bereits bei der Risikoneigung als zu hoch angesehen wurden –, sondern deckt zusätzlich die *Verwaltungs- und Betriebskosten* sowie den *Gewinn* der Versicherung. ARROW/LIND vertraten die Ansicht, daß die *Versicherungskosten* auf dem Markt so *hoch* sind, daß infolgedessen viele Wirtschaftssubjekte die *Selbstdeckung von Schäden vorziehen*, eine Individualversicherung deshalb nicht zustande kommt. Hier bleibt allerdings die Frage der Höhe der Schäden und ihre Eintrittswahrscheinlichkeit unbeachtet. Bedeutsam für das Zustandekommen einer Individualversicherung ist der *Erwartungswert* eines Schadens; dieser kann gering sein bei kleiner Eintrittswahrscheinlichkeit und hohem Schaden, aber auch bei hoher Eintrittswahrscheinlichkeit und kleinem Schaden. Geringer Erwartungswert kann das Nicht-Zustandekommen einer Versicherung verursachen, selbst wenn eine gewisse Risikoscheu vorliegt. Die Risiko-

---

3 Das Einkommen bzw. Vermögen wäre also zu niedrig, als daß es dem risikogeneigten Wirtschaftssubjekt eine Versicherung wert wäre, obwohl er in der Lage wäre, die schadensdeckende Prämie zu entrichten.

scheu bzw. das Sicherungsbedürfnis ist allerdings nicht groß genug, so daß das Wirtschaftssubjekt gemäß seiner Präferenzstruktur nicht bereit ist, den ihm zu hoch erscheinenden Marktpreis zu entrichten.

Aber nicht nur das *Risikoverhalten* der *Individuen*, sondern auch das der *Versicherungen* ist zu beachten. Obwohl die eigentliche Funktion der Versicherungen gerade in der Risikoübernahme liegt, zeigen diese doch häufig eine Risikoaversion; diese liegt in dem einzelwirtschaftlichen Kalkül begründet, demnach durch Übernahme kalkulierbarer Risiken Gewinne zu erzielen, oder aber kostendeckend zu arbeiten ist. Bei Existenz unterschiedlicher Risiken versuchen die Versicherungen, diese zu separieren und zu höheren Prämien (»Risikozuschläge«) zu versichern bzw. – sofern mangelnde Zahlungsbereitschaft (z. B. Risikoscheu der Versicherten geringer als Versicherungskosten) oder -fähigkeit (»relative« Armut) gegeben ist – auszuschließen. Eine weitere Möglichkeit der Risikobegrenzung liegt für Versicherungen darin, vor Abschluß der Versicherung eine individuelle Risikoprüfung durchzuführen (z. B. die ärztliche Untersuchung vor dem Abschluß einer privaten Lebensversicherung) und die Prämie entsprechend dem individuellen Risiko zu differenzieren bzw. nur teilweise oder gar nicht zu versichern (letzteres entspricht der »adverse selection«).

(b) *Relative Armut*

Bisher wurde angenommen, daß das Wirtschaftssubjekt vom Einkommen und/oder Vermögen her so gestellt ist, daß es prinzipiell in der Lage wäre, die Versicherungsprämie zu entrichten. Nun wird davon ausgegangen, daß es eine Untergrenze im Sinne eines (wie auch immer definierten) Existenzminimums gibt. Wenn der Schaden und/oder die Schadenswahrscheinlichkeit so groß ist, daß die resultierende Prämie das verfügbare Einkommen (Vermögen) *unter das Existenzminimum* drückt, kommt eine Individualversicherung nicht zustande. Dabei ist Armut *vor* Eintritt des Risikos keine notwendige Voraussetzung; beispielsweise kann das Einkommen ohne Entrichtung einer Versicherungsprämie noch oberhalb des Existenzminimums gelegen haben. Erst durch die Zahlung einer Versicherungsprämie würde das Existenzminimum unterschritten. **Relative Armut** ist also auf die *Höhe der Versicherungsprämie* bezogen, eine Individualversicherung kann nicht zustande kommen.

(c) *Selektion »schlechter« Risiken*

Eine Möglichkeit, daß eine Individualversicherung trotz »relativer« Armut zustande käme, könnte darin liegen, daß sich Wirtschaftssubjekte mit objektiv geringem Risiko infolge subjektiven Unwissens mit solchen versichern ließen, die ein hohes Risiko aufweisen. Das ist aber um so unwahrscheinlicher, je offenkundiger die Risikounterschiede zutage treten.[4] Denn die Versicherungsprämie ist für die sogenannten guten Risiken um so höher, je mehr **»schlechte« Risiken** zum Versichertenkreis zählen. Zu einer höheren Prämie lassen sich die »guten« Risiken aber nur versichern, wenn ihre Risikoscheu ausreichend hoch ist.

---

4 Z. B. werden sich Arbeiter, Angestellte und Beamte nicht in einer Individualversicherung gegen Arbeitslosigkeit versichern, da sie völlig unterschiedlich vom Risiko der Arbeitslosigkeit bedroht werden.

B. Theorie der Sozialen Sicherung

Mangelnde Differenzierbarkeit infolge subjektiver Unkenntnis der Versicherung hat einen Ausschluß der Personen mit niedrigem mathematischen Erwartungswert des Schadens (»gute« Risiken) zur Folge und führt zu einer Selektion und isolierten Versicherung der »schlechten« Risiken (**adverse selection**) mit hohem Erwartungswert des Schadens. M. a. W. ist eine personelle Umverteilung (die bei Risikounterschieden neben den Risikoausgleich tritt) über Versicherungsprämien um so unwahrscheinlicher, je geringer die Risikoscheu der »guten« Risiken und je besser die Information der Versicherung über die Risikodifferenzen ist. Dann erfolgt eine *Trennung* beider Risikogruppen oder aber der *Ausschluß* der »schlechten« Risiken; zumindest für diese kann dann überhaupt keine Individualversicherung zustande kommen. In der Praxis beobachten die Versicherungen laufend den Schadensverlauf und versuchen dann, den Markt entsprechend zu fragmentieren.

(d) *Abhängigkeit der Versicherungsleistung vom individuellen Verhalten des Versicherten*

Bisher wurde unterstellt, daß die möglichen Schadensereignisse ausschließlich vom *Zufall* abhängen; in vielen Fällen ist es aber möglich, daß entweder die Wahrscheinlichkeit des Schadensfalles oder die Höhe der dann fälligen Versicherungsleistung vom Versicherungsnehmer durch sein *Verhalten* beeinflußt werden können. Sind die Versicherungen über die Verhaltensweisen informiert, setzen sie entsprechend die Prämien höher an, um damit die anfallenden Mehrbelastungen zu decken. Ist dann die Risikoscheu der Wirtschaftssubjekte gering, so erfolgt überhaupt keine Versicherung oder aber nur die Versicherung der »schlechten« Risiken (die sich selbst sicher sind, eine hohe Gegenleistung zu erhalten).

Diese Verhaltensweise der Versicherungsnehmer ist im angelsächsischen Bereich als »**moral hazard**« (**moralisches Risiko**) bekannt geworden. Nach der **Gruppen-Theorie** (OLSON) hat die von Versicherungen ihren Mitgliedern gewährte Leistung in dem Sinne Kollektivguteigenschaft, daß kein Versicherter von der Leistung der Versicherung ausgeschlossen werden kann. In der Logik kollektiven Handelns kann es nun liegen, daß trotz des gemeinsamen Interesses aller Versicherungsmitglieder an einem möglichst niedrigen Beitrag sich nicht alle im Sinne dieser Zielsetzung verhalten. Bei gegebener Versicherungsprämie besteht vielmehr für den einzelnen der Anreiz, soviel Leistung wie möglich zu beanspruchen. Dadurch erhöhen sich die Gesamtkosten für die Versicherung, die über Prämienerhöhungen weitergegeben werden. Derjenige, der sich im Sinne des moralischen Risikos verhält, wird hiervon zwar auch betroffen, aber der auf ihn entfallende Teil der Mehrkosten ist um so geringer, je höher die Zahl der Mitglieder ist. Jeder, der sich nicht im Sinne des »moral hazard« verhält, ist also negativ betroffen.

Gegen diese die Individualversicherung gefährdende Verhaltensweise gibt es eine Reihe von Vorkehrungsmöglichkeiten. Zu nennen ist hier vor allem die »Ex-post-Prämiendifferenzierung«, die einen Anreiz zur Schadensverhütung oder -senkung bewirkt. Hierzu zählen die Beteiligung des Versicherten an der Schadensdeckung (»**Selbstbehalt**«), die teilweise Prämienrückerstattung im Falle der Schadensfreiheit (»**Schadensfreiheitsrabatte**«) oder ein **Bonus-Malus-System** (wie z. B. in den Kraftfahrzeugversicherungen).

III. Sicherungspolitik

(e) »*Infektion« von Risiken*

Bisher wurde davon ausgegangen, daß die Risikofälle statistisch voneinander unabhängig sind. Ist das nicht der Fall, liegt ein weiterer Grund für das mögliche Versagen von Individualversicherungen vor. Ausgegangen wird von zwei Schadensereignissen in unterschiedlichen Perioden. Beide Ereignisse unterscheiden sich dadurch, daß der *erste* Schadensfall mit einer *unbedingten* Wahrscheinlichkeit, der *zweite* mit einer *bedingten* Wahrscheinlichkeit erwartet werden kann. Letztere hängt davon ab, wieviele der Risiken in der ersten Periode eingetreten sind, so daß es also zu einer kumulativen Ansteckung in den folgenden Perioden kommen kann (»**Infektion**« z. B. bei Krankheiten, aber auch von Ernteausfällen infolge Schädlingsbefalls).

Ausschlaggebend für das Zustandekommen einer Individualversicherung ist einerseits das Ausmaß der Infektionsgefahr und andererseits, ob der Tatbestand der Infektion überhaupt der Versicherung und den Versicherten bekannt ist. Eine Unterschätzung derartiger Risiken infolge mangelnder Kenntnis seitens der Versicherung würde deren Existenz gefährden. Die Internalisierung derartiger Risiken über höhere Prämien kann aber wiederum bedeuten, daß ein Teil der Risikoexponierten von der Versicherung ausgeschlossen wird (betroffen sind Personen mit geringer Risikoscheu und im Zustand der »relativen« Armut).

Die Gefahr der »Infektion« von Risiken, aber auch die beiden folgenden Restriktionen privater Versicherung – »langfristige Bestandsunsicherheit von Privatversicherungen« und »Wahrscheinlichkeit des Schadens unbekannt« bewegen sich zunehmend in Richtung auf den oben zitierten Ungewißheitsbegriff von Knight zu, da die Bestimmung der Wahrscheinlichkeit des Risikoeintritts immer schwieriger wird.

(f) *Langfristige Bestandsunsicherheit von Individualversicherungen*

Die Risiken werden im allgemeinen durch das Gesetz der großen Zahlen kalkulierbar, aber nicht immer völlig beseitigt. So folgt aus der Freiwilligkeit der Mitgliedschaft in einer Privatversicherung eine Unsicherheit hinsichtlich der zukünftigen Beitragseinnahmen. Allmähliche Veränderungen in der Risikostruktur mögen entsprechende Prämienerhöhungen zur Folge haben, was einen Austritt der »guten« Risiken nach sich ziehen kann. Unter anderem um zu vermeiden, daß die alleinige Schadensdeckung aus den laufenden Prämien erfolgt, sind die Privatversicherungen (auch aus Gründen der sogenannten Mündelsicherheit) verpflichtet, ein *Deckungskapital* aufzubauen, auf das im Bedarfsfall zusätzlich zurückgegriffen werden kann.

Trotz breiter Streuung vorwiegend in relativ sichere Anlageformen ist dieses Deckungskapital den allgemeinen Unsicherheiten der wirtschaftlichen Entwicklung unterworfen. Insbesondere private Lebensversicherungen – bei denen anders als z. B. bei Krankenversicherungen die Deckungsreserve eine große Rolle spielt – können nur bedingt als sicher gelten, da ihr Kapital der *allgemeinen Unsicherheit* unterworfen ist (z. B. Inflation und Deflation, Entwertung der Anlagen durch nachhaltige Veränderungen in der Wirtschafts-, aber auch Bevölkerungsstruktur usw.; siehe unten).

B. Theorie der Sozialen Sicherung

(g) *Wahrscheinlichkeit des Schadens unbekannt*

Sind die *Wahrscheinlichkeitsverteilungen* hinsichtlich der Schäden *nicht* bekannt, entfällt jegliche Kalkulationsmöglichkeit für Individualversicherungen. Voraussagen über künftige Entwicklungen sind nicht möglich, so daß Raum für den individuellen Optimismus bzw. Pessimismus seitens der Versicherungen bei der Prämienkalkulation bleibt. Aber nicht nur die Kalkulation der Versicherungen wird problematisch, sondern auch die Entscheidung des Risikoträgers, sich zu versichern, wird bei Ungewißheit erschwert. Beides kann dazu führen, daß Individualversicherungen nicht zustande kommen, was in der Praxis insbesondere bei dem Massenrisiko »Arbeitslosigkeit« der Fall sein dürfte.

(h) *Schäden nicht in Geld bewertbar*

Als letzte Restriktion, der Individualversicherungen unterliegen können, sei der Fall genannt, daß Schäden *immaterieller* Natur und nicht in Geld bewertbar sind. Dabei handelt es sich um Lebensrisiken (z. B. körperliche oder geistige Behinderung), die nicht übertragbar sind. Lediglich deren wirtschaftliche Folgen (Einkommensausfall, Krankheit u. ä.) können Gegenstand von Individualversicherung sein; hier sind allerdings ebenfalls Restriktionen möglich, sofern es sich um Folgen handelt, die mit der Problematik der »schlechten« Risiken gleichzustellen wären.

Die hier behandelten Einschränkungen privater Versicherbarkeit können bei den verschiedenen Risiken einzeln, aber auch kombiniert auftreten. Führt das zu einem Versagen der Versicherungsmärkte und damit Unterbleiben eines ansonsten gewünschten Risikoausgleichs, kann hierin die Begründung für staatliche Interventionen gesehen werden.

3.3.2. Institutionen mit ökonomischer Sicherung als Nebenaufgabe

Während für die Versicherung die ökonomische Sicherung die Hauptaufgabe ist, existieren noch viele andere wirtschaftliche Einrichtungen, die Sicherungsaufgaben für Haushalte wahrnehmen. Zum einen leisten *Haushalte* unter sich *private* Transfers, zum anderen erbringen *Verbände* Sicherungsleistungen gegen Beitragszahlungen. Insbesondere übernehmen aber auch *Unternehmungen* als Nebenleistung gewisse ökonomische Sicherungsleistungen.

Vor allem ist Institutionen, die sich mit der Betreuung von Vermögenswerten beschäftigen, eine gewisse ökonomische Sicherunsleistung zuzuschreiben. Hierzu zählen insbesondere die *Banken*, die mittels Beratung und Betreuung tätig werden. Diese stehen oft – z. T. im Konzernverbund – in Zusammenarbeit mit Versicherungsunternehmen, übernehmen z. B. zum großen Teil die Anlage deren Deckungskapitals.

Auch dem Kredit, als »Vermögensersatz« vom Bankensystem vergeben, ist eine ökonomische Sicherungswirkung zuzuschreiben (FORSTER). Allerdings hat die Sicherung über den Kredit zur Bedingung, daß der Schuldner über gewisse Vermögenswerte oder andere Formen einer besonderen Bonität verfügen muß.

Die *betriebliche Sozialpolitik* ist ein weiteres Beispiel ökonomischer Sicherung durch Unternehmen; dabei sind durch Gesetz veranlaßte Zahlungen der Unternehmungen (z. B. Lohnfortzahlung im Krankheitsfall) dem staatlichen

Interventionismus zuzuschreiben. *Freiwillige* Sozialleistungen der Unternehmen können nicht eindeutig als bedingter Arbeitslohn, private Sicherungstransfers oder freiwillige personelle Umverteilung klassifiziert werden – jedenfalls dienen sie z. T. der ökonomischen Sicherung. Dabei bedienen sich die Unternehmen oft anderer Sicherungsinstitutionen, wie der Sozialversicherung oder auch des Individualversicherungssystems z. B. zur Finanzierung einer betrieblichen Alterssicherung (»Betriebsrente«). Letzteres wird teilweise auch durch den Staat unterstützt, indem er entsprechende Leistungen steuerlich begünstigt.

3.3.3. Der Staat

Der Staat erfüllt im Rahmen der Sicherungspolitik zwei wichtige Funktionen: Zum einen ist er die *oberste Ordnungsinstanz*, indem er den Rahmen für die Institutionen und den Ablauf der sozialen Sicherung mittels seiner Ordnungspolitik steckt; er greift mit vielen Maßnahmen in den wirtschaftlichen Ablauf ein mit dem Ziel, die soziale Sicherheit zu erhöhen. Zum anderen übernimmt der Staat selbst *Sicherungsaufgaben*, ist selbst Sicherungsinstitution bzw. delegiert diese per hoheitlicher Anordnung. Staatliche Intervention kann dadurch begründet werden, daß man das Ziel »soziale« Sicherheit für so bedeutsam hält, daß die Zielverwirklichung allein in die Hand des zentralen und höchsten Entscheidungsträgers gelegt werden sollte. Das mag mit einer gewissen Entmündigung der Bürger verbunden sein. Staatliche Intervention ist aber auch dadurch zu begründen, daß man zunächst vom dezentralen Marktmechanismus und der Eigenverantwortlichkeit des einzelnen ausgeht und erst – wenn die Instrumente Markt und Selbstbehalt (Vermögen) versagen – staatliche Maßnahmen einleitet (Subsidiaritätsprinzip). Hier sei der letztere Weg eingeschlagen, was zweifellos einer ganz bestimmten Wertung entspricht. Es geht also zunächst darum, wie der Staat die Restriktionen privater Versicherbarkeit *beheben* könnte.

3.3.3.1. Interventionen zur Behebung der Restriktionen privater Versicherbarkeit

Man kann grundsätzlich zwei Arten staatlicher Interventionen unterscheiden (SCHÖNBÄCK): die **marktfördernde Staatsintervention**, die die Hemmnisse der privaten Allokation durch staatliche Interventionen beseitigt und dadurch den privatwirtschaftlichen Aktivitätsbereich ausweitet; die **marktsubstituierende Intervention**, bei der das Nicht-Zustandekommen privatwirtschaftlicher Allokation zum Anlaß für eine staatliche Allokation genommen wird.[5] Zu

---

5 Es mag auch – außer den rein ökonomischen Gründen – andere, insbesondere politökonomische Gründe für Staatsinterventionen geben, auf die unten eingegangen werden soll. Im übrigen kann der Staat auch über Informationsverbreitung, »moral suasion« u. a. tätig werden oder durch staatliche Vorsorgemaßnahmen versuchen, die Schadenswahrscheinlichkeit und -höhe zu beeinflussen; darauf wird hier nicht eingegangen (z. B. Vermeidung von Krankheit durch Arbeitnehmerschutzpolitik, Verringerung der Unfallgefahr durch Aufklärung und entsprechende Sicherheitsgesetzgebung usw.).

B. Theorie der Sozialen Sicherung

den marktfördernden Interventionen zählen die einkommensteuerliche Begünstigung der Prämienzahlung an eine Privatversicherung, die Subventionierung des laufenden Betriebes der Privatversicherung und die obligatorische Privatversicherung. Marktsubstituierende Staatsinterventionen stellen die staatliche Kompensation der von Privatversicherungen nicht gedeckten Schäden sowie die obligatorische parafiskalische Versicherung dar.

(a) *Einkommensteuerliche Begünstigung der Prämienzahlung an eine Privatversicherung*

Die **einkommensteuerliche Begünstigung** kann in zwei Formen gewährt werden: Einerseits können die Versicherungsbeiträge von der Bemessungsgrundlage *abzugsfähig* sein. Die Entlastungswirkung tritt dann in Form einer Minderung der Steuerschuld auf, deren Ausmaß abhängt von der Höhe des jeweiligen Grenzsteuersatzes. Andererseits können Versicherungsbeiträge in Form eines *fixen Absetzbetrages* auf die Steuerschuld *anrechenbar* sein (»Steuerkredit«). Ob Anrechenbarkeit oder Abzugsfähigkeit – in jedem Fall ist die Wirkung der einkommensteuerlichen Regelungen zur Beseitigung der einzelnen Einschränkungen privater Versicherbarkeit recht unterschiedlich.

Ist »Risikoneigung« vorherrschend, *versagt* die steuerliche Begünstigung, da trotzdem eine Nettoprämienzahlung verbleibt. Bei »geringerer Risikoscheu im Verhältnis zu den Kosten« und einer ausreichenden Steuerminderung könnte sie funktionieren. Der »relativen Armut« als Restriktion könnte nur in engen Grenzen entgegengewirkt werden, da – solange der Steuerkredit nicht mit einer negativen Einkommensteuer verbunden ist[6] – dieser nur bei Vorhandensein einer Steuerschuld wirksam wird. Entsprechendes gilt auch für die steuerliche Abzugsfähigkeit von der Bemessungsgrundlage. Im übrigen soll die Einkommensbesteuerung erst bei Vorhandensein einer steuerlichen Leistungsfähigkeit einsetzen, die oberhalb der Armutsgrenze (Existenzminimum) beginnt.
Eine Selektion »schlechter Risiken« kann nur vermieden werden, wenn die Steuerersparnis die Prämie für die Personen mit geringer Schadenswahrscheinlichkeit senkt; immerhin wären auch dann noch Unterschiede in der Risikostruktur gegeben, die auf Dauer zu weiteren Differenzierungen bzw. Risikoausschlüssen Anlaß sein können. Gegenüber der Risikoscheu der Versicherung selbst sind steuerliche Begünstigungen der Versicherten völlig unwirksam. Im übrigen kann z.B. bei geringer Risikoscheu das steuerliche Begünstigungsinstrumentarium nicht selektiv eingesetzt werden, sondern muß *allen* Versicherten zugute kommen, da die Steuerverwaltung keine Möglichkeit hat, subjektive Eigenschaften objektiv festzustellen. Die generelle Begünstigung auch derjenigen mit großer Risikoscheu, die sich also ohnehin privat versichern würden, verursacht höhere Kosten und negative Wohlstandseffekte über eine unnötige Vermehrung privater Versicherung (FELDSTEIN/FRIEDMAN). Gegen die Ungewißheitstatbestände (»Infektion« von Risiken, langfristige Bestandsunsicherheit, unbekannte Wahrscheinlichkeitsverteilung) vermag dieses Instrumentarium nichts auszurichten.

(b) *Subventionierung des laufenden Betriebes einer Privatversicherung*

Die **Subventionen** – finanziert aus dem laufenden Steueraufkommen des Staates – würden neben den Beitragseinnahmen die *zweite Einnahmenquelle* der Privatversicherung sein, die erlauben würde, die Prämien unter das versicherungsmathematisch notwendige Niveau zu senken. Damit die Subventionen auch überwälzt werden und nicht allein die Gewinne der Versicherungen erhöhen, ist allerdings eine staatliche Kontrolle erforderlich, die ebenfalls

---

6 Zur negativen Einkommensteuer unten näheres (siehe 6.1.2. und 17.2).

Ausgaben verursacht.[7] Eine generelle Subventionierung hat nun ähnliche Probleme zur Folge wie die Steuerbegünstigung; es könnten zwar die Restriktionen »Risikoneigung« und »geringe Risikoscheu« durch Senkung der Versicherungsprämie eliminiert werden, jedoch wären auch hier die ohne diese Staatsintervention Versicherungswilligen ebenfalls begünstigt, da die Differenzierung infolge mangelnder objektiver Feststellbarkeit der Verhaltensweisen unmöglich ist. Selektiv kann die Subventionierung aber im Fall »relativer Armut« eingesetzt werden, da diese anhand des Einkommens bzw. Vermögens diagnostiziert werden kann.

Die Restriktion »Selektion schlechter Risiken« (infolge Ungleichheit des Risikos und fehlender Information der Versicherung über die Existenz unterschiedlicher Risikoklassen) kann hingegen nicht selektiv beseitigt werden; hier hilft generell nur Subventionierung. Im Falle der »Risikoinfektion« allerdings kann ebenso eine Subventionierung ansetzen, da es sich hierbei um einen objektiv feststellbaren Tatbestand handelt (jedenfalls wenn die Infektionsursache bekannt ist). Auch die »Risikoaversion« der Versicherung gegenüber extrem hohen möglichen Schäden ließe sich über eine Subventionierung entsprechender Schäden abbauen.

Demgegenüber lassen sich »moralische Risiken« durch staatliche Subventionen nicht beseitigen. Das Wissen um die Subventionierungsmöglichkeit könnte die Versicherten dazu verleiten, viele Versicherungsleistungen zu beanspruchen, so daß die Versicherung als besonders belastet gelten muß und damit auch als subventionswürdig erscheint. Mit der Subventionsgewährung könnten dann schließlich die Beiträge gesenkt werden. Beeinflußbar durch dieses Instrumentarium sind aber die Ungewißheitstatbestände »unbekannte Wahrscheinlichkeitsverteilung« und »langfristige Bestandsunsicherheit«; denn letztlich trägt der Staat als oberste Risikogemeinschaft immer die Lasten massenhaft auftretender, unkalkulierbarer Risiken.

Subventionierung ist mit zusätzlichen staatlichen Ausgaben verbunden, was eine entsprechende Erhöhung der Einnahmen bedingt. Es sind also sowohl die Wirkungen der Subventionierung als auch die ihrer Finanzierung in einer »Gesamtinzidenzanalyse« zu berücksichtigen. Darauf soll im Zusammenhang mit der mikroökonomischen Analyse näher eingegangen werden.

(c) *Obligatorische private Versicherung*

Die Einführung einer **Versicherungspflicht** in privaten Versicherungen vermag folgende Restriktionen zu beseitigen: »Risikoneigung«, »geringe Risikoscheu«, »Selektion schlechter Risiken«, »Risikoscheu der Versicherungen« und »Risikoinfektion« (es sind alle von einem Risiko Bedrohten per Zwang erfaßt). Unbeeinflußt bleibt der Fall der »relativen Armut«, denn ohne finanzielle Mittel kann keine Versicherung erfolgen. Die Zwangsversicherung verhindert Austritte und kann somit auch der langfristigen Bestandssicherheit dienen. Das Fehlen einer Wahrscheinlichkeitsverteilung kann allerdings nicht geheilt werden, ebensowenig wie »moralische« Risiken; diese können eher zunehmen, da die Zahl der Versicherten i. d. R. steigt, so daß sich die Kosten des »moral hazard«-Verhaltens auf mehrere Köpfe verteilen, die notwendige Prämienerhöhung für den einzelnen also geringer ausfällt.

---

7 Theoretisch würde es genügen, die Angebots- und Nachfrageelastizitäten sowie die Einkommenselastizitäten auf den betreffenden Versicherungsmärkten zu ermitteln, da diese – wie die Theorie der Steuerüberwälzung zeigt – die Überwälzungsmöglichkeiten bestimmen. Das ist in der Praxis allerdings ausgesprochen schwierig, so daß sich die Kontrolle auf administrative Maßnahmen beschränken dürfte.

B. Theorie der Sozialen Sicherung

Bei allen Versicherten, die sich ohne Zwang nicht versichern lassen würden, entstehen Wohlfahrtsverluste. Das kann gerechtfertigt werden einerseits mit **gestörten Konsumentenpräferenzen**, in die die mit höherer Einsicht versehenen politischen Entscheidungsträger eingreifen (meritorische Argumentation); m. a. W. wird also die Konsumentensouveränität außer Kraft gesetzt. Andererseits mag der Zwangseingriff gerechtfertigt erscheinen, weil ansonsten **negative externe Effekte** auftreten können, die Dritte bedrohen. Der Staat bringt dann gewissermaßen die Sicherungsbedürfnisse der von den negativen externen Effekten bedrohten Personen zum Ausdruck; es erfolgt eine Zwangsinternalisierung. Beide Elemente – gestörte Präferenzen, negative externe Effekte – weisen die »**demeritorischen**« **Güter** auf; diese Argumentation bewegt sich also im Rahmen der »Theorie der öffentlichen Güter« (PETERSEN: Finanzwissenschaft I, C. I.) Der Versicherungszwang *verstärkt* die personellen Umverteilungselemente (horizontal oder – was nicht unbedingt sein muß – auch vertikal), weil die Zahl der Versicherten ohne Schaden zu denen mit Schaden steigt. Eine *vertikale Umverteilung* ist nicht notwendigerweise Folge des Versicherungszwanges, wenn die Prämie proportional zum Risiko und nicht zum Einkommen festgelegt wird. Da die »schlechten« Risiken integriert sind, kommt es allerdings – im Vergleich zur reinen Marktlösung mit Ausschluß – zu einer Umverteilung zwischen Versicherten mit geringem und Versicherten mit hohem Erwartungswert des Schadens; diese könnte allerdings durch eine Ex-post-Prämiendifferenzierung (Selbstbehalt) gemindert werden. Die Einführung eines Versicherungszwanges fällt unter die staatlichen Regulierungen, die keinen unmittelbaren Einfluß auf die Einnahmen- und Ausgabenseite des staatlichen Budgets haben (allenfalls Kontrollkosten), wohl aber Wohlfahrtsverluste seitens der Zwangsversicherten nach sich ziehen können.

(d) *Staatliche Kompensation der von Privatversicherungen nicht gedeckten Schäden*

Die **staatliche Kompensation** kann nicht generell erfolgen, weil sonst jegliche private Versicherung unterbunden und jegliche Eigenleistung der Wirtschaftssubjekte zur Schadensvermeidung unterbleiben würde; sie kann daher nur *selektiv* bei Schäden ansetzen, deren Nichtdeckung nicht in erster Linie Ergebnis der individuellen Einstellung und Entscheidung der primären Risikoträger ist.

Die Restriktionen »Risikoneigung«, »geringe Risikoscheu« sowie »moralisches Risiko« können durch die Kompensation nicht ausgeschaltet werden. Wohl aber die Fälle »relative« Armut, »Risikoscheu der Versicherung«, »Risikoinfektion« und »unbekanne Wahrscheinlichkeitsverteilung«. Genau diese Restriktionen wären auch durch selektive Subventionierung zu eliminieren.
Während aber die Subventionierung (wie auch die steuerliche Begünstigung) die Risikobereiche der Individualversicherung ausweitet (*marktfördernd* ist), übernimmt bei der Kompensation der Staat die Aufgabe der Versicherung, ohne daß jedoch explizite Versicherungsabschlüsse getätigt werden. In der Theorie der Sozialpolitik wird diese Intervention auch als **Fürsorgeprinzip** bezeichnet (siehe unten 5.1.2.). Die staatliche Kompensation verursacht Staatsausgaben, von deren Finanzierung wiederum Anreizwirkungen auf die von den Finanzierungskosten betroffenen Personen ausgehen.

(e) *Obligatorische parafiskalische Versicherung*

Hier wird das staatliche Gebot, sich obligatorisch zu versichern, in dem Sinne erweitert, daß sich eine Person bzw. Personengruppe bei einer ganz bestimmten parafiskalischen Versicherung versichern lassen muß (z. B. die **Sozialversicherungspflicht** in der Bundesrepublik Deutschland). Während bei der obligatorischen Privatversicherung der *Wettbewerb zwischen den Versicherungen* nicht unbedingt eingeschränkt werden muß, geht der damit verbundene Effizienzge-

III. Sicherungspolitik

winn bei quasi staatsmonopolistischen Zwangsversicherungsanstalten verloren, es sei denn, eine bürokratische Kontrollinstanz könnte das verhindern.

Parafiskalische Versicherungsinstitutionen haben jedenfalls eine langfristige Bestandssicherheit, da Zwangsmitgliedschaft herrscht, Austritte also nicht möglich sind. Auch können sie, wie die Erfahrungen nach den zwei Weltkriegen gezeigt haben, *krisenhafte Brüche* in der historischen Entwicklung *überleben* und bewältigen, ohne daß sämtliche Versicherungsansprüche stark reduziert werden müssen. Allerdings kann »Risikoscheu« der Versicherung auftreten, was z. B. im Ausschluß der Pflegeleistungen in der GKV zum Ausdruck kommt. Auch die Restriktion »relative« Armut wird durch eine obligatorische Sozialversicherung nicht ausgeräumt; entweder müßte zugunsten der »Armen« eine personelle Umverteilung in die Sozialversicherung eingebaut oder aber der Mitgliedszwang für diese Schichten aufgehoben werden. Das Problem »relative« Armut wäre dann im Rahmen einer getrennten Institution – wie z. B. in der Bundesrepublik die Sozialhilfe – zu lösen, die die Intervention (d) betreibt. Die obligatorische parafiskalische Versicherung macht entsprechende Individualversicherungen zumindest teilweise überflüssig, ist also *marktsubstituierend*. Soweit die Sozialversicherung aber die Risiken nicht gänzlich abdeckt (also bewußte oder auch zufällige Sicherungslücken läßt), bleibt noch Raum für Individualversicherer.

3.3.3.2. Staatliche Sicherung für Haushalte

Der Hauptbereich der staatlichen Sicherung für die Haushalte ist also die **Sozialpolitik**, die zum einen *Sicherungsleistungen* und zum anderen *Umverteilungsleistungen* umfaßt. Dem Subsidiaritätsprinzip folgend können also weite Bevölkerungsschichten Eigenvorsorge betreiben. »Gestörte« Verhaltensweisen einzelner Personen oder Personengruppen können mit marktfördernden staatlichen Interventionen ausgeschaltet werden (z. B. in der Praxis die obligatorische Kfz-Versicherung, steuerbegünstigte Beiträge zu privaten Kranken- und Lebensversicherungen usw.). Vor allem die Restriktion »*relative*« Armut erfordert aber neben Sicherungsleistungen auch Umverteilungsleistungen; hier setzen die sogenannten *Sicherungstransfers* an, die entsprechend der vorherrschenden Gerechtigkeitsvorstellungen aus Progressivsteuern zu finanzieren sind, so daß eine Nivellierung der Einkommensverteilung erfolgt.

Die langfristige Bestandssicherheit von Einrichtungen mit Sicherungscharakter wird am ehesten gewährleistet durch die Einrichtung von Sozialversicherungen, in denen die Zwangsmitgliedschaft auch dafür sorgt, daß die »schlechten« Risiken integriert werden. Es ist sicherlich *sozial unvertretbar*, unheilbar Kranke, Körperbehinderte, Geistig-Behinderte u. ä. auf die Versicherungsmärkte zu verweisen, die sie aller Voraussicht nach von der Versicherung ausschließen bzw. aufgrund hoher Risikozuschläge in die »relative« Armut (und damit die Sozialhilfe) treiben würden. Die Sozialversicherung mit Zwangsmitgliedschaft sorgt dafür, daß sich die Lasten der »schlechten« Risiken auf eine große Anzahl von Köpfen verteilen und die (gegenüber Privatversicherungen mit Ausschluß der »schlechten« Risiken) notwendigen Beitragserhöhungen nicht allzu stark ausfallen werden.

Mit diesen Ausführungen sind die für die soziale Sicherung der Haushalte notwendigen Instrumente umrissen worden: *Eigenvorsorge* über individuelles Vermögen und Einkommen, die eigenverantwortliche *Versicherung* auch von sozialen Risiken in Individualversicherungen, die Sicherung über *freiwillige Sozialleistungen der Unternehmen*, die *Sozialversicherung* und – wo alle vorgenannten Instrumente versagen – die *Sozialhilfe*. Auf alle diese Instrumente kann der Staat

63

B. Theorie der Sozialen Sicherung

indirekt oder direkt Einfluß nehmen. Damit hat der Staat nicht etwa die Aufgabe, die soziale Sicherung zu »verstaatlichen«, sondern vielmehr darüber zu wachen, daß ein *ausgewogenes Verhältnis* zwischen diesen Sicherungsinstrumenten herrscht.

Gerade das scheint aber *heute nicht* gegeben zu sein. Ursache hierfür ist sicherlich die in der Vergangenheit bedeutsame Restriktion der »relativen« Armut gewesen, die zunächst die Ausbildung eines leistungsfähigen Individualversicherungssystems verhindert hat. Die Schaffung einer Sozialversicherung und insbesondere die Aufnahme breiter Bevölkerungskreise in den Folgedekaden hat den mit steigendem Wohlstand eigentlich größer werdenden Raum für Individualversicherungen stark eingeengt.

Andererseits mag an der Dominanz staatlicher Interventionen (und hier insbesondere der marktsubstituierenden) auch die *theoretische Sozialpolitik* nicht ganz unschuldig sein, die sich zumindest temporär stark vom ökonomischen Gedankengut entfernt hatte. So tauchen unter den »klassischen« Sicherungsmaximen der Sozialpolitik »Versicherung, Versorgung, Fürsorge« nur marktsubstituierende Instrumente auf, die marktfördernden werden weitgehend vernachlässigt. Die ökonomische Sicherungspolitik kann durchaus einen Beitrag dazu liefern, die heutigen »Systeme sozialer Sicherung« rationaler und effizienter zu gestalten. Konkret bedeutet dies, daß mit gleichem Mitteleinsatz einerseits mehr Sicherheit und andererseits mehr Umverteilung erreicht bzw. der Mitteleinsatz bei gleicher Zielverwirklichung reduziert werden kann. Darüber hinaus vermitteln die dezentralen Mechanismen wie Eigenverantwortlichkeit und Markt ein Selbstbestimmungsgefühl, stärken somit die Freiheitsrechte und vermindern das Abhängigkeitsgefühl von einem übermächtigen, undurchschaubaren, bürokratischen Apparat. Die Ansicht, daß soziale Sicherung am besten und ausschließlich vom Staat gewährleistet werden kann, wird jedenfalls zunehmend weniger vertreten.

Es soll hier allerdings nicht übersehen werden, daß auch die marktfördernden Interventionen durchaus ihre *Grenzen* haben. Gerade bei der Steuerbegünstigung und Subventionierung tritt die Gefahr auf, daß die staatlichen Leistungen an die Stelle privater Leistungen treten (der Versicherungen und/oder der Versicherten). Damit würde gewissermaßen der Staat bzw. die Gesamtheit der Bürger durch eine Gruppe ausgebeutet. Häufig ist mit der marktfördernden Intervention auch eine »Verstaatlichung des Verlustrisikos« (Sozialisierung der Verluste) verbunden. Inwieweit dadurch der Wettbewerb unter den Versicherungen eingeengt wird, ist eine wichtige Frage, die nicht aus den Augen verloren werden darf. Staatliche Kontrolle durch entsprechende Wettbewerbsbehörden ist sicherlich erforderlich; ob sie auch effizient ist, hängt nicht zuletzt davon ab, wie stark die Interesseneinflüsse in den Behörden selbst oder aber im parlamentarischen Raume sind.

Rückbesinnung auf Eigenverantwortlichkeit und Markt bedeutet nicht Ausschaltung des Staates bei der sozialen Sicherung, denn eine solche Forderung ist überzogen und praktisch unhaltbar. Allerdings müssen sozialpolitische Zielsetzungen neu durchdacht und sozialpolitische Institutionen neu strukturiert werden – eine schwierige, aber ungeheuer wichtige Aufgabe für die praktische Sozial-, aber auch Finanzpolitik.

IV. Mikroökonomische Analyse der Sozialen Sicherung

In diesem Kapitel werden nach der Klärung einiger notwendiger Grundbegriffe die mikroökonomischen Effekte sozialer Sicherung analysiert. Ausgegangen wird von den bekannten neoklassischen Modellen der Theorie des Haushalts.

4.1. Soziale Sicherung und privates Haushaltsverhalten

Objekt der sozialen Sicherung kann sowohl der einzelne Mensch als auch eine Gruppe von Menschen sein. Darüber hinaus hängt die soziale Sicherung von der Gesellschaftsstruktur und dem Wohlstandsniveau ab; je nach dessen Höhe werden die Bedürfnisse variieren, wovon letztlich auch das Konsumentenverhalten abhängt.

4.1.1. Individual- oder Haushaltsprinzip

Im Zusammenhang mit der sozialen Sicherung (insbesondere Sozialversicherung) wie mit dem Steuersystem stellt sich die grundsätzliche Frage, ob einerseits Beiträge bzw. Steuern und andererseits die Leistungen auf die wirtschaftliche und soziale Lage des *Individuums* oder der *Familie* bezogen werden. Aus historischer Sicht ist zweifellos die Familie die entscheidende Zelle für die soziale Sicherung. Aus *ökonomischer* Sicht ist entscheidend, ob die Familie eine *wirtschaftliche Einheit* bildet, so daß die in ihr lebenden Familienangehörigen insgesamt zu betrachten wären.
Bei dem **Individualprinzip** ist die einzelne Person Bezugseinheit, und ihr individuelles Einkommen und Vermögen sind die Bemessungsgrundlage für Steuern und Transfers. Unterstellt wird, daß der einzelne Einkommensbezieher die alleinige Verfügungsmacht über Einkommen und Vermögen besitzt, also unabhängig ist von eventuell vorhandenen Familienangehörigen. Dieses Prinzip abstrahiert zum einen von den moralischen und rechtlichen Verpflichtungen, die eine Familie mit sich bringt. Zum anderen vernachlässigt dieses Prinzip aber auch den Tatbestand, daß die Familie eine ökonomische Einheit darstellt: In einer Familie wird beispielsweise über die Arbeitsteilung der Familienmitglieder entschieden – nämlich über die innere Arbeitsteilung (wer übernimmt welche Aufgaben bei der haushaltlichen Eigenproduktion und Reproduktion) und die äußere Arbeitsteilung (wer bietet seine Arbeitskraft auf dem Arbeitsmarkt an und erzielt Markteinkommen). »Einkommen« aus Eigenproduktion (also Nicht-Markteinkommen) und Markteinkommen bestimmen das Wohlstandsniveau einer Familie, zwischen beiden Wohlstandsbestandteilen bestehen enge **Substitutionsbeziehungen**: Wer sich z. B. für mehr Arbeitsangebot am Markt entscheidet, hat weniger Zeit zur Eigenproduktion zur Verfügung.

B. Theorie der Sozialen Sicherung

Innerhalb der Familien werden also wichtige ökonomische Entscheidungen getroffen, die zumindest mikrotheoretisch dem *Nutzenmaximierungskalkül* folgen. Diese *wirtschaftliche Verflechtung* zwischen den Haushaltsmitgliedern[8] einerseits, aber auch die *rechtliche Unterhaltsverpflichtung* zwischen Familienmitgliedern andererseits legen es also nahe, im Sozial- und Steuersystem vom **Haushaltsprinzip** auszugehen. Bemessungsgrundlage für Steuern und Transfers wäre dann das Haushaltseinkommen und -vermögen, wobei idealerweise auch die Nicht-Markteinkommen berücksichtigt werden sollten. Obgleich dies infolge von Bewertungsproblemen im einzelnen nicht möglich sein wird, sind doch im Steuer- und Sozialsystem Regelungen zu verankern, die zumindest eine pauschale Berücksichtigung ermöglichen.[9] Im übrigen ist mit Nachdruck darauf hinzuweisen, daß die Wahl derselben **personellen Bemessungsgrundlage** für Steuern und Transfers unabdingbare Voraussetzung ist, wenn einerseits administrative Schwierigkeiten vermieden und andererseits ein friktionsfreier Übergang von Transfer- zum Steuersystem und umgekehrt gewährleistet werden sollen (KAUSEMANN). Das Nebeneinander beider Prinzipien zeitigt in den aktuellen Steuer- und Sozialsystemen zum Teil perverse Verteilungswirkungen, was eben daran liegt, daß die personelle Umverteilung einerseits an der Einzelperson, andererseits am Haushalt anknüpft.

4.1.2. Bedürfnisse, Lebensstandard, Lebensniveau und Haushaltseinkommen

Die Menschen haben eine ganze Reihe von **Bedürfnissen**, die sie durch den Konsum von Gütern und Leistungen (selbsterstellten und am Markt erworbenen) befriedigen. Sie versuchen dabei, ihre knappen Mittel so einzusetzen, daß ihr individueller Nutzen maximiert wird (»homo oeconomicus«). In *längerfristiger Sicht* sind die Bedürfnisse – solange jedenfalls innovative Güter und Dienstleistungen möglich erscheinen – *unbegrenzt*. Auf kurze bis mittlere Sicht gibt es allerdings ein Güter- und Dienstleistungsbündel, dessen Verfügbarkeit von allen Menschen angestrebt wird. Die Struktur dieses Bündels ist letztlich abhängig vom sozialen Sein[10]; es stellt gleichermaßen ein Leitbild dar, das in der Literatur auch als »**Lebensstandard**« (KOLMS) bezeichnet wird. Davon zu unterscheiden ist der tatsächlich erreichte Stand der Versorgung, das **Lebensniveau**.

Je nach Qualität des Lebensniveaus läßt sich – wie bereits die frühe Konsumtheorie gezeigt hat – die Dominanz ganz bestimmter Bedürfnisse feststellen. In jüngerer Zeit hat daraus MASLOW eine **Bedürfnishierarchie** abgeleitet, die die menschlichen Grundbedürfnisse nach ihrer Dringlichkeit ordnet: An erster Stelle steht die Erfüllung der *physiologischen Bedürfnisse* wie Essen, Trinken und Schlafen (man bewegt sich also am physiologischen

---

8 Der Familienbegriff ist oft mit dem des gesetzlichen Ehestandes verknüpft. Natürlich gilt das eben Gesagte genauso für andere, nicht rechtlich fixierte Lebensgemeinschaften.
9 Vgl. hierzu ALBERS, der die Problematik anhand der steuerlichen Entlastung für Ehegatten verdeutlicht; vgl. aber auch ZIMMERMANN.
10 Also von Erziehung, Berufsausbildung, sozialer Stellung, Nachbarschaft, Einflüssen von Produktion und Absatz, bisheriges Wohlstandsniveau usw.

Existenzminimum). Mit zunehmendem Wohlstandsniveau treten dann die *Sicherungsbedürfnisse* in den Vordergrund (Freiheit von Angst, Wunsch nach Sicherheit, Geborgenheit, Ordnung und Gesetz usw.). Bei fortschreitender materieller Entwicklung folgen *Gemeinschaftsbedürfnisse* (Wunsch nach Liebe und Zugehörigkeit zu bestimmten Gruppen), *Geltungsbedürfnisse* (Wunsch nach Selbstachtung, Selbstvertrauen, Freiheit usw.) und schließlich *Selbstverwirklichungsbedürfnisse* (Anreicherung von Fähigkeiten und des Wissens u. ä.) hervor. Die ursprünglich materielle Orientierung weicht einer zunehmend immateriellen Orientierung (ROBERTSON).

Anstelle des physiologischen Existenzminimums, das gerade das biologische Überleben gewährleistet, tritt in sozial orientierten Gesellschaften das sozialkulturelle Existenzminimum, dem das Kriterium »menschenwürdiges Leben« zugrunde gelegt wird. Auch dies ist, wie gerade die jüngste Entwicklung in der Praxis der deutschen Sozialhilfe zeigt, nicht objektiv, sondern nur politisch fixierbar (siehe 16.4.). Mit der Festlegung des sozial-kulturellen Existenzminimums wird gewissermaßen die **Armutsgrenze** definiert, wobei Armut immer im *Verhältnis* zu sehen ist zum Wohlstandsniveau der jeweiligen Gesellschaft.[11]

Armut in entwickelten Gesellschaften ist als **Einkommensschwäche** zu fassen: Das Haushaltseinkommen der »armen« Bevölkerungsschichten unterschreitet in einem mehr oder weniger starken Maße das durchschnittliche Einkommen, wobei unter Einkommen i. d. R. das am *Markt* erzielte Einkommen verstanden wird. Ein extremer Fall ist die völlige *Einkommenslosigkeit*: Hier ist also der Betroffene temporär oder auf Dauer nicht in der Lage, ein Markteinkommen zu erzielen. In modernen Gesellschaften müßte in solchen Fällen der Staat den Unterhalt übernehmen (Sozialhilfe), wobei allerdings die Fähigkeit zur Eigenproduktion (Erzielung von Nicht-Markteinkommen) zu berücksichtigen ist,[12] wenn auch die auftretenden Bewertungsprobleme erheblich sein mögen. Problematisch wird die Bemessung sozialer Leistungen allerdings dann, wenn ein »nicht ausreichendes« Markteinkommen durch Sozialleistungen auf ein angemessenes Niveau angehoben werden soll: Wird die Hilfe lediglich auf die Aufstockung des Markteinkommens bis zum sozialkulturellen Existenzminimum begrenzt, oder werden etwa darüber hinaus noch mit steigendem Markteinkommen sich reduzierende Sozialleistungen (wie z. B. bei der negativen Einkommensteuer) gewährt? Hier sind letztlich die *vorherrschenden Werthaltungen* entscheidend, nämlich welches Maß an Einkommensumverteilung von den Nichtbegünstigten gewünscht bzw. toleriert wird.

4.1.3. Einkommen und Konsumentenverhalten

Schon die frühe Haushalts- und Konsumforschung hat Ergebnisse erzielt, die die *hierarchische* Struktur von Bedürfnissen bestätigen. Zu nennen sind vor allem die Beobachtungen von ENGEL und SCHWABE. So stellte ENGEL fest, daß mit

---

[11] Armut in Entwicklungsländern unterscheidet sich grundlegend von Armut in Industrieländern; in ersteren ist häufig nicht einmal das physiologische Existenzminimum gesichert.

[12] Auf die Möglichkeit zur Erzielung von Schwarzmarkteinkommen sei nur am Rande hingewiesen; allerdings kann der Staat hierzu selbst Anreize setzen, wenn z. B. die Sozialhilfe deutlich unterhalb des sozial-kulturellen Existenzminimums liegt.

B. Theorie der Sozialen Sicherung

sinkendem Haushaltseinkommen der relative Anteil der Ernährungsausgaben zunimmt, während SCHWABE andererseits nur einen unterproportionalen Zuwachs der Aufwendungen für die Wohnungsmiete bei steigendem Einkommen konstatierte. Faßt man beide »Gesetze« zusammen, so nimmt also die Belastung des Haushaltsbudgets durch Güter des Grundbedarfs (**inferiore Güter**) mit sinkendem Einkommen zu. Andrerseits werden mit steigendem Einkommen andere Güterkategorien – insbesondere »Luxusgüter« (**superiore Güter**) – verstärkt nachgefragt.

Für inferiore Güter ist also die *Einkommenselastizität* kleiner als eins ($\eta_{x,y} < 1$, wobei x die nachgefragte Menge und y das Einkommen darstellen), für superiore Güter größer als eins ($\eta_{x,y} > 1$). Die Höhe des Realeinkommens, in dem sich letztlich die tatsächliche Kaufkraft niederschlägt, wird durch drei Faktoren bestimmt: (1) die Höhe des Markteinkommens (Bruttoeinkommens), (2) die Höhe der (das Markteinkommen reduzierenden) Steuern (indirekter und direkter Art) und der (das Markteinkommen erhöhenden) Transfers, (3) die Höhe der Güterpreise. Ausgehend vom neoklassischen Modell des nutzenmaximierenden Haushalts können die einzelwirtschaftlichen Wirkungen der Instrumente der sozialen Sicherung auf das Konsumverhalten der Haushalte in Form von Einkommens- und Preisänderungen für Güter und Dienstleistungen analysiert werden.

4.2. Änderungen im Lebensniveau und im Konsumverhalten infolge immaterieller und materieller Wandlungen

Verhaltensänderungen können auf zwei verschiedene Ursachen zurückgeführt werden: zum einen auf den allgemeinen **Wertewandel**, zum anderen auf die Veränderung der zur Verfügung stehenden Haushaltsmittel.

4.2.1. Wertewandel und Bedürfniswandel

Wie bereits festgestellt werden die Bedürfnisse vom sozialen Sein bestimmt, das wiederum eng mit dem Wohlstandsniveau verknüpft ist. Die Bedürfnisstruktur wird zumindest langfristig auch dadurch bestimmt, was letztlich auf den Märkten angeboten wird. Der technische Fortschritt bringt nun nicht etwa nur Prozeßinnovation, sondern insbesondere Produktinnovation mit sich. »Neue« Güter werden produziert, »alte« Güter verlieren an Bedeutung; die neuen Güter fallen i. d. R. zunächst in den Begehrenskreis der Wohlhabenden, die eine Vorreiterrolle hinsichtlich des Konsums übernehmen; die dann folgende Phase der Massenproduktion, verbunden mit den modernen Absatzmethoden (Werbung, Marketing) erschließen diese Güter auch zunehmend breiteren Bevölkerungsschichten.

Entsprechend der MASLOWSCHEN Bedürfnishierarchie kann es im Bereich der Versorgung mit materiellen Gütern zu gewissen **Sättigungserscheinungen** kommen, insbesondere dann, wenn die Produktinnovation nur noch schleppend verläuft. Jedenfalls partiell werden – wie auch in vielen Sozialutopien beschrieben – die ökonomischen Knappheitsbedingungen überwunden. Der Typus des »homo oeconomicus« – von FROMM auch als »homo consumens« bezeichnet – verliert an Bedeutung, immaterielle Orientierung gewinnt an Gewicht.

Der Werte- und Bedürfniswandel ist insbesondere in *säkularer* Sicht von ganz entscheidender Bedeutung; eine Sozialwissenschaft – zu der ja auch die Ökonomik zählt – darf deshalb seine Wirkungen nicht aus dem Gesichtsfeld verlieren. Er ist im ökonomischen Instrumentarium durchaus enthalten, denn Werte und Bedürfnisse tauchen als Präferenzen in den individuellen und gesellschaftlichen Nutzenfunktionen auf und bestimmen damit letztlich Lage und Verlauf der Indifferenzkurven.

4.2.2. Änderung des Realeinkommens

Das Realeinkommen (verfügbare reale Einkommen) der Haushalte kann durch die Instrumente der sozialen Sicherung beeinflußt werden. Dabei erhalten die von der sozialen Sicherung Begünstigten (also die Leistungsempfänger) – sehen wir hier von der Selbsthilfe ab – Geldleistungen von Dritten, die sich in einer Erhöhung des Realeinkommens niederschlagen. Für die Belasteten (z. B. Beitrags- oder Steuerzahler) bedeutet das gleichzeitig eine Reduzierung ihres Realeinkommens. Beides wirkt sich auf die Lage der Budgetgeraden im Indifferenzkurvendiagramm aus. Die Instrumente der sozialen Sicherung können aber nicht nur direkt über die Einkommen, sondern auch indirekt über die Preise (z. B. Subventionen) wirken, da die Änderung der relativen Preise die Budgetgerade und damit das Lebensniveau beeinflußt. Folge sind die sogenannten *Einkommens- und Substitutionseffekte*.[13] Realeinkommensänderungen können aber außer über Einkommensänderungen infolge von direkten Einkommenshilfen und Preissubventionierungen auch über Realtransfers und obligatorische Nachfrage (Zwangsnachfrage) erreicht werden.

4.2.2.1. Einkommensänderungen

Einkommensänderungen können über Transfers (positiv) bzw. Abgaben (negativ) bewirkt werden. Im folgenden gehen wir von einem Zwei-Güter-Modell mit den Gütern X_1 und X_2 aus, auf die das Individualeinkommen frei aufgeteilt werden kann.

Im Punkte A_o wurde das gesamte Einkommen zum Kauf des Gutes X_1, im Punkte B_o zum Kauf des Gutes X_2 verwendet; es gilt also die Budgetgerade A_oB_o (siehe Abbildung 1). Erhöht sich nun das Einkommen (bei konstantem Preisverhältnis), dann kann entweder mehr für den Kauf des Gutes X_1 oder des Gutes X_2 oder aber beider Güter verwendet werden; folglich verschiebt sich die

---

[13] Die folgenden Ausführungen basieren auf einfachen mikrotheoretischen Modellen, die hier nur rudimentär dargestellt werden. Eine ausführliche Darstellung befindet sich in jedem einführenden mikroökonomischen Lehrbuch (vgl. z. B. HENRICHSMEYER, GANS und EVERS).

B. Theorie der Sozialen Sicherung

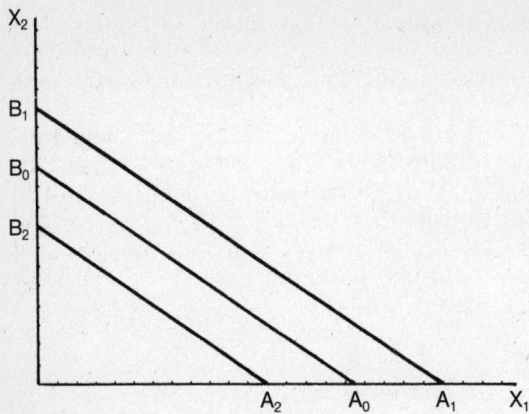

Abbildung 1: Budgetgerade bei Einkommensänderungen

Budgetgerade parallel nach rechts (A_1B_1). Werden andererseits einkommensmindernde Abgaben zur Finanzierung der Transfers erhoben, verschiebt sich bei den Belasteten die Budgetgerade parallel nach links (A_2B_2).

4.2.2.2. Preisänderungen

Preisänderungen haben Auswirkungen auf das Realeinkommen auch dann, wenn das Geldeinkommen unverändert bleibt. Eine Erhöhung des Realeinkommens kann nun dadurch bewirkt werden, daß – z. B. über die Preissubventionierung – der Preis eines Gutes – hier von Gut X_1 – gesenkt wird. Der Haushalt kann also von dem verbilligten Gut X_1 mehr konsumieren.

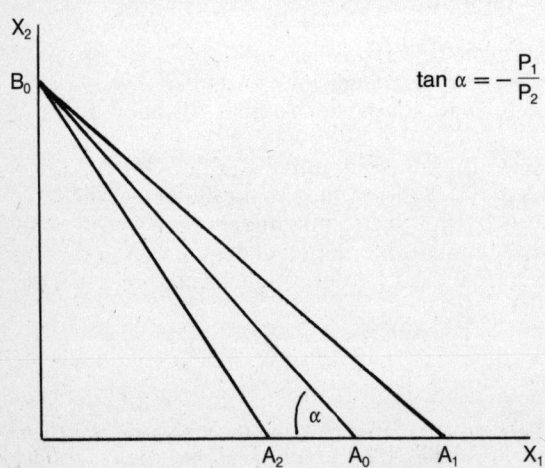

Abbildung 2: Budgetgerade bei Preisänderungen

Die Steigung der Budgetgeraden wird bekanntlich bestimmt durch das Preisverhältnis der beiden Güter. Sinkt der Preis P_1 des Gutes X_1, dann dreht sich die Budgetgerade im Punkte B_0 nach rechts, und es gilt die neue Budgetgerade A_1B_0 (siehe Abbildung 2). Wird andererseits diese Subvention durch eine indirekte Steuer z. B. auf ein Luxusgut finanziert, dann tritt bei den Konsumenten dieses Luxusgutes (die nun nicht identisch sind mit den von der Subvention Begünstigten) eine Einkommensminderung ein; die Budgetgerade dreht sich im Punkte B_0 nach links (A_2B_0).

4.2.2.3. Einkommens- und Substitutionseffekte

Eine **Indifferenzkurve** ist bekanntlich der geometrische Ort gleichen Nutzen- bzw. Befriedigungsniveaus. Im Falle *komplementärer Güter* nimmt die Indifferenzkurve einen rechtwinkligen Verlauf (siehe I_1 in Abbildung 3).

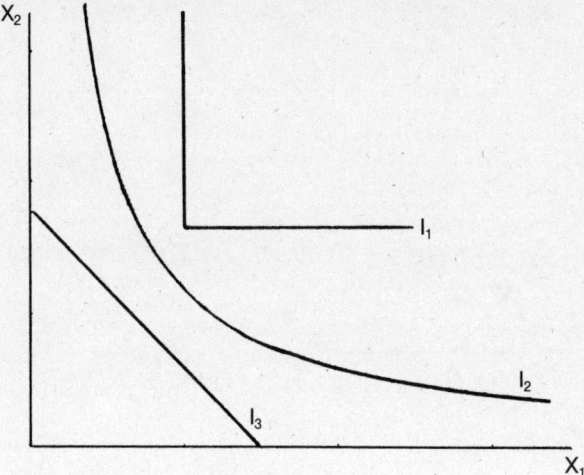

Abbildung 3: Indifferenzkurven

Bei *substituierbaren Gütern* verläuft sie entweder gerade (I_3) bzw. gekrümmt (I_2). Der Grad der Krümmung drückt aus, in welchem Maße Güter gegeneinander substituierbar sind; dieser Grad wird formal mit der **Grenzrate der Substitution** (GRS) gemessen:

$$\text{GRS} = \frac{dX_2}{dX_1}.$$

Bei linearer Indifferenzkurve ist die Grenzrate der Substitution konstant, bei gekrümmter nimmt die Grenzrate der Substitution ab (d. h. eine schrittweise Einschränkung des Gutes 1 muß somit zu sich ständig verstärkender Ausdehnung des Gutes 2 führen, wenn der Gesamtnutzen aus beiden Gütern unverändert bleiben soll). Wir gehen in den folgenden Beispielen von der

B. Theorie der Sozialen Sicherung

abnehmenden Grenzrate der Substitution – also der Geltung des 2. GOSSEN-schen Gesetzes – aus.[14]

Fassen wir nun die Indifferenzkurve und Budgetgerade in einem Diagramm zusammen, resultiert das Nutzenmaximum im Tangentialpunkt von Budgetgerade und Indifferenzkurve; dann führen Einkommensänderungen dazu, daß man sich bei höherem Einkommen (Transfer) auf einer Indifferenzkurve mit höherem bzw. niedrigerem Einkommen (Abgabe) mit einem geringeren Befriedigungsniveau befindet (siehe in Abbildung 4 die Punkte P_1 bzw. P_2). Diesen Effekt bezeichnet man auch als (positiven oder negativen) **Einkommenseffekt**. Die Aufteilung des Einkommens auf den Konsum der beiden Güter bleibt unberührt, wenn – wie unterstellt – eine homogene Nutzenfunktion vorliegt.[15]

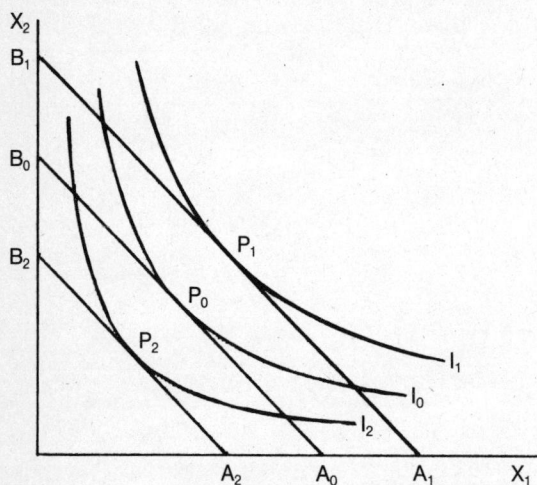

Abbildung 4: Einkommenseffekte

Verändert sich hingegen das Preisverhältnis, tritt neben dem (negativen bzw. positiven) Einkommenseffekt noch ein **Substitutionseffekt** auf. In der Abbildung 5 wird wieder von der Budgetgeraden A_0B_0 und der Indifferenzkurve I_0 ausgegangen, außerdem ist der Einkommenseffekt wiedergegeben (Budgetgerade $A_0'B_0'$, Indifferenzkurve I_0' und nutzenmaximaler Punkt P_0'). Es wird der Preis des Gutes X_1 durch einen entsprechende Subvention gesenkt, die Budgetgerade wird durch A_1B_0 dargestellt. Der nutzenmaximale Punkt resultiert nun mit P_1. War die Bewegung von P_0 auf P_1' als Einkommenseffekt zu klassifizieren, wird der Substitutionseffekt durch die Bewegung von P_0' nach P_1 verdeutlicht. Unter den gemachten Annahmen verändert sich auch die Aufteilung des Einkommens auf den Konsum beider Güter; das Gut X_2 wird durch das billiger gewordene Gut X_1 substituiert. Außerdem zeigt sich, daß

---

14 Unterstellt ist dabei immer ein normaler Verlauf der Nachfragekurven.
15 Das ist der Fall bei homogenen Nutzenfunktionen vom COBB-DOUGLAS-Typ.

IV. Mikroökonomische Analyse

man – unterstellt man einen gleich starken realen Effekt von Einkommens- und Preisänderung – bei der Preisänderung lediglich auf ein niedrigeres Nutzenniveau kommt, in der Abbildung 5 nur die Indifferenzkurve I_1 erreicht wird.

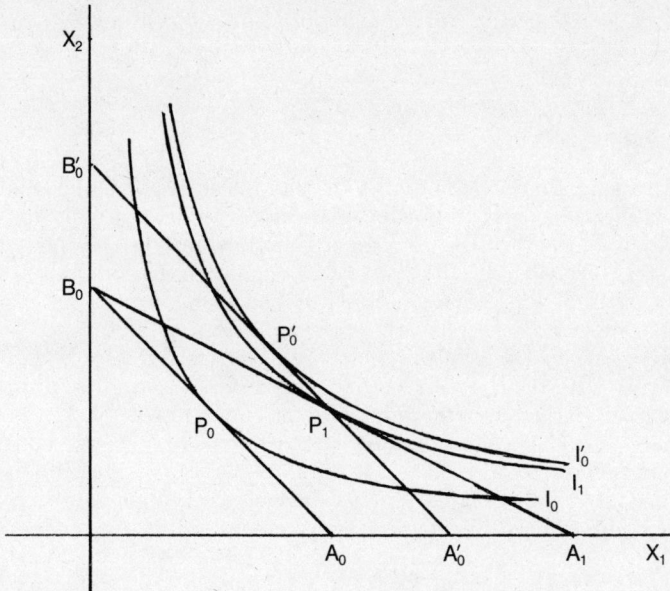

Abbildung 5: Einkommens- und Substitutionseffekt

Analog zur Wirkung selektiver Steuern kann man auch bei der selektiven Subventionierung nur eines Gutes von einer »**Mehrbelastung**« (**excess burden**) sprechen (MUSGRAVE/MUSGRAVE/KULLMER 1977). Für die mit einer Luxussteuer belasteten Finanzierer der Subvention könnte entsprechend umgekehrt argumentiert werden.

Die Analyse der **Gesamtwirkungen** sozialpolitischer Maßnahmen auf das Konsumverhalten der Haushalte muß also sowohl die positiven als auch die negativen Einkommens- und Substitutionseffekte bei den Begünstigten und Belasteten umfassen (**Budgetinzidenz**). Darüber hinaus haben die Ausführungen bereits verdeutlicht, daß aus der Sicht der Nutzenmaximierung direkte Einkommenshilfen (Transfers) der (indirekten) Subventionierung einzelner Güter gegenüber überlegen sind.[16]

Im übrigen ist auch darauf hinzuweisen, daß der allgemeine **Inflationsprozeß** – verbunden mit einer generellen Senkung des Realeinkommens – und nachhaltige **Veränderungen in der Preisstruktur** (z. B. starker Anstieg der Energiepreise) von eminenter sozialpolitischer Bedeutung sind. Werden Sozial-

---

16 Natürlich kann es andere Argumente sozialpolitischer Art geben, denenzufolge lediglich der Konsum eines ganz bestimmten Gutes gefördert werden soll (z. B. Wohnung).

B. Theorie der Sozialen Sicherung

leistungen nicht über eine Indexbindung real abgesichert, kann z. B. die Sozialhilfeleistung durch inflationsbedingte Preissteigerungen unter das sozialkulturelle Existenzminimum gedrückt werden. Entsprechende Wirkungen können auftreten, wenn sich die relative Preisstruktur gerade zu ungunsten derjenigen Güter verändert, die von den unteren Einkommensschichten besonders nachgefragt werden, während der Lebenshaltungskostenindex sogar konstant bleiben kann.

4.2.2.4. Realtransfers

Bei den **Realtransfers** handelt es sich um private oder meritorische Güter, die vom Staat zum Nulltarif offeriert werden. Besonders häufig treten die Realtransfers gerade in den Bereichen des Sozial-, Bildungs- und Gesundheitswesens auf. Dabei sind *freiwillige* Realtransfers (z. B. unentgeltliche Nutzung von Sport- und Freizeitanlagen, Museen, Bibliotheken usw.) und *oktroyierte* Realtransfers (z. B. Schulpflicht, Impfzwang u. ä.) zu unterscheiden.

In unserem Indifferenzkurven-Diagramm gehen wir davon aus, daß Gut X_1 ein *privates Gut* ist, das **freiwillig** nachgefragt werden kann. Die Ausgangssituation ist wiederum gegeben durch die Budgetgerade A_0B_0, die Indifferenzkurve I_0 und den nutzenmaximalen Punkt P_0. Vom Gut X_1 wird nun die Menge OC vom Staat unentgeltlich zur Verfügung gestellt. Wird nun das gesamte Einkommen für Gut X_2 verausgabt, steht obendrein die als Realtransfer gewährte Gütermenge X_1 in Höhe OC zur Verfügung. Es kann auch bei steigendem Einkommen keinen Punkt geben, der links von der Linie CC liegt. Wird andererseits das gesamte Einkommen für das Gut X_1 aufgewendet, erhöht sich die insgesamt konsumierte Menge dieses Gutes von A_0 auf A_1, wobei A_0A_1 gleich OC ist. Damit hat sich also die Budgetlinie rechts von CC um den Realtransfer (siehe Abbildung 6) parallel nach rechts verschoben.

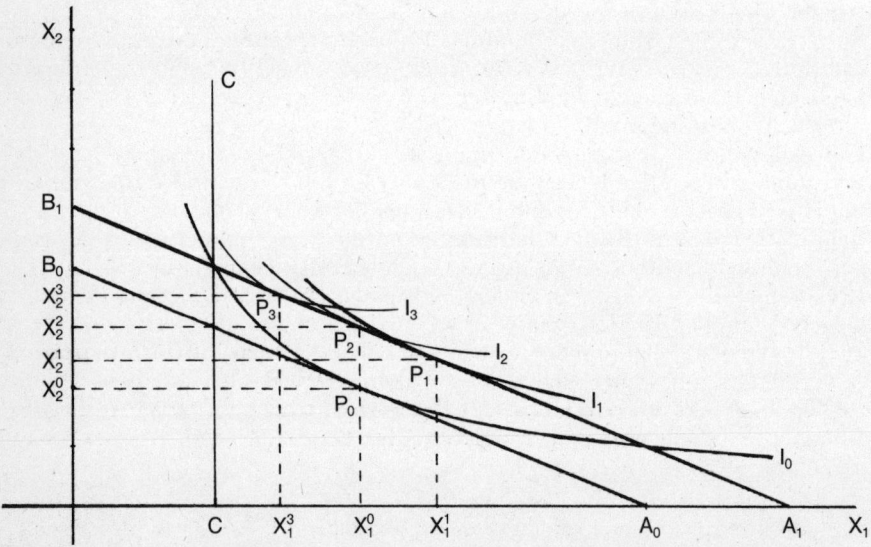

Abbildung 6: Realtransfer (privates Gut)

IV. Mikroökonomische Analyse

Hier sind nun, je nach Lage der Indifferenzkurven[17], drei Möglichkeiten zu unterscheiden:

(1) Der Haushalt verteilt das durch den Realtransfer zusätzlich freigesetzte Realeinkommen auf den Konsum beider Güter (Indifferenzkurve I_1 und $P_1: X_1^1 > X_1^0$ und $X_2^1 > X_2^0$). Die Nachfrage nach dem Gut X_1 ist also elastisch (X_1 ist ein superiores Gut).
(2) Der Haushalt verwendet den freigesetzten Einkommensteil ausschließlich zum Zuerwerb des Gutes X_2 (Indifferenzkurve I_2 und $P_2: X_1^0 = $ const., $X_2^2 > X_2^1 > X_2^0$). Die Nachfrage nach X_1 ist vollkommen unelastisch (einkommensunabhängiges Gut).
(3) Der Haushalt schränkt seine Nachfrage nach dem Gut X_1 noch weiter ein (Indifferenzkurve I_3 und $P_3: X_1^3 < X_1^0, X_2^3 > X_2^2 > X_2^1 > X_2^0$); X_1 ist ein inferiores Gut.

Auch bei den Realtransfers wird gegenüber dem transferlosen Zustand ein höheres Nutzenniveau – und damit eine Verbesserung des Lebensniveaus – erreicht; das zusätzliche Einkommen kann allerdings ausschließlich zum Konsum des Gutes X_2 verwendet, ja der Konsum des Gutes X_1 sogar reduziert werden.

Betrachten wir nun die Bereitstellung eines *meritorischen Gutes*; entsprechend unserer obigen Definition (siehe 1.5.) wird ein meritorisches Gut von den Konsumenten in zu geringer Menge nachgefragt. Eine solche Konstellation ist in der Abbildung 7 dargestellt; im ursprünglichen Haushaltsoptimum P_0 wird die Menge X_1^0 des meritorischen Gutes und die Menge X_2^0 eines privaten Gutes nachgefragt. Die Menge X_1^0 wird aus übergeordneter Sicht als zu niedrig angesehen; statt dessen ist ein größerer Konsum in Höhe von OC erwünscht. Damit sind wiederum nur Lösungen auf bzw. rechts der Linie CC möglich. Wird die neue Indifferenzkurve durch I_1 repräsentiert, konsumiert der Haushalt gerade die Menge OC (= X_1^1), das gesamte frei werdende Einkommen wird für den Konsum des Gutes X_2 (mit der Menge X_2^1) eingesetzt. Bei der Indifferenzkurve I_2 bzw. I_3 wird das zusätzliche Einkommen für eine weitere Ausdehnung des Konsums des Gutes X_1 verwendet (d. h., X_1 ist ein superiores Gut), während die Konsummenge des Gutes X_2 unverändert bleibt ($X_2^2 = X_2^0$; X_2 wäre einkommensunabhängig) bzw. reduziert wird (X_2^3; X_2 wäre ein inferiores Gut).

Betrachtet man hingegen den **oktroyierten Realtransfer**, z. B. eine ärztliche Zwangsbehandlung, den Pflichtschulbesuch u. ä., dann wird hiermit die *Konsumentensouveränität aufgehoben* mit dem Ziel, eine ganz bestimmte Versorgung des Haushalts mit einem bestimmten (meritorischen) Gut zu erreichen. Auch die freiwilligen und oktroyierten Realtransfers haben wieder, soweit sie über Steuern finanziert werden, entsprechende Einkommens- und Substitutionseffekte seitens der steuerlich Belasteten zur Folge. Das Pendant zum Realtransfer wäre die unentgeltliche Heranziehung der Bürger zu öffentlichen Leistungen (die sogenannten Leiturgien), die heute i. d. R. nicht mehr üblich ist (ausgenommen die Wehrpflicht).

---

17 Damit wird also die oben gemachte Annahme homogener C-D-Nutzenfunktion aufgegeben; die Indifferenzkurven verlaufen dann nicht notwendigerweise parallel.

B. Theorie der Sozialen Sicherung

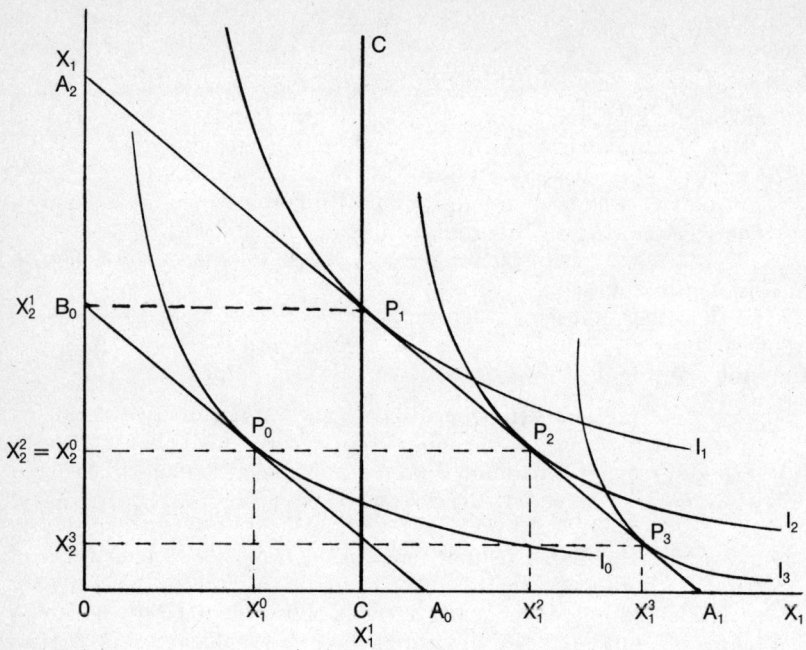

Abbildung 7: Realtransfer (meritorisches Gut)

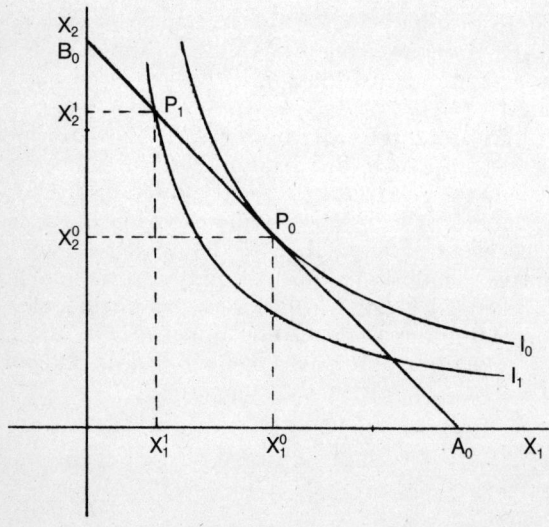

Abbildung 8: Zwangsnachfrage

4.2.2.5. Zwangsnachfrage

Der schärfste Eingriff in die Kontumentensouveränität liegt allerdings im Fall der **Zwangsnachfrage** (Nachfrage-Oktroy) vor (z. B. im Fall der oben behandelten obligatorischen Versicherung). Hier wird dem Konsumenten nicht nur der Verbrauch eines ganz bestimmten Gutes bzw. einer ganz bestimmten Dienstleistung vorgeschrieben, sondern es werden ihm die Kosten (in Form von Gebühren, Beiträgen oder Steuern) direkt angelastet. Der Haushalt unterliegt zwar der bisherigen Budgetbeschränkung, verändert aber auf äußeren Druck (gesetzliche Verpflichtung) die Komposition seiner Nachfrage, was i. d. R. eine Verschlechterung seiner individuellen Nutzensituation zur Folge hat.

4.2.2.6. Die Wirkungen der Instrumente im Vergleich

Die **direkten Einkommenshilfen** sind aus mikroökonomischer Sicht das *überlegene* Instrumentarium, wenn man allein vom Kriterium der Nutzenmaximierung und damit der Hebung des Lebensniveaus ausgeht. Der Transferempfänger bleibt völlig frei in seinen Konsumentscheidungen. Die Preissubventionierung und die freiwilligen Realtransfers führen auch zu einem höheren Nutzenniveau, wobei das Ausmaß der Nutzenerhöhung bei gleichem Mitteleinsatz entscheidend von dem Verlauf der Indifferenzkurven abhängt. Der oktroyierte Realtransfer kann ebenfalls noch zu einer Nutzenerhöhung führen, schließt jedoch die Substitutionsmöglichkeiten aus. Die Zwangsnachfrage hingegen führt zu einer Verringerung des Nutzenniveaus. Gehen wir in der Abbildung 8 wieder von der anfänglichen Budgetgeraden $A_o B_o$, der Indifferenzkurve I_o und dem nutzenmaximierenden Punkt P_o aus; für das Gut X_2 wird eine Zwangsnachfrage in Höhe von X_2^1 eingeführt. Bei unverändertem Haushaltseinkommen muß ein größerer Einkommensteil für den Erwerb des Gutes X_2 aufgewendet werden. Der neue Punkt P_1 wird nun von einer Indifferenzkurve mit niedrigerem Nutzenniveau (I_1) geschnitten, so daß sich für das Wirtschaftssubjekt eine Wohlfahrtseinbuße ergibt; es gilt jetzt die Budgetbeschränkung nur noch oberhalb des Punktes P_1 (denn man darf von X_2 auch mehr als X_2^1 nachfragen).

Soll andererseits, da gestörte Konsumentenpräferenzen unterstellt werden, eine ganz bestimmte Konsumstruktur – beispielsweise ein höherer Konsumanteil der meritorischen Güter[18] – auch tatsächlich erreicht werden, kommen als Instrumente in erster Linie der oktroyierte Realtransfer oder die Zwangsnachfrage in Betracht, da hier Substitutionseffekte weitgehend bzw. völlig ausgeschlossen sind.

Die vorstehenden Ausführungen haben verdeutlicht, daß die Wirkungsanalyse des sozialpolitischen Instrumentariums ausgesprochen kompliziert ist, will man

---

18 Es sei an dieser Stelle auch auf die sogenannten demeritorischen Güter verwiesen, da individueller Konsum für die Gesellschaft mit negativen externen Effekten verbunden sein kann. Hier werden zur Drosselung des Verbrauchs z. B. besonders gesundheitsschädlicher Güter (Alkohol, Tabak u. ä.) selektive Steuern eingesetzt, die das Wohlstandsniveau des einzelnen durchaus reduzieren können; darüber hinaus existieren auch Nachfrageeinschränkungen (z. B. bei Medikamenten) bzw. sogar -verbote (z. B. bei Rauschgiften). All dies mag auch mit sozialhygienischen Argumenten zu rechtfertigen sein.

B. Theorie der Sozialen Sicherung

aber zufällige oder willkürliche Effekte vermeiden, so kommt man an mikroökonomisch orientierten Überlegungen nicht vorbei. Natürlich verbleiben auch nach derartigen Analysen erhebliche Unsicherheiten, zumal es empirisch sehr schwierig ist, die notwendigen Informationen über Nutzenfunktionen, Angebots-, Nachfrage-, Einkommenselastizitäten usw. zu beschaffen. Trotz dieser Einschränkungen können theoretische Überlegungen wichtige Hinweise liefern und von vornherein zur Zielverwirklichung ungeeignete Instrumente ausscheiden. Denn die besten sozialpolitischen Absichten haben häufig zu ökonomisch ineffizienten und verteilungsmäßig perversen Resultaten geführt. Es sei hier nur erinnert an die verteilungs- und sozialpolitisch motivierte Subventionierung von Güterkategorien, die – wie Nutzeranalysen gezeigt haben – vorwiegend von einkommensstarken Bevölkerungsschichten nachgefragt werden. Dabei ist vor allem an den kulturellen Bereich zu denken, in dem selektiv für z. B. Theater und Museen die Preise heruntersubventioniert werden, was bei all denen, die einen kostendeckenden Preis zu zahlen in der Lage wären, einen Realeinkommenszuwachs hervorruft. Zu denken ist aber auch an den Bereich der freiwilligen Schul- und Hochschulbildung, dessen Leistungen mit Hinweis auf die schwächeren Einkommensschichten überwiegend zum Nulltarif bezogen werden können, obwohl heute wieder überwiegend diese kostenlosen Ausbildungsmöglichkeiten von Kindern aus höheren Einkommensschichten wahrgenommen werden.

4.3. Wirkungen auf das Haushaltsangebot auf den Faktormärkten

Die behandelten sozialpolitischen Instrumente wirken nicht nur auf das Konsumniveau und die Konsumstruktur (Haushaltsnachfrage), sondern auch auf das Angebot der Haushalte. Die Haushalte bieten einerseits ihre Arbeitskraft zumindest teilweise auf dem Arbeitsmarkt an; die Wirkungen der sozialen Sicherung sollen hier anhand des neoklassischen **Einkommen-Freizeit-Modells** analysiert werden. Andererseits wird, jedenfalls mit steigendem Wohlstandsniveau und zunehmendem Individualeinkommen, ein größerer Teil des Einkommens nicht konsumiert, sondern gespart. Der Haushaltssektor befindet sich i. d. R. in einer Nettogläubigerposition gegenüber dem Unternehmens- und Staatssektor; also sind auch die Wirkungen der sozialen Sicherung auf das Kapitalangebot der Haushalte zu berücksichtigen.

4.3.1. Das Einkommen-Freizeit-Modell

Das Einkommen-Freizeit-Modell ist weitgehend kompatibel mit dem oben dargestellten Zwei-Güter-Modell: Die Wahlhandlung des Haushalts bezieht sich auf die beiden »Güter« Markteinkommen (durch das **Arbeitsangebot** auf dem Arbeitsmarkt) und Freizeit[19]. Unterstellt sei im folgenden, daß der

---

19 Freizeit steht hier für drei Allokationsmöglichkeiten: (1) Zeit zur notwendigen Reproduktion (Schlafen, Essen und Trinken, Kindererziehung usw.), (2) Zeit zum Müßiggang (Nichtstun) und (3) Zeit zur Eigenproduktion (Zubereitung von Gerichten, Do-it-yourself u. ä., also Tätigkeiten, die den Gesamtwohlstand erhöhen).

IV. Mikroökonomische Analyse

Haushalt lediglich Arbeitseinkommen bezieht, zwischen Arbeit und Freizeit ungehindert gewählt werden kann[20] und Freizeit und Einkommen Substitutionsgüter darstellen. Es werden zunächst einkommensunabhängige, direkte Transferzahlungen (z. B. Kindergeld, Basisversorgung u. ä.) und anschließend einkommensabhängige, direkte Transferzahlungen (z. B. Wohngeld, Sparprämie, negative Einkommensteuer) betrachtet.

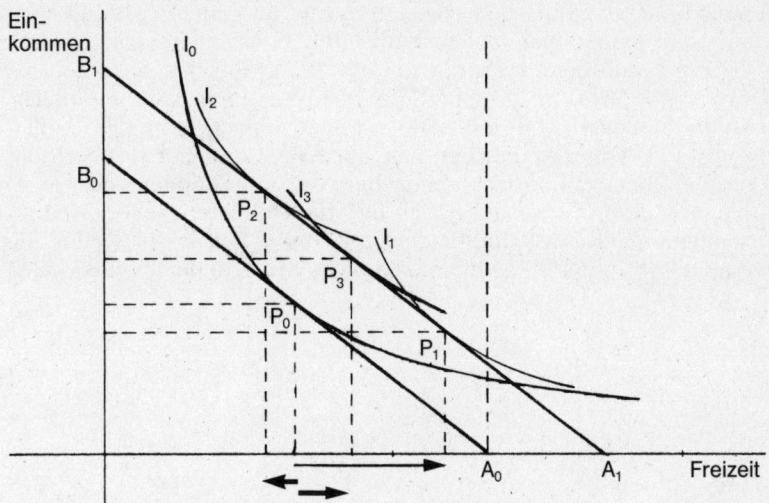

Abbildung 9: Arbeitsangebot und einkommensunabhängige Transfers

Statt der beiden Güter tauchen nun Einkommen und Freizeit als Argumente auf (vgl. Abbildung 9). Die Gerade A_oB_o repräsentiert die möglichen Kombinationen von Einkommen und Freizeit bei einem gegebenen Bruttolohnsatz. Im Punkte A_o ist das Zeitbudget zur Gänze durch Freizeit ausgefüllt und das Arbeitseinkommen gleich Null. Im Punkte B_o hingegen ist die Freizeit gleich Null (das gesamte Zeitbudget wird durch Arbeitszeit ausgefüllt), und das Arbeitseinkommen erreicht seine maximale Höhe.[21] Das Wirtschaftssubjekt wählt nun die Kombination von Arbeit und Freizeit, wo seine Indifferenzkurve I_o (die die jeweilige nutzengleiche Kombination zwischen Einkommen und

---

20 Die Annahme mag für den einzelnen Arbeitnehmer wenig realistisch erscheinen, ist er doch an tarifvertragliche Arbeitszeiten, Überstundenvereinbarungen u. ä. gebunden; für Mehrpersonen-Haushalte, die wir hier u. a. betrachten, gibt es sehr wohl Entscheidungsspielräume in bezug auf das gesamte Arbeitsangebot, nämlich ob der zweite Ehegatte gar nicht berufstätig ist, eine stundenweise, halbtägige oder volle Beschäftigung aufnimmt.
21 Es kann nur am Rande darauf hingewiesen werden, daß bei der Verwendung der insgesamt möglichen Arbeitszeit auf dem Arbeitsmarkt Zeit für Eigenproduktion nicht mehr zur Verfügung steht. Es besteht also eine Substitutionsbeziehung zwischen der Möglichkeit zur Erzielung von Arbeitseinkommen und der Möglichkeit zur Erzielung von Realeinkommen durch die Eigenproduktion.

B. Theorie der Sozialen Sicherung

Freizeit repräsentiert) die Gerade A_0B_0 tangiert (also Punkt P_0). Wird nun ein **einkommensunabhängiger Transfer** gewährt (**lump-sum transfer**), der unabhängig von der jeweiligen Höhe des Einkommens ist, erhöht sich das verfügbare Einkommen des Steuerpflichtigen, was in einer parallelen Verschiebung der Geraden A_0B_0 nach rechts zum Ausdruck kommt (A_1B_1).[22]. Bei den einkommensunabhängigen Transfers tritt lediglich ein Einkommenseffekt auf. Diese Einkommenserhöhung bringt das Wirtschaftssubjekt auf ein höheres Nutzenniveau (entweder auf die Indifferenzkurve I_1 oder I_2). Je nach Verlauf der Indifferenzkurve wird nun die Freizeit entweder ausgedehnt (Indifferenzkurve I_1 mit dem nutzenmaximalen Punkt P_1) oder auch eingeschränkt (Indifferenzkurve I_2 mit dem nutzenmaximalen Punkt P_2). Die Reaktion des Arbeitsangebots ist a priori nicht einmal der Richtung nach bestimmbar. Die einkommensunabhängigen Transfers können also – je nach Lage der Indifferenzkurve – negative **Anreizwirkungen** auf das Arbeitsangebot ausüben oder aber auch positive. Bei der Existenz homogener Nutzenfunktionen vom COBB-DOUGLAS-Typ (wie bereits erwähnt, laufen hier die Indifferenzkurven »parallel«) würde eindeutig eine Ausdehnung der Freizeit und damit eine Reduktion des Arbeitsangebots resultieren (Indifferenzkurve I_3 mit dem nutzenmaximalen Punkt P_3).

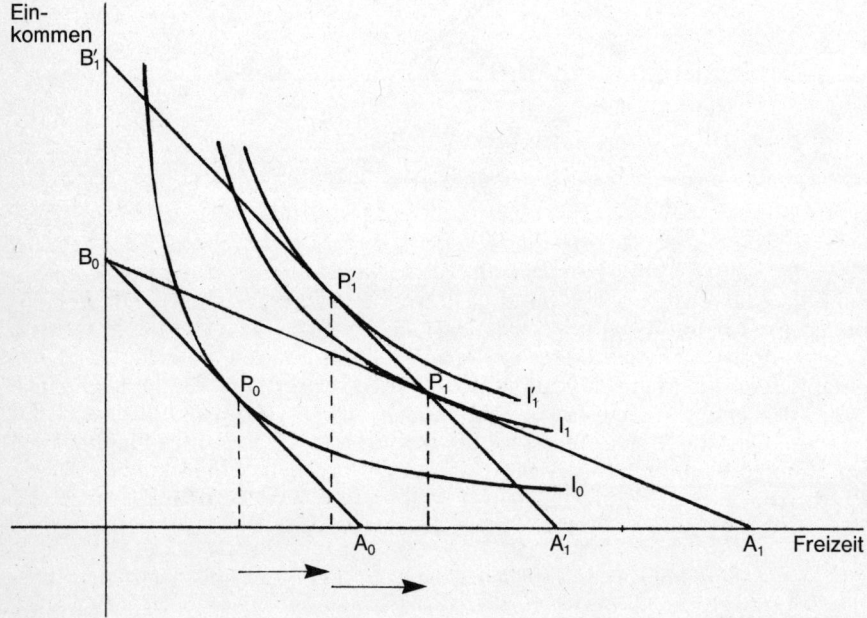

Abbildung 10: Arbeitsangebot und einkommensabhängige Transfers

---

[22] Wenn A_0 die maximale Freizeit repräsentiert, stellt die gestrichelte Linie gleichermaßen die Obergrenze dar; die Budgetgerade A_1B_1 würde hier »abbrechen«.

IV. Mikroökonomische Analyse

In Abbildung 10 gehen wir der Einfachheit halber wieder von solchen homogenen Nutzenfunktionen aus, damit die Arbeitsanreizwirkungen der einkommensabhängigen Transfers im Verhältnis zu den einkommensunabhängigen Transfers deutlich herausgearbeitet werden können. Zu unterstellen ist wiederum, daß die einkommensabhängigen Transfers und die einkommensunabhängigen Transfers in ihrer Höhe übereinstimmen. Das ist in dem Punkte P_1 der Fall, da sich hier die Budgetgerade der unabhängigen Transfers $A_1'B_1'$ mit der Budgetgeraden des einkommensabhängigen Transfers A_1B_o schneidet. Der Einkommenseffekt stellt sich hier wieder dar als die Bewegung vom Punkt P_o zum Punkt P_1'. Bei den **einkommensabhängigen Transfers** tritt aber neben dem Einkommenseffekt ein Substitutionseffekt auf. Man begibt sich bei dem einkommensabhängigen Transfer also nicht nur auf eine höhere Indifferenzkurve, sondern man bewegt sich auch auf der Indifferenzkurve selbst. Bei einem einkommensabhängigen Transfer wird infolge des Substitutionseffektes das Arbeitsangebot noch stärker reduziert als bei einem gleich hohen einkommensunabhängigen Transfer. Darüber hinaus gelangt man bei einem einkommensabhängigen Transfer nur auf ein geringeres Nutzenniveau (lediglich auf die Indifferenzkurve I_1 statt auf die Indifferenzkurve I_1'); diese Wirkung könnte man wiederum als eine »*excess burden*« eines einkommensabhängigen gegenüber einem einkommensunabhängigen Transfer bezeichnen.

Die stärkeren negativen Anreizwirkungen des einkommensabhängigen Transfers scheinen durchaus plausibel zu sein. Eine Ausdehnung des Arbeitsangebots auf dem offiziellen Arbeitsmarkt ist nämlich gleichzeitig verbunden mit einer Reduktion der Transferzahlung. Der zusätzliche auf dem Arbeitsmarkt erzielte Lohn verringert sich also um den hier gewählten proportionalen Transfersatz. Die Transferzahlungen verbilligen gleichsam die Freizeit gegenüber der Arbeit, was zu einer Ausdehnung der Freizeit beiträgt.

Bei einem derartigen einkommensabhängigen Transfer mit proportionalem Transfersatz wird also mit steigendem Arbeitseinsatz das Transfereinkommen entsprechend diesem proportionalen Satz reduziert (ähnlich wie bei einer negativen Einkommensteuer). Bei der in der Praxis überwiegend vorkommenden **Sozialhilfe** beträgt der marginale Transfersatz hingegen 100%; mit anderen Worten wird bei einem steigenden Markteinkommen ab einem bestimmten Niveau die gesamte Sozialhilfe einbehalten. Die Wirkungsweise der Sozialhilfeleistung ist in der Abbildung 11 wiedergegeben.

In der Abbildung 11 ist oben unterstellt, daß der Tangentialpunkt P_o oberhalb des Mindesteinkommens Y_{min} liegt, das durch die Sozialhilfe gesichert wird. Damit hat die Sozialhilfe keinen Einfluß auf die Allokationsentscheidung hinsichtlich Arbeit und Freizeit. In der Abbildung 11 ist unten unterstellt, daß die Indifferenzkurve I_o im Punkte P_o die Budgetgerade – also unterhalb von Y_{min} – tangiert. Das Einkommen unterhalb von Y_{min} wird aber mit einem 100%igen Satz von der Sozialhilfe einbehalten, so daß infolgedessen die Budgetgerade ab dem Punkt K parallel zur Freizeitachse verläuft. Es wird ein Anreiz dazu ausgeübt, die Freizeit in der angegebenen Pfeilrichtung bis zum Punkt P_1 auszudehnen, weil hier die höchst mögliche Indifferenzkurve I_1 die in A_o abbrechende Budgetgerade berührt. Die *Wirkungen der Sozialhilfe* laufen also auf eine *Maximierung der Freizeit* hinaus, da man das Mindesteinkommen auch ohne Arbeitsangebot erhält. Je höher also das Mindesteinkommen festgelegt wird, desto mehr Wirtschaftssubjekte weisen einen Tangentialpunkt auf, der unterhalb von Y_{min} liegt, desto höher sind dann die Anreize für zusätzliche

B. Theorie der Sozialen Sicherung

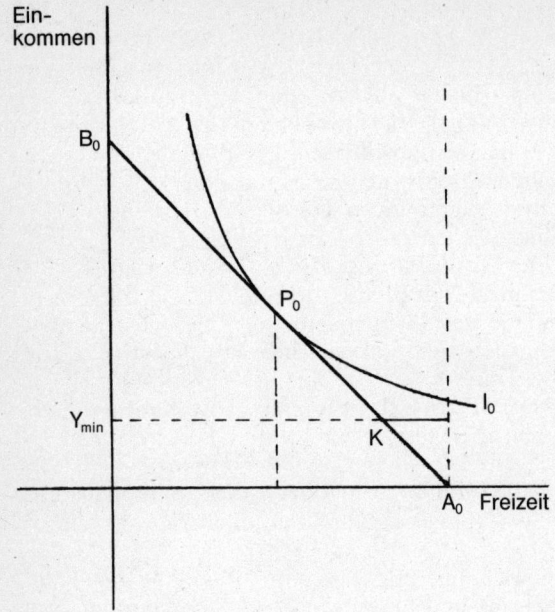

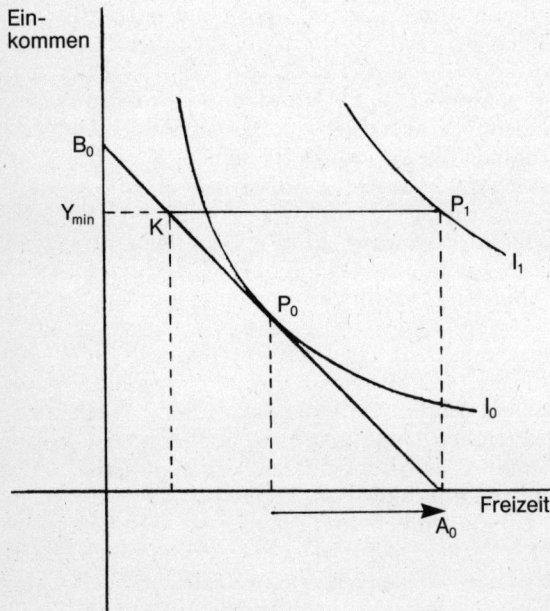

Abbildung 11: Arbeitsangebot und Sozialhilfe

Freizeit und desto höher ist außerdem auch die Belastung des staatlichen Budgets, aus dem die Sozialhilfe finanziert wird.

Bisher wurden allein die Wirkungen der Transferzahlungen auf die Empfänger dieser Transfers untersucht; je nach *Finanzierung* dieser Transfers z. B. durch spezifische Verbrauchsteuern, eine allgemeine Umsatzsteuer, eine proportionale oder progressive Einkommensteuer bzw. Sozialbeiträge gehen wiederum unterschiedliche Wirkungen auf das Arbeitsangebot der jeweils belasteten Personengruppe aus. Diese *Gesamtinzidenz* der Maßnahmen sozialer Sicherung wollen wir im folgenden Gliederungspunkt näher betrachten.

4.3.2. Betrachtung der Gesamtinzidenz einzelner Maßnahmen der sozialen Sicherung

Der Einfachheit halber gehen wir hier von einer sogenannten **differentiellen Inzidenzbetrachtung** aus, d. h. wir analysieren zusätzliche soziale Leistungen, die über eine Abgabenerhöhung finanziert werden sollen. Dabei wird auf ein Modell von LINDBECK zurückgegriffen, dessen Ergebnisse an dieser Stelle nur verbal umrissen werden können. Je nach Art der zusätzlich angebotenen sozialen Leistungen ergeben sich in diesem Modell unterschiedliche (positive) Einkommenseffekte, die den (negativen) Einkommenseffekten der Abgabenerhöhung entgegenwirken. Darüber hinaus sind bestimmte Kategorien öffentlicher, meritorischer und privater Güter in Relation zur Freizeit *komplementär*; vom Angebot derartiger Güter gehen dann neben den traditionell betrachteten Einkommens- und Substitutionseffekten zusätzlich **»direkte« Effekte auf das Arbeitsangebot** aus. Dabei werden fünf bereits bekannte Kategorien öffentlicher Leistungen behandelt, nämlich (1) einkommensunabhängige, direkte Transferzahlungen, (2) einkommensabhängige, direkte Transferzahlungen, (3) indirekte Subventionen für private Güter, (4) meritorische Güter und/oder (5) spezifisch öffentliche Güter.

Im Falle der **direkten Transfers**, die von den Empfängern dieser Transfers (sogenannte Umverteilung von der einen in die andere Tasche des selben Individuums) durch Abgaben finanziert werden (z. B. durch die Belastung des Konsums mit einer allgemeinen Umsatzsteuer oder spezifischen Verbrauchsteuern), bedeutet das, daß – keine Versickerungseffekte im Bereich der staatlichen Verwaltung unterstellt – der negative Einkommenseffekt der zusätzlichen Besteuerung durch einen positiven Einkommenseffekt der zusätzlichen Transferzahlungen (je nach Steuer- und Abgabenart mehr oder weniger) ausgeglichen wird; im Grenzfall verbleibt allein der negative Substitutionseffekt in bezug auf das Arbeitsangebot. Bei Einführung von *einkommensunabhängigen Transfers* bedeutet das den Übergang von einem proportionalen auf ein progressives Steuersystem bzw. bei einer Erhöhung dieser Transfers die Verschärfung des Progressionsgrades, was in der Regel eine Reduzierung des Arbeitsangebots zur Folge hat. Bei *einkommensabhängigen Transfers* fällt die Progressionsverschärfung noch stärker aus, da sich hier die gesamte Marginalbelastung aus dem impliziten Belastungssatz des Transfersystems und dem expliziten Grenzsteuersatz (**marginaler Steuer-/Transfersatz**) zusammensetzt. Erfolgt hingegen keine Umverteilung von der einen in die andere Tasche, sondern werden tatsächlich unterschiedliche Gruppen begünstigt und belastet (also Umverteilungseffekte im Sinne einer Nivellierung erreicht), entstehen bei den in den unteren Einkommensklassen angesiedelten Empfängern dieser Transfers negative Substitutionseffekte, während bei den von der zusätzlichen Steuerlast getroffenen Zensiten neben Substitutions- auch Einkommenseffekte auftreten; bei letzteren ist also die Reaktion des Arbeitsangebots unklar.

B. Theorie der Sozialen Sicherung

Bei der **Subventionierung** bzw. dem **öffentlichen Angebot privater Güter** unter dem Marktpreis bzw. zum Nulltarif wie auch bei der Bereitstellung meritorischer und spezifisch öffentlicher Güter treten – wie bereits erwähnt – zusätzliche »direkte« Effekte auf, je nachdem, ob die subventionierten bzw. öffentlich angebotenen Güter zur Freizeit komplementär (**freizeitkomplementäre Güter**) oder substitutiv sind. Sind Freizeit und das subventionierte Gut komplementär (wie z. B. bei einer Subventionierung von Erholungsleistungen), so gehen hiervon direkte negative Effekte auf das Arbeitsangebot aus. Ist außerdem das zweite, im LINDBECK-Modell betrachtete nicht-subventionierte Gut leicht in Eigenproduktion herstellbar, gehen hiervon starke Verlagerungswirkungen in die Eigenproduktion und zu Lasten des offiziellen Arbeitsangebots aus. Sind hingegen die subventionierten Güter zur Freizeit substitutiv, wie es z. B. bei dauerhaften Konsumgütern der Fall ist, kann mit einer Ausdehnung des Angebots auf dem offiziellen Arbeitsmarkt gerechnet werden. Dafür, daß dauerhafte Konsumgüter (wie z. B. PKWs, Wohnungseinrichtungen, Küchengeräte usw.) substitutiv zur Freizeit sind, spricht ihr in der Regel hoher Preis, so daß ihr Erwerb beispielsweise in Familien mit nicht ausreichendem Einkommen nur durch eine zusätzliche Berufstätigkeit des Ehegatten möglich ist. Ist eine gewisse Grundausstattung allerdings erreicht und nur noch zukünftig ein Ersatzbedarf vorhanden, mag der Zwang zur Mitarbeit beider Ehegatten entfallen. M. a. W. sind selbstverständlich auch die Substitutionselastizitäten von dem jeweils *erreichten Wohlstandsniveau* abhängig.

Ohne im einzelnen auf alle möglichen Beispiele eingehen zu können, erscheint – in Anlehnung an LINDBECK – folgende Aussage gerechtfertigt zu sein:

(1) Je *merklicher* die Staatsausgaben und die sozialen Leistungen sind, die über eine Abgabenerhöhung finanziert werden, oder m. a. W. je geringer die Fiskalillusion ist, desto stärker werden die Substitutionseffekte sein und desto wahrscheinlicher wird das Arbeitsangebot auf dem offiziellen Arbeitsmarkt verringert.
(2) Je größer der Anteil der subventionierten privaten bzw. angebotenen öffentlichen Güter, die komplementär zur Freizeit sind, am gesamten öffentlichen Leistungsangebot ist, desto stärker verringert sich das offizielle Arbeitsangebot, und zwar um so mehr, je leichter die nicht-subventionierten Güter (die sich im Verhältnis zu den subventionierten Gütern verteuern) im Rahmen der Eigenproduktion herstellbar sind.

4.3.3. Das Kapitalangebot

Das **Kapitalangebot** der Haushalte wird wesentlich bestimmt durch die Ersparnis; diese hängt u. a. von der individuellen Höhe des Haushaltseinkommens und der Zeitpräferenz (d. h. Präferenz für Gegenwarts- oder Zukunftskonsum) ab. Die *Struktur* des Kapitalangebots – also die Anlage in sichere oder aber riskablere Anlageformen – wird durch die *Risikoneigung* der Haushalte bestimmt. Transferzahlungen, die lediglich zur Grundsicherung zu zählen sind (z. B. zur Absicherung des sozial-kulturellen Existenzminimums), werden i. d. R. nicht so weit gehen, daß den Empfängern dieser Leistungen zur Sparfähigkeit und damit zu der Möglichkeit einer Vermögensbildung verholfen wird.[23] Entscheidend für die Beurteilung der Wirkungen auf das Kapitalangebot sind deshalb die Effekte, die bei denjenigen Haushalten auftreten, welche die Transfers über

---

23 Die individuelle durchschnittliche und marginale Konsumquote wird nahe eins liegen.

IV. Mikroökonomische Analyse

Steuern zu *finanzieren* haben. Bei der mikroökonomischen Wirkungsanalyse kann man wiederum ein Indifferenzkurvenmodell heranziehen, das statt der Wahl zwischen zwei Gütern die Wahl zwischen Gegenwarts- und Zukunftskonsum offen läßt; dabei bedeutet Sparen lediglich einen gegenwärtigen Konsumverzicht, um dann in der Zukunft die gesparten Einkommensteile zusätzlich der erhaltenen Zinsen konsumieren zu können. Die Auswirkungen auf die *Allokationsentscheidung* »Gegenwartskonsum versus Zukunftskonsum« hängen im wesentlichen ab von der Art der Steuer, die zur Finanzierung der Transfers erhoben wird. Ohne das Modell im einzelnen darstellen zu können, läßt sich etwa folgende Aussage machen: Wird der zukünftige Konsum besteuert (also die Ersparnis, die Zinsen bzw. das Gesamteinkommen[24]), folgt hieraus eine Begünstigung des Gegenwartskonsums; wird hingegen lediglich der gegenwärtige Konsum (mit einer allgemeinen Verbrauch- oder Ausgabensteuer) besteuert, so bleiben Ersparnis und Zinserträge steuerfrei,[25] was eine Begünstigung des Zukunftskonsums impliziert.

In den »ultrarationalen« **Lebenszyklusmodellen** wird die erwünschte Ausgestaltung des Verlaufs des Lebenseinkommens als einzige Ursache von Ersparnis und Vermögensbildung angesehen (MEADE). Abstrahiert man von jeglicher gesellschaftlicher und familiärer Bindung, unterstellt man also vollkommenen Eigennutz (perfect selfishness), dann wäre es vernünftig, wenn jeder im Sinne einer Maximierung des individuellen Nutzens sein gesamtes Lebenseinkommen auch konsumieren würde. Positive oder negative Ersparnisse resultieren nur aus unvollkommenen Informationen, insbesondere der unsicheren Lebenserwartung (FELDSTEIN). Ein System der sozialen Sicherung, das auch mittlere und höhere Einkommensschichten umfaßt, würde hier u. a. für einen *Risikoausgleich* sorgen, so daß die Notwendigkeit zur individuellen Vermögensbildung reduziert werden könnte. Ob die gesamtwirtschaftliche Ersparnis dadurch reduziert wird, hängt im wesentlichen von der Ausgestaltung des Sicherungssystems – insbesondere des Alterssicherungssystems – ab (siehe unten 6.2.).

Im übrigen ist – wie wir gesehen haben – das Vorsorgemotiv nur ein Sparmotiv neben anderen; eine andere Frage ist, welche Anlageformen von den Haushalten präferiert werden. Wenn das **Sicherheitsbedürfnis** in der Bedürfnishierarchie relativ *hoch* angesiedelt ist (Sicherheit als superiores Gut), dann würden mit steigendem Lebensniveau zunehmend »sichere« Anlageformen gewählt, was eine *Verknappung* des sogenannten »**Risikokapitals**« (venture capital) zur Folge haben könnte. Ein Mangel an Risikokapital für innovative und zwar unsichere, aber doch gewinnträchtige Investitionen, für Unternehmensneugründungen usw. kann zu einer Wachstumshemmung führen. Andererseits vermag das Vorhandensein einer gewissen Basissicherung die Risikoneigung positiv zu beeinflussen; man ist vielleicht eher geneigt, sein privates Vermögen riskabler und damit gewinnträchtiger anzulegen, wenn es ein soziales Sicherungssystem gibt, das einen bei Verlustfällen nicht gleich ins Bodenlose stürzen läßt.

---

24 Das Gesamteinkommen einer Periode wird verwendet für Konsum und Ersparnis; liegt es der Besteuerung zugrunde (wie z. B. bei der Einkommensteuer), werden also auch die gegenwärtige Ersparnis sowie die zukünftigen Zinserträge und damit der Zukunftskonsum besteuert.

25 Man kann also durch zusätzliches Sparen die Steuer vermeiden.

B. Theorie der Sozialen Sicherung

Die mikroökonomische Analyse der Wirkungen der sozialen Sicherung auf die Kapitalbildung führt zu ebenso *ungewissen theoretischen Ergebnissen* wie hinsichtlich des Arbeitsangebots. Plausibel erscheint, daß bei starker Einkommensnivellierung infolge hoher Sicherungstransfers die Sparfähigkeit reduziert wird (Transfer-Enquete-Kommission). Der intertemporale Einkommensausgleich im Rahmen des Systems der sozialen Sicherung mag sowohl *lähmend* als auch *stimulierend* auf die Risikobereitschaft wirken; letztlich entscheidend sind die dominierenden Präferenzen, und diese werden insbesondere durch das makroökonomische Erscheinungsbild der Volkswirtschaft mitgeprägt: Wie steht es mit dem sozialen Konsensus? Welches Ausmaß haben die sozialen Lasten erreicht? Wie stark dringt die Belastung in das Bewußtsein ein? Welche Entwicklungen, die außerhalb der individuellen Einflußmöglichkeit liegen, bedrohen das soziale Sicherungssystem? Aus mikro- und makroökonomischen Elementen lassen sich dann zusammen Erklärungsmuster ableiten, die – ohne wissenschaftlich objektiv sein zu können – rationaler erscheinen als viele, die ad hoc in der praktischen Sozialpolitik verwendet werden.

V. Makroökonomische Analyse der Sozialen Sicherung

Am Anfang dieses Kapitels stehen kurze Ausführungen über die »Philosophien«, die den **sozialen Konsens** prägen und damit auch die Grundkonzeption der sozialen Sicherung bestimmen. Daran anschließend sollen die möglichen Multiplikatorwirkungen umrissen werden, wobei allerdings Rückwirkungen mikroökonomischer Art in Form entsprechender Verhaltensgleichungen zumindest verbale Erwähnung finden müssen. Darüber hinaus sind die Wirkungen der sozialen Sicherung auf die beiden anderen Musgraveschen Zielsetzungen – Stabilisierung und optimale Allokation – zu betrachten.

5.1. Gesamtwirtschaftlich orientierte Grundkonzeptionen der sozialen Sicherung

Als Grundkonzeptionen der sozialen Sicherung werden in herkömmlichen sozialpolitischen Schriften die »Versicherung«, »Versorgung« und die »Fürsorge« genannt; diese sind jeweils mit einer ganz speziellen Problematik behaftet. Im übrigen gibt es neben den oben aufgeführten Grenzen der Individualversicherung noch eine makroökonomische Begründung einer sozialen Sicherung.

5.1.1. Zwei konträre »Philosophien«

Im folgenden geht es um die Darstellung zweier sich diametral gegenüberstehender Referenzmodelle, ohne daß an dieser Stelle auf die tiefgehenden philosophischen Wurzeln eingegangen werden kann und soll. Diese Referenzmodelle bilden dann die Elle, die man an real existierende soziale Sicherungssysteme anlegen kann, und sie sollen die Unterschiede in den **Wertungen** verdeutlichen.

Das **individualistische Menschenbild**, das in besonders ausgeprägter Form der Neoklassik zugrunde liegt (HARMS), geht vom Individuum aus, das von einem Hang zum Tausch beherrscht wird. Der Tauschverkehr, gewissermaßen durch eine »unsichtbare Hand« (die Marktgesetze) organisiert, führt zu Harmonie, Frieden und allgemeinem Wohlstand. Die Stellung des einzelnen Menschen in der Gesellschaft ist abhängig von seinen Entscheidungen, denn von der Veranlagung her sind alle grundsätzlich identisch: Über *sozialen Auf- und Abstieg* entscheidet allein der *Wille des Individuums*, etwa im Sinne der Redensart »Jeder ist seines Glückes Schmied«.

Dem **kollektivistischen Menschenbild** liegt die Vorstellung zugrunde, daß der Mensch von Natur aus ein *soziales Wesen* ist (PRELLER). Die entscheidend prägende Kraft haben die Produktionsverhältnisse, also die Organisation der Gesellschaft und der Stand der Produktivkräfte. Dieses Menschenbild nimmt u. a. Bezug auf ein MARX-Zitat: »Die Produktionsweise des materiellen Lebens bedingt den sozialen, politischen und geistigen Lebensprozeß überhaupt. Es ist nicht das Bewußtsein der Menschen, das ihr Sein, sondern umgekehrt, ihr gesellschaftliches Sein, das ihr Bewußtsein bestimmt.« Da der Mensch die vorgefundene Ordnung nicht durch sein eigenes Verhalten bestimmt hat, wird er bestrebt sein, auf diese Ordnung einzuwirken (HEYDE). Die Sozialrevolutionäre wie MARX und ENGELS wollten den gesellschaftlichen Überbau durch proletarische Revolution beseitigt sehen. Die Überwindung der kapitalistischen Produktionsverhältnisse durch eine proletarische Revolution wird zu einem Endzustand führen, in dem als verwirklicht gilt: »Jeder nach seinen Fähigkeiten, jedem nach seinen Bedürfnissen« (MARX). Damit wird nicht nur ein staatliches Gebilde, sondern auch jegliche Sozialpolitik überflüssig. Die oben erwähnten Sozialreformer wollten das staatliche Eingreifen hingegen auf mehr oder weniger durchgreifende Modifikationen am bestehenden Gesellschaftssystem beschränken.

Versteht man aber Sozialpolitik als »eine aufgrund geglaubter Werte versuchte oder tatsächliche Einflußnahme auf die sozialen Bedingungen, unter denen die Menschen leben« (BRÜCK), wird deutlich, daß je nach Betonung des einen oder anderen Menschenbildes eine solche Politik einen völlig unterschiedlichen Charakter annehmen kann: In *individualistisch* orientierten Systemen werden *Leistung* und *Selbstverantwortung* dominant sein, in *kollektiv* orientierten Systemen hingegen *Bedarf* und *Solidarität* (siehe die Ausführungen zur Leistungsgerechtigkeit und Bedarfsgerechtigkeit).

Da nach der vorherrschenden Meinung der Mensch in den Sozialwissenschaften als ein ambivalentes Wesen gesehen wird, das im »Spannungsfeld zwischen Selbstverantwortung und Gemeinwohl« (FREY/STROEBELE) steht, ist es letztlich eine empirische Frage, welche Verhaltensweise gerade bei der Masse der Gesellschaftsmitglieder dominiert. Ohne hier auf die vielen verhaltenswissenschaftlichen Studien eingehen zu können, scheint – jedenfalls in den westlichen Demokratien – der »homo oeconomicus« als Verhaltenstyp zu überwiegen. Der

B. Theorie der Sozialen Sicherung

»**homo oeconomicus**« wird als Individuum verstanden, dessen Handeln durch positive und negative **Anreize** bestimmt wird und dessen Reaktionen auf Veränderungen dieser Anreize stabil, systematisch (d. h. in diesem Sinne »rational«) und deshalb voraussagbar sind. Es wird keineswegs von vollständiger Information ausgegangen – damit also auch ein wesentlicher Kritikpunkt am »Menschenbild der Neoklassik« ausgeschaltet -, sondern die Intensität der Suche, Aufnahme und Verarbeitung von Informationen ist ein wichtiger Teil des Entscheidungskalküls des Individuums. Im ökonomischen Verhaltensmodell wird streng zwischen Präferenzen und von außen auferlegten Einschränkungen unterschieden. FREY/STROEBELE versuchen außerdem darzulegen, daß dieses »ökonomische Verhaltensmodell« allen Sozialwissenschaften gemein ist. Darauf, daß dieser Verhaltenstypus nicht nur von theoretischer Bedeutung ist, sondern realen Hintergrund zu haben scheint, deuten auch Aussagen von scharfen Kritikern dieses Verhaltenstypus hin. So beispielsweise FROMM, der diesen Typus auch als »homo consumens« bezeichnet und zumindest in der Hälfte der Bevölkerung der Industrieländer als verwirklicht ansieht.

Jegliche Politik, auch eine Politik der sozialen Sicherung, wird sich auf die vorherrschenden Verhaltensmuster einzustellen haben; sind diese nicht (mehr) mit den politischen Zielen in Einklang zu bringen, wird man sie – mit oder ohne Zwang – beeinflussen müssen, um nicht-intendierte Ergebnisse zu vermeiden. Dabei sind dem Zwang in freiheitlichen Demokratien relativ enge Grenzen gesetzt, so daß sich die politischen Repräsentanten immer stärker auf den meritorischen Charakter ihrer Eingriffe berufen haben. Das hat ihnen lange die Mühe erspart, über mögliche (oder gar notwendige) Revisionen in ihrem Zielsystem nachzudenken.

5.1.2. Soziale Sicherung zwischen »Versicherung«, »Versorgung« und »Fürsorge«

Die unterschiedlichen Werthaltungen bedingen bereits die Wahl spezifischer Systeme der Alterssicherung: »Versicherung«, »Versorgung« oder »Fürsorge«. Viele Autoren sind der Meinung, daß in einer *individualistisch-marktwirtschaftlich* organisierten Wirtschaft eine staatliche Aktivität im Bereich der Alters- oder der Krankenversicherung eigentlich *nicht* erforderlich ist (Boss). Wir haben oben gezeigt, daß diese Ansicht *irrig* ist. In real existierenden Marktwirtschaften gibt es sehr wohl *Grenzen der Individualversicherung*, die einerseits auf Marktversagen, andererseits auf ganz spezifische Präferenzhaltungen der Wirtschaftssubjekte zurückzuführen sind. Jedenfalls befürworten die Vertreter eines extremen Individualismus eindeutig die *Selbstverantwortlichkeit* des einzelnen und präferieren daher ein freiwilliges **Individualversicherungssystem**. Gegenüber dem Sparen und damit der Bildung eines disponiblen privaten Vermögens beinhaltet das »Versicherungssparen« als besonderen Schutz einen Risikoausgleich zwischen den Versicherten. Das Ziel der Herbeiführung eines intertemporalen Ausgleichs der Einkommen ließe sich ohne jegliche staatliche Aktivität erreichen; eine interpersonelle Umverteilung der Einkommen ist deshalb *nicht* gerechtfertigt, ja schon vom Ansatz her gar nicht erforderlich. Denn ein solches individualistisches Sicherungssystem würde finanziert aufgrund freier Entscheidungen der Individuen aus deren leistungsgerechten Einkommen.

Einem *kollektivistischen* Wirtschafts- und Gesellschaftssystem entspricht hingegen

V. Makroökonomische Analyse

die Orientierung am *Bedarf*; wie groß dabei der Unterschied zwischen »Bedarfsgerechtigkeit« und »Leistungsgerechtigkeit« letztlich ist, konnte bereits oben nicht gesagt werden. Jedenfalls steht in bedarfsorientierten Systemen die Sicherung eines angemessenen Lebensniveaus für alle Staatsbürger – also eine **Staatsbürgerversorgung** – im Mittelpunkt. Für alle Bürger besteht ein Rechtsanspruch auf Versorgung; Versorgungsträger ist der Staat, der die Versorgungsmaßnahmen nicht unter Bedachtnahme auf eine Eigenleistung der Begünstigten vornimmt, sondern sie über das Budget finanziert (BURGHARDT). Die auslösende Ursache für die Versorgungsmaßnahme ist der Eintritt der zu versorgenden Person in eine bestimmte **Lebenslage**, z. B. Alter, Invalidität, Verlust des Ernährers bzw. der Ernährerin usw. Ein solches System könnte sich theoretisch auch auf eine *intertemporale* Verteilung der Einkommen beschränken, soweit es aus allgemeinen Staatseinkünften gespeist wird, die aus einem streng proportionalen Steuersystem finanziert werden. Nun ist es aber gerade typisch für kollektiv orientierte Systeme, daß die bestehende Einkommens- und Vermögensverteilung nicht als »gerecht« angesehen wird, so daß das Gesamtbudget über ein mehr oder weniger progressives Steuersystem finanziert wird und damit auch – in Abhängigkeit vom jeweiligen Progressionsgrad – ein mehr oder weniger starker *interpersoneller* Ausgleich der Einkommen erreicht wird.
Nun kann man sich – wie auch die historische Entwicklung gezeigt hat – gerade in »paläo-liberalistischen« Wirtschaftssystemen (RÜSTOW) nicht allein auf ein Individualversicherungssystem oder auf die eigenverantwortliche soziale Sicherung durch private Vermögensbildung verlassen. Allein aufgrund der *historisch bedingten Ungleichheiten* in der Einkommens- und Vermögensverteilung resultieren extrem unterschiedliche Vorsorgefähigkeiten, so daß gerade bei den ärmeren Bevölkerungsschichten Vorsorge nur unzureichend oder auch gar nicht möglich war bzw. ist (Problem der »relativen« Armut). Vor diesem Problem konnten und können auch extreme Liberale, die – resultierend aus ihrem Menschenbild – Armut als grundsätzlich selbstverschuldet ansehen, nicht ihre Augen verschließen. In individualistisch orientierten Systemen wird daher die **Fürsorge** (»Sozialhilfeprinzip«) jedenfalls überwiegend als notwendig angesehen.
Soweit nach dem Fürsorgeprinzip auch Leistungen an alte Menschen erbracht werden, handelt es sich nicht nur um ein Instrument des personellen Einkommensausgleichs, sondern auch um ein Instrument des intertemporalen Einkommensausgleichs. Die Finanzierung erfolgt aus allgemeinen Haushaltsmitteln. Werden diese durch ein progressives Steuersystem aufgebracht, werden die Umverteilungswirkungen der Fürsorge weiter verstärkt. Wie auch bei der Versorgung wird in Fürsorgesystemen keine vorherige Eigenleistung (in Form von Beiträgen) vorausgesetzt. Während die Versorgung aber grundsätzlich jedem Staatsbürger gewährt wird, bestimmen sich bei der Fürsorge Art, Umfang und Höhe der Hilfeleistungen aufgrund einer **Bedürftigkeitsprüfung**. Auf diese Leistungen besteht entweder überhaupt kein Rechtsanspruch oder nur ein solcher »dem Grunde nach«, d. h. nicht ein Anspruch auf Hilfe bestimmter Art und Höhe. Leistungen erfolgen nach Ermessensentscheidung dafür zuständiger staatlicher Stellen.

B. Theorie der Sozialen Sicherung

5.1.3. Die Problematik der verschiedenen Sicherungsmaximen

Zumindest theoretisch besteht also die Möglichkeit, die soziale Sicherung in Anlehnung an eines der drei Instrumente – Versicherung, Versorgung, Fürsorge – zu organisieren. Sowohl die Finanzierungs- als auch die Leistungsseite werden sich nicht nur der *Art*, sondern auch dem *Umfang* nach erheblich unterscheiden. Und sowohl von der Finanzierungs-, als auch der Leistungsseite her werden Einflüsse auf das Verhalten der beteiligten Wirtschaftssubjekte ausgehen; herrscht das Menschenbild des »homo oeconomicus« vor, dessen Handeln durch positive und negative Anreize bestimmt wird, dann ist damit zu rechnen, daß dieses Handeln auch von der Ausgestaltung der sozialen Sicherung mitbestimmt wird, von der – wie unsere mikroökonomischen Ausführungen gezeigt haben – durchaus beachtliche ökonomische Anreize positiver und negativer Art ausgehen können.

Die Leistungsfähigkeit und die Grenzen von Individualversicherungssystemen haben wir bereits unter 3.3.1.2. ausführlich beleuchtet. Betrachten wir daher die drei Systeme in einem Vergleich. In einem *reinen Fürsorgesystem* werden ausschließlich alle *bedürftigen* Menschen gesichert, und zwar im Umfang eines sozial-kulturellen Existenzminimums, über das politisch entschieden werden muß. Im allgemeinen wird ein Existenzminimum für angemessen gehalten, das gerade – auch im Vergleich zur jeweiligen sozialen Umwelt – ein menschenwürdiges Leben ermöglicht. Die Sozialhilfe ist Einzelfallhilfe, wenn Merkmale einer subjektiven Notlage gegeben sind. Während in einem Fürsorgesystem die Zahl der Leistungsempfänger eher klein sein wird, umfaßt ein *Versorgungssystem* alle Gesellschaftsmitglieder in einer ähnlichen *Bedarfssituation* bzw. oberhalb eines bestimmten Lebensalters (z. B. Invalidität oder Verlust des Ernährers). In seiner ausgedehntesten Form erfaßt ein Versorgungssystem alle Gesellschaftsmitglieder (»Staatsbürgerversorgung«), der gesamte Familienlastenausgleich (also neben dem Alterslastenausgleich auch der Kinderlastenausgleich) ist in ein solches System zu integrieren.

Während sich ein Fürsorgesystem von einem Versorgungssystem vor allem durch die Zahl der Leistungsempfänger unterscheidet, ist es zum anderen auch das Ziel eines bedarfsorientierten Versorgungssystems, ein *Versorgungsniveau* zu gewährleisten, das mehr oder weniger deutlich *oberhalb* des sozialen Existenzminimums liegt; auch über das Versorgungsniveau bedarf es einer *politischen* Entscheidung, während in einem *Individualversicherungssystem* eigenverantwortlich über das jeweilige Versorgungsniveau entschieden wird. Wegen der höheren Zahl der Leistungsempfänger und der höheren Leistungsgewährung dürfte das Versorgungssystem wesentlich höhere Kosten verursachen als ein Fürsorgesystem. Die Finanzierung wird in beiden Systemen durch allgemeine Haushaltsmittel sichergestellt, erfolgt also im wesentlichen aus allgemeinen Steuern.

Da bei Steuereinnahmen der Etatgrundsatz der Nonaffektation gilt, ist bei beiden genannten Prinzipien eine *eindeutige Bindung* zwischen der Finanzierungsseite und der Leistungsseite nicht mehr gegeben. Das gilt dann in besonderem Maße, wenn die Majorität der Gesellschaft nicht an der Mittelaufbringung über die direkten Steuern (in erster Linie Einkommensteuer) beteiligt ist, sondern die Mittelaufbringung im wesentlichen über indirekte und weniger merkliche Steuern erfolgt. Während in der Individualversicherung noch eine eindeutige Bindung zwischen Finanzierung und Leistung im Sinne einer versicherungstechnischen Äquivalenz gegeben ist, die dem einzelnen Versicherten immer den

Zusammenhang zwischen eigener Beitragsleistung und späterer Gegenleistung vor Augen führt, ist ein solcher *Zusammenhang bei Fürsorge- und Versorgungssystemen nicht mehr direkt erkennbar.*

Bei Fürsorge und Versorgung kann das Problem der Risikoauslese (adverse selection) ex definitione nicht auftreten. In beiden Systemen ist die zur Finanzierung herangezogene Gruppe größer als in einem Individualversicherungssystem (sie umfaßt nämlich die Gesamtgesellschaft). Eine direkte, wahrnehmbare Beteiligung erfolgt nicht, und auch die mittelbare Beteiligung über die Steuern (insbesondere indirekte und andere weniger merkliche Abgaben) dürfte in solchen Systemen das moralische Risikoverhalten (moral hazard) noch verstärken:

(1) Die Kosten eines solchen Verhaltens verteilen sich auf eine größere Zahl von Beteiligten;
(2) der Eigenanteil ist im Vergleich zur Individualversicherung direkt nicht mehr vorhanden bzw. reduziert sich auf einen unmerklichen Restbetrag.

Die Entkoppelung von Leistung und Gegenleistung hat – unterstellt sei wieder der »homo oeconomicus« – außerdem **negative Anreizwirkungen** auf das Leistungsangebot. Da der Steuer im Gegensatz zum Beitrag keine direkte Gegenleistung gegenübersteht, kommt es zu den in der allgemeinen Steuerlehre ausführlich diskutierten Verhaltensanpassungen der Zensiten (PETERSEN: Finanzwissenschaft I, D.3.1.). Es scheint einiges für die Annahme zu sprechen, daß Substitutions- und Einkommenseffekt der Besteuerung abhängig sind von dem Entwicklungsstand und der erreichten Steuerbelastung einer Volkswirtschaft: Bei hohem *Pro-Kopf-Einkommen* und *hoher Steuerbelastung* ist es wahrscheinlich, daß der Substitutionseffekt den Einkommenseffekt dominiert. Ein Versorgungssystem mit Leistungen, die am Bedarf orientiert sind, dürfte nach überwiegender Meinung hohe Kosten verursachen, die eine hohe steuerliche Belastung bedingen, so daß in hochentwickelten Ländern von einem solchen System negative Anreizwirkungen auf das Arbeitsangebot auszugehen drohen.

Aber nicht nur der Finanzierungsseite, sondern auch auf der *Leistungsseite* sind negative Anreizwirkungen nicht auszuschließen (siehe oben 4.2.2.). Setzt die Fürsorge- bzw. Versorgungsleistung beispielsweise bereits bei vorübergehender oder vorzeitiger Invalidität ein bzw. existieren Regelungen hinsichtlich einer flexiblen Altersgrenze, gehen auch hiervon in Abhängigkeit von dem jeweils gewährten Versorgungsniveau Wirkungen im Sinne einer vorzeitigen Inanspruchnahme und damit einer Einschränkung des Arbeitsangebots aus. Die negativen Anreizwirkungen sind besonders groß, wenn neben der offiziellen Wirtschaft noch eine **Schattenwirtschaft** existiert, in der man seine Arbeitskraft steuer- und sozialabgabenfrei anbieten und einsetzen kann.

Viel stärker als in einem Individualversicherungssystem ist ein Fürsorge-, aber insbesondere ein Versorgungssystem auf eine »Selbstbeschränkung« der Bürger in ihren Ansprüchen gegenüber »dem« Staat angewiesen. Überwiegt in dem ambivalenten Wesen »Mensch« die egoistische Orientierung, droht ein solches System funktionsunfähig zu werden; man muß dann versuchen, den »homo oeconomicus« in dem Sinne zu beeinflussen, daß man Ersatzanreize und Zwänge gesellschaftlicher Art schafft, will man nicht zu einem reinen Zwangssystem übergehen oder – wie etwa FROMM – versuchen, das menschliche Verhalten im Sinne einer Veränderung zu beinflussen – eine »neue Gesellschaft« zu schaffen.

Wirft man einen Blick auf die realen Entwicklungen, dann haben sich in den westlichen Demokratien weder die individualistischen noch die kollektivistischen Vorstellungen gänzlich durchgesetzt. Infolgedessen haben sich auch *keine Reinformen* der sozialen Sicherung entwickelt, sondern es haben sich überwiegend **Mischsysteme** gebildet. Diese Mischsysteme dürften auch ein Ergebnis

B. Theorie der Sozialen Sicherung

der Ambivalenz des menschlichen Verhaltens sein. Denn durch die Mischung der verschiedenen Sicherungsmaximen hat man wahrscheinlich einen gewissen *Ausgleich* zwischen deren *Vor- und Nachteilen* erreichen können.

5.1.4. Zur Begründung einer sozialen Sicherung

Wie wir gesehen haben, dienen zur Begründung von sozialen Sicherungseinrichtungen vorwiegend mikroökonomische Argumente. Diese *Grenzen der Individualversicherung* werden aber auch heute noch von einigen Autoren *in Zweifel gezogen*. Häufig wird darauf verwiesen, daß Individualversicherungen im Bereich der sozialen Sicherung durchaus wirkungsvoll fungieren (VAUBEL). Nun wird hier aber von einer Situation ausgegangen, in der ein soziales Sicherungssystem bereits existiert, in das derjenige, der in einem solchen Fall die vielleicht kostengünstigere Privatversicherung wählt, im Notfall zurückfallen kann – im Zweifelsfall in die Sozialhilfe. Es ist nicht zu bestreiten, daß ein Individualversicherungssystem bei vorhandener sozialer Sicherung durchaus konkurrenzfähig sein kann; allerdings ist damit auch nicht der Beweis erbracht, daß ein soziales Sicherungssystem gegenüber einem Individualversicherungssystem per se inferior ist. Denn das Vorhandensein eines sozialen Sicherungssystems kann überhaupt erst die Vorbedingung für Individualversicherungssysteme gewesen sein.

Häufig wird auch die von uns bereits mehrfach widerlegte Ansicht vertreten, daß soziale Sicherung allein auf Einkommensumverteilung personeller Art beruhen muß; infolgedessen gäbe es nur eine distributive Begründung der sozialen Sicherung. Nun läßt sich aber zeigen, daß selbst aus *neoklassischer Sicht* ein System sozialer Sicherung – insbesondere sozialer Alterssicherung – ableitbar ist, ohne daß man auf Verteilungsargumente zurückgreifen muß – also allein allokativ argumentiert. Geht man von den bereits erwähnten Lebenszyklus-Modellen aus und unterstellt ein ultrarationales Verhalten der Wirtschaftssubjekte, resultieren positive oder negative Ersparnisse nur aus der **unsicheren Lebenserwartung**, insgesamt wäre die volkswirtschaftliche Ersparnis gleich Null. Sparen wäre also eine temporäre Erscheinung, ein Kapitalstock würde nicht gebildet.

Nun erfordert gerade die marktwirtschaftliche Produktionsweise aufgrund von Arbeitsteilung und technischem Fortschritt einen möglichst **wachsenden Kapitalstock**, damit sie überhaupt gegenüber der nicht-marktwirtschaftlichen Eigenproduktion (»Barter«-Ökonomie) ihre Effizienzvorteile entfalten kann. So wäre es also notwendig, einen wachsenden Kapitalstock von Generation zu Generation weiterzugeben. Das kann, solange *private* Vermögensbildung vorherrschend ist, im Rahmen des *Familienverbandes* erfolgen (Erbrecht). Der nicht mehr Erwerbsfähige erhält dann – um einen Anreiz zur Vermögensbildung überhaupt zu bieten – als Rente gewissermaßen die Zinsen aus dem von ihm weitergegebenen (und zum Teil bzw. gänzlich gebildeten) Kapitalstock. Die gesellschaftliche Organisation ist aber nicht in Form privater Vertragsverhältnisse erfolgt. Es haben sich staatliche Institutionen herausgebildet, und diesen sind auch im Sinne der nationalökonomischen Klassiker neben Rechts- und Machtzwecken die Aufgabe zur Bereitstellung von Infrastruktur zugewachsen, um die wirtschaftliche Entwicklung zu fördern und zu beschleunigen (SMITH). Daher gewinnt in den sich industrialisierenden Ländern die **staatliche Vermögensbildung** zunehmend an Bedeutung. Während in hochindustrialisierten Ländern Eigentumsbildung bei privaten Personen ganz allgemein abnimmt, entspricht dieser Verringerung eine *Zunahme der Eigentumsbildung bei der öffentlichen Hand* (LIEFMANN-KEIL). Zu dieser staatlichen Vermö-

V. Makroökonomische Analyse

gensbildung tragen alle Gesellschaftsmitglieder bei, die ärmeren Bevölkerungsschichten insbesondere dann, wenn die Belastung durch indirekte Steuern im Verhältnis zur direkten Steuerbelastung relativ hoch ist, das Steuersystem insgesamt also regressiv ist. Entziehen können sich nur diejenigen, denen es gelingt, ohne eigenes Einkommen – also aus den Sachspenden anderer – zu leben.

Soweit diese öffentliche Vermögensbildung *Voraussetzung* für die wirtschaftliche Entwicklung ist, muß nicht nur dem einzelnen Familienverband, sondern auch der Gesamtgesellschaft ein *Anreiz zur Bildung bzw. Erweiterung des öffentlichen Kapitalstocks* gegeben werden – nämlich eine **Gesellschaftsrente**. Diese kann dann von der jeweiligen erwerbstätigen Generation als Verzinsung des übernommenen Kapialstocks aufgefaßt werden. Die nicht mehr erwerbstätige Generation ist dann nicht auf den Verzehr des von ihr gebildeten Kapitalstocks im Alter angewiesen.

Bei den hier unterstellten Verhaltenshypothesen dürfte eine solche Gesellschaftsrente auf *privater* Basis *nicht* organisierbar sein. Da das öffentliche Vermögen nur deshalb gebildet worden ist, weil es *Kollektivgutcharakter* aufweist, eine private Bereitstellung deshalb nicht erfolgt ist, wird sich auch keiner auf *freiwilliger* Basis an der Verzinsung eines solchen öffentlichen Kapitalstocks beteiligen (Trittbrettfahrer-Problematik). Die Gesellschaftsrente könnte also nur über eine staatliche oder halbstaatliche Institution organisiert werden. Auch wenn man der sozialen Sicherung selbst keinen Kollektivgutcharakter zuspricht, meritorische Argumente also ablehnt, läßt sich ein solches System *allokativ* begründen (allokativ heißt hier, daß eine befriedigende Kapitalbildung erfolgt), ohne daß auf eine Redistributionsargumentation zurückgegriffen werden muß.

Im Zusammenhang mit der ökonomischen Theorie der sozialen Sicherung hatten wir bereits darauf hingewiesen, daß hinsichtlich der Wahrscheinlichkeit zukünftiger Ereignisse zwei Arten von Tatbeständen zu unterscheiden sind – nämlich Risiken und Ungewißheiten. Während *Risiken* allgemein kalkulierbar sind, insofern also die Grundvoraussetzung für die Existenz eines Individualversicherungssystems gegeben ist, kann man sich gegen Ungewißheiten nicht im gleichen Maße schützen. Dazu MACKENROTH: »Das Versicherungsprinzip ist geeignet, den einzelnen zu sichern gegen die Abweichung seines Falles von der sozialen Norm, es kann aber nicht die Volkswirtschaft sichern gegen eine Änderung der sozialen Norm, gegen eine soziale Katastrophe.«

In der neoklassischen Diskussion spielen *Ungewißheiten* keine besondere Rolle. Das ist letztlich auch nicht verwunderlich, denn aus neoklassischer Sicht tendiert ein Wirtschaftssystem immer dann zum Gleichgewicht, wenn man dem »Markt« nur ausreichende Entfaltungsmöglichkeiten einräumt: Auf lange Sicht ist Harmonie dem System immanent – Ungewißheiten sind gar nicht existent. Da – frei nach KEYNES – auf lange Sicht alle tot sind und auch die bisherigen historischen Entwicklungen weder die Neoklassik noch ihr theoretisches Gegenstück etwa eindrucksvoll bestätigt haben, sollte und kann man derartige Ungewißheiten eigentlich nicht in den Bereich der Legende verbannen. Gerade auch in bezug auf die Alterssicherung – sei es in Form der privaten Vermögensbildung, sei es in Form der Individualversicherung – haben sich ökonomische Krisen in der Vergangenheit verheerend ausgewirkt. Aus der Existenz derartiger Ungewißheiten (siehe oben die langfristige Bestandsunsicherheit von Privatversicherungen) heraus läßt sich ebenfalls ein System der sozialen Sicherheit begründen, ohne daß eine Umverteilungszielsetzung bemüht werden muß. Das Motiv ist hier nicht Umverteilung der Einkommen, sondern ein sozialer Ausgleich dieser sich nicht auf alle Schichten gleichermaßen auswirkenden Ungewißheiten. Eine personelle Umverteilung ist allerdings zwangsläufig Folge eines derartigen Ausgleichs.

Während der neoklassische Ansatz prinzipiell von einer ursprünglichen *Startchancengleichheit* ausgeht, soziale Unterschiede also Ausfluß der Entscheidungsfreiheiten der Individuen sind, stellt die MARxistische Theorie – wie im übrigen auch die ökonomische Klassik – auf die *historischen Zusammenhänge* ab. Das

B. Theorie der Sozialen Sicherung

Handeln der Wirtschaftssubjekte wird in Abhängigkeit vom gesellschaftlichen Entwicklungsstand gesehen. Dieser war in der Entstehungszeit der kapitalistischen Produktionsweise nicht durch eine vollkommene Startchancengleichheit gekennzeichnet: Im Gegenteil – es gab eine historisch bedingte und aus heutiger Sicht extrem ungleichmäßige Vermögens- und Einkommensverteilung. Zwar hatten die ökonomische Liberalisierung und die allmähliche Entwicklung hin zu einem Rechtsstaat dazu geführt, daß auch die bürgerlichen Freiheitsrechte allen Bevölkerungsschichten zuwuchsen. In der vorkapitalistischen Zeit waren – wie wir gesehen haben – Eigentum von Produktionsmitteln und persönliche Freiheit miteinander verknüpft; die Trennung von Arbeit und Kapital als Folge der Einführung der kapitalistischen Produktionsweise brachte einer großen, besitzlosen Schicht, die allmählich zur Mehrheit der Bevölkerung anwuchs, persönliche Freiheitsrechte in weitem Umfang. Der Arbeiter wurde formal freier und gleichberechtigter Verhandlungspartner des Unternehmers. Er besaß »alle nur erdenklichen Freiheiten, einschließlich derjenigen zu hungern und zu verhungern, wenn er seine Arbeitskraft am Arbeitsmarkt nicht oder nur zu unzureichenden Preisen absetzen konnte, oder wenn ihm seine Arbeitskraft infolge Alter oder Krankheit verlorenging« (WEDDINGEN).

Die *Ursachen dieser Ungleichheit der Startchancen* lagen – wie bereits erwähnt – einerseits in der ungleichmäßigen Vermögensverteilung und andererseits in der Relation der Faktoren Arbeit und Kapital: Arbeitsteilung und technischer Fortschritt erforderten einen höheren Kapitaleinsatz; Kapital war der begrenzende Produktionsfaktor, während Arbeit überreichlich vorhanden war. So wurden primär Kapitalinteressen berücksichtigt, während Arbeitnehmerinteressen vernachlässigt wurden.

Um diese Probleme zu beseitigen bzw. zu mildern, entstand bei den Kathedersozialisten die Vorstellung, durch staatliche Eingriffe für eine gleichmäßigere personelle Vermögens- und Einkommensverteilung zu sorgen, also eine bewußte Umverteilung vorzunehmen. Da nicht alle Menschen aufgrund unterschiedlicher ökonomischer Gegebenheiten gleichermaßen in der Lage sind, für ihre persönliche Sicherheit zu sorgen, muß das in einem sozialen Sicherungssystem erfolgen. Mit diesem soll gleichzeitig aber auch eine als »ungerecht« empfundene Vermögens- und Einkommensverteilung korrigiert werden. Dabei gehen diese Forderungen von einer leichten **Nivellierung** der Verteilung von Einkommen und Vermögen bis hin zu einer totalen **Egalisierung**. Eine personelle Umverteilung bedarf wiederum staatlicher Hoheitsgewalt. Theoretisch wäre es zwar denkbar, eine Umverteilung über freiwillige Transfers herbeizuführen; da aber nicht alle potentiellen Spenderpersönlichkeiten bereit sein dürften, eine freiwillige Umverteilung durchzuführen (Problem des Trittbrettfahrer-Verhaltens), dürfte ein solches System auf Dauer kaum funktionieren.

Diese Ausführungen sollten verdeutlicht haben, daß sowohl in einer individualistisch als auch in einer kollektivistisch orientierten Welt soziale Sicherungseinrichtungen notwendig sind: in ersterer insbesondere aus *allokativen*, in letzterer vor allem aus *distributiven* Gründen. Da diese reinen Modelle mit der realen Welt nur wenig gemein haben, beide Paradigmen die politischen Entscheidungen aber mitgeprägt haben, sind Elemente dieser Modelle nicht nur in die theoretische, sondern auch in die praktische Sozialpolitik eingeflossen, so daß das heute existierende System der sozialen Sicherheit einen mehr oder weniger gelungenen Kompromiß darstellt.

5.1.5. Die Sozialversicherung als Koordinationsinstrument verschiedener Zielsetzungen

Es dürfte deutlich geworden sein, daß ein Individualversicherungssystem als *alleiniges* Instrument zur sozialen Sicherung zu größeren **Sicherungslücken** führen würde, die dann beispielsweise durch ein ergänzendes System der Sozialhilfe geschlossen werden müßten. Darüber hinaus ist ein Individualversicherungssystem aus allokativen und distributiven Gründen nicht ausreichend. Genau wie ein reines Individualversicherungssystem weist auch ein Versorgungssystem insbesondere dann, wenn es auf eine Vollsicherung der Bürger abstellt, erhebliche Mängel auf. Nicht nur aus sozial-philosophischen Wertvorstellungen, sondern auch aus einer Reihe von ökonomischen Gründen, die natürlich über das jeweilig vorherrschende Menschenbild mit bestimmten Wertungen verbunden sind, läßt sich ableiten, daß sich ein soziales Sicherungssystem aus verschiedenen Elementen zusammensetzen muß (MEINHOLD).
Eine Rangordnung der verschiedenen Instrumente stellt das bereits erwähnte **Subsidiaritätsprinzip** her, das seine prägnante Ausprägung in der Sozialenzyklika »Quadragesimo anno« des Papstes PIUS XI. vom 15. 5. 1931 fand. Bezogen auf die soziale Sicherung bedeutet dieses Prinzip, daß zunächst auf **Selbsthilfe** zurückgegriffen werden soll, bevor Fremdhilfe verlangt wird. Ein intertemporaler Einkommensausgleich hat demnach zunächst über Eigentum und Familie, Versicherung und erst danach unter Bezug auf eine soziale Verpflichtung der Allgemeinheit zu erfolgen. Diese Interpretation erweist sich zunächst als ein gewisser Hemmschuh der sozialpolitischen Entwicklung und wurde auch den ökonomischen Erfordernissen nicht gerecht. Erst die Auslegung von v. NELL-BREUNING, daß der gesellschaftliche Verband auch die Voraussetzungen dafür zu schaffen habe, die den einzelnen erst in die Lage versetzen, selbstverantwortlich zu handeln, führt zu einer gewissen Durchbrechung der streng hierarchischen Rangfolge. Damit entsteht dann allerdings die Gefahr, daß das Subsidiaritätsprinzip immer häufiger nur noch zur Begründung von weiteren Anforderungen an die öffentliche Hand benutzt wird (LIEFMANN-KEIL).
Insbesondere in einer Zeit stark zunehmender Staatstätigkeit, die überwiegend auf *meritorische Gründe* zurückgeführt wird, könnte hieraus eine Entmündigung des einzelnen resultieren; die Selbstverantwortung wird beseitigt. Das dürfte im Hinblick auf das Verhalten gegenüber den sozialen Sicherungseinrichtungen nicht ohne Konsequenzen sein. Daher fordert auch BRÜCK: »Sobald der Staat ... die Voraussetzungen für eine Selbsthilfe geschaffen hat, sollte er stets prüfen, inwieweit er im Einzelfall insbesondere Gruppen von Menschen selbstgewollte neue Selbstverantwortung gerade auch im Interesse der Gesellschaft übernehmen lassen kann.«
Ausfluß dieses Grundsatzes ist es dann, daß man nicht etwa ein Versorgungssystem schafft, das auch diejenigen von der Verpflichtung zur eigenen Vorsorge freistellt, die finanziell durch direkte eigene Beiträge zur Risikovorsorge in der Lage sind. Vielmehr sollen nicht nur diejenigen, die aufgrund ihrer Einkommens- und Vermögensverhältnisse zu einer eigenverantwortlichen **privaten Vorsorge** in der Lage sind, sondern auch diejenigen, die hierzu weniger in der Lage sind, zur **Eigenverantwortlichkeit** angehalten werden. Das gelingt im besonderen Maße durch die Schaffung einer **Sozialversicherung**, die auf einer gewissen Äquivalenz zwischen der ökonomischen Leistung des einzelnen (erwerbseinkommensbezogene Beiträge) und einer sofortigen oder späteren

B. Theorie der Sozialen Sicherung

Gegenleistung basiert (z. B. in der GKV Freistellung vom Risiko der Krankheit bzw. in der GRV Absicherung des in der Zukunft liegenden Alters). Die Sozialversicherung mit obligatorischem Charakter beseitigt vor allem die Risikoauslese (adverse selection), die in sozial orientierten Staaten nicht akzeptiert werden kann. Gegenüber einem Individualversicherungssystem trägt ein Sozialversicherungssystem also auch Belastungen, die über einen »normalen« *Risikoausgleich* zwischen den Versicherten *hinausgehen*. Die Zwangsmitgliedschaft sorgt dafür, daß dieser erweiterte Risikoausgleich zu tragbaren Belastungen des einzelnen führt, da sich diese Lasten auf eine große Zahl von Versicherten verteilen. Eine Zwangsmitgliedschaft ist auch deswegen erforderlich, da ansonsten die Möglichkeit gegeben wäre, sich diesen Belastungen zu entziehen.

Die Sozialversicherung beseitigt außerdem die Risikoneigung, geringe Risikoaversion und »relative« Armut als Restriktion für ein Individualversicherungssystem. Darüber hinaus wird weitgehend auch die Risikoscheu der Versicherungen durch Sozialversicherungssysteme reduziert. Auch die Ungewißheitstatbestände wie Infektion von Risiken, langfristige Bestandsunsicherheit von Privatversicherungen und mangelnde Information über die Wahrscheinlichkeitsverteilungen werden durch die Sozialversicherung außer Kraft gesetzt. Für **Massenrisiken** und für **soziale Katastrophen** trägt dann letztlich der Staat als Gesamtheit der Bürger die Verantwortung. Der Verzicht auf eine Risikoauslese bedeutet nun, daß das **strenge Äquivalenzprinzip** der Individualversicherung in Sozialversicherungen *eingeschränkt* ist. Neben den eigentlichen Risikoausgleich der Versicherung tritt also eine *personelle Umverteilung* zugunsten der sogenannten *schlechten Risiken*. Eine weitere personelle Umverteilung erfolgt in real existierenden Sozialversicherungssystemen auch dann, wenn die *Familienangehörigen beitragslos mitversichert* sind (die Beiträge also nach dem Individualprinzip bemessen werden, während die Leistungen nach dem Haushaltsprinzip gewährt werden). Es erfolgt dann eine personelle Umverteilung von den Ledigen auf die Verheirateten. Die Frage, inwieweit in einem Sozialversicherungssystem die Beitragsäquivalenz gegenüber einem Individualversicherungssystem eingeschränkt ist (inwieweit also neben dem eigentlichen Risikoausgleich auch Umverteilung eine Rolle spielt), läßt sich nur empirisch beantworten. Es dürfte aber deutlich geworden sein, daß bei dem Aufbau eines sozialen Sicherungssystems bzw. bei dem Um- oder Ausbau eines existierenden Systems dem *Äquivalenzprinzip* besondere Beachtung zukommt. Wird die Äquivalenz zu sehr eingeschränkt, gewinnen Versorgungselemente an Bedeutung, und damit verringern sich dann auch die ökonomischen Vorteile eines Sozialversicherungssystems. Wird die Äquivalenz sehr stark betont, fallen alle diejenigen aus einer befriedigenden Sicherungssituation heraus, die nur ein geringes oder auch gar kein Erwerbseinkommen erzielen konnten. Dann werden quantitativ bedeutsame Sozialleistungen erforderlich, von denen – je nach Sicherungsniveau – ebenfalls negative Anreizwirkungen ausgehen können.

Dieses Dilemma hat in vielen Sozialversicherungssystemen dazu geführt, daß man sich über »versicherungsfremde« Leistungen zunehmend vom Äquivalenzprinzip entfernt hat (Rosa). Gerade in jüngster Zeit wird daher wieder verstärkt diskutiert, ob man die personellen Umverteilungselemente in der Sozialversicherung nicht wieder vermindern soll (Schmähl). Es wird aus der Grundsatzentscheidung für ein Versicherungssystem abgeleitet, daß das Sozialsystem deutlich als Parafiskus von den öffentlichen Haushalten zu trennen ist. Hinter solchen Forderungen steht häufig die Absicht, den politischen Einfluß auf die

Sozialversicherungen zu reduzieren. Ob das mit einer formalrechtlichen Aufgabenzuweisung tatsächlich erreicht werden kann, mag dahingestellt bleiben. Im übrigen muß politischer Einfluß nicht notwendigerweise negativ sein, denn soziale Sicherungseinrichtungen müssen fortlaufend dem sozialen Wandel angepaßt werden. Hier zeigen sich aber im System der sozialen Sicherung Beharrungstendenzen, einmal beschlossene Lösungen auf Dauer aufrechtzuerhalten. Die Verwirklichung ursprünglich gesetzter Ziele wird nicht überprüft, so daß in der Folge auch notwendige Revisionen unterbleiben. Die politischen Entscheidungsträger und auch die Öffentlichkeit über die Zielverwirklichung zu informieren, könnte immerhin ein wirksames Instrument sein, diese Beharrungstendenzen zu bekämpfen.

Wenn die Sozialversicherung wie das Steuersystem *alle* Gesellschaftsmitglieder erfaßt, dann sprechen allerdings gewichtige Argumente dafür, die **vertikalen Umverteilungselemente** aus der Sozialversicherung zu *eliminieren*. Wird das Steuersystem konsequent verteilungspolitisch eingesetzt – und zwar den vorherrschenden Wertvorstellungen zufolge im Sinne einer Nivellierung -, und werden entsprechend ausgestattete reine Transferzahlungen an diejenigen gewährt, die nicht in der Lage sind, eine ausreichende Sicherung aus eigenen Kräften zu erreichen, dann ist eine *zusätzliche* vertikale Umverteilung durch eine Sozialversicherung eigentlich *nicht* mehr erforderlich. Wird sie trotzdem vorgenommen, weil das Steuersystem hier versagt, oder man meint, die politisch angestrebte Umverteilung aufgrund drohender negativer Anreizwirkungen nicht durchsetzen zu können, bedingt das eine starke Einschränkung des Äquivalenzprinzips, was auf Dauer wahrscheinlich zu ähnlichen negativen Anreizwirkungen führen dürfte. Hier wäre es also geboten, entweder das Steuersystem effizienter auszugestalten oder eben auf eine weitere vertikale Umverteilung zu verzichten.

Anders ist die **horizontale Umverteilung** zu beurteilen. Die Sozialversicherung soll auch den intertemporalen Einkommensausgleich (auch als »Alterslastenausgleich« bezeichnet; ZEPPERNICK) sicherstellen und gleichzeitig Anreize setzen, öffentliches Realvermögen zu bilden. An einer Sozialversicherung sind also zumindest zwei Generationen beteiligt; das gilt natürlich ebenso für Alterssicherungssysteme auf familiärer Basis (siehe die Ausführungen unter 2.2.). Während man sich auf familiärer Basis seinen Verpflichtungen gegenüber den eigenen Eltern nur schwer entziehen kann, entfällt in sozialen Alterssicherungssystemen nicht nur ein moralisches Element, sondern zugleich ein ökonomischer Zwang: Wird die Alterssicherung auf gesamtgesellschaftlicher Basis organisiert, können einzelne Gesellschaftsmitglieder auf ihren **Beitrag zur Reproduktion** der Gesamtgesellschaft verzichten. Auch in Vorsorgesystemen auf Familienbasis ist die Alterssicherung über eigene Kinder zumindest bis zu einem gewissen Grade durch eine Alterssicherung über Realvermögensbildung substituierbar. In Sozialversicherungssystemen, in denen generell die erwerbstätige Generation die nicht mehr erwerbstätige über einen **Generationenvertrag** sichert, wird es für einzelne möglich, völlig auf die Erziehung von Kindern zu verzichten, sich also als Trittbrettfahrer (free rider) zu verhalten; i. d. R. unterbleibt auch eine entsprechende kompensatorische Kapitalbildung. Sicherlich wäre es prinzipiell möglich, den aufgrund der Existenz einer sozialen Alterssicherung notwendig gewordenen »Kinderlastenausgleich« über das Steuersystem und entsprechende öffentliche Ausgaben zu regeln. Nun ist es aber für eine Gesellschaft nicht nur erforderlich, ausreichendes Realkapital zu bilden und dafür auch Anreize für ein soziales Alterssicherungssystem zu setzen,

B. Theorie der Sozialen Sicherung

sondern mindestens genauso wichtig, wenn nicht sogar wichtiger, eine ausreichende **Humankapitalbildung** sicherzustellen, für die dann ebenfalls entsprechende Anreize zu setzen sind. Ein Alterssicherungssystem, das *nur* auf **Realkapitalbildung** ausgerichtet ist, *diskriminiert aktiv die Humankapitalbildung*. Allein aus diesem Grunde scheint es erforderlich zu sein, horizontale Umverteilungselemente (im Sinne eines Familienlastenausgleichs) auch in einem Sozialversicherungssystem zu belassen, weil dann die Transparenz der entsprechenden Regelungen deutlicher zutage tritt. Eine solche horizontale Umverteilung verstößt auch dann nicht gegen die Äquivalenz, wenn man diesem Prinzip nicht nur im Hinblick auf ökonomische Kategorien (also »Geldbeiträge«), sondern auch auf gesellschaftliche Kategorien (»**Reproduktionsbeitrag**«) Geltung verschaffen will.

Die Entscheidung zugunsten eines Sozialversicherungssystems bedeutet also immer eine Einschränkung des reinen Äquivalenzprinzips und macht gleichzeitig auch die Einführung ergänzender Sicherungsmaßnahmen für diejenigen erforderlich, die – aus welchen Gründen auch immer – nicht in der Lage sind oder waren, ein ausreichendes Erwerbseinkommen zu erzielen. Hier sind wiederum zwei Gruppen zu unterscheiden:

(1) Diejenigen, die zwar Beiträge entrichtet haben, deren Erwerbseinkommen aber so gering war, daß entsprechend der Leistungsregelung (»Rentenformel«, »Krankengeldformel« usw.) ein *Sozialeinkommen* resultiert, das *unterhalb eines sozial-kulturellen Existenzminimums* liegt. Soll also die personelle Umverteilung nicht zu Lasten der Äquivalenz gehen, müßte eine Aufstockung auf das Existenzminimum nicht mit Mitteln der Sozialversicherung durchgeführt, sondern aus dem allgemeinen Steueraufkommen vorgenommen werden.

(2) Diejenigen, die gar keine Beiträge entrichtet haben, da sie *kein Erwerbseinkommen* bezogen haben. Auch hier muß dann die Sicherung eines sozialkulturellen Existenzminimums aus dem allgemeinen Steueraufkommen finanziert werden.

Es ist eine Frage der formalen Organisation, ob eine solche Sicherung innerhalb oder außerhalb eines Sozialversicherungssystems erfolgen sollte. Auch hier könnte das Subsidiaritätsprinzip zugrunde gelegt werden; ein hierarchisch strukturiertes Organisationsgebilde wäre die Folge. Bei personellen Umverteilungsvorgängen hat sich – wie viele von der »Modernen Politischen Ökonomie« aufgegriffene Beispiele zeigen – eine *Dezentralisierung* wenig bewährt, da dann die *Gruppeneinflüsse* verstärkt und einmal getroffene Umverteilungsmaßnahmen aufgrund der sich entwickelnden Gruppendynamik irreversibel werden. Es zeigt sich, daß dann organisatorische Grundsatzentscheidungen (z. B. »Selbstverwaltung« oder »mehrgliedriges System«) Rückkoppelungseffekte ökonomischer Art aufweisen.

Aus ökonomischer Sicht kann also durchaus eine **Einheitsversicherung** sinnvoll sein, die auch die Maßnahmen zur Sicherung eines sozial-kulturellen Existenzminimums durchführt; zu diesem Zweck erhält ein solches System einen Staatszuschuß. Alternativ kann auch ein organisatorisch selbständiges Sozialsystem geschaffen werden, das die Leistungsgewährung an eine Bedürftigkeitsprüfung knüpft. Es ist aber auch ein **Grundsicherungssystem** vorstellbar, das für alle Gesellschaftsmitglieder eine bestimmte Grundsicherung garantiert. Ein solches System hat dann keinen Fürsorge-, sondern einen Versorgungscharakter und garantiert ein sozial-kulturelles Existenzminimum.

V. Makroökonomische Analyse

Da die Garantie *unabhängig von einer Bedürftigkeitsprüfung* gewährt wird, ist hier eine besondere Integration in das System der Einkommensbesteuerung erforderlich, die dann im Sinne einer Negativsteuer auszugestalten wäre (PETERSEN). Maxime der Sozialversicherung wäre also ein **modifiziertes Äquivalenzprinzip**, demzufolge sich die Gegenleistungen an einkommensbezogenen Beiträgen orientieren, wobei idealerweise das Lebenseinkommen die Bemessungsgrundlage bilden sollte. Das Lebenseinkommen wäre auch der Bezugsrahmen für die Maximen des Steuersystems – nämlich **Leistungsfähigkeitsprinzip** und **Prinzip der steuerlichen Umverteilung**. Sind sowohl das Sozialversicherungssystem als auch das Steuersystem an dem Lebenseinkommen ausgerichtet, wird eine **Integration beider Systeme** unerläßlich, da der soziale Status sich häufiger im Lebensverlauf verändern kann. Unterbleibt eine solche Integration, tritt neben das Problem der periodischen Kumulation von Sozialleistungen aus einem zersplitterten Leistungssystem und von Steuervergünstigungen noch das Problem einer lebenszeitlichen Kumulation hinzu, da Kompensationen nicht erfolgen.

5.2. Multiplikatorwirkungen

Geht man von einem einfachen KEYNESschen Modell aus, dann sind mit Sozialausgaben auch **Multiplikatorwirkungen** verbunden. Besonders ist allerdings darauf hinzuweisen, daß sich derartige Multiplikatorwirkungen nur dann abspielen, wenn sich die Volkswirtschaft in einer Unterbeschäftigungssituation befindet (also ein KEYNESsches Gleichgewicht bei Unterbeschäftigung herrscht). Wir wollen zunächst die isolierten Multiplikatorwirkungen von realen und monetären Transfers betrachten, dann die Finanzierungsseite berücksichtigen und in einem dritten Schritt die Auswirkungen unterschiedlicher Konsumquoten bei den Empfängern der Transferleistungen und den Belasteten der Umverteilungstätigkeit analysieren. Abschließend wird auf die Grenzen der Multiplikatoranalyse hingewiesen, wenn man die negativen Anreizwirkungen sowohl der Sozialleistungen als auch der Steuern berücksichtigt.

5.2.1. Isolierte Multiplikatorwirkungen von Real- und monetären Transfers

Im folgenden wollen wir uns auf die einfache Multiplikatoranalyse beschränken; es gelten also die Annahmen eines einfachen KEYNESschen Modells:

- geschlossene Volkswirtschaft;
- sämtliche Einkommen (auch die Gewinne der Unternehmen) fließen an die Haushalte;
- die Investitionstätigkeit I ist autonom gegeben;
- die Staatsausgaben G sind autonom gegeben;
- die Steuern T und die Transferzahlungen Tr sind ebenfalls autonom gegeben.

B. Theorie der Sozialen Sicherung

Die gesamtwirtschaftliche Nachfrage Y setzt sich also aus dem privaten Konsum C, der privaten Investitionstätigkeit I sowie den Staatsausgaben G zusammen. Es gilt damit folgender einfacher *Modellzusammenhang*:

(1) $\quad Y = C + I + G$
(2) $\quad C = a + b Y_v$
(3) $\quad Y_v = Y - T + Tr$
(4) $\quad I = \bar{I}$
(5) $\quad G = \bar{G}$
(6) $\quad T = \bar{T}$
(7) $\quad Tr = \bar{Tr}$

Setzen wir die Gleichung (3) in die Konsumfunktion (2) ein und diese dann in die Gleichung (1), so können wir hieraus das Gleichgewichtseinkommen ableiten:

$$Y = a + b(Y - T + Tr) + \bar{I} + \bar{G}$$
$$Y = a + bY - bT + bTr + \bar{I} + \bar{G}$$
$$Y - bY = a - bT + bTr + \bar{I} + \bar{G}$$
$$Y^* = \frac{1}{1-b}(a - bT + bTr + \bar{I} + \bar{G})$$

Das Gleichgewichtseinkommen Y^* wird einmal bestimmt durch den Ausdruck vor der Klammer, der abhängig ist von der marginalen Konsumquote b; außerdem haben Einfluß auf das Gleichgewichtseinkommen der einkommensunabhängige Konsum a, die Steuer T multipliziert mit der Konsumquote b, die Transferzahlungen Tr, ebenfalls multipliziert mit der Konsumquote b, sowie die autonome Investitionstätigkeit und die autonomen Staatsausgaben.

Es soll nun analysiert werden, wie sich eine Erhöhung der **Realtransfers** auf das Gleichgewichtseinkommen auswirkt; dabei ist unterstellt, daß das Gleichgewichtseinkommen Y^* ein Gleichgewicht bei Unterbeschäftigung darstellt. Mit dem Begriff »Realtransfers« werden hier alle Ausgaben des Staates bzw. der parafiskalischen Institutionen für direkte Güterkäufe bezeichnet. Es werden also die autonomen Staatsausgaben G erhöht. Wir können die Gleichgewichtsbedingung nach den Staatsausgaben ableiten und erhalten folgenden Zusammenhang:

$$\frac{dY}{dG} = \frac{1}{1-b}$$

oder

$$dY = \frac{1}{1-b} dG = \frac{1}{s} \cdot dG,$$

wobei s die marginale Sparquote darstellt.

Entsprechend können wir den Multiplikator für **monetäre Transfers** Tr ableiten, wobei wir auch hier zunächst die Finanzierungsseite außer Betracht lassen. Die Ableitung der Gleichgewichtsbedingung nach den Transferzahlungen ergibt:

$$\frac{dY}{dTr} = \frac{b}{1-b},$$

$$dY = \frac{b}{1-b} \cdot dTr = \frac{b}{s} dTr.$$

Eine Änderung in der Höhe der monetären Transferzahlungen, wie etwa der Sozialhilfe oder dem Arbeitslosengeld usw., hat nicht so große multiplikative Wirkungen auf die Höhe des Volkseinkommens zur Folge wie eine entsprechende Veränderung der Ausgaben für Realtransfers. Der Grund dafür liegt darin, daß *monetäre Transferleistungen* nicht unmittelbar in den volkswirtschaftlichen Kreislauf eingehen, sie stellen *nur* eine *Einkommensumverteilung*, nicht etwa eine Einkommensschaffung dar; sie werden nicht in der vollen Höhe ihres Zahlbetrages als Nachfrage wirksam. Ein Teil dieser Transfers wird nämlich – entsprechend der Sparneigung der Bezieher von Transfereinkommen – nicht für Konsumzwecke ausgegeben, sondern den privaten Ersparnissen zugeführt. Im Ausmaß dieser »*Sickerverluste*« wird die multiplikative Wirkung der monetären Transferzahlungen abgeschwächt.

5.2.2. Die Berücksichtigung der Finanzierungsseite

Nun müssen zusätzliche Staatsausgaben auch finanziert werden; wir wollen im folgenden unterstellen, daß die zusätzlichen Realtransfers und die zusätzlichen monetären Transfers jeweils durch eine *Erhöhung der autonomen Steuern* finanziert werden sollen. In der Literatur wird dieser Fall auch als HAAVELMO-Theorem bezeichnet. Die (positive) absolute Veränderung der Staatsausgaben G und die ihr entsprechende (positive) absolute Veränderung der Steuern T

(1) $$dG = dT > 0$$

wirkt nun multiplikativ auf das Sozialprodukt:

(2) $$dY = \frac{1}{1-b} dG - \frac{b}{1-b} dT.$$

Wegen (1) geht (2) über in

(3) $$dY = \frac{1}{1-b} dG - \frac{b}{1-b} dG$$

und

(4) $$dY = \frac{1-b}{1-b} dG.$$

Aus (4) folgt

(5) $$dY = dG = dT,$$

also daß der »Gesamtmultiplikator« im HAAVELMO-Fall gleich eins ist. Wird dagegen eine monetäre Transfererhöhung mit einer entsprechenden Steuererhöhung kombiniert, so ergibt sich folgender Zusammenhang:

B. Theorie der Sozialen Sicherung

(1) $$dTr = dT > 0$$

(2) $$dY = \frac{b}{1-b} dTr - \frac{b}{1-b} dT$$

(3) $$dY = \frac{b}{1-b} dTr - \frac{b}{1-b} dTr$$

(4) $$dY = \frac{b-b}{1-b} dTr$$

(5) $$dY = 0$$

Es zeigt sich also, daß eine steuerfinanzierte Erhöhung der monetären Transfers keine Wirkungen auf das Gleichgewichtseinkommen bei Unterbeschäftigung hat.
Die Ergebnisse werden stark modifiziert, wenn man ein realistischeres Grundmodell unterstellt, so z. B. eine progressive Einkommensteuer; die Wirkung einer Steuervariation auf das Volkseinkommen hängt dann vom Steuersatz und der Konsumneigung der jeweiligen Steuerzahler ab. Darüber hinaus wären selbstverständlich auch die Interdependenzen hinsichtlich des Geld- und Arbeitsmarktes zu berücksichtigen.

5.2.3. Die Berücksichtigung unterschiedlicher Konsumquoten

Im HAAVELMO-Fall sind wir von der wenig realistischen Annahme ausgegangen, daß die marginalen Konsumquoten der Empfänger der Transferleistungen und der infolge der zusätzlichen Transferzahlungen steuerlich Belasteten gleich hoch sind. Gehen wir von der vorherrschenden Gerechtigkeitsvorstellung aus, dann soll eine Umverteilung der Einkommen im Sinne einer Nivellierung erreicht werden, m. a. W. erfolgt also eine Umverteilung von Steuerpflichtigen mit hohen Einkommen und niedriger marginaler Konsumquote auf Transferempfänger mit niedrigen Einkommen und hoher marginaler Konsumquote. Erfolgt eine derartige Umverteilung von oben nach unten, würde sich der gesamte volkswirtschaftliche Konsum erhöhen und die Ersparnis reduzieren. Steuerfinanzierte Realtransfers hätten dann einen *größeren* multiplikativen Effekt als im HAAVELMO-Fall (also > 1), steuerfinanzierte monetäre Transferzahlungen hätten ebenfalls einen positiven multiplikativen Effekt.
Eine Einkommensredistribution zugunsten der unteren Einkommensschichten wurde insbesondere von den Autoren vorgeschlagen, die von langfristigen Stagnationstendenzen im marktwirtschaftlichen System ausgingen; dazu gehörte u. a. Alvin HANSEN, der zur Überwindung der Stagnation eine Einkommensumverteilung zugunsten der unteren Einkommensschichten gefordert hat. Eine Umverteilung der Einkommen von unten nach oben, die ebenfalls – wenn auch nicht unbedingt absichtlich – in real existierenden Systemen der sozialen Sicherung eingebaut sein kann, würde den gesamtwirtschaftlichen Konsum reduzieren und damit kontraktiv wirken.
Damit haben wir zumindest verbal deutlich gemacht, daß bei gegebenen Umständen die umverteilungspolitischen Tätigkeiten zugleich auch das *Niveau* des Volkseinkommens beeinflussen. Expansive Wirkungen sind – und das sei nochmals betont – allerdings nur bei *Unterbeschäftigungssituationen* zu erwarten.

Wird eine nivellierende Umverteilungspolitik in Situationen der Vollbeschäftigung eingesetzt, so ist die reale Produktion nicht weiter ausdehnbar, was *Inflationswirkungen* zur Folge haben dürfte. Die Richtung und das Ausmaß der Wirkungen einer Einkommensredistribution sind abhängig zum einen von der Art der getätigten Ausgaben (Realtransfers oder monetäre Transfers) und deren Höhe, zum zweiten von Art und Höhe der Einnahmen (Kopfsteuer, proportionale oder progressive Steuer bzw. entsprechende Beiträge), zum dritten von der Höhe der marginalen Konsumquote der Begünstigten und der Belasteten.

5.2.4. Negative Anreize im Multiplikator-Modell

In der einfachen makroökonomischen Multiplikator-Analyse, aber zum großen Teil auch in anspruchsvollen Makromodellen, werden die mikroökonomischen **Anreizwirkungen**, die von der Staatstätigkeit (hier insbesondere Transfers und deren Finanzierung) ausgehen, weitgehend vernachlässigt. Mikroökonomische und makroökonomische Wirkungen hängen aber sehr eng zusammen. So werden bei unterschiedlichem Lebensniveau die von Steuersatzvariationen ausgehenden Anreizwirkungen stark divergieren; mit steigendem Lebensniveau und damit verbundener Annäherung der tatsächlichen Lebenshaltung an den Lebensstandard werden auch die Anpassungsreaktionen der Steuerpflichtigen andere sein. Oder – in Anlehnung an die mikroökonomischen Partialanalysen ausgedrückt – sind die Grenznutzen des Einkommens und der Freizeit abhängig vom jeweiligen Lebensniveau. Bei niedrigem Lebensniveau mag noch eine Steuersatzanhebung, die insbesondere die Masseneinkommen trifft, starke Substitutionseffekte auslösen, vor allem dann, wenn noch eine räumliche und zeitliche Nähe zur früheren Subsistenzwirtschaft gegeben ist. Je stärker die traditionellen Weisen der Eigenproduktion in Vergessenheit geraten, desto stärker dürften die Anreize sein, durch Steuereinholung im formellen Sektor die Einkommenseinbußen auszugleichen (d. h. im formellen Sektor das Arbeitsangebot auszudehnen). Bei hohem Lebensniveau mögen materielle Bedürfnisse in den Hintergrund treten, so daß die Substitutionseffekte die Einkommenseffekte zu dominieren beginnen.

Von mindestens gleichrangiger Bedeutung wie das Lebensniveau ist das bereits erreichte **Niveau der Abgabenbelastung**. Zugleich spielt die **Struktur der Abgabenbelastung** für die Beurteilung der gesamten Anreizwirkungen von Steuer- und Sozialbeitragserhöhungen eine wesentliche Rolle. Daß bei steigender volkswirtschaftlicher Steuerquote (definiert als Verhältnis der öffentlichen Abgaben zum Bruttosozialprodukt) die Belasteten zunehmend offizielle Arbeitszeit durch Freizeit substituieren, ist eine Hypothese, die im wesentlichen die Diskussionen um die sogenannte LAFFER-Kurve prägt (PETERSEN). Nun ist die Erkenntnis, daß mit steigenden Steuersätzen die Steuerpflichtigen mit einer Einschränkung der steuerlichen Bemessungsgrundlage reagieren, sehr alt und in der deutschsprachigen Literatur als »SWIFTsches Steuereinmaleins« bekannt. Im übrigen sind diese **Steuervermeidungsreaktionen** in bezug auf Einzelsteuern – insbesondere Verbrauchsteuern und Zölle, die gerade SWIFT im Auge hatte – unbestritten und auch in der Praxis häufig zu beobachten, denkt man nur an die Reaktionen auf die jüngeren Anhebungen der Verbrauchsteuersätze in der Bundesrepublik. Wenn auch die Übertragung dieser einzelsteuerlichen Erkenntnisse auf das Steuersystem – im Sinne einer funktionalen Beziehung zwischen Steuerquote und dem Bruttosozialprodukt, das dann gewissermaßen

B. Theorie der Sozialen Sicherung

als ein einziges, homogenes Gut aufgefaßt wird – aus finanzwissenschaftlicher Sicht eine arge Simplifizierung komplexer Zusammenhänge darstellt, sollte man diesem theoretischen Modellansatz einen gewissen Erklärungswert für die Realität nicht gänzlich absprechen.

In hochentwickelten Volkswirtschaften mit hoher Abgabenbelastung scheint es wahrscheinlich zu sein, daß von weiteren Anhebungen der volkswirtschaftlichen Steuerquote (einschließlich der Sozialbeiträge) **negative Anreizwirkungen** auf das Arbeitsangebot am offiziellen Arbeitsmarkt ausgehen und zu quantitativ bedeutsamen Anpassungsreaktionen seitens der Belasteten führen. Ist mit einer steigenden Abgabenbelastung gleichzeitig eine Verlagerung von den indirekten und im allgemeinen weniger merklichen zu den direkten Steuern verbunden – eine Entwicklung, die beispielsweise in allen OECD-Ländern zu beobachten ist –, werden die negativen Anreizwirkungen weiter verschärft, da die Veränderungen der Steuerstruktur im wesentlichen aus einer Erhöhung des Progressionsgrades der Einkommensteuer resultieren. Die Furcht vor weitergehenden Anpassungsreaktionen und damit vor einem starken Anschwellen schattenwirtschaftlicher Aktivitäten mag dazu beigetragen haben, daß viele Regierungen der westlichen Welt die Belastung mit öffentlichen Abgaben dadurch zu kaschieren versuchen, daß durch eine Substitution der direkten Steuern (in erster Linie Einkommen-, aber auch Vermögensteuern) durch indirekte Steuern die Lasten weniger merklich werden. Hier kann in einigen Ländern vielleicht noch eine gewisse »indirekte Steuerillusion« ausgebeutet werden. Aber wie die Geldillusion mit steigender Inflationsrate zu schwinden beginnt, so verringert sich auch die **Steuerillusion** mit steigender indirekter Steuerbelastung. Da die gesamte aus dem Steuersystem resultierende Marginalbelastung durch eine Veränderung der Steuerstruktur bei der Masse der Steuerpflichtigen sich kaum verringert, bleiben die Anpassungsreaktionen erhalten.

Diese mikroanalytischen Wirkungszusammenhänge sind nun in Form entsprechender Verhaltensgleichungen in die KEYNESianischen Kreislaufmodelle zu integrieren. Eine Verhaltensgleichung, die von der Dominanz der Substitutionseffekte im Marktsektor ausgeht, ist beispielsweise die oben erwähnte LAFFER-Kurve. Ihr zufolge reduzieren die Wirtschaftssubjekte das gewünschte Markteinkommen, wenn die Abgabenbelastung zunimmt. Ließe sich dieser Zusammenhang – vielleicht auch in abgeschwächter Form – empirisch untermauern, dann würde der Realtransfermultiplikator im HAAVELMO-Fall bei Finanzierung über eine scharf progressive Einkommensteuer sicherlich kleiner als eins ausfallen, im Falle von monetären Transfers sogar negativ werden können (PETERSEN: Finanzwissenschaft II, H.1.2.2.4. und H.1.3.2.2.). Zusätzliche monetäre Transfers könnten dann also eine Rezession verschärfen, statt aus ihr herauszuführen.

Geht man auf der anderen Seite von einer Steuerfinanzierung bzw. Beitragsfinanzierung der zusätzlichen Transfers ab und unterstellt **Kreditfinanzierung**, dann entfallen die mit den Zwangsabgaben verbundenen Vermeidungs- und Einholungsprozesse, da die Staatsschuldtitel freiwillig gezeichnet und aus der privaten Ersparnis finanziert werden. Erhalten bleiben hingegen die direkten Effekte, die von den zusätzlichen Staatsausgaben ausgehen (siehe oben 4.3.2.). Werden monetäre Transfers zunehmend kreditfinanziert, bedeutet das eine Erhöhung des gegenwärtigen zu Lasten des zukünftigen Konsums mit allen negativen Konsequenzen für das wirtschaftliche Wachstum zumindest im Bereich der formellen Wirtschaft (Marktwirtschaft).

5.3. Soziale Sicherung und Stabilisierungszielsetzung (Konjunktur)

Konjunkturelle Schwankungen können als Ausschläge in der Auslastung des gesamtwirtschaftlichen Produktionspotentials angesehen werden, wobei allgemein das Bruttosozialprodukt als Maßstab gilt. Als Ziele der Konjunkturpolitik gelten vor allem die im **Stabilitätsgesetz** angegebenen Ziele der Stabilität des Preisniveaus und der Erreichung eines hohen Beschäftigungsgrades; vom Ziel einer ausgeglichenen Zahlungsbilanz wollen wir hier absehen. Die jeweilige konjunkturelle Entwicklung nimmt Einfluß auf alle Instrumente der ökonomischen Sicherungspolitik. Betrachten wir zunächst das *Vermögen* als Instrument der ökonomischen Sicherung, dann resultieren aus der Auflösung von Vermögenswerten in Rezessionszeiten erhebliche Schwierigkeiten, wenn diese nicht gerade in sehr liquider Form angelegt sind. Die Auflösung dieser Vermögenswerte würde zwar eine Ausdehnung der gesamtwirtschaftlichen Nachfrage bedeuten, die aber durch die auftretenden Vermögensverluste evtl. sogar überkompensiert werden kann. Auch die *Ersparnisse* schwanken in der Regel prozyklisch, d. h. daß die Sparquote in Rezessionen typischerweise ansteigt, was zu einer weiteren Verschärfung der Situation führen kann.

Darüber hinaus ist die ökonomische Sicherung über den Markt, insbesondere über die *Individualversicherungen*, mehr oder weniger stark konjunkturabhängig. So schwankt das Neugeschäft dieser Versicherungen prozyklisch. Die Vermögensanlagen und die Vermögenserträge sind ebenfalls von der Konjunktur abhängig, so daß insgesamt eine prozyklische Verhaltensweise der Individualversicherung zu erwarten ist (FORSTER). Im Gegensatz dazu kann die *Sozialversicherung* als staatliche Einrichtung der ökonomischen Sicherung Einfluß auf die konjunkturelle Entwicklung nehmen, denn sowohl ihre Einnahmen als auch ihre Ausgaben sind vom Konjunkturverlauf abhängig.

Durch die Einnahmenerhebung werden in Zeiten des Aufschwungs zunehmend Anteile der Kaufkraft mit der steigenden Bemessungsgrundlage (hauptsächlich das Einkommen) absorbiert, in Zeiten des Abschwungs gehen die Einnahmen des sozialen Sicherungssystems aufgrund der sinkenden Bemessungsgrundlage zurück. Dabei hängt das Ausmaß der Einnahmenreaktion im wesentlichen ab von der *Aufkommenselastizität* dieser Einnahmenarten. Da die Sozialbeiträge überwiegend proportional ausgestaltet sind, wird diese Aufkommenselastizität etwa einen Wert von eins annehmen. Auch die Sozialbeiträge weisen – genau wie die Steuern – eine automatische antizyklische Komponente auf, man spricht von einer **built-in flexibility** der Sozialbeiträge. Dabei können die Veränderungen in der Bemessungsgrundlage einmal zurückgeführt werden auf die im Konjunkturverlauf schwankenden unterschiedlichen Lohnabschlüsse und zum anderen auf die im Konjunkturverlauf ebenfalls schwankende Zahl der Beschäftigten.

Entsprechende Faktoren sind auch auf der Ausgabenseite wirksam. Insbesondere die Entwicklung der Arbeitslosenzahlen ist ausschlaggebend für die Höhe der Ausgaben der *Arbeitslosenversicherung* im Konjunkturverlauf. In Zeiten der Hochkonjunktur und Vollbeschäftigung sind die Ausgaben der Arbeitslosenversicherung im allgemeinen sehr gering. Daher resultieren in diesen Phasen meistens Einnahmenüberschüsse. Demgegenüber sind in Zeiten der Arbeitslosigkeit die Ausgaben der Arbeitslosenversicherung sehr hoch, es können temporäre Defizite auftreten. Überschüsse in Boomphasen und Defizite in Rezessionen wirken antizyklisch, wenn sich beide über den gesamten Konjunkturverlauf ausgleichen. Die Arbeitslosenversicherung ist also sowohl auf der Einnahmenseite als auch auf der Ausgabenseite das typische Beispiel für einen automatischen Stabilisator. Auch die Ausgaben der *Rentenversicherung* stehen in einem direkten Zusammenhang zur

B. Theorie der Sozialen Sicherung

konjunkturellen Entwicklung. So können beispielsweise in der Bundesrepublik Arbeitnehmer frühzeitig in den Ruhestand gehen, was insbesondere in konjunkturell ungünstigen Zeiten der Fall sein wird. Demzufolge resultiert eine konjunkturbedingte Zunahme von Neurenten in Rezessionsphasen und ein entsprechender Aufschub von Rentenanträgen in Zeiten des Booms. Auch aus der Ausgestaltung der Rentenanpassungen können konjunkturelle Wirkungen resultieren. In der Bundesrepublik betrug bis vor einigen Jahren die zeitliche Verzögerung zwischen Renten sowie Löhnen und Gehältern drei Jahre. Da die Konjunkturentwicklung und die Lohnentwicklung relativ parallel verliefen, die Rentenentwicklung aber nur mit einer zeitlichen Verzögerung folgte, waren die Zuwachsraten der Renten in Boomphasen gering, so daß von den Renten eher eine dämpfende Wirkung auf die gesamtwirtschaftliche Nachfrage ausging. In den Rezessionsphasen konnten hingegen umgekehrte Effekte beobachtet werden: Die niedrigen Lohnzuwachsraten wirkten auf die Nachfrage dämpfend, während von der Sozialrentenentwicklung nachfrageerhöhende Effekte ausgingen. Diese stabilisierende Wirkung der zeitlichen Verzögerung zwischen Rentenentwicklung sowie Lohn- und Gehaltsentwicklung ist durch die aktualisierte Rentenanpassung außer Kraft gesetzt worden.

Positive Wirkungen der built-in flexibility innerhalb der Sozialversicherungen sind allerdings nur dann zu erwarten, wenn die gesetzlichen Regelungen so ausgestaltet sind, daß über den gesamten Konjunkturzyklus gesehen ein Ausgleich von Einnahmen und Ausgaben erreicht wird. Das ist – wie wir unten noch sehen werden – in der Realität häufig nicht der Fall, denn insbesondere in den letzten 10 Jahren sind die Sozialversicherungen zunehmend defizitär geworden. Über die Ursachen für dieses **strukturelle Defizit** wird noch zu reden sein. Es sei nochmals betont, daß eine erfolgreiche Vollbeschäftigungspolitik den sozialpolitischen Bedarf sehr stark reduziert. Entsprechendes gilt für eine erfolgreiche Politik der Geldwertstabilisierung; denn zum einen sind die einkommensschwachen Schichten durch die **Inflation** tendenziell benachteiligt (z. B. dadurch, daß der Preisindex der Lebenshaltung für die unteren Verbrauchsgruppen erfahrungsgemäß schneller steigt als für die Bezieher mittlerer und höherer Einkommen), und zum anderen sind viele Sozialtransfers (wie Geldzahlungen in der Sozialhilfe, nach dem Bundesausbildungsförderungsgesetz, das Wohngeld usw.) nicht indexgebunden, die Anpassung an die Inflation erfolgt vielmehr diskretionär (unterbleibt häufig völlig). Je stärker allerdings die Konjunkturpolitik in bezug auf die Zielsetzung hoher Beschäftigungsgrad und Stabilität des Preisniveaus versagt, desto stärker werden die Erfordernisse zu einem sozialpolitischen Eingriff, soll nicht etwa eine »neue« Armut entstehen.

5.4. Soziale Sicherung und Allokationszielsetzung (Wachstum)

In der mikroökonomischen Analyse wurde bereits gezeigt, wie die soziale Sicherung die Allokationsentscheidungen der Wirtschaftssubjekte beeinflußt. Dabei wurde deutlich, daß innerhalb des sozialen Sicherungssystems, aber auch innerhalb des Steuersystems Elemente enthalten sein können, die zu *negativen Anreizwirkungen* auf das **Leistungsangebot** führen können. Diese leistungshemmenden Wirkungen werden um so bedeutsamer, je stärker die staatliche Reglementierung im Bereich sozialer Sicherung ausgeprägt ist. So werden heute zunehmend die **Grenzen des Wohlfahrtsstaates** diskutiert, die darin zu sehen sind, daß eine ständige Expansion von Sozialleistungen allmählich das **wirtschaftliche Wachstum** zu erdrücken beginnt. Ursache hierfür mag zum einen die interpersonelle Umverteilung sein, sofern tatsächlich die höheren Einkommensschichten davon betroffen werden. Andererseits hat der Staat weitgehend den intertemporalen Einkommensausgleich an sich gezogen, und zwar vorwiegend organisiert auf der Grundlage des sogenannten Umlageverfahrens (siehe hierzu unten 6.2.). Es mehren sich nun die Stimmen, die dadurch die *gesamtwirtschaftliche Kapitalbildung* als bedroht ansehen. Da aber der Staat die Kontinuität der Gesellschaft zu gewährleisten hat und letztlich für die Massenrisiken eintreten muß, wird – wie wir gezeigt haben – immer ein staatlicher Einfluß in diesem Bereich erforderlich sein. Im übrigen sind in demokratischen Gesellschaften staatliche Einflüsse auch deswegen erforderlich, damit die Interessen der *zukünftigen* Generation gegenüber der heute lebenden Generation gewahrt werden (TOBIN), obwohl hier leider die praktische Politik des öfteren versagt.

Insbesondere wenn sich die angedeuteten negativen Effekte auf die Kapitalbildung und die negativen Anreizwirkungen einstellen sollten, sind *Wachstumseinbußen* zu erwarten, die die finanzielle Lage der Alterssicherungssysteme beeinträchtigen könnten. Es ist zweifellos richtig, daß eine hohe gesamtwirtschaftliche Ersparnis nicht gleichzeitig Garant für ein hohes gesamtwirtschaftliches Wachstum darstellt; das liegt daran, daß eben die Sparer und die Investoren – wie im klassischen Modell unterstellt – nicht identisch sind, sondern *unabhängig* voneinander ihre Entscheidungen treffen. Von entscheidender Bedeutung für das Wachstum ist letztlich, welche *Formen der Kapitalbildung* präferiert werden. Schon in der Vergangenheit hat sich gezeigt, daß zunehmend Anlageformen bevorzugt worden sind, die *nicht* oder nur *wenig produktiv* waren. Auch die Vermögenspolitik hat nichts daran ändern können, daß gerade Arbeitnehmer, aber auch viele freiberuflich Tätige, deren Einkommen und damit deren Sparfähigkeit besonders stark expandiert sind, weitgehend wenig produktive Anlageformen präferieren. Das mag zum einen an der steuerlichen Privilegierung dieser Anlageformen liegen und zum anderen daran, daß die Besteuerungsverfahren hier so ausgestaltet sind, daß eine Steuerhinterziehung sehr leicht möglich ist. Immerhin wurde in einigen Phasen mehr in »Betongold« als in produktive Anlageformen investiert, so daß zumindest im Bereich des sogenannten Risikokapitals eine Verknappung zu beobachten ist (GIERSCH).

Auch wenn die gesamtwirtschaftliche Ersparnis relativ konstant sein sollte, wäre aufgrund der in Zukunft stark alternden Bevölkerung eine *Änderung im Risikoverhalten* (im Sinne einer zunehmenden Risikoscheu) nicht auszuschließen, so daß noch verstärkt die »sicheren« Anlageformen präferiert werden. Ist zudem das Alter sozial abgesichert, kann verstärkt auf nicht Ertrag bringende Anlageformen wie Zweitwohnungen, wertvolle Möbel, Kunstgegenstände u. ä. ausgewichen werden, zumal der entgehende Nettoertrag aufgrund der steigenden Abgabenbelastung geringer ist als die nicht besteuerten Wertzuwächse. Derartige Entwicklungen konnte man bereits in Großbritannien beobachten, wo die Steuersätze noch wesentlich höher waren (KAY/KING). Zusammen mit den möglicherweise stark verringerten ökonomischen Leistungsanreizen bedeutet das einerseits, daß auch zukünftig zu wenig Risikokapital bereitgestellt wird und sich andererseits zu wenige Unternehmerpersönlichkeiten vom SCHUMPETER-Typ finden, die bereit sind, hohe Risiken einzugehen. Beides hätte sicherlich Konsequenzen für das zukünftige Wachstum.

Wird außerdem aufgrund einer hohen marginalen Belastung der Einkommen mit Steuern und Abgaben weniger Arbeitskraft angeboten, also mehr Freizeit nachgefragt, führt das gegebenenfalls zu einer weiteren Beeinträchtigung des wirtschaftlichen Wachstums, insbesondere dann, wenn gleichzeitig die Zahl der Erwerbstätigen stark abnimmt und nicht in allen Bereichen entsprechende Rationalisierungsinvestitionen vorgenommen werden können. In einem solchen Fall, der in Zukunft aufgrund der sinkenden Bevölkerung immerhin möglich erscheint, wäre dann das wirtschaftliche

B. Theorie der Sozialen Sicherung

Wachstum begrenzt durch ein *zu geringes Angebot an Arbeitskraft* – allerdings nur das offizielle, am Sozialprodukt gemessene Wachstum. Würde mehr Freizeit nachgefragt, diese aber gleichzeitig zu *schattenwirtschaftlichen* Tätigkeiten genutzt, würde zwar das offizielle, am Sozialprodukt gemessene Wachstum rückläufig sein, der gesamte Wohlstand einschließlich des Wachstums der Schattenwirtschaft aber noch zunehmen. Hier stellt sich nun die Frage, in welchem Sektor produktiver gearbeitet wird: im formellen Sektor oder im informellen Sektor?

Das gesamte wirtschaftliche Wachstum kann insbesondere dann höher als das am Sozialprodukt gemessene sein, wenn z. B. Aktivitäten aus dem Dienstleistungsbereich, die durch eine geringe Produktivität und einen geringen Grad an Arbeitsteilung ausgezeichnet sind, in den informellen Sektor verlagert werden, während die Aktivitäten mit hoher Produktivität und starker Arbeitsteilung in der offiziellen Wirtschaft verbleiben, so daß »economies of scale« auch weiterhin anfallen. Das bedeutet zwar für die Bürger eine Zunahme ihres verfügbaren, hier weiter definierten Einkommens, für den Staat und die Institutionen der sozialen Sicherung führt allerdings eine solche Verschiebung der Aktivitäten in die Schattenwirtschaft zu einer Verminderung der Einnahmen. Wird dann mit einer Anhebung der Abgabensätze reagiert, dürfte sich der Prozeß noch beschleunigen.

Man kann in der Entwicklung des informellen Sektors sogar eine Chance sehen: Gelänge es beispielsweise, **soziale Dienstleistungen**, die im historischen Entwicklungsprozeß weitgehend »vergesellschaftet« worden sind, wieder zu **reprivatisieren**, läge hierin zugleich eine Chance, die Staatsquote über einen Abbau der Transfers zu verringern. So könnte der Familienverband wieder verstärkt Aufgaben bei der Kindererziehung und -ausbildung sowie der Altenpflege übernehmen. Auch die technologische Entwicklung läßt es bereits heute als wahrscheinlich erscheinen, daß andere, teils staatliche, teils private Dienstleistungen wieder innerhalb der Haushalte erstellt werden können. Mit einer solchen Verlagerung wäre es gleichzeitig möglich, die Abgabenbelastung der erwerbstätigen Generationen und damit des formellen Sektors zu verringern bzw. in Zukunft weniger ansteigen zu lassen. Damit würde das Wachstumspotential für den formellen Sektor wieder gestärkt.

Aus sozialpolitischer Sicht darf man sich also nicht ausschließlich auf die Wachstumsrate des Bruttosozialprodukts stützen, sondern man muß den **Gesamtwohlstand** im Auge haben, zu dem auch die Eigenproduktion und sonstige schattenwirtschaftliche Tätigkeiten beitragen. Gerade in der Rückbesinnung auf andere Sicherungsformen liegt vielleicht eine Chance, die unten näher analysierte Krise der sozialen Sicherung zu überwinden.

5.5. Soziale Sicherung und Bevölkerungsentwicklung

In demokratischen Staaten werden in der Regel Kollektivrechte hinter die Individualrechte zurückverwiesen. Damit sind die Entscheidungen der Familien hinsichtlich der Zahl ihrer Kinder zu respektieren. Ist aber die soziale Sicherung – insbesondere der intertemporale Einkommensausgleich – nach dem Umlageverfahren aufgebaut, dann besteht gewissermaßen zwischen den Gene-

rationen ein »**Generationenvertrag**«: Die jeweils erwerbstätige Generation muß die jeweils nicht-erwerbstätigen Generationen unterhalten. Nicht-erwerbstätig sind einerseits die nicht im erwerbsfähigen Alter Stehenden, also die Kinder und in der Ausbildung sich befindlichen Jugendlichen, und andererseits die nicht mehr im Erwerbsleben Stehenden, die »Alten«.
Bei einer *stationären Bevölkerung*, d. h. einer konstanten Bevölkerungszahl und einer konstanten Bevölkerungsstruktur, befinden sich diese Gruppen in einem relativ festen Verhältnis zueinander. Die stationäre Bevölkerung ist allerdings der Ausnahmefall. Dominierend in der Geschichte war die wachsende Bevölkerung; der Anteil der Jugendlichen und der Erwerbstätigen an der Gesamtbevölkerung ist dann relativ groß, was hohe Kinderlasten und niedrige Alterslasten bedingt. Beide Lasten wurden – wie unsere gesellschaftshistorischen Ausführungen gezeigt haben – früher vorwiegend von den Familien getragen. Bei einer **schrumpfenden Bevölkerung** verändert sich dieses Verhältnis der Generationen zueinander: Der Anteil der nicht mehr im erwerbsfähigen Alter stehenden Personen nimmt je nach Stärke des Schrumpfungsprozesses zu, so daß immer weniger Erwerbstätige immer mehr »alte Personen« unterhalten müssen.
Je nach Organisation des Familienlastenausgleichs bedingt eine schrumpfende Bevölkerung ganz unterschiedliche *Belastungswirkungen*. Ist der Alterslastenausgleich, wie heute in allen industrialisierten Ländern vorherrschend, weitgehend staatlich organisiert, dann werden sich die Beitragslasten der erwerbstätigen Generation stark erhöhen müssen. Sind gleichzeitig die *Kinderlasten* weitgehend *privatisiert*, d. h. werden die Kinder überwiegend aus dem Einkommen ihrer Eltern unterhalten, dann bedeuten sinkende Geburtenzahlen auch eine Reduktion dieser Kinderlasten, selbstverständlich auch derjenigen Kinderlasten, die von der Gesamtgesellschaft im Rahmen des Kinderlastenausgleichs übernommen werden. An die Stelle der privaten Aufwendungen für die eigenen Kinder treten dann steigende Sozialbeiträge zur Unterhaltung im Zweifelsfall fremder älterer Menschen. Hieraus mögen negative Anreizwirkungen entstehen.

5.5.1. Mögliche Ursachen einer schrumpfenden Bevölkerung

Die einleitenden Ausführungen dürften deutlich gemacht haben, daß zwischen den Lasten der sozialen Sicherung und der Bevölkerungsentwicklung ein enger Zusammenhang besteht. Ein gravierendes Problem resultiert insbesondere dann, wenn die Bevölkerung stark schrumpft. Es stellt sich daher die Frage, ob der Staat mit entsprechenden Maßnahmen in die Familienplanung der einzelnen Familien eingreifen soll oder nicht. Auch hier gibt es wiederum ökonomische Interventionsargumente, die insbesondere auf *meritorischen Vorstellungen* basieren. Die Individuen können uninformiert, zu kurzsichtig oder in irgendeiner anderen Form entgegen ihren eigenen Zielsetzungen handeln; sie weisen also **gestörte Präferenzen** auf.
Ursache für diese gestörten Präferenzen könnte beispielsweise eine falsche Zeitpräferenzrate sein, also daß Gegenwartserträge in der Regel Zukunftserträgen vorgezogen werden. Nun verursachen Kinder in der Gegenwart Kosten, während die »Nutzen« der Kinder erst in der Zukunft auftreten, im Prinzip über das gesamte restliche Leben der Eltern. Diese Fehleinschätzung der potentiellen Eltern kann allerdings nicht beliebig revidiert werden, wie es bei vielen anderen

B. Theorie der Sozialen Sicherung

ökonomischen Entscheidungen der Fall ist. Einerseits ist die Fruchtbarkeit der Frau auf einen bestimmten Lebensabschnitt begrenzt, andererseits steigt das medizinische Risiko bei Geburten jenseits des 35. Lebensjahres bedenklich an. Potentielle Eltern handeln vorwiegend aufgrund kurzfristiger Aspekte; das liegt vor allen Dingen darin begründet, daß die Diskrepanz zwischen den materiellen Ansprüchen und der tatsächlichen Verfügbarkeit im jungen Alter weit größer ist als im höheren Alter. Die jungen kinderlosen Ehepaare haben ein zu geringes Einkommen im Verhältnis zu ihren subjektiven Bedürfnissen. Es herrscht also **Einkommensknappheit**, und bei Knappheitsbedingungen erscheinen ökonomische Überlegungen durchaus angebracht.

In der Bevölkerungswissenschaft bezeichnet man den Übergang von einer feudalen agrarisch orientierten Gesellschaft auf eine Industriegesellschaft auch als den »**demographischen Übergang**«. Nach Abschluß dieses Übergangs wurde erwartet, daß sich dann über die einzeleheliche Geburtenbegrenzung eine neue stabile Bevölkerung einstellen werde. Insbesondere im Ausbau des Sozialstaats sah man auch die Gewißheit für den einzelnen, »mit Vernunft und Anstand Kinder haben zu können«(MACKENROTH). Nun mag aber mit der Auflösung der Großfamilie und der gesellschaftlichen Institutionalisierung der Alterssicherung das Bewußtsein gelitten haben, daß zur Sicherung der Eltern im Alter auch eine ausreichende Kinderzahl notwendig ist. Die große Zahl der Kinder in der Großfamilie kam unmittelbar den Eltern zugute, während die Kleinfamilie die Versorgung der Eltern direkt nicht mehr gewährleistete. Hier sorgt die staatliche Sozialpolitik für einen gesamtgesellschaftlichen Ausgleich. Von diesem Ausgleich profitieren jetzt aber auch Ledige und kinderlose Ehepaare, die später die öffentliche Alterssicherung durch die Kinder anderer in Anspruch nehmen, obwohl sie an deren Kosten nicht bzw. nur gering beteiligt waren. Ein sogenanntes **Trittbrettfahrerverhalten** wurde möglich, da die *Kosten der Kinder* weitgehend *privatisiert*, ihre *Erträge* aber *sozialisiert* worden sind. MACKENROTH hatte – wohl eine solche Entwicklung befürchtend – auch gefordert, »mit einer planmäßigen auf – natürlich vernünftig begrenzte – bevölkerungspolitische Ziele ausgerichteten Wirtschafts- und Sozialpolitik fortzufahren«. Sozialpolitik, insbesondere die Politik des Familienlastenausgleichs, ist also sehr eng mit **Bevölkerungspolitik** verwandt.

5.5.2. Ökonomische Theorie der Fruchtbarkeit

Zunächst einmal bringt die allgemeine *materielle Wohlstandsentwicklung* auch ein steigendes Maß an *Alternativen* für den einzelnen mit sich: Er kann Reisen machen, er kann vermehrt langlebige Konsumgüter erwerben; beides ist nur möglich bei ausreichend hohem Einkommen. Bezieht ein Ehepartner ein nicht ausreichend hohes Einkommen, kann das durch die Erwerbstätigkeit des anderen Ehepartners aufgestockt werden, so daß man sich auch diejenigen angenehmen Dinge leisten kann, die sich früher nur sehr Wohlhabende leisten konnten. Mit den möglichen Reisen und Konsumgüterkäufen »konkurriert« heute das Kind. Denn während es in der Agrargesellschaft *Produktionsfaktor* war, ist das Kind heute *Kostenfaktor*, der mögliche Handlungsspielräume einengt, insbesondere wenn aufgrund der Kindererziehung Teile des Einkommens oder sogar das ganze Einkommen der Ehefrau verlorengehen. Gerade für Familien mit mittlerem Einkommen, das gemeinsam von beiden Ehepartnern verdient wird, bedeutet ein Kind heute nicht selten sozialen Abstieg.

V. Makroökonomische Analyse

Diesem Problem widmet sich die »**ökonomische Fruchtbarkeitstheorie**« von LEIBENSTEIN. Er vertrat die Ansicht, daß Ehepaare die gewählte Zahl ihrer Kinder aufgrund von ungefähren *Nutzen-Kosten-Erwägungen* bestimmen, wobei er unter »Kosten« sowohl die Geldkosten als auch die psychischen Lasten der Kindererziehung und unter dem »Nutzen« den Gewinn der Eltern an Freude über die Kinder, sozialem Ansehen und eventuellem zusätzlichen Einkommen und sozialer Sicherheit verstand. Die gesamte Nutzenfunktion eines Ehepaares enthält aber noch andere Faktoren. Kinder gelten in diesem Zusammenhang als eine Art »dauerhaftes Gut«, das mit anderen Gütern konkurriert, die Nutzen in Form von Befriedigung bestimmter Bedürfnisse, Gewinn an Ansehen, wirtschaftlicher und sozialer Sicherheit usw. versprechen. Somit »konkurrieren« Kinder mit anderen dauerhaften Gütern bei der Entscheidung über die Verwendung des Familieneinkommens. Man sagt: Bei gegebenem Angebot von Gütern, gegebenen Preisen und Präferenzen sowie bei gemeinsamer Nutzenfunktion bestimmt sich die Zahl der Kinder aus der Kosten-Nutzen-Bilanz der Kinder im Verhältnis zur Kosten-Nutzen-Bilanz der Güter.

Ist die Ehefrau erwerbstätig, treten neben die dargestellten Kostenelemente noch die *Opportunitätskosten*, die häufig nach dem entgangenen Verdienst der Mutter auf dem Arbeitsmarkt bemessen werden. Diese Alternativkosten haben sich natürlich mit dem in den letzten Jahrzehnten ständig zunehmenden Ausbildungsniveau der Frauen wesentlich erhöht. Die Alternativkosten mögen bei einem Kind noch gering sein, weil die Erwerbstätigkeit aufrechterhalten werden kann, steigen dann aber mit zunehmender Kinderzahl; häufig erscheint schon bei zwei Kindern für viele Frauen eine zusätzliche Erwerbstätigkeit unzumutbar. Auch die zunehmende Erkenntnis, daß aufgrund der hohen *Kinderausbildungskosten* eine hohe Kinderzahl im allgemeinen auf Kosten der Ausbildungsqualität der Kinder geht, mag dazu beigetragen haben, daß die Zahl der gewünschten Kinder je Ehe gesunken ist.

Hierzu einige Beispiele aus der Praxis: Nach Berechnungen des WISSENSCHAFTLICHEN BEIRATS FÜR FAMILIENFRAGEN BEIM BUNDESMINISTERIUM FÜR JUGEND, FAMILIE UND GESUNDHEIT lag 1971 das Lebensniveau in Familien mit drei Kindern, verglichen mit dem Lebensniveau eines kinderlosen Ehepaars der gleichen Einkommensstufe, um nahezu die Hälfte niedriger. Die wirtschaftlichen Belastungen der Familien mit Kindern sind beachtlich: Wenn man unterstellt, daß eine Familie mit drei Kindern ohne eine Erwerbstätigkeit der Mutter gegenüber einem kinderlosen Ehepaar mit Berufstätigkeit der Frau netto über 1 500 DM monatlich weniger verfügt, dann errechnet sich für einen Zeitraum von 18 Jahren ein Einkommensverlust von 325 000 DM (ohne Zinsen). In einem Gutachten des WISSENSCHAFTLICHEN BEIRATS FÜR FAMILIENFRAGEN wird der finanzielle Aufwand pro Jahr und Kind – ohne Einberechnung des elterlichen Zeitaufwands – für 1974 mit 9 000 DM, monatlich also mit fast 750 DM, ermittelt. Bei 18 Sorgejahren ergibt sich dann ein finanzieller Gesamtaufwand von 162 000 DM je Kind und zusammen mit den Alternativkosten für eine Familie mit drei Kindern ein Betrag in Höhe von rund 810 000 DM.

Interessant sind in diesem Zusammenhang auch Umfrageergebnisse, die OPPITZ veröffentlicht hat. Zentrale Erklärungsvariablen des Kinderwunsches sind bei ihm die Werthaltungen »Wohlstand« und »Freizeit« und ein subjektiv rationales Kalkulieren über den Stellenwert von Kindern für die eigenen Lebensziele. Ehepaare, die weiterhin keine Kinder möchten, wenden viel Zeit und Geld für Freizeitaktivitäten und Urlaubsreisen auf. Außerdem besitzen sie teure und relativ große PKWs. Ehepaare hingegen, die in naher Zukunft ihr erstes Kind möchten, haben sich, nachdem sie in ihren ersten Ehejahren ebenfalls einen freizeitorientierten Lebensstil gepflegt haben, auf die Kinder insofern vorbereitet, als sie sich eine entsprechende Wohnung oder ein Haus gekauft oder gemietet und das passende Mobiliar angeschafft haben. Eine Typologisie-

B. Theorie der Sozialen Sicherung

rung der Paare nach den Werthaltungen »Wohlstand« und »Freizeit« ergibt folgende fünf Paartypen:

- In die Rubrik »familienorientierte Alternative« fallen 10% der Paare. Diese Ehepaare halten Kinder für wichtiger als Konsum und Karriere. Sie wollen nicht nur die meisten Kinder (2 oder 3), sondern diese auch am schnellsten, da sie Nachwuchs nicht als hinderlich für das Erreichen der Ziele ansehen, die sie sich für ihr Leben gesetzt haben.

Die folgenden drei Gruppen machen etwa 60% aus:

- Den »prestigebewußten Konsumierern« sind der Wohlstand und die Freizeit am allerwichtigsten; sie wollen im Durchschnitt nur 1,4 Kinder.
- Den »Weltenbummlern« liegt mehr an der Freizeit als am Wohlstand; sie wünschen sich in der Regel ein Kind.
- Die »kleinbürgerlichen Häuslebauer« ziehen den Wohlstand der Freizeit vor. Sie stecken ihr Geld vor allem ins eigene Haus oder in die eigene Wohnung, um sich auf diese Weise mit Statussymbolen Anerkennung zu verschaffen, wie sie der Beruf allein offenbar nicht liefert. Auch sie wollen nur wenige Kinder, allerdings wünschen sie sich das erste Kind früher als die Paare der anderen beiden Gruppen.

Die Paare der fünften Gruppe mit einem Anteil von 30% lassen sich als »Otto-Normalverbraucher« bezeichnen. Diese Bürger sehen den Wohlstand und die Freizeit als gleichrangig an und verstehen es, Kinder (1 oder 2) mit ihren Lebensvorstellungen in Einklang zu bringen. Die Untersuchung belegt, daß sich die »Otto-Normalverbraucher« heute in einer Minderheitsposition befinden und daß die von ihnen gewünschte Kinderzahl relativ klein ist.

5.5.3. Prognosen der Bevölkerungsentwicklung

Im folgenden wollen wir uns mit Modellrechnungen über die Bevölkerungsentwicklung bis zum Jahre 2030 und später befassen. Selbstverständlich sind diese Modellrechnungen mit wesentlich höheren Unsicherheitsfaktoren verbunden als beispielsweise Bevölkerungsvorausschätzungen des Statistischen Bundesamtes, die im allgemeinen nur über einen Zeitraum von 15 Jahren gehen. Da sich aber eine Bevölkerung nur sehr langsam verändert, die Auswirkungen bestimmter Entwicklungen (z. B. der gegenwärtigen Geburtenentwicklung) sich erst nach 30 Jahren bzw. noch viel deutlicher nach einigen weiteren Jahrzehnten zeigen, sind Modellrechnungen über sehr lange Zeiträume unerläßlich. Ein einmal eingeschlagener Trend läuft außerdem mit großem Beharrungsvermögen weiter. So wirkt ein starker Geburtenjahrgang nicht nur durch seine eigene Stärke über einen Zeitraum von fast 100 Jahren auf die Bevölkerungsentwicklung, sondern auch auf die nächsten Generationen. Eine entsprechende Entwicklung stellt sich auch für geburtenschwache Jahrgänge ein, wie wir sie gerade zur Zeit beobachten.
Da durch frühere geburtenstarke und geburtenschwache Jahrgänge die Geburtenzahlen stärker schwanken, wird dann, wenn ein geburtenstarker Jahrgang ins gebärfähige Alter kommt, häufig auf die steigenden Geburtenzahlen hingewiesen, die auf eine Trendwende hindeuten können. Diese Schwankungen resultieren aber allein aus der **Altersstruktur**. Um nun bei unterschiedlicher Altersstruktur und unterschiedlicher Bevölkerungsgröße auch Vergleiche durchführen zu können, hat man eine Maßzahl entwickelt, die derartige Einflüsse ausschaltet: Diese sogenannte **Nettoreproduktionsrate** sagt aus, ob eine Bevölkerung sich – unter Berücksichtigung der herrschenden Sterblichkeitsrate – noch in ihrem Bestand erhält (»reproduziert«) oder nicht.

V. Makroökonomische Analyse

Eine Nettoreproduktionsrate von eins bedeutet, daß die Tochtergeneration gerade so groß ist wie die Muttergeneration, die Größe der Bevölkerung sich also nicht verändert. Bei einer Nettoreproduktionsrate von 1,1 wächst die Bevölkerung um 10%, bei einem Wert von 0,9 schrumpft sie hingegen um 10%. Diese Nettoreproduktionsrate ist in der Bundesrepublik seit 1966 stark abgefallen. 1966 betrug sie noch ca. 1,17, erreichte 1968 den Wert 1. Gegenwärtig weist die Nettoreproduktionsrate etwa einen Wert von 0,6 auf, wobei noch nicht ganz sicher zu sein scheint, ob damit der Tiefpunkt erreicht ist, um den herum sich diese niedrige Rate einpendeln könnte.

Die Modellrechnungen des Statistischen Bundesamtes sind nun nicht etwa Prognosen, so daß die Ergebnisse mit Sicherheit oder doch zumindest einer sehr hohen Wahrscheinlichkeit eintreten werden. Es sind vielmehr Entwicklungsmodelle, deren Ergebnisse nur dann eintreten, wenn die in diesen Modellen gemachten Annahmen auch tatsächlich zutreffen. Beispielsweise geht man in diesen Modellen von konstanten Nettoreproduktionsraten aus, die im weiteren Verlauf der Entwicklung durchaus unrealistisch sein könnten, wenn sich das generative Verhalten wieder ändert. In der Sprache der Ökonomen ausgedrückt, könnten Kinder zu einem knappen Gut und damit Statussymbol werden, so daß wieder mehr Kinder »nachgefragt« würden. Andererseits könnten auch Sättigungserscheinungen in den Bereichen Reisen und dauerhafter Konsumgüter wieder den Wunsch nach Kindern verstärken. Aber in bezug auf die Rentenversicherung ist eines bereits heute gewiß: Die in den Jahren 1960 bis 1970 geborenen Kinder werden in den Jahren 2020 bis 2030 ins Rentenalter kommen, und die seit 1970 nicht geborenen Kinder werden dann als Beitragszahler fehlen. Insofern tragen solche Modellberechnungen zwar spekulativen Charakter, was die weitere Entwicklung der Nettoreproduktionsrate angeht, aber die zukünftigen Rentnerzahlen stehen bereits heute fest.

Das STATISTISCHE BUNDESAMT hat kürzlich ein Bevölkerungsmodell entwickelt, in dem neben speziellen Annahmen über Sterblichkeit und Wanderungen eine konstante Nettoreproduktionsrate von 0,6 unterstellt wird. Dieser Modellrechnung zufolge sinkt die deutsche Bevölkerung von 56,7 Millionen im Jahre 1983 zunächst relativ langsam auf 54,2 Millionen im Jahre 2000 und dann beschleunigt auf ca. 41 Millionen im Jahre 2030. Das bedeutet gegenüber 1983 eine Abnahme der deutschen Bevölkerung um rund 25%. Damit wird die deutsche Bevölkerung auf dem Bundesgebiet in etwa den Stand des Jahres 1925 erreicht haben. Dieser Bevölkerungsrückgang ist allerdings weit weniger bedeutsam als die damit einhergehenden Veränderungen in der Altersstruktur. Während die Bevölkerungspyramide im Jahr 1983 noch verhältnismäßig regelmäßig aufgebaut ist, steht die des Jahres 2030 quasi auf dem Kopf (siehe Abbildung 12).

Wir haben bereits mehrfach erwähnt, daß die erwerbstätige Generation immer die noch nicht und die nicht mehr erwerbstätige Generation unterhalten muß. Zählen wir der Einfachheit halber alle, die älter als 15 Jahre, aber jünger als 60 Jahre sind, zum Kreis der Erwerbstätigen, dann können wir hier zwei verschiedene Maßzahlen berechnen: den »**Kinderlastquotienten**« und den »**Alterslastquotienten**«. Dabei ist der Begriff »Last« völlig wertneutral zu sehen (siehe Abbildung 13). Es handelt sich nur um Verhältniszahlen, die nicht etwa bereits die unterschiedlichen Kostenbelastungen zum Ausdruck bringen. Zunächst zum Alterslastquotienten: Nach der Überwindung des Rentenberges in den 70er Jahren bleibt dieser Quotient bis 1990 etwa konstant. Im Jahre 1990 befinden wir uns dann am Fuß eines neuen Rentenberges, der den der 70er Jahre an Höhe weit übertrifft. Sein Gipfel wird etwa im Jahre 2030 erreicht sein. Die Altersgruppe »60 und mehr Jahre«, die den Zähler des Alterslastquotienten

B. Theorie der Sozialen Sicherung

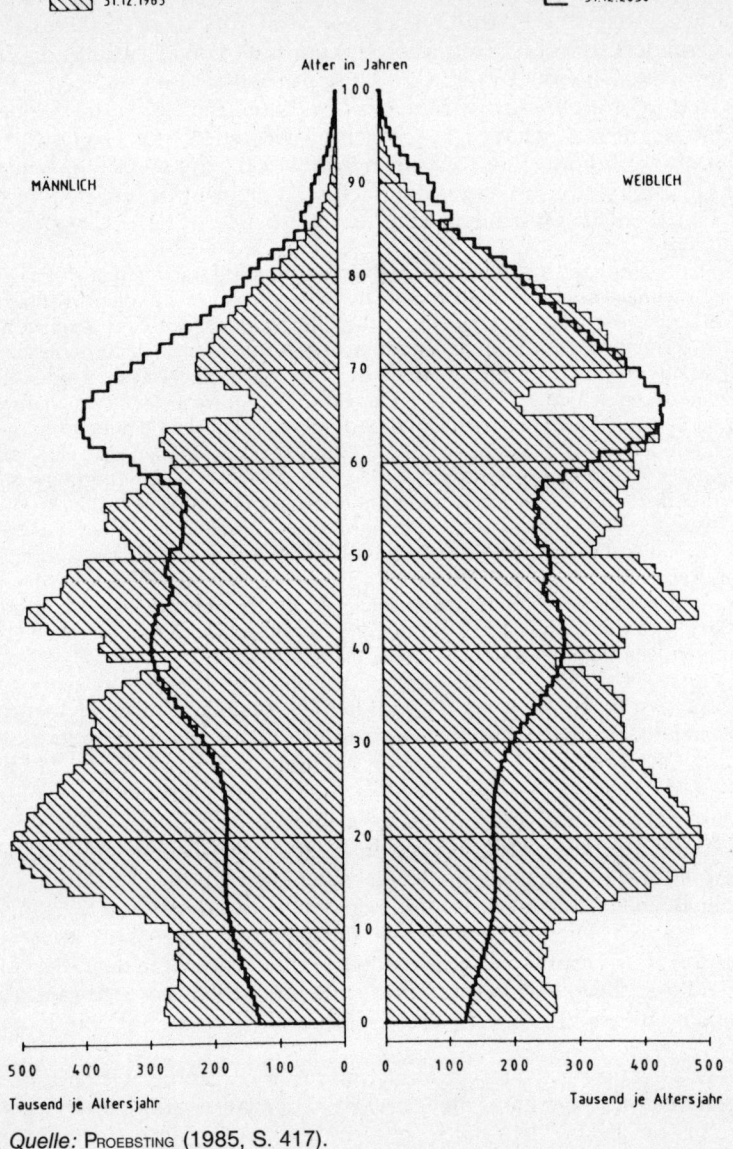

Quelle: PROEBSTING (1985, S. 417).

Abbildung 12: Altersaufbau der deutschen Bevölkerung am 31. 12. 1983 bzw. 2030

V. Makroökonomische Analyse

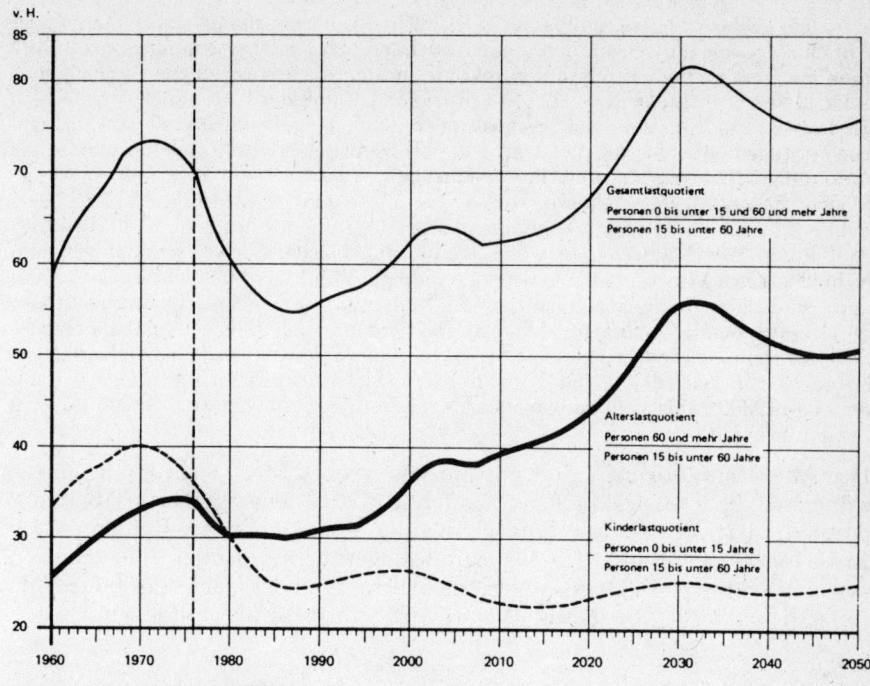

Quelle: LÖWE (1978, S. 105).

Abbildung 13: Kinderlastquotient, Alterslastquotient und Gesamtlastquotient für die Bevölkerung des Bundesgebietes 1960 bis 2050

bildet, verändert sich nach 1975 nur wenig. Die ausgeprägte Steigerung des Alterslastquotienten ist hauptsächlich auf die zahlenmäßige Entwicklung der Altersgruppe »15 bis unter 60 Jahre«, die im Nenner des Alterslastquotienten erscheint – also auf die jüngste Geburtenentwicklung –, zurückzuführen.
Betrachten wir den Kinderlastquotienten in der Abbildung 13, hat dieser von 1960 bis 1970 zugenommen. Infolge des Geburtenrückgangs erkennt man ab 1970 einen jähen Abfall der Kurve bis etwa 1985, danach verändert sich der Kinderlastquotient nur noch gering. Ermittelt man nun den **Gesamtlastquotienten** aus den beiden Lastquotienten, läßt sich aus der Abbildung 13 entnehmen, daß dieser von 1970 bis 1985 wegen des Rückgangs des Kinderlastquotienten stark abnimmt. Nach 1985 steigt der Gesamtlastquotient besonders stark an, während der Kinderlastquotient relativ konstant bleibt. Die Entwicklung des Gesamtlastquotienten wird somit durch die Entwicklung des Alterslastquotienten wesentlich bestimmt.

Häufig wird argumentiert, daß mit der demographischen Entwicklung zunächst eine Kostenentlastung verbunden ist, da die Aufwendungen der Familien und der Gesellschaft für die junge Generation größer seien als für die alte. Diese Art der Betrachtung vernachlässigt allerdings die Realität in der heutigen Lastenverteilung, nach der die Kosten der Kinder überwiegend von den einzelnen Familien, die Kosten für die Alten aber überwiegend von der Gesellschaft getragen werden. Die Bereitschaft, Lasten für eigene Kinder zu tragen, wird fraglos größer sein als die Bereitschaft, die Lasten fremder älterer Menschen zu tragen, insbesondere wenn diese keine eigenen Kinder haben (somit

B. Theorie der Sozialen Sicherung

also den »Generationenvertrag« nicht erfüllen). Darüber hinaus muß man dieses Pauschalergebnis bezweifeln, denn bisher zeichnen sich Entlastungen noch nicht ab.[26] Zum einen ist nämlich die Kultusbürokratie und der Lehrkörper bereits aufgebaut – beide bestehen größtenteils aus Lebenszeitbeamten –, und der Bildungssektor scheint in der Lage zu sein, zumindest das gegenwärtig erreichte Ausgabenniveau zu halten, zumal noch »Studentenberge« an den Universitäten bevorstehen; zum anderen könnte die rückläufige Geburtenzahl auch das produzieren, was wir lange angestrebt, aber nie erreicht haben: kleinere Klassen, volle Unterrichtsstundenzahlen und höhere Unterrichtseffizienz. Gerade wegen schrumpfender Bevölkerung ist eine qualitativ hochwertige Ausbildung der Kinder erforderlich. Zur Aufrechterhaltung wissensmäßiger und technologischer Vorsprünge, von denen gerade die Bundesrepublik lebt, müssen dann auch die letzten Bildungsreserven mobilisiert werden – mangelnde Quantität ist also durch zunehmende Qualität aufzufangen. Das wird man sicherlich nicht mit abnehmendem Mitteleinsatz erreichen können. Mit Sicherheit werden die zweifelhaften Kostenentlastungen im Bereich der jungen Generation dann nicht mehr wirksam sein, wenn wir uns dem Jahre 2000 nähern, uns also auf den langen Aufstieg zum Gipfel des Gesamtlastquotienten befinden.

Der Alterslastquotient ist nun nur ein sehr grobes Maß, weil durch ihn die zahlenmäßige Entwicklung des Rentenbestandes nicht genau erfaßt wird. RORARIUS hat versucht, die Entwicklung des Verhältnisses der Renten zu den Erwerbspersonen – also den sogenannten Rentnerquotienten – zu schätzen (siehe Abbildung 14). Der Rentnerlastquotient steigt demnach vom Jahre 1985 bis zum Jahre 2030 beständig an und wird sich mehr als verdoppeln.

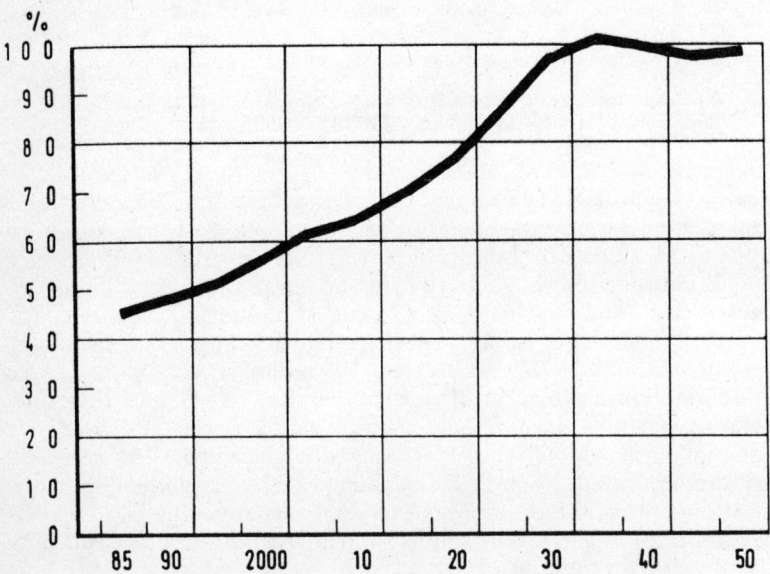

Quelle: RORARIUS (1983, S. 268).

Abbildung 14: Voraussichtliche Entwicklung des Rentnerquotienten

---

26 Das mag auch daran liegen, daß das heutige Angebot an Leistungen für Kinder gerade der Nachfrage entspricht. So scheint z. B. die Zahl der Kindergartenplätze zunehmend auszureichen, während vor einigen Jahren – infolge der höheren Geburtenzahlen – ein ungeheurer Mangel herrschte.

V. Makroökonomische Analyse

Eigenartigerweise findet man in der Literatur kaum Aussagen über die Entwicklung der Beamtenpensionszahlen. Wahrscheinlich wird bei Hinzurechnung des »Pensionslastquotienten« zum Rentnerlastquotienten der sich ergebende Gesamtlastquotient höher als 100% sein, wobei man auch hier den spekulativen Charakter solcher Zahlen nicht verkennen sollte.

5.5.4. Ökonomische Konsequenzen von Bevölkerungsveränderungen

Bei der Frage, wie ein Bevölkerungsrückgang auf die Wirtschaftslage wirkt, stehen sich in der ökonomischen Theorie optimistische und pessimistische Ansätze gegenüber. Die erste Variante wird im wesentlichen von der neoklassischen Theorie verkörpert, die zweite durch die KEYNESsche Theorie, die insbesondere als »Stagnationstheorie« bekannt geworden ist. Das rasche Bevölkerungswachstum in der Nachkriegszeit ließ diese allerdings in Vergessenheit geraten. Im folgenden ist zu analysieren, wie ein Bevölkerungsrückgang, der auf einem Geburtenrückgang basiert, gesamtwirtschaftlich wirkt. Als Bezugspunkt ist immer der Vergleich zu einer Situation mit stationärer (oder wachsender) Bevölkerung zu wählen.

5.5.4.1. Auswirkungen auf die Gesamtnachfrage

Die Auswirkungen des **Geburtenrückgangs** zeigen sich auf dem Arbeitsmarkt erst mit gewissen Verzögerungen. Noch 20 bis 25 Jahre nach Eintritt eines Geburten- und Bevölkerungsrückgangs wachsen unverändert starke Jahrgänge neu in das Erwerbsalter. Denn für die Besetzung älterer Jahrgänge sind die früheren Geburtenzahlen sowie die Sterblichkeitsentwicklung entscheidend. Bei früherem Bevölkerungswachstum und einer im Zeitablauf sinkenden Sterblichkeit steigt auch die Besetzung der älteren Jahrgänge gegenüber den Vorjahren noch an. Erst relativ spät reduziert sich langsam beginnend und dann kumuliert die Zahl der Erwerbsfähigen.

Der Einfluß einer Reduktion der absoluten Zahl der Haushalte infolge schrumpfender Bevölkerung auf die gesamtwirtschaftliche Nachfrage ist zweifellos negativ. Dabei ist allerdings zu bedenken, daß der Bevölkerungsrückgang die Zahl der Haushalte nur sehr langsam reduziert und sich für einige Jahrzehnte vor allem über die Haushaltszusammensetzung (d. h. über eine Verringerung der durchschhnittlichen Kinderzahl) auswirkt. Aber nicht nur eine allmähliche *Reduzierung* der gesamtwirtschaftlichen Nachfrage steht zu erwarten. Eine »Überalterung« im Gefolge des Geburtenrückgangs verändert auch die *Struktur* der Konsumgüternachfrage; es werden mehr Güter und Dienste nachgefragt, wie sie von älteren Menschen präferiert werden, und weniger Güter und Dienste, wie sie von jüngeren Menschen nachgefragt werden. Sofern der volkswirtschaftliche **Strukturwandel** funktioniert – und das hat er bei wachsender Bevölkerung sehr wohl getan –, muß diese Strukturveränderung in der gesamtwirtschaftlichen Nachfrage keine negativen Konsequenzen haben. Eine Veränderung der Konsum- und Sparneigung und damit eine langfristig wirksame Verschiebung des gesamtwirtschaftlichen Gleichgewichts kann aber auftreten, wenn die verschiedenen Haushaltstypen eine unterschiedliche Konsum- bzw. Sparneigung aufweisen bzw. wenn

B. Theorie der Sozialen Sicherung

systematische Verhaltensänderungen auftreten, die durch die Bevölkerungsentwicklung ausgelöst werden. Da sich die Zahl der Familien mit vielen Kindern verringert, bei diesen die Sparquote in der Regel gering ist, könnte aus dieser strukturellen Verschiebung eine Tendenz zu einer steigenden Sparquote abgeleitet werden. Andererseits steigt infolge des Bevölkerungsrückgangs der relative Anteil der Rentner und Versorgungsempfängerhaushalte, die eine deutlich geringere Sparquote aufweisen als die Haushalte mit erwerbstätigem Haushaltsvorstand, da ein wesentliches Sparmotiv – nämlich die Vorsorge für das Alter – entfällt.

Da eine schrumpfende Bevölkerung im Bereich der Alterssicherung erhebliche Probleme entstehen läßt und notwendige Kürzungsmaßnahmen in bezug auf die Rentenleistungen heute schon diskutiert werden, könnte dies seitens der heute Erwerbstätigen gewisse Unsicherheitsmomente auslösen. Jedenfalls nimmt die *Zukunftsunsicherheit*, verglichen mit der Situation einer wachsenden Bevölkerung, deutlich zu, was – wie jedenfalls DINKEL meint – unvermeidlich dazu führen dürfte, daß das Vorsichtsmotiv an Bedeutung insgesamt gewinnt und die Individuen mit verstärktem privaten Vorsorgesparen reagieren.

Mit dem Bevölkerungsrückgang sind also in bezug auf die Ersparnis positive und negative Effekte verbunden. Eine Tendenz zur Erhöhung der Spareigung – wie DINKEL sie abgeleitet haben will – ist also keinesfalls sicher. Wie die Spareigung beeinflußt wird, hängt nämlich nicht zuletzt davon ab, auf wessen Schultern die Alterslasten verteilt werden: nämlich ob sie über Beitragserhöhungen und/oder Rentenkürzungen fortgewälzt werden. Im übrigen ist hier die Frage der sich zukünftig entwickelnden Sozialabgaben und Steuerbelastungen von besonderer Bedeutung (siehe PETERSEN: Finanzwissenschaft II, E.1.1.5.3.).

Die *private Konsumnachfrage* dürfte also über einen relativ langen Zeitraum noch konstant bleiben und erst mit fortschreitender Entwicklung des Bevölkerungsrückgangs zu schrumpfen beginnen. Wichtig ist aber auch die Frage, wie sich die *Investitionsgüternachfrage* entwickelt. Hier ist einerseits die staatliche und zum anderen die private Nachfrage zu unterscheiden. Im staatlichen Bereich bedeutet eine schrumpfende Bevölkerung eine Verringerung der Infrastrukturinvestitionen. Vor allem im Verkehrsbereich, aber auch im Bereich des sozialen Wohnungsbaus werden sich langfristig die Ausgaben verringern.

Bei den privaten Investitionen kann man die Ersatz-, Rationalisierungs- und Erweiterungsinvestition unterscheiden. Ein Bevölkerungsrückgang hat vor allem zur Konsequenz, daß der Anteil der Erweiterungsinvestitionen zugunsten der Ersatz- und Rationalisierungsinvestitionen zurückgeht. In immer weiteren Wirtschaftsbereichen werden sich Überkapazitäten zeigen. Es steht also zu vermuten, daß die Gesamtinvestitionen im Vergleich etwa zur Situation bei stationärer Bevölkerung eher rückläufig sein werden. Insgesamt gesehen ist also auf die lange Sicht damit zu rechnen, daß die gesamtwirtschaftliche Nachfrage *rückläufig* sein wird.

5.5.4.2. Gesamtwirtschaftliches Gleichgewicht bei schrumpfender Bevölkerung

Zunächst sei ein einfaches neoklassisches Wachstumsmodell betrachtet. In der Regel wird in solchen Modellen eine Bevölkerung unterstellt, die mit einer stabilen Wachstumsrate wächst, d. h. alle Altersgruppen nehmen von Jahr zu Jahr um den gleichen Betrag zu. Damit ist implizit auch eine konstante

V. Makroökonomische Analyse

Bevölkerungsstruktur verbunden. BREMS diskutiert innerhalb eines derartigen Modells eine Reduktion der exogenen stabilen Wachstumsrate auf Null. Die *Grundannahmen* dieses Modells lauten wie folgt:

$$X = TF \cdot L^{\alpha} \cdot K^{\beta} \text{ mit } \alpha + \beta = 1;$$

$L_D = L_S$	mit X	=	physischer Output
$W = wL_D$	L_D	=	Arbeitsnachfrage
$Y = W + Z$	L_S	=	Arbeitsangebot
	W, Z	=	Lohnsumme, Gewinne
$C = cX$	w	=	Lohnsatz
$X = C + I$	Y	=	Volkseinkommen
$I = dK/dt$	C	=	Konsum
	c	=	Konsumneigung
	I	=	Investitionen
	K	=	Kapitalstock
	TF	=	technischer Fortschritt

Aus $X = C + I$ und $C = cX$ folgt stets:

$$I = (1 - c)X = S.$$

Mit diesem Modell wird zum einen die Identität von Arbeitsangebot und -nachfrage unterstellt sowie zum anderen die Abhängigkeit des Konsums vom realen Produktionsvolumen X (und nicht etwa vom Einkommen). Leitet man die Produktionsfunktion X nach der Zeit ab, erhält man für die Wachstumsrate des Produktionsvolumens folgenden Zusammenhang:

$$g_X = g_{TF} + \alpha g_L + \beta g_K.$$

Die Wachstumsrate des Produktionsvolumens g_X setzt sich zusammen aus der Wachstumsrate des technischen Fortschritts g_{TF} zuzüglich der Wachstumsrate des Faktors Arbeit g_L, multipliziert mit der partiellen Produktionselastizität α, zuzüglich der Wachstumsrate des Kapitalstocks g_K, multipliziert mit der partiellen Produktionselastizität β. Null-Wachstum der Bevölkerung wird nun eingeführt durch die Annahme, daß g_L null wird. Dann wächst das Produktionsvolumen nur noch mit:

$$\begin{aligned} g_X &= g_{TF} + (1 - \alpha) \cdot g_K \\ &= g_{TF} + g_K - \alpha g_K. \end{aligned}$$

Sobald nun die Wachstumsrate des technischen Fortschritts g_{TF} größer ist als die mit der partiellen Produktionselastizität α multiplizierte Wachstumsrate des Kapitalstocks, wächst der Output schneller als der Kapitalstock, und der Reallohn kann ebenso zunehmen, da nach der Grenzproduktivitätstheorie folgender Zusammenhang gilt:

$$(g_W - g_P) = g_X - g_L,$$

d. h., daß die Wachstumsrate des Reallohns (Wachstumsrate des Nominallohns g_W, abzüglich der Wachstumsrate des Preisniveaus g_P) resultiert aus der Wachstumsrate des Produktionsvolumens g_X, abzüglich der Wachstumsrate der Arbeitskräfte g_L; je kleiner die Wachstumsrate der Arbeitskräfte ist, desto größer sind die Lohnsteigerungen je Kopf. So sind die Lohnbezieher in dem Fall einer stationären Bevölkerung besser gestellt als in der Situation einer wachsenden Bevölkerung. Selbst eine negative Wachstumsrate der Bevölkerung kann

B. Theorie der Sozialen Sicherung

Einkommen und Konsum in absoluten Größen erhöhen, solange die Wachstumsrate des technischen Fortschritts und die Wachstumsrate des Kapitalstocks, multipliziert mit der partiellen Produktionselastizität β, größer sind als die negative Wachstumsrate der Arbeitskräfte.

Dieses Modell hat allerdings einen einschneidenden Mangel, der es für die Erklärung realer Situationen schrumpfender Bevölkerung ungeeignet erscheinen läßt. Denn unterstellt ist eine *stabil schrumpfende Bevölkerung*, bei der alle Altersgruppen zeitlich unverändert bleiben oder sich mit fester Rate verkleinern. Eine derart konstant schrumpfende Bevölkerungsstruktur stellt sich allerdings erst dann ein, wenn die angenommene negative Wachstumsrate bereits zum Zeitpunkt der Geburt des ältesten noch lebenden Altersjahrgangs herrschte, d. h. also mindestens seit 80 Jahren (Dinkel). Dieses neoklassische Modell beschreibt also jeweils nur die *Endzustände* von Bevölkerungsveränderungen und schließt gerade die besonders wichtigen und auch relativ langfristigen *Übergangsprobleme* aus der Analyse aus. Der für die Industrieländer relevante Fall einer Bevölkerung, die innerhalb weniger Jahre von positiven zu negativen Wachstumsraten wechselte, ist also mit diesen Modellen nicht darstellbar.

In der Keynesschen Analyse sind bekanntlich Angebot und Nachfrage nicht automatisch identisch, so daß die Strukturveränderungen infolge eines Bevölkerungsrückgangs auch zu strukturellen Veränderungen des Marktgleichgewichts führen können. Die zentrale These der **Stagnationstheorie** kann wie folgt zusammengefaßt werden: Der aus dem Bevölkerungsrückgang resultierende Nachfragerückgang verringert den Auslastungsgrad des volkswirtschaftlichen Produktionspotentials und verursacht somit längerfristige Wachstumsschwächen. Die Wachstumsrate der volkswirtschaftlichen Gesamtnachfrage wird langfristig stärker gedämpft als die Wachstumsrate des Produktionspotentials; es kann also sehr wohl bei Stagnation eine positive Wachstumsrate des Sozialprodukts geben, aber die Lücke zwischen tatsächlichem und potentiellem Sozialprodukt vergrößert sich zumindest temporär im Bevölkerungsrückgang (vgl. Abbildung 15).

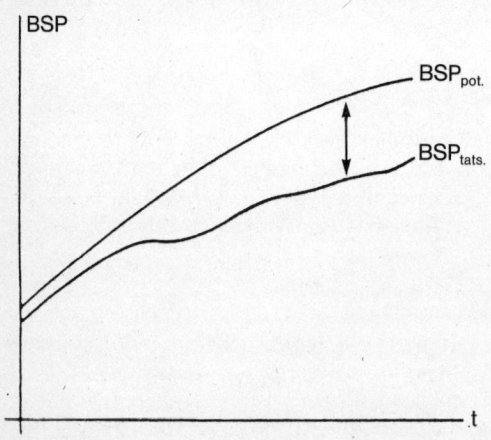

Quelle: Dinkel (1984, S. 140).

Abbildung 15: Potentielles und tatsächliches Sozialprodukt im Bevölkerungsrückgang

V. Makroökonomische Analyse

Betrachten wir sowohl den Produktionsfaktor Kapital als auch den Faktor Arbeit, wächst noch einige Jahrzehnte nach Eintritt des Geburtenrückgangs das Arbeitskräftepotential. Auch der Kapitalstock nimmt vor allem über Ersatz- und Rationalisierungsinvestitionen zu, so daß der technische Fortschritt nahezu ungehemmt weiterwirkt. Erst relativ spät reduziert sich das absolute Wachstum des Produktionspotentials sowohl beim Faktor Arbeit als auch beim Kapital oder kommt sogar zum Stillstand. Auf der Nachfrageseite, wo sich nach der KEYNESschen Theorie das tatsächliche Volkseinkommen bestimmt, können Stagnationstendenzen, die mit einem Geburtenrückgang verbunden sein mögen, nur vermieden werden, wenn die infolge der rückläufigen Erweiterungsinvestitionen sinkende Investitionsneigung durch eine sinkende Sparneigung (d. h. eine Erhöhung der Konsumneigung) kompensiert wird. Das könnte einmal daraus folgen, daß sich die Verteilung des Volkseinkommens zugunsten der älteren Bevölkerung mit einer geringeren marginalen Sparquote verschiebt; zum anderen werden infolge der veränderten Nachfragestruktur weniger materielle Produktion und mehr Dienstleistungen nachgefragt, wobei diese Dienstleistungen (z. B. Gesundheit und Altenpflege) stärker arbeits- als kapitalintensiv sind. Sicherlich wird sich der Arbeitskräfteeinsatz im Bereich der materiellen Güterproduktion einerseits aufgrund der rückläufigen Nachfrage und andererseits aufgrund des technischen Fortschritts, verbunden mit entsprechenden Rationalisierungsinvestitionen, verringern; ob dies aber – wie DINKEL behauptet – unvermeidlich zu verstärkter Arbeitslosigkeit führen muß, ist keineswegs sicher, denn jedenfalls auf längere Sicht wird auch das Arbeitskräftepotential rückläufig sein, während im Dienstleistungsbereich wahrscheinlich ein höherer Arbeitskräftebedarf entstehen wird.

Es ist letztlich die Frage, wie schnell der technische Fortschritt und die Rationalisierungsinvestitionen wirksam werden und wie schnell sich andererseits der Geburtenrückgang auf das Arbeitskräftepotential auswirkt. Offen ist ferner, wie sich die Erwerbsbeteiligung der Frau entwickeln wird; eine Umorientierung von materiellen Werten zu immateriellen Werten kann durchaus dazu führen, daß – um es geschlechtsneutral zu formulieren – der zweite Ehegatte seine Arbeit wieder weniger am Markt, sondern mehr im Haushalt verwerten wird.

5.5.4.3. Alternde Bevölkerung und Motivation

Ein Rückgang in der Geburtenrate ist verbunden mit einer Alterung der Gesamtbevölkerung, d. h. daß der relative Anteil der Senioren an der Gesamtbevölkerung wächst. Speziell in Deutschland war der Anteil der älteren Bevölkerung infolge des Ausfalls vor allen Dingen der jüngeren männlichen Kriegsgeneration schon zu Beginn des Bevölkerungsrückgangs relativ hoch, so daß die Verschlechterung der Altersstruktur von einem hohen Anteil älterer Leute an der Gesamtbevölkerung ausgeht. Betrachten wir vor allen Dingen die sozio-ökonomischen Konsequenzen, dann scheint eine Tendenz zum verstärkten Konservatismus in Gesellschaft und Politik wahrscheinlich zu sein. Dies mag sich aber nicht nur auf das Wahlverhalten, sondern auch auf die ökonomische Motivationsstruktur auswirken. I. d. R. jedenfalls ist die Risikobereitschaft *jüngerer* Menschen *größer* als die älterer Menschen; es könnte also eine Reduktion der unternehmerischen Initiative drohen (es verringert sich die Zahl der Unternehmer vom SCHUMPETER-Typ). Infolgedessen wird nicht mehr in riskable, aber gewinnträchtige Investitionen, sondern vorzugsweise in sichere Anlagen investiert (siehe oben 5.4.).

Eng mit der geistigen Mobilität und Flexibilität hängt auch die **räumliche Mobilität** der Bevölkerung zusammen. Eine alternde Gesellschaft wird der Tendenz nach räumlich *zunehmend immobiler*. Nun gilt aber gerade die Mobilität des Arbeitskräftepotentials eines Landes als Gradmesser für seine Wachstumschancen. In Marktwirtschaften, die mit hohen Anpassungsanforderungen infolge des internationalen Konkurrenzdrucks konfrontiert sind, muß sich dies langfristig vor allem in internationaler Betrachtung als *Effizienzverlust* erweisen. Darüber hinaus verschlechtern sich als Folge der Überalterung die Karriere- und Lebenschancen der jeweils jungen Generation (DINKEL). In wachsenden und sich verjüngenden Gesellschaften werden viele Karrierepositionen neu geschaffen, die von den relativ wenigen älteren Führungskräften nicht alle besetzt werden können. Hier eröffnen sich also für die jüngere Generation Berufsperspektiven, die eindeutig positiv auf die Motivation und Leistungsstruktur wirken. In alternden Gesellschaften sind die Führungspositionen überwiegend besetzt, innerhalb der unternehmerischen und bürokratischen Hierarchien herrscht ein relativer Stillstand, was die Aussichten und die Motivationsstruktur der gesamten jüngeren Generation beeinflußt. Kommt außerdem hinzu, daß die individuellen Markteinkommen infolge steigender Alterslasten einer hohen Abgaben- und Steuerlast unterliegen, dann sind die Signale in einer derartigen Gesellschaft auf *Ausstieg* gestellt; die Jugend dürfte zunehmend versuchen, sich dem Marktsystem zu entziehen und Produktionsmöglichkeiten im alternativen Bereich zu erschließen, was gleichzeitig mit einem höheren Selbstverwirklichungsgrad verbunden sein mag.

Die Überalterung kann also zu einer *qualitativen Veränderung des Arbeitsangebots* führen. Dabei ist aber zu beachten, daß sich mit zunehmendem Alter stärker die körperliche als die geistige Leistungsfähigkeit reduziert. In modernen Gesellschaften spielt erstere immer weniger eine Rolle, so daß der *geistigen* Leistungsfähigkeit größere Aufmerksamkeit zu widmen ist. Und hier gibt es durchaus gewichtige Argumente, die zugunsten eines älteren Arbeitskräftepotentials sprechen: Arbeitserfahrung, Konzentrations- und Lernfähigkeit oder ähnliche Faktoren sind häufig bei Senioren stärker entwickelt. Über die Gesamtwirkung kann man sicherlich nur spekulieren, obwohl Risikobereitschaft und Motivation seitens der jüngeren Generation sehr wichtige ökonomische Faktoren darstellen.

VI. Zur Theorie einer Sozialen Rentenversicherung

Die Notwendigkeit zur ökonomischen Sicherung des Alters wird im allgemeinen nicht bezweifelt. Sie kann erfolgen über die Vermögensbildung, über Lebensversicherungsverträge bei Individualversicherungen, über betriebliche Alterssicherungssysteme und ähnliches. Es gibt aber eine Reihe von ökonomischen Gründen, die eine **soziale Alterssicherung** erforderlich machen. Der Staat

VI. Rentenversicherung

könnte hier auf die Instrumente Steuervergünstigung und Subventionierung zurückgreifen. Überwiegend erfolgt die Alterssicherung aber in Sozialversicherungssystemen. Diese Entwicklung ist in erster Linie *historisch* begründet, denn die »relative« Armut, vor allem gegen Ende des vorigen Jahrhunderts, hat die Bildung leistungsfähiger Individualversicherungssysteme weitgehend unmöglich gemacht. Ein weiterer Grund dafür, daß Individualversicherungssysteme nicht existenzfähig sind, mag darin gesehen werden, daß seitens der *jüngeren* Bevölkerung vor allem die Risikoneigung dominiert. Anders ausgedrückt liegt bei diesen Schichten eine **gestörte Zeitpräferenzrate** vor: Sie bevorzugen den Gegenwartskonsum gegenüber dem Konsum in der Zukunft, sorgen daher nicht für das Alter vor. Ist diese Verhaltensweise dominant, wird eine Zwangsversicherung erforderlich, die zumindest theoretisch privat oder staatlich organisiert sein könnte.

Aus dem Zusammenspiel der Restriktionen »relative« Armut und Risikoneigung ergibt sich dann die Notwendigkeit eines sozialen Altersversicherungssystems. Dieses System hat außerdem den Vorteil, daß eine Risikoauslese weitgehend unterbleibt. Darüber hinaus ist ein soziales Altersversicherungssystem durch eine garantierte Bestandssicherheit gekennzeichnet, so daß die Ungewißheitstatbestände hinsichtlich der Existenz privater Sicherungseinrichtungen ausgeräumt sind. Aus makroökonomischer Sicht mag ein soziales Altersversicherungssystem auch Voraussetzung für die Bildung des öffentlichen Infrastrukturkapitals sein, solange dieses Infrastrukturkapital die Voraussetzung für die weitere privatwirtschaftliche Entwicklung bildet.[27]

Soziale Rentenversicherungen können sowohl auf der *Finanzierungsseite* als auch auf der *Leistungsseite* unterschiedlich ausgestaltet sein. Im allgemeinen wird unterstellt, daß aus der Entscheidung für ein Sozialversicherungssystem bereits die Art der Finanzierung – nämlich über Beiträge – folgt. Hier wird zu zeigen sein, daß in integrierten Steuer- und Transfersystemen auch bei reiner Steuerfinanzierung durchaus das modifizierte Äquivalenzprinzip aufrechterhalten werden kann. Aber nicht nur die Alternative Beitrags- versus Steuerfinanzierung ist zu diskutieren, sondern auch unterschiedliche Beitragserhebungs- und Verwaltungsverfahren sind zu würdigen. Hier stellt sich insbesondere die Frage, ob bei einer sozialen Rentenversicherung es tatsächlich eine Option im Hinblick auf das sogenannte Umlageverfahren oder das sogenannte Kapitaldeckungsverfahren gibt. Darüber hinaus ist mit der Entscheidung für eine soziale Rentenversicherung grundsätzlich auch die Entscheidung für eine leistungsbezogene Rente gefällt worden, wobei ebenfalls noch offen bleibt, wie die Leistungsbezogenheit im einzelnen auszugestalten ist.

---

27 Abgesehen von der Frage, ob die heutige öffentliche Vermögensbildung nicht weit darüber hinausgeht, also die private Vermögensbildung nicht mehr fördert, sondern nur noch verdrängt (»crowding-out«-Hypothese).

B. Theorie der Sozialen Sicherung

6.1. Beitrags- versus Steuerfinanzierung

Die Finanzierung von Sozialversicherungssystemen über **Beiträge** wird im allgemeinen aus dem Versicherungsprinzip abgeleitet, das individuelle Verhältnis von Abgaben und Ansprüchen ist durch das **Äquivalenzprinzip** festgelegt (MEINHOLD). Allein hieraus kann dann gefolgert werden, daß die Alterssicherung nicht über den öffentlichen Haushalt, der überwiegend aus nichtzweckgebundenen Steuern (»Nonaffektationsprinzip«) finanziert wird, sondern über eine *eigenständige* Institution beispielsweise in Form eines Parafiskus zu erfolgen hat. Eine solche soziale Rentenversicherung soll sich zumindest dem Grundsatz nach selber tragen. Es wird unterstellt, daß eine Beitragsfinanzierung zu einer stärkeren Rechenhaftigkeit des Systems führt und zu der Neigung, nachzuprüfen, inwieweit Beiträge und Leistungen sich versicherungsmathematisch entsprechen (RÜFNER). Dem Beitrag wird damit eine *verhaltensbeeinflussende Wirkung*, aber auch häufig eine rechtliche Qualität beigemessen: »Der Sozialbeitrag bildet Rechtfertigungsgrund und Maßstab einer verfassungsrechtlichen Gewährleistung der Versichertenanwartschaft« (ISENSEE). Hinter dieser Argumentation steht die Auffassung, daß der verfassungsrechtliche Eigentumsschutz nicht auf soziale Bedürfnisse, sondern auf individuell erworbene Vermögenspositionen bezogen werden kann. Dabei wird betont, daß den beitragsfinanzierten Ansprüchen überwiegend keine solche Bestandsgarantie eingeräumt wird wie dem Privateigentum. Diese formalrechtlichen Ausführungen verdeutlichen, daß mit der Betonung des Äquivalenzprinzips auch politisch diskretionäre Eingriffe in das soziale Rentenversicherungssystem zumindest reduziert werden sollen. Die Leistungsträger werden gewissermaßen dem Staat gegenüber verselbständigt und Manipulationen jedenfalls etwas entzogen.

6.1.1. Beitragsäquivalenz

Sozialversicherungsbeiträge sind Zwangseinnahmen, denen im allgemeinen eine *spezielle Gegenleistung* entspricht, während **Steuern** Zwangseinnahmen darstellen, denen *keine spezielle Gegenleistung* der öffentlichen Hand zugunsten der Steuerpflichtigen gegenübersteht; die Gegenleistung ist vielmehr eine allgemeine. Bei der Steuerfinanzierung wird also eine Äquivalenz nicht angestrebt, hier gelten u. a. das Leistungsfähigkeitsprinzip und das Prinzip der steuerlichen Umverteilung.

Das **strenge Äquivalenzprinzip** ist in Sozialversicherungssystemen aus verschiedenen Gründen, die wir des öfteren schon genannt haben, nur *eingeschränkt* verwirklicht. Den Steuern steht zwar keine spezielle Gegenleistung gegenüber, die allgemeine (über öffentliche Ausgaben etc.) erfolgt aber im engen zeitlichen Zusammenhang mit der Steuerzahlung. In sozialen Rentenversicherungssystemen liegt zwischen dem Beginn der Versicherungspflicht und dem Eintritt der ersten Leistung im allgemeinen ein ganzes Arbeitsleben, der *zeitliche* Zusammenhang zwischen Leistung und spezieller Gegenleistung ist wesentlich lockerer. Die Gegenleistung erfolgt also später, ist unsicher und in der Höhe nicht eindeutig fixiert. Erreicht man z. B. das Rentenalter nicht und hat auch keine Hinterbliebenen (Ehegatten oder Kinder), entfällt jegliche Gegenleistung, die Beiträge nehmen dann Steuercharakter an.

Aus ökonomischer Sicht – unterstellt man vollständige Information und damit

VI. Rentenversicherung

das Fehlen von Illusionen auf Seiten der Bürger – sind die *Unterschiede* zwischen den Sozialbeiträgen zur Rentenversicherung und Steuern eher *marginal*. Für die weitere Beurteilung wichtig sind außerdem die personellen Umverteilungswirkungen, die in das Rentenversicherungssystem integriert sind. Eine vertikale Umverteilung erfolgt dann, wenn innerhalb der sozialen Rentenversicherungssysteme eine **Mindestrente** oder ähnliche Leistung gewährt wird. Eine wenig rationale horizontale Umverteilung folgt in existierenden Rentenversicherungssystemen häufig daraus, daß auf der Beitrags- und Einnahmenseite *unterschiedliche* Prinzipien Anwendung finden, so z. B. in der GRV auf der Beitragsseite das Individualprinzip und auf der Leistungsseite das Haushaltsprinzip. Vor dem international beobachteten Ausbau der Umverteilungselemente innerhalb der sozialen Alterssicherungssysteme stellt MESSERE fest, daß in den Industrieländern Westeuropas eine Erosion wenn nicht ein völliger Kollaps des Versicherungs*mythos* eingesetzt hat. Inwieweit diese theoretische Feststellung in das Bewußtsein der Bürger bereits Eingang gefunden und Verhaltensänderungen ausgelöst hat, ist eine empirische Frage, auf die sich nur sehr schwer eine Antwort finden lassen wird.

Die Diskussion um die Differenzen zwischen Beitrags- und Steuerfinanzierung hat sich bisher überwiegend vor dem Hintergrund abgespielt, daß nicht alle Staatsbürger Zwangsmitglieder in der sozialen Rentenversicherung, sehr wohl aber alle – sieht man einmal von den notorisch leistungsunwilligen ab – an der Aufbringung der Steuern beteiligt sind. Ist die soziale Rentenversicherung eine »**Volksversicherung**«, dann verwischen sich die Unterschiede noch stärker. Je allgemeiner ein System sozialer Vorsorge in personeller und/oder sachlicher Hinsicht ausgreift, desto geringer werden die Unterschiede zwischen Beitrag und Steuer. Darüber hinaus schwindet der »finanzpsychologische« Vorteil des Beitrags, wenn der Beitrag allein oder im Zusammenhang mit der direkten Steuer zu einer hohen Belastung führt, die z. B. aufgrund des Quellenabzugsverfahrens dem einzelnen auch bewußt wird (PFAFF/SCHNEIDER).

6.1.2. Steueräquivalenz

Unterstellt sei eine Volksversicherung und gleichzeitig auch die Existenz eines entwickelten persönlichen Steuersystems – beispielsweise in Form einer progressiven Einkommensteuer mit einer weit ausgreifenden Bemessungsgrundlage (**comprehensive tax base**) –, das grundsätzlich alle Staatsbürger erfaßt. Dann ist zumindest theoretisch eine Arbeitsteilung im Sinne einer strengen Äquivalenz in der Volksversicherung über eine Beitragsfinanzierung auf der Basis einer eigenständigen Bemessungsgrundlage und einer vertikalen Redistribution im Rahmen des Einkommensteuersystems auf der Basis einer anderen Bemessungsgrundlage weniger effizient als eine **Integration** beider Systeme. Denn viele Ungereimtheiten, die heute in allen Sozialversicherungssystemen vorkommen, basieren auf der mangelnden Integration der Teilversicherung und sonstigen sozialen Sicherungseinrichtungen mit dem Steuersystem (erinnert sei hier an das Problem der brutto- oder nettolohnbezogenen Sozialleistungen; ferner verstärkt eine Vielzahl von Systemen mit inhaltlich verwandten Aufgabenstellungen das bürokratische Element und beschränkt aufgrund der Beharrungstendenzen die Flexibilität).

Eine solche Integration würde weder eine Aufgabe des Äquivalenzprinzips im

B. Theorie der Sozialen Sicherung

Rahmen der Volksversicherung noch eine Aufgabe des Nonaffektationsprinzips im Rahmen des Steuersystems erfordern. An die Stelle einer eigenständigen Bemessungsgrundlage in der Rentenversicherung tritt die der Einkommensteuer. Als Einkünfte müßten in erster Linie die Einkünfte aus Erwerbstätigkeit erfaßt werden (Rente als Ersatz des Erwerbseinkommens); Vermögenseinkünfte wären auszuschließen, da Vermögensbildung auch eine eigenständige Form der Altersvorsorge darstellt. Diese Bemessungsgrundlage wäre zu mindern um die allgemeinen Abzugsbeträge und die Sondervergünstigungen; soweit letztere nur eine Verlagerung des Erwerbseinkommens bedingen (daher lediglich eine Zinsersparnis darstellen), wirken sie sich auf das gesamte Lebenseinkommen nur gering aus; führen sie allerdings zu einer Erhöhung des aktiven Einkommens, vermindert das dann das spätere Renteneinkommen.

An die Bemessungsgrundlage knüpft die Rentenformel an, so daß hieraus dann statt einer Beitragsäquivalenz eine »**Steueräquivalenz** folgt.[28] Auch in einem solchen integrierten Modell bleibt das Erfordernis, diejenigen zu sichern, die kein ausreichendes Erwerbseinkommen erzielen konnten. Das ließe sich hier systemgerecht in Form einer **negativen Einkommensteuer** gewährleisten, so daß auch Vermögenseinkünfte automatisch gegengerechnet werden. Eine Verletzung des Nonaffektationsprinzips ist ebenfalls nicht zu konstatieren, da die Renten aufgrund einer gesetzlichen Verpflichtung (gegebenenfalls auch verfassungsrechtlich abgesichert) aus dem allgemeinen Steueraufkommen gezahlt werden. Auch ein **Steuer-/Transfersystem** kann durchaus vorleistungsbezogene Leistungen gewähren, wenn die Bemessungsgrundlagen harmonisiert sind.

Ob ein System mit einer infolge personeller Umverteilungselemente eingeschränkten Beitragsäquivalenz einem steueräquivalenten System vorzuziehen ist, läßt sich theoretisch nur schwer beantworten. Selbstverständlich würde eine Finanzierung der Sozialleistungen einschließlich der Renten aus Einkommensteuermitteln zu einer drastischen Erhöhung der Steuersätze führen, die Gesamtbelastung allerdings unverändert bleiben. Bei einer Steueräquivalenz der Renten verändern sich aber nachhaltig die **Anreizwirkungen** des Einkommensteuersystems. Versuchte man bisher, seine Einkommensteuerbemessungsgrundlage zu minimieren – ob auf legalem oder illegalem Wege sei einmal dahingestellt -, hat das nun Konsequenzen für die spätere Rente. Die

---

28 Diese Vorstellungen knüpfen an einem früher von Lady RHYS-WILLIAMS (1953) vorgeschlagenen Modell an, das sie allerdings mit der Assekuranztheorie der Besteuerung begründet hat. Damit geht sie noch über den PEACOCK-Vorschlag hinaus, der eine Einkommensteuerfinanzierung anstrebte. HEDTKAMP lehnt solche Vorstellungen grundsätzlich ab, da sie »am eigentlichsten Problem der äquivalenztheoretisch begründeten Finanzierung vorbei« gehen. Natürlich werden in einem solchen Modell Leistungsfähigkeitsprinzip, Umverteilungsprinzip und Äquivalenzprinzip vermischt; das erfolgt – wenn man auf das Steuer- und Transfersystem insgesamt abstellt – immer, allerdings mehr oder (so in der Praxis überwiegend) weniger deutlich getrennt. Trotz der berechtigten Zweifel von HEDTKAMP an den Umverteilungswirkungen des bestehenden Einkommensteuersystems will auch er die Umverteilung in der Sozialversicherung steuerfinanzieren. Eine Integration von Steuern und Transfers ermöglicht gerade eine gezielte Umverteilung, verringert die Umverteilungsmasse und macht Umverteilungsvorgänge überhaupt erst nachvollziehbar. Im Ergebnis dürfte daher eher weniger als mehr Umverteilung zu erwarten sein.

VI. Rentenversicherung

Steueräquivalenz setzt *positive* Anreizwirkungen, die *erhöhten Steuersätze negative* (bei dem heute erreichten Niveau der Grenzbelastung erscheint eine solche Annahme plausibel). Es muß weiteren, insbesondere empirischen Studien vorbehalten bleiben, hier die differentiellen Verhaltenswirkungen jedenfalls der Tendenz nach zu beurteilen. Einige skandinavische Länder haben einen solchen Weg zumindest der Richtung nach eingeschlagen. Hier könnten vergleichende Studien ansetzen.

6.1.3. Grundsicherung und Höherversicherung

Ein steueräquivalentes Rentenversicherungssystem kann, aber muß nicht als Parafiskus ausgestaltet sein; ob dieses System dadurch gegenüber politischen Einflüssen anfälliger ist, sei dahingestellt. Räumt man der Selbstverwaltung einen sehr hohen Stellenwert ein, wird man ein beitragsfinanziertes System präferieren. Um dann die psychologischen Vorteile, die ein solches System aufweisen mag, auch voll zur Entfaltung zu bringen, muß man die **»versicherungsfremden« Leistungen** auf ein Mindestmaß beschränken. Übernimmt ein beitragsfinanziertes Rentenversicherungssystem vertikale Redistributionsaufgaben, müßten diese dann nicht aus Beiträgen, sondern aus einem **Staatszuschuß** – also allgemeinen Steuermitteln – finanziert werden. Ist dieser Staatszuschuß nicht fest an die Ausgaben der Rentenversicherung gekoppelt, ergeben sich auch wieder Möglichkeiten der politischen Einflußnahme. Diese ließen sich nur dann stark einschränken, wenn man ein staatliches **Grundsicherungssystem** (in Form einer Mindestsicherung) einführen und gleichzeitig ein **Höherversicherungssystem** auf *freiwilliger* Basis schaffen würde; eine solche Kombination von Grundsicherung und Höherversicherung – allerdings auf Zwangsmitgliedschaft beruhend – existiert z. B. in Schweden (STAHL). In einem eigenverantwortlichen Höherversicherungssystem ließen sich streng äquivalente Beiträge insbesondere dann erheben, wenn die staatliche Rentenversicherung in Konkurrenz zu privaten Lebensversicherungen tritt. Eine solche Höherversicherung hätte dann *Eigentumscharakter* und fiele unter den verfassungsrechtlich garantierten Eigentumsschutz.

Wie bereits erwähnt, bleibt eine Sozialversicherung schon deshalb notwendig, weil man die »schlechten Risiken« nicht allein auf die Mindestsicherung verweisen kann. Damit die Sozialversicherung existenzfähig bleibt, sind für derartige Fälle direkte Zuschüsse des Staates (Subventionen) erforderlich. Die privaten Lebensversicherungen könnten vielleicht günstigere Prämien anbieten, da sie z. B. in bezug auf die Geldentwertung eine geringere Sicherheit bieten; es wäre dann in die Risikopräferenz des einzelnen Bürgers gelegt, ob er sich in der Sozialversicherung oder aber privat versichert.

In einem derartigen Alterssicherungssystem entscheidet letztlich also der einzelne Bürger über sein individuelles Versorgungsniveau. Die Zielsetzung, eine bestimmte Einkommensverteilung in einer Periode (also im Querschnitt) anzustreben, müßte dann aufgegeben werden. Sowohl die Höhe der verfügbaren Einkommen als auch der späteren Rente wird *eigenständig* festgelegt. Auf das Lebenseinkommen gesehen – unterstellt man eine beitragsäquivalente Rente – könnte die Verteilungszielsetzung verwirklicht werden. Im Unterschied zu einem Vollversicherungssystem aufgrund staatlichen Zwangs gibt ein System aus Grundsicherung und freiwilliger Höherversicherung dem Bürger die freie Entscheidung über die Verwendung wesentlicher Teile seines Lebenseinkommens zurück; natürlich ließe auch ein »steueräquivalentes« Alterssicherungssystem, das nur auf eine Teilsicherung abstellt, noch Raum für freiwillige Vorsorge. Es ist auch hier eine Frage der Wertung, ob man den Bürgern heute eine freie Entscheidung zutrauen kann oder sie aber über »meritorische« Eingriffe zu ihrem »Glück« zwingen sollte. Es sei nur am Rande erwähnt, daß ein solches System auch in das Einkommensteuersystem zu integrieren ist, da ansonsten die Gefahr besteht, daß wesentliche Teile des Lebenseinkommens entweder doppelt oder gar nicht besteuert werden, so daß dann die öffentlich angestrebte Verteilung (bzw. Umverteilung) der Lebenseinkommen nicht realisiert werden kann.

6.2. Kapitaldeckungs- versus Umlageverfahren

In *beitragsfinanzierten* Alterssicherungssystemen stellt sich die Frage, wie mit den Beiträgen zu verfahren ist, ob also das Kapitaldeckungsverfahren oder das Umlageverfahren angewendet werden soll (hier gibt es zahlreiche Mischformen, auf die nicht eingegangen werden kann; HEUBECK). Bei dem **Kapitaldeckungsverfahren** werden Teile der Versichertenbeiträge einem **Kapitalfonds** zugeführt, so daß die Erträge des Kapitalfonds und der Fonds selbst die jeweils fällig werdenden Ansprüche der Versicherten abdecken können. Demgegenüber wird bei dem **Umlageverfahren** kein Fonds gebildet, sondern die Beiträge der aktiven Versicherten dienen in der selben Periode zur Deckung der Rentenansprüche der passiven Versicherten. Es wird natürlich auch hier eine gewisse **Liquiditätsreserve** erforderlich sein, um *kurzfristige* Schwankungen der Einnahmen und Ausgaben auffangen zu können. Diese Reserve stellt allerdings nur einen verschwindend kleinen Bruchteil eines nach dem Kapitaldeckungsverfahren notwendigen Fonds dar.

6.2.1. Zusammenhänge zwischen den Verfahren

Das Kapitaldeckungsverfahren findet in *privaten* Lebensversicherungen insbesondere deswegen Anwendung, um die *Versicherungsanwartschaften* der aktiven Versicherten auch real *abzusichern*. In *Sozialversicherungssystemen* könnte schon deshalb auf einen Kapitalfonds verzichtet werden, weil diese kraft Hoheitsgewalt auf ihre Zwangsmitglieder zurückgreifen könnten, die Insolvenzgefahr – abgesehen von einem Staatsbankrott – also gering ist. Strebt man aber einen halbwegs konstanten intertemporalen Einkommensausgleich an, ohne die eine oder andere Generation zu begünstigen bzw. zu benachteiligen, ist zu konstatieren, daß beide Verfahren unterschiedliche Auswirkungen haben, je nachdem, ob (a) das Sozialprodukt wächst, stagniert oder schrumpft und (b) die Bevölkerung wächst, stagniert oder schrumpft.

Es soll an dieser Stelle nicht auf alle möglichen Kombinationen eingegangen werden. Unterstellt man den einfachsten Fall einer *stationären Wirtschaft* und einer *konstanten Bevölkerung* und abstrahiert von der Geldentwertung und ähnlichen Störungen, dann müßten bei dem Kapitaldeckungsverfahren zunächst Beiträge dem Fonds zugeführt werden, Leistungen können erst eine Generation später erbracht werden. Ein Umlageverfahren ließe sich in einer solchen Situation ohne Probleme einführen. Ist im übrigen bei Anwendung des Kapitaldeckungsverfahrens der Kapitalstock aufgebaut, das Versicherungssystem also »ausgereift«, hält sich bei konstanter Bevölkerungszahl und gleichmäßiger Altersstruktur die Zahl der Beitragszahler und der Leistungsempfänger annähernd die Waage. Das Verhältnis zwischen Beitragszahlern und Rentenempfängern (**Rentenlastquote**: Verhältnis von Rentenempfängern zu Beitragszahlern) wird maßgeblich über den Ruhestandsbeginn festgesetzt. In einer solchen Reifesituation (»Beharrungszustand«) werden also keine zusätzlichen Kapitalrückstellungen mehr notwendig sein (Kapitalrückstellungen und Auflösung von Kapitalrückstellungen gleichen sich aus), das Kapitaldeckungsverfahren geht in das Umlageverfahren über (LIEFMANN-KEIL) mit dem einzigen Unterschied, daß ein nun konstanter Kapitalstock vorhanden ist, aus dem gewisse Zinsen fließen, die letztlich auch von den Erwerbstätigen zu finanzieren sind. Beiden Verfahren ist dann gemein, daß bei Betrachtung des Lebenseinkommens das **Versorgungsniveau** unmittelbar abhängt von dem **Beitragssatz** und dem **Ruhestandsbeginn**; identisch sind Beitragssatz und Versorgungsniveau, wenn der Ruhestandsbeginn so gelegt ist, daß sich die Zahlen von Beitragszahlern und Rentenempfängern gerade entsprechen.

In einer *wachsenden* Volkswirtschaft (konstante Bevölkerungszahl und -struktur unterstellt) ergeben sich auch keine Probleme, bei einem Umlageverfahren die Einkommensrelation zwischen den Generationen aufrechtzuerhalten, d. h. also, daß eine **dynamische Rente** an die nicht mehr erwerbstätige Generation gezahlt werden kann. Probleme größeren Ausmaßes entstehen bei dem Umlageverfahren erst dann, wenn die Bevölkerung *schrumpft* und die Wachstumsrate *rückläufig* ist. In einer solchen Situation wird dann häufig die Problemlösung in einer Hinwendung zum Kapitaldeckungsverfahren gesucht (BOSS).

6.2.2. Lastverschiebung durch Kapitalfonds?

Bei dem Kapitaldeckungsverfahren stellt sich dann eine Frage, wie sie ähnlich auch im Zusammenhang mit der intergenerativen Verteilungswirkung der Staatsverschuldung erörtert wird, nämlich ob *Lasten zeitlich verlagert* werden können. Hier hieße das also, daß die Lasten aus einem zukünftigen Rentnerberg durch die Bildung eines Kapitalstocks gemildert werden könnten, ohne daß – wie im Umlageverfahren nötig – die Beiträge und/oder die Renten (als die Einkommensrelation zwischen den Generationen) verändert werden müßten. Zweifellos gilt der MACKENROTH-Satz aus dem Jahre 1952, »daß aller Sozialaufwand immer aus dem Volkseinkommen der laufenden Periode gedeckt werden muß«. Unabhängig davon könnte ein Kapitalfonds, vorausgesetzt das Kapital wird produktiv eingesetzt, die zukünftigen Wachstumsraten und damit das gesamte zur Verteilung verfügbare Sozialprodukt erhöhen. An der Notwendigkeit zur Änderung der Einkommensrelation zwischen den Generationen würde sich damit allerdings nichts ändern, nur es erschiene vielleicht einfacher, aus einem wachsenden Produkt die steigenden Ansprüche der nicht mehr erwerbstätigen Generation zu finanzieren.

Ob ein Kapitaldeckungsverfahren gegenüber dem Umlageverfahren Vorteile hat, ist im wesentlichen eine Frage des Reifegrades und der Ausdehnung der Versicherungspflicht. Sind alle Staatsbürger in die Rentenversicherung integriert und schrumpft die Bevölkerung, dann muß auch bei einem Kapital-

B. Theorie der Sozialen Sicherung

deckungsverfahren früher oder später »entspart« werden; in einer solchen Situation zusätzliches Vermögen bilden zu wollen, hieße, entweder höhere Beiträge zu erheben oder geringere Leistungen zu gewähren. Beides wäre ebenfalls nicht ohne Konsequenzen für das Wachstum, wobei besonders eine Beitragserhöhung evtl. von starken negativen Anreizwirkungen begleitet sein könnte.

Auch wenn die Bildung eines Kapitalfonds ohne erhebliche Wachstumsverluste möglich sein sollte, wäre die zukünftige Entlastungswirkung eines solchen Fonds ungewiß:

(1) Ist eine Auflösung des Kapitalfonds in der Zukunft möglich, ohne daß Veränderungen im Bereich der relativen Preise auftreten, die den Fonds teilweise oder gänzlich entwerten? Entsparen in größerem Umfang ist ohne Kapitalwertverluste nur möglich, wenn dieses Entsparen durch andere, die zusätzlich sparen, kompensiert wird. Es gibt also nur individuelles, nicht gesamtwirtschaftliches Entsparen (MEINHOLD). Sinkt die Bevölkerungszahl stark, ist es unwahrscheinlich, daß sich individuelles Entsparen und Sparen gerade ausgleichen.

(2) Setzt ein größerer Entsparprozeß ein, verändert sich zwangsläufig die Struktur der Nachfrage (weniger Vermögensgüter, mehr Konsumgüter). Die zusätzliche Konsumgüternachfrage trifft auf die bereits vorhandene. Eine Erhöhung der Angebotsmengen im Konsumgüterbereich macht aber – sofern die Kapazitäten ausgelastet sind – erhebliche Investitionen erforderlich, für die aufgrund des Entsparens die notwendigen Mittel fehlen. Die Übernachfrage löst damit einen Inflationsprozeß aus, der den verbliebenen Kapitalstock weiter entwertet.

Die Bildung eines Kapitalfonds kann aufgrund der damit verbundenen Kapitalwertrisiken allein sicherlich nicht zu einer Lösung zukünftiger Probleme infolge schrumpfender Bevölkerung beitragen und erhöht letztlich auch nicht die Sicherheit kommender Rentnergenerationen. Greift man hier noch einmal auf die Begründung einer sozialen Alterssicherung zurück (siehe oben 5.1.4.), dann kann man auch in der Bildung des öffentlichen Vermögens ein Substitut für die Bildung eines eigenen Kapitalfonds im Rahmen der Sozialversicherung sehen, m. a. W. wäre also das Umlageverfahren über die öffentliche Vermögensbildung »abgesichert«. Ein gewissermaßen auf »social overhead capital formation« ausgerichtetes Kapitaldeckungsverfahren wird beispielsweise in Japan angewendet (TAKAYAMA); hier finanziert die Sozialversicherung die Defizite des öffentlichen Haushalts mit, wohl in der Hoffnung, daß ihre Mittel auch investiv verwendet werden. Die Grenzen eines derart interpretierten Verfahrens zeigen sich dort, wo die öffentliche Kapitalbildung nicht mehr erst die Voraussetzung für eine weitere private Kapitalbildung schafft, sondern letztere nur noch ersetzt bzw. *verdrängt* (auch hier ergibt sich eine Parallele zur Diskussion um die Wirkung der Staatsverschuldung: die »crowding-out«-Hypothese; siehe hierzu PETERSEN: Finanzwissenschaft II, F.2.2.2.2.).

6.2.3. Verdrängung privater Ersparnis?

Im Zusammenhang mit den Finanzierungsarten wird in der Literatur ein Problemfeld diskutiert, das die weitere sozialpolitische Entwicklung betrifft, nämlich die »Perpetuierung der Sozialpolitik« durch die »Verdrängung

VI. Rentenversicherung

privater Ersparnis«. Zunächst zur Argumentation, daß die Sozialpolitik immer weitere sozialpolitische Maßnahmen nach sich zieht. Obwohl aufgrund der verbesserten Einkommenssituation – nicht zuletzt auch infolge der Sozialpolitik – die Möglichkeit zur privaten Eigentumsbildung in breiten Schichten geschaffen worden ist, wird diese Sparfähigkeit nicht zu einer eigenverantwortlichen Vorsorge eingesetzt. »Die Sparmotive und die Spararten ändern sich. Das Sparen öffentlicher Stellen ersetzt das private Sparen in zunehmendem Maße. Infolge aller dieser Änderungen wächst die Abhängigkeit der Haushalte von sozialpolitischen Maßnahmen. Da die Sozialpolitik die Änderungen zum Teil mitbeeinflußt hat, kann man sagen: Die Existenz der Sozialpolitik fordert die Dringlichkeit weiterer sozialpolitischer Maßnahmen« (LIEFMANN-KEIL).
Auf ähnlicher Ebene argumentieren auch ENGELS/WENKEBACH: Sobald der ökonomische Zwang zu einer Reproduktion auf familiärer Basis entfällt, wird der Faktor Arbeit in Relation zum Faktor Kapital *knapper*, die Faktorrelationen kehren sich um. Die ursprünglichen Kapitaleigner können ihre Position nicht halten, da einerseits die Renditen sinken und andererseits die Löhne steigen. Sie sind entweder gezwungen, ihre Lebenshaltungskosten zu reduzieren oder Kapital zu verzehren. »Schließlich werden auch sie auf Arbeit angewiesen sein, während die Arbeitnehmer ihrerseits Kapital ansammeln. Dieser Prozeß endet erst, wenn alle im gleichen Maße von Arbeit und Kapital leben. **Volkskapitalismus** ist der Endzustand einer kapitalistischen Gesellschaft«.

Nun gibt es zumindest zwei *Interessengruppen*, die an dem Ablauf eines solchen Prozesses nicht interessiert sein können. Das ist zum einen die alte *Kapitalistenklasse*, die ihre Machtposition verlieren würde. Zum anderen haben aber auch die Vertreter der ehemaligen Arbeiterklasse, also die *Gewerkschaftsfunktionäre*, die erst für die Emanzipation des Faktors Arbeit mitgesorgt haben, kein sonderliches Interesse am Volkskapitalismus: »Die Gewerkschaften würden sich selbst schwächen, wenn die Klassen verschwänden. Kommt bei einzelnen dem Interesse an Kapitaleinkünften ein relativ stärkeres Gewicht zu als dem Interesse an Arbeitseinkünften (Volkskapitalismus), so gerät die Organisation, die nur die Lohninteressen vertritt, in Widerspruch zu den Interessen der Mitglieder« (ENGELS/WENKEBACH). Die existierenden Interessengruppen, zu denen man durchaus auch die im Bereich der sozialen Sicherung tätigen Bürokraten zählen muß, sorgen dann über ihre politischen Einflußmöglichkeiten dafür, daß – obwohl die Politiker keine Anhänger der Klassengesellschaft sind – »objektiv alles zur Erhaltung der Klassengesellschaft« getan wird. Nach Meinung der zitierten Autoren gehört dazu: (1) Aufbau einer gesetzlichen Rentenversicherung auf Umlagebasis, (2) »deficit spending« für laufende Ausgaben, (3) Erhöhung der Kapitalrisiken, (4) hohe Besteuerung der Kapitalgesellschaften und Schwächung der Eigentumsrechte der Aktionäre z. B. durch Mitbestimmung.

Wie immer man dieser Position gegenüberstehen mag, angesichts der Entwicklung der Sozialleistungen trotz erheblich gestiegenen Wohlstands wird man sich dieser Argumentation nicht völlig entziehen können: Trotz einer abnehmenden Zahl an schutzbedürftigen Personen sind sozialpolitisch motivierte Eingriffe nicht etwa verringert worden, sondern die praktische Sozialpolitik ist überwiegend so verfahren, daß zu den bestehenden Leistungen neue hinzukamen. Das mag nun nicht nur auf die Einflüsse von Interessengruppen und die *Beharrungstendenzen* in der Sozialbürokratie (Eigendynamik der sozialpolitischen Institutionen) zurückzuführen sein, sondern auch darauf, daß man sich in einer stark wachsenden Wirtschaft Ineffizienzen eher leisten kann als in einer stagnierenden.
Wird nun die soziale Alterssicherung ausgebaut und ein reines Umlageverfah-

B. Theorie der Sozialen Sicherung

ren installiert, nimmt die Notwendigkeit der individuellen Vorsorge ab mit der Folge, daß die Bürger ihre Ersparnisse – soweit sie *vorsorgemotiviert* sind, also zur Aufrechterhaltung eines stetigen Einkommensstromes (Lebenseinkommensmodell) notwendig sind – reduzieren (FRIEDMAN). Es wird hier unterstellt, daß aus der Sicht des einzelnen Bürgers sich Ansprüche an ein unfundiertes System nicht von denen an ein fundiertes unterscheiden (ROSEN). Da bei einem Umlageverfahren gleichzeitig kein Fonds gebildet wird, kommt es zu einem »capital shortage«, so daß die aus wachstumspolitischer Sicht notwendigen Investitionen unterbleiben müssen (FELDSTEIN, MUNNEL).

Nun gibt es allerdings *zwei* Faktoren, die dem oben beschriebenen Substitutionseffekt *entgegenwirken*. Zum einen erhöht ein soziales Alterssicherungssystem, bei dem der gleichzeitige Bezug von Arbeitsentgelt und Rente nicht möglich ist, die Neigung der Bürger, im Vergleich zu einer Situation ohne soziales Sicherungssystem *vorzeitig* in den Ruhestand zu gehen. Das würde in der Tendenz dazu führen, daß die Bürger ihre Ersparnisse während der aktiven Lebensphase erhöhen, um ihr Lebensniveau während einer längeren Ruhestandsperiode aufrechterhalten zu können. Zum anderen ersetzt ein solches soziales Sicherungssystem *private* intergenerative Transfers, die ohne ein solches System stattgefunden hätten (BARRO).
Um zu klären, welche Effekte letztlich dominant sind, wurden zahlreiche empirische Untersuchungen auf regressionsanalytischer Basis durchgeführt. Sowohl in Zeitreihen als auch in Querschnittsanalysen zeigen sich zwar häufig negative Korrelationen zwischen unterschiedlichen Niveaus der sozialen Sicherung und der privaten Ersparnis, aber die Evidenz kann nicht als ausreichend betrachtet werden, da beispielsweise zwischen den einzelnen Variablen hohe Interkorrelationen bestehen und der Einfluß der Sozialversicherung kaum von anderen Bestimmungsgründen für das Sparverhalten zu trennen ist. Wenn auch in vielen Ländern die Meinung vorherrscht, daß von einer sozialen Alterssicherung negative Einflüsse auf die private Ersparnis ausgehen (ROSA), zeigen empirische Untersuchungen für die Bundesrepublik Deutschland einen solchen Zusammenhang *nicht*. Trotz Umlageverfahren und einer steigenden Beitragsbelastung konnten wachstumshemmende Effekte des Sozialversicherungssystems in der Bundesrepublik Deutschland nicht nachgewiesen werden, da die Sparquote der privaten Haushalte seit 1950 – von wenigen zyklischen Ausnahmen abgesehen – ständig angestiegen ist (PFAFF/SCHNEIDER). Das schließt zwar nicht aus, daß die Sparquote andernfalls noch stärker angestiegen wäre, aber auch in der eingehenden theoretischen und empirischen Studie von MEINHARDT können keine eindeutigen Zusammenhänge abgeleitet werden: »... gerade bei der Gruppe der Arbeitnehmer, die in erster Linie von der gesetzlichen Rentenversicherung betroffen ist, stehen Hypothesen und statistisch ermittelte Ergebnisse über die Wirkung der Rentenversicherung im Widerspruch.«

Ob das Umlageverfahren die Sozialpolitik perpetuiert oder die private Ersparnis negativ beeinflußt, sind Fragen, die sich nicht endgültig, sondern nur raum-/zeitbezogen beantworten lassen. Wenn das Kapitaldeckungsverfahren auch keine eigentliche Alternative für ein Sozialversicherungssystem darstellt (FINANZWISSENSCHAFTLICHER BEIRAT BEIM BUNDESMINISTERIUM FÜR WIRTSCHAFT UND FINANZEN), sollte man bei zukünftigen Entscheidungen nicht außer acht lassen, daß sich insgesamt gesehen der Wohlstand wesentlich erhöht hat, daß die Arbeitnehmer nicht mehr so arm, uninformiert und machtlos sind wie vor 100 Jahren, und daß deswegen auch die Notwendigkeit weiterer meritorischer Eingriffe nicht mehr im gleichen Maße gegeben ist. Ansonsten droht eine Entmündigung, die Auswirkungen auf das Sparverhalten und die Vermögensbildung haben kann. Da wirtschaftliches Wachstum zu einer Milderung der zukünftigen Probleme beiträgt, dazu aber eine erhebliche Kapitalbildung erforderlich sein wird, kann man sich vermehrt auf eigenverantwortliches

Handeln – also private Vermögensbildung in welcher Form auch immer – verlassen. Denn mit dem Blick auf die politische Realität erscheint es eher wahrscheinlich, daß der informierte Bürger in bezug auf eine zusätzliche eigenverantwortliche Alterssicherung weiter vorausschauend plant als viele Politiker, die aufgrund ihres befristeten Wählerauftrages in den demokratischen Staatswesen nur selten über das Ende der laufenden Legislaturperiode hinausblicken und die – wenn das Kind in den Brunnen gefallen ist – meist nicht mehr zur Verantwortung gezogen werden können.

6.3. Rentenhöhe und Versorgungsniveau

Die Entscheidung für ein soziales Rentenversicherungssystem bedingt eine **leistungsbezogene** (d. h. einkommensbezogene) **Rentenzahlung**. Ein solches System dient im wesentlichen dem intertemporalen Ausgleich des Lebenseinkommens. Um personelle (vertikale) Umverteilungswirkungen auszuschließen, muß daher auch das Lebenseinkommen die Bemessungsgrundlage für die Bestimmung der Rentenhöhe sein; nicht etwa – wie in vielen realexistierenden Sozialversicherungen – z. B. die drei letzten oder die 15 einkommensstärksten Jahre der Erwerbstätigkeit. Mit einer Rentenversicherung kann man ein bestimmtes **Versorgungsniveau** anstreben, aber nicht verbindlich absichern. Unter Versorgungsniveau versteht man das Verhältnis von Renteneinkommen zum aktiven Einkommen. Das Versorgungsniveau kann man auf das Renteneinkommen zum letzten Erwerbseinkommen des Leistungsempfängers oder auf das laufende Renteneinkommen eines Leistungsempfängers zum vergleichbaren laufenden Erwerbseinkommen eines aktiven Versicherten beziehen. Eine verbindliche Absicherung dieses Versorgungsniveaus ist nicht möglich, da zwischen Rentenzahlung und Erwerbseinkommen ein funktionaler Zusammenhang besteht – die »**Rentenformel**«. Zahlreiche individuelle Tatbestände des Versicherten bestimmen dann die Höhe seines individuellen Rentenanspruchs. Bei Unterschieden in einzelnen Kriterien der Rentenformel können sich daher auch die Rentenansprüche unterscheiden, so daß ein bestimmtes Versorgungsniveau nur gleichermaßen für den Durchschnitt der Rentner angestrebt werden kann.

6.3.1. Problematik des Versorgungsniveaus

Der Begriff »Versorgungsniveau« ist *bedarfsorientiert*; mit dem intertemporalen Ausgleich soll also ein bestimmtes Lebensniveau auch im Alter gewährleistet sein. Wer kein ausreichendes eigenes Erwerbseinkommen erzielt hat, gerät also in die Gefahr, daß sein individuelles Versorgungsniveau unterhalb des sozialkulturellen Existenzminimums liegen kann; in solchen Fällen müssen andere soziale Sicherungseinrichtungen eingreifen (z. B. die Sozialhilfe oder ein Grundsicherungssystem). Welches Versorgungsniveau im Durchschnitt angestrebt werden soll, unterliegt in *Zwangsversicherungssystemen*, die eine über die Grund- bzw. Mindestsicherung hinausgehende Absicherung anstreben, einer *politischen* Entscheidung. In einem mit einer Grundsicherung verbundenen *freiwilligen* Höherversicherungssystem ist – wie bereits erwähnt – das Versorgungsniveau Ausdruck *individueller* Entscheidung.

B. Theorie der Sozialen Sicherung

Wird mit den sozialen Rentenversicherungssystemen eine Vollsicherung angestrebt – das Versorgungsniveau also auf 100 % des letzten Erwerbseinkommens festgelegt –, dann besteht für eine eigenständige zusätzliche Altersvorsorge eigentlich keine Notwendigkeit mehr; liegt das über die Sozialversicherung angestrebte Versorgungsniveau darunter, bleibt Raum für private Vorsorge, entweder auf betrieblicher Basis oder individuell bei privaten Lebensversicherungen, so daß das tatsächliche Versorgungsniveau ebenfalls aufgrund individueller Entscheidungen fixiert wird.

Für Rentenhöhe und Versorgungsniveau ist weiterhin entscheidend, ob die soziale Rentenversicherung dem Individual- oder dem Haushaltsprinzip folgt. Bei konsequenter Verfolgung des Äquivalenzprinzips hat die Entscheidung für das eine oder das andere Prinzip selbstverständlich Konsequenzen nicht nur für die Leistungs-, sondern auch für die Finanzierungsseite. Oben wurde bereits festgestellt, daß nur die Anwendung des *Haushaltsprinzips* im Rahmen der sozialen Sicherung sinnvoll erscheint. Da in nach dem Umlageprinzip organisierten sozialen Altersversicherungen nicht nur der Geldbeitrag des einzelnen, sondern auch der Reproduktionsbeitrag von großer Bedeutung ist, sind horizontale Umverteilungselemente in eine soziale Rentenversicherung einzubauen. Diese *horizontale Umverteilung* kann sich allerdings nur auf die wesentliche Rolle der Familie – nämlich die Erziehung von Kindern – erstrecken, so daß die Sicherung des Ehegatten, soweit er kein eigenes Erwerbseinkommen und keine besonderen Ansprüche aus der Reproduktion erworben hat, auch aufgrund *eigenständiger* Beiträge zu erfolgen hätte. Ehegatten erhalten dann eine höhere Rente als Alleinstehende, die – soweit Kinder aus der Ehe hervorgegangen sind – zum Teil über eine horizontale Umverteilung, ansonsten über Beiträge finanziert wird. Im Falle des Todes eines Ehegatten reduziert sich dann auch die Rentenzahlung.

Hinterbliebenenrenten an Kinder bei vorzeitigem Tod des Ernährers werden auch dem Reproduktionsaspekt Rechnung tragen, damit Teil der horizontalen Einkommensumverteilung darstellen. Ausgehend von einer ökonomischen Betrachtungsweise ist bei solchen Hinterbliebenenrenten allerdings das **Finalprinzip** anzuwenden: Es wird nur dann eine Hinterbliebenenrente an Kinder gewährt, wenn diese noch nicht erwerbsfähig sind bzw. nicht über ausreichendes Einkommen verfügen.

6.3.2. Brutto- versus Nettoversorgungsniveau

Für das effektive Versorgungsniveau von entscheidender Bedeutung ist, ob die Rente (und damit in einem beitragsgedeckten System konsequenterweise auch die Finanzierung) nach dem **Brutto-** oder **Nettoprinzip** bemessen wird. Ist die Rente nämlich einkommensbezogen und existiert ein Einkommensteuersystem, dann ergeben sich daraus erhebliche Konsequenzen, je nachdem, wie die Regelungen im Rentenversicherungssystem und im Einkommensteuersystem ausgestaltet sind. Da die Festlegung eines anzustrebenden Versorgungsniveaus letztlich eine bedarfsorientierte Zielsetzung ist, kann eigentlich nur an dem verfügbaren Einkommen angeknüpft werden; das Versorgungsniveau resultiert dann aus dem Verhältnis von verfügbarem Renteneinkommen zu verfügbarem Erwerbseinkommen.

Werden sowohl Renten als auch Erwerbseinkommen einkommensteuerlich gleich behandelt, dann ist eine *bruttoeinkommensbezogene* Rentenberechnung angemessen. Die Rente wird in Anlehnung an z. B. den Bruttolohn festgesetzt und wie dieser im Rahmen der Einkommensteuer erfaßt; fixiert wird also ein **Bruttoversorgungsniveau**, das im allgemeinen aus der Zahl der Versicherungsjahre resultiert (in die Rentenformel gehen also Bruttoeinkommensgrößen ein). Das Nettoversorgungsniveau ist dann eine Resultante, die von den einkommensteuerlichen Regelungen (insbesondere dem progressiven Tarif) und der individuellen Einkommenssituation (Summe verschiedener Einkunftsarten) bestimmt wird.

Wie bereits erwähnt, sollte idealerweise das gesamte Lebenseinkommen Bemessungsgrundlage für die soziale Sicherung und das Steuersystem sein. Aus Gründen der Praktikabilität wird aber – mit geringen Ausnahmen – in existierenden Einkommensteuersystemen das *Jahresperioditätstätsprinzip* angewendet. Werden nun bestimmte Einkommensteile (z. B. für die Alterssicherung) intertemporal übertragen, ist sicherzustellen, daß diese Einkommensteile nur *einmal besteuert* werden. Dieses sogenannte **Korrespondenzprinzip** wird in der Literatur oft als erfüllt angesehen, wenn entweder die Beiträge zu Alterssicherungssystemen besteuert und die späteren Rentenzahlungen steuerbefreit werden oder die Beiträge steuerbefreit und die Rentenzahlungen besteuert werden. Beide Verfahren führen allerdings bei progressiven Einkommensteuern und wachsender Wirtschaft nicht zu identischen Ergebnissen (PETERSEN).

Wählt man das erste Verfahren, so verteilt sich das steuerbare Lebenseinkommen auf eine geringere Anzahl von Jahren, so daß aufgrund der Progression eine höhere Gesamtsteuerschuld resultiert. Diese konzentriert sich zudem allein auf die aktive Lebensphase, woraus negative Anreizwirkungen folgen mögen. Ein weiteres Problem ist darin zu sehen, daß bei dynamischer Rentenanpassung die alleinige Besteuerung der Beiträge die Teile des Lebenseinkommens unbesteuert läßt, die aus der *Rentendynamik* resultieren. Um das auszuschließen, müßte man bei den Beiträgen eine fiktive Verzinsungskomponente hinzurechnen, die aber objektiv nicht ermittelbar ist, da der spätere Rentenanspruch der Höhe nach unbekannt ist. Darüber hinaus kann das Beitrags-/Leistungsverhältnis für die einzelnen Generationen bei schrumpfender Bevölkerung und angewendetem Umlageverfahren nicht konstant gehalten werden. Einem gleichen Beitrag wird also zukünftig ein geringerer Rentenanspruch entsprechen (bzw. einem höheren Beitrag ein gleicher Rentenanspruch). Eine Besteuerung der Beiträge würde die Steuerbelastungsunterschiede zwischen den Generationen noch verschärfen, denn das Lebenseinkommen der folgenden Generation wäre zwar geringer, die Steuerschuld aber gegebenenfalls gleich hoch.

6.3.3. Besteuerung der Renten

Für die Besteuerung von Renten aus sozialen Sicherungssystemen sind beide Varianten des Korrespondenzprinzips nicht gleichermaßen geeignet. Eine ausgewogene steuerliche Belastung des Lebenseinkommens ergibt sich insbesondere dann, wenn man die zweite Variante – nämlich Steuerfreiheit der Beiträge und **Besteuerung der Renten** – anwendet. Man erspart sich hierbei die politische Fixierung fiktiver »Verzinsungskomponenten«, vermeidet Willkürelemente und verringert die Möglichkeit politischer Manipulation. Es sei am Rande bemerkt, daß derartige rationale Regelungen nicht nur in der theoretischen Vorstellungswelt existieren, sondern sogar in der steuerpolitischen Praxis in Österreich angewendet werden: Die Beiträge zur Sozialversicherung sind in

B. Theorie der Sozialen Sicherung

tatsächlicher Höhe als Werbungskosten von der Bemessungsgrundlage abzugsfähig, während die Renten als Einkünfte aus nichtselbständiger Arbeit – unter Gewährung eines geringen Freibetrags – der Einkommensteuer unterliegen. Werden hingegen bei bruttoeinkommensbezogener Rentenbemessung die Renten nicht besteuert, dann bleiben bei Voll- oder auch Teilabzugsfähigkeit der Beiträge wesentliche Teile des Lebenseinkommens unbesteuert; das **Nettoversorgungsniveau** ist dann unabhängig von der Einkommensteuer, ja es steigt sogar mit steigendem Renteneinkommen an, da das Erwerbseinkommen progressiv belastet ist.

Alternativ zur bruttolohnbezogenen wird auch eine *nettolohnbezogene* Rentenberechnung vorgeschlagen (ALBERS). In die Rentenformel gehen dann Nettoeinkommensgrößen ein, und es muß ein angestrebtes Nettoversorgungsniveau fixiert werden. Auch bei der nettolohnbezogenen Rente werden Renten- und Arbeitnehmereinkommen grundsätzlich gleich behandelt, denn Grundlage der Rentenberechnung bildet das verfügbare Einkommen, das sich nach Abzug der Lohnsteuer ergibt. Implizit bedeutet ein solches Verfahren die Anwendung der lohnsteuerrechtlichen Regelungen (Tarif und Abzugsbeträge) auf die Renteneinkommen.
Um eine Doppelbesteuerung von Teilen des Lebenseinkommens zu vermeiden, sind dann auch die Beiträge vom verfügbaren Einkommen zu berechnen. Sieht man einmal von der Existenz anderer Einkunftsarten ab, dann führt die nettolohnbezogene Berechnung zu einem geringeren verfügbaren Lebenseinkommen, wenn das Nettoversorgungsniveau geringer als 100 % ist. Das liegt daran, daß bei dem Nettomodell implizit auch die Steuersätze aus der aktiven Lebensphase auf die Renteneinkommen angewendet werden, obwohl diese doch geringer als die Einkommen der aktiven Lebensphase sind.
Das Nettoversorgungsniveau bei einer Nettoberechnung ist allerdings unabhängig von der Existenz anderer Einkunftsarten. Bezieht ein Rentner bei einem solchen Verfahren noch andere Einkünfte, z. B. aus unselbständiger Arbeit, Kapitalvermögen und/oder Vermietung und Verpachtung, bleibt die Rentenzahlung einkommensteuerlich außer Ansatz, die sonstigen Einkünfte unterliegen im Vergleich zur Bruttoberechnung mit Rentenbesteuerung einem geringeren Progressionsgrad bzw. fallen – aufgrund von Grund- oder anderen Freibeträgen – völlig aus der Steuerbelastung heraus. Die Kumulierung von Renten und anderen Einkommensarten wird nicht erfaßt, so daß dann der Höhe nach gleiche Einkommen unterschiedlich steuerlich belastet sind.
Neben einer Verletzung des Leistungsfähigkeitsprinzips bedeutet das außerdem, daß die über das Einkommensteuersystem angestrebte Redistribution nicht erreicht wird. Daneben führt die Nettofestsetzung implizit zu einer Anwendung der steuerlichen Regelung für Arbeitnehmer auf Rentner, ohne daß deren gegebenenfalls niedrigere Leistungsfähigkeit berücksichtigt wird. Falls eine geringere Leistungsfähigkeit bei Rentnern abzuleiten wäre und auch politisch anerkannt würde, kann diese z. B. über gesonderte Freibeträge u. ä. nur in einem bruttolohnbezogenen Berechnungsverfahren mit Einkommensbesteuerung realisiert werden; unter steuersystematischen Gesichtspunkten, aber auch im Hinblick auf die notwendige Abstimmung von Steuer- und Transfersystem ist ein solches Verfahren gegenüber der Nettofestsetzung vorzuziehen.

6.3.4. Rentenanpassung

Bisher wurde die Entwicklung des Versorgungsniveaus im Zeitablauf aus der Betrachtung ausgeschlossen; es wurde die Festsetzung, aber nicht die Anpassung an die wirtschaftliche Entwicklung diskutiert. Da schon der Begriff Versorgungsniveau bedarfsorientiert ist und ein gewisses Lebensniveau abgesichert werden soll, müssen einmal festgesetzte Renten (Bestandsrenten) auch der *wirtschaftlichen Entwicklung angepaßt* werden. In einem sozialen Rentenversicherungssystem wird es nicht akzeptiert werden können, daß ein Versorgungsniveau lediglich in bezug auf das letzte nominelle Erwerbseinkommen des Leistungsempfängers fixiert wird; die sich so ergebende Nominalrente würde sich im Prozeß der säkularen Inflation permanent entwerten, so daß das reale Versorgungsniveau ständig sänke (insbesondere in Grundsicherungssystemen, die eine Mindestversorgung gewährleisten, könnte so etwas nicht akzeptiert werden).

In einigen Sozialversicherungssystemen werden deshalb die Rentenzahlungen der *Geldentwertung* fortlaufend angepaßt. Bei real wachsenden Einkommen führt eine solche Anpassung dazu, daß die absolute Realeinkommensposition der Rentner zwar erhalten bleibt, die relative (also das Versorgungsniveau in Relation zu einem vergleichbaren laufenden Erwerbseinkommen) sich allerdings fortlaufend verschlechtert, bei real sinkenden Löhnen hingegen vice versa. Um die Einkommensrelationen zwischen den Generationen im Zeitablauf konstant zu halten, ist also die Anpassung der Renten an die aktuelle Einkommensentwicklung erforderlich, und zwar je nach dem zugrunde gelegten System in Form der Brutto- oder Nettoanpassung. In derart *dynamisierten* Rentenversicherungssystemen werden die Rentner an der Wohlstandsmehrung bzw. -minderung beteiligt.

In einer, jedenfalls im längerfristigen Trend wachsenden Wirtschaft erhält die nicht mehr erwerbstätige Generation also Rentenleistungen, die höher sind als die in die soziale Rentenversicherung eingezahlten Beiträge. Diese höheren Leistungen lassen sich – im Sinne der allokativen Begründung eines sozialen Sicherungssystems – als *Verzinsung* des der jeweiligen erwerbstätigen Generation übergebenen öffentlichen Kapitalstocks interpretieren, die auch negativ werden kann. Erhöht sich infolge wirtschaftlichen Wachstums das Lebenseinkommen der nicht mehr erwerbstätigen Generation, muß auch dieses zusätzliche Einkommen bei einer **Bruttodynamisierung** aus steuersystematischen Gründen in die Bemessungsgrundlage der Einkommensteuer eingeschlossen sein. Bei der **Nettodynamisierung** ergibt sich aufgrund der Bindung an das durchschnittlich verfügbare Einkommen ebenfalls ein steuerlich bedingter Abschlag, der unabhängig von der individuellen Einkommenssituation ist. Gegenüber der Bruttodynamisierung, verbunden mit einer Rentenbesteuerung, ergeben sich bei der Nettodynamisierung Entlastungswirkungen für Bezieher hoher Renten, deren individueller Grenzsteuersatz in der Einkommensteuer höher wäre. Dagegen kommt es zu Belastungswirkungen für Bezieher niedrigerer Renten, deren individueller Grenzsteuersatz niedriger (häufig gleich null) wäre.

6.3.5. Versorgungsniveau und Bevölkerungsentwicklung

Die *absolute* Einkommensposition der Rentner hängt im wesentlichen vom wirtschaftlichen Wachstum ab, während die *relative* Einkommensposition (also das Versorgungsniveau) in erster Linie durch die Bevölkerungsentwicklung, d. h. Veränderungen in der Bevölkerungszahl und -struktur, bestimmt wird. In dem folgenden einfachen Modell sollen die Beiträge gemäß dem Umlageverfahren die Ausgaben der Rentenversicherung voll abdecken (GROHMANN, GLAAB, ROSENBERG). Es muß also folgende Gleichung erfüllt sein:

$$(1) \qquad B_t = R_t,$$

wobei B_t die Beitragssumme und R_t die Rentenzahlungen des Jahres t

B. Theorie der Sozialen Sicherung

darstellen. Die Beitragssumme ist abhängig von der Zahl der Beitragspflichtigen Z_B, dem durchschnittlich beitragspflichtigen Arbeitsentgelt l sowie dem Beitragssatz b. Dann resultiert die Beitragssumme B_t aus:

(2) $$B_t = Z_B \cdot l \cdot b.$$

Die gesamte Rentenzahlung R_t ist von der Zahl der Rentenbezieher Z_R und der durchschnittlichen Rente r abhängig, so daß sich auf der Ausgabenseite die Gleichung

(3) $$R_t = Z_R \cdot r$$

ergibt. Setzt man (2) und (3) in (1) ein, folgt:

(4) $$Z_B \cdot l \cdot b = Z_R \cdot r.$$

Das Versorgungsniveau resultiert in dynamisierten Systemen aus dem Verhältnis der durchschnittlichen Rente r zum durchschnittlichen beitragspflichtigen Entgelt l; löst man die Gleichung (4) nach r/l auf, ergibt sich:

(5) $$\frac{r}{l} = b \cdot \frac{Z_B}{Z_R},$$

d. h. das Versorgungsniveau r/l ist abhängig vom Beitragssatz b und dem Verhältnis von Beitragspflichtigen zu Rentenbeziehern Z_B/Z_R. Bei exogen gegebener Bevölkerungsentwicklung und -struktur kann also entweder das Rentenniveau oder der Beitragssatz frei fixiert werden. Verändert sich aber das Verhältnis von Beitragszahlern zu Rentenempfängern, dann verändert sich entweder das Rentenniveau oder der Beitragssatz. Bei schrumpfender Bevölkerung, verbunden mit steigender Zahl von Rentenempfängern und sinkender Zahl von Beitragszahlern, kann also ein einmal angestrebtes Versorgungsniveau nur aufrechterhalten werden, wenn der Beitragssatz fortlaufend erhöht wird; die Einkommensverteilung zwischen den Generationen verändert sich zugunsten der nicht mehr Erwerbstätigen. Natürlich hat insbesondere die erwerbstätige Generation über ihr Geburtenverhalten solche Entwicklungen verursacht; es ist aber eine empirische Frage, inwieweit diese Verhaltensanpassung bei den Erwerbstätigen auch Ausfluß eines unzureichenden Familienlastenausgleichs ist. Belastet man jedenfalls allein die erwerbstätige Generation, ist mit weiteren negativen Anreizwirkungen sowohl auf das Geburtenverhalten als auch auf das Arbeitsangebot zu rechnen, die zukünftigen Probleme werden dann noch verschärft. Folgt die Sozialversicherung dem Solidaritätsprinzip und soll der mit dem Umlageverfahren verbundene Generationenvertrag aufrechterhalten werden, muß auch für eine ausgeglichene Verteilung dieser Lasten zwischen den Generationen gesorgt werden; d. h. die Beiträge müssen erhöht und das Versorgungsniveau gesenkt werden.

VII. Gesundheitsökonomik

Auch im Bereich des **Gesundheitswesens** treffen einige der oben dargestellten Restriktionen für private Versicherungen zu. Wie bei der Alterssicherungsproblematik ist historisch bedeutsam insbesondere die »relative« Armut: Die Unfähigkeit gerade der Arbeiter zur Zahlung eines risikogerechten Krankenversicherungsbeitrags in einer privaten Krankenversicherung war eine der Hauptursachen für die Einführung einer **gesetzlichen Krankenversicherung** (GKV). Darüber hinaus war die Zahl der »schlechten Risiken« aufgrund des unzureichenden Gesundheitszustandes gerade in der Arbeitnehmerschaft überaus groß, so daß die Privatversicherungen zu einer sehr starken Risikoselektion gezwungen waren. Historisch bedeutsam ist aber auch die Risikoinfektion gewesen, da in der damaligen Zeit die Medizin noch nicht die großen Infektionskrankheiten in ausreichendem Maße beherrschte.

Viele dieser genannten Restriktionen haben im historischen Entwicklungsprozeß an Bedeutung verloren. Darüber hinaus sind die in der Alterssicherung so bedeutsamen Ungewißheitstatbestände für die Gesundheitssicherung von deutlich geringerem Gewicht. Denn bei den Gesundheitsrisiken kann die Finanzierung mit einjährigen Risikobeiträgen erfolgen, so daß in diesem Bereich theoretisch das Umlageverfahren adäquat ist. Soweit mit der Krankenversicherung auch Einkommensleistungen (im Falle krankheitsbedingten Einkommensausfalles) verbunden sind, besteht hier eine größere Gefahr hinsichtlich des »moralischen Risikos« als bei der Alterssicherung (populär ausgedrückt: Krankheit läßt sich leichter simulieren als Alter). Gegen das »moral hazard«-Verhalten gibt es aber – wie wir bereits gesehen haben – wirksame Gegeninstrumente. Insgesamt gesehen scheinen also im Krankenversicherungsbereich die Restriktionen für eine private Versicherbarkeit *weniger Gewicht* zu haben, so daß hier den Instrumenten der Marktsteuerung besondere Aufmerksamkeit zu widmen ist.

7.1. Gesundheitssicherung als ökonomisches Problem

Da die Restriktionen privater Versicherbarkeit im Gesundheitswesen eine geringere Bedeutung zu haben scheinen als bei der Alterssicherung, wäre eine staatliche Einflußnahme in diesem Bereich dann erforderlich, wenn Gesundheit nicht ein privates, sondern ein öffentliches Gut darstellen würde; dabei ist allerdings nicht zu übersehen, daß zwischen der Restriktion Risikoneigung und der meritorischen Argumentation im Bereich der öffentlichen Güter ein enger Zusammenhang besteht. In beiden Fällen liegen gestörte Präferenzen vor, in die dann aus übergeordneter Sicht eingegriffen werden muß.

B. Theorie der Sozialen Sicherung

7.1.1. Gesundheit als Kollektivgut

Gehen wir von den externen Effekten als Kriterium für ein öffentliches Gut aus, dann weist die Gesundheit (als Abwesenheit insbesondere von ansteckenden Krankheiten) nicht nur einen internen Nutzen für den einzelnen Menschen auf, sondern auch einen *externen Nutzen* (positiven externen Effekt) für die übrigen Gesellschaftsmitglieder. Ein Teil des Nutzens des Gutes Gesundheit ist also internalisierbar, ein anderer Teil ist extern. Ob der Markt in der Lage ist, Gesundheit als meritorisches Gut im ausreichenden Maße bereitzustellen, hängt im wesentlichen davon ab, wie groß der Anteil des internen Nutzens am gesamten Nutzen ist. Bewerten die Wirtschaftssubjekte diesen *internen* Nutzenanteil sehr *gering*, werden sie das Gut Gesundheit in nur sehr schwachem Ausmaße nachfragen. Werden die internen Effekte des Gutes Gesundheit hingegen hoch bewertet, könnte eine Befriedigung über den Markt erfolgen. Entsprechende Überlegungen lassen sich anstellen hinsichtlich der externen Effekte von Gesundheitsleistungen. Ob der Staat auf das Angebot des Gutes Gesundheit Einfluß nehmen soll, hängt im wesentlichen von der *gesellschaftlichen* Bewertung der positiven externen Effekte ab. Darüber hinaus spielen aber auch im Gesundheitswesen nicht nur Sicherungs- und Risikoausgleichsüberlegungen eine Rolle, entscheidend ist außerdem oft die Zielsetzung einer *personellen Einkommensumverteilung*. Dann steht die Absicht im Vordergrund, eine von der Höhe des Einkommens eines Gesellschaftsmitglieds unabhängige Versorgung zu erreichen, so daß die Verteilungsgerechtigkeit größer wird als bei einer Finanzierung über den Preis (in dem Sinne, daß Gesundheitsmaßnahmen lebenswichtig sind und allen gleich gewährt werden sollen). Eine derartige Gleichverteilung von Leistungen wäre nur in einem staatlichen Zwangsgesundheitssystem zu erreichen. Angesichts der durchaus positiv zu beurteilenden Absichten, die mit einem derartigen Gesundheitssystem verbunden sein mögen, werden jedoch *schwerwiegende Nachteile* eines kollektiven Angebots häufig *übersehen* oder zumindest bagatellisiert.

Das Problem eines kollektiven Güterangebots zum *Nulltarif* besteht darin, daß die Nachfrage infolge des Verzichts auf die Erhebung eines Preises stärker ausgedehnt wird als gesellschaftlich vertretbar ist (für die Gesellschaftsmitglieder wird gewissermaßen die Knappheitsbedingung in einem Bereich aufgehoben). Da nicht nur die Nachfrager, sondern auch die Anbieter von einer Ausdehnung des Leistungsvolumens profitieren, werden diese versuchen, die Nachfrager im Sinne einer Ausweitung des Leistungsvolumens zu beeinflussen (METZE).

Es steht außer Zweifel, daß Gesundheit mit externen Effekten verbunden ist, also im Sinne der Theorie der öffentlichen Güter ein meritorisches Gut darstellt. Je nachdem, wie stark die Gesamtgesellschaft nun die externen Effekte bewertet, dürfte ein mehr oder weniger starker Staatseingriff erfolgen. Um beispielsweise die Risikoneigung oder die zu geringe Risikoscheu der Wirtschaftssubjekte auszuschalten, könnte sich der Staat darauf beschränken, eine Zwangsversicherung vorzuschreiben. Auch das kann – wie wir im mikroökonomischen Teil gezeigt haben – bei den Wirtschaftssubjekten zu Wohlfahrtsverlusten führen. Aber der gesellschaftliche Vorteil einer Organisation des Gesundheitswesens über Versicherungen besteht in der *Wahlfreiheit der Versicherten* und im *Wettbewerb der Versicherungen* um die Versicherten. Um den Versicherten möglichst niedrige Prämien anbieten zu können, werden dabei private Versicherungsträger auch auf die Möglichkeit des Selbstbehaltes zurückgreifen. Damit verbunden wäre

VII. Gesundheitsökonomik

auch die weitgehende Ausschaltung des »moralischen Risikos«. Die Risikoselektion könnte entweder durch eine entsprechende Einzelsubventionierung ausgeschlossen werden, denkbar wäre aber auch, daß eine staatliche Krankenversicherung in Konkurrenz zu den privaten Krankenversicherungen tritt, insbesondere dann, wenn der Wettbewerb zwischen privaten Versicherungsanbietern nicht gewährleistet ist.

7.1.2. Die Zielsetzung der ökonomischen Effizienz

Die in einer Wirtschaft vorzufindende Allokation der Ressourcen auf die unterschiedlichen Bedürfnisse und Güter wird bekanntlich von zwei unabhängigen Entscheidungen bestimmt, nämlich einmal der *Verbrauchsentscheidung* und zum anderen der *Produktionsentscheidung*. Bei der dezentralen Lenkung über den Markt sind beide Entscheidungen organisatorisch voneinander abgegrenzt. Produktionsentscheidungen werden von Unternehmungen getroffen, Verbrauchsentscheidungen fällen die Haushalte. Der Preismechanismus bringt die angebotene und nachgefragte Menge in Übereinstimmung. Die staatlichen Eingriffe im Gesundheitswesen werden häufig damit gerechtfertigt, daß die privaten Haushalte über die Gesundheitsgüter nicht ausreichende Informationen haben. M. a. W. sind also bei der Entscheidung über ihre Nachfrage die Haushalte in der Regel auf die Mithilfe des behandelnden Arztes angewiesen. Damit erhält der Arzt als Anbieter von Gesundheitsleistungen einen erheblichen Einfluß auf die Höhe und Struktur der Nachfrage nach Gesundheitsgütern. »Indem die Ärzte de facto nicht nur über die Produktion von Gesundheitsgütern, sondern auch deren Verbrauch bestimmen, ordnet man ihnen eine Funktion zu, die ökonomisch gesehen grundsätzlich den Nachfragern zukommt« (METZE). Im Gesundheitssektor trifft dann wieder das SAYsche Theorem zu, demzufolge sich jedes Angebot seine Nachfrage selbst schafft. *Marktwirtschaftliche* Lösungen sind also für die Ärzte als Produzenten keineswegs bequem. Insofern kann es nicht verwundern, daß diese jederzeit bestrebt sind, den Marktmechanismus auszuschalten (auch wenn sich deren Verbände in ihren Verlautbarungen geradezu als Gralshüter der Marktwirtschaft aufführen). Die Forderung nach stärkerer Konkurrenz und damit Effizienz im Gesundheitssektor bedeutet allerdings, daß der Staat seine Einflüsse in diesem Bereich zurückschraubt. Das hieße nichts anderes, als daß staatliche Bürokratien Wege aufzeigen sollen, die ihre eigene Existenz überflüssig machen. Dem stehen die in staatlichen Institutionen vorhandenen *egoistischen Interessen* entgegen; deshalb ist nicht zu erwarten, daß von staatlicher Seite selbst neue Wege zur Verstärkung der Marktelemente in der Gesundheitspolitik entwickelt werden. »Es ist vielmehr aufgrund der Mentalität der staatlichen« Verwaltung zu erwarten, daß mit allen Mitteln versucht wird, die Ineffizienz entsprechender Vorschläge nachzuweisen oder zumindest in Frage zu stellen, um den status quo zu erhalten« (METZE).

Ein weiteres Problem im Gesundheitssektor ist darin zu sehen, daß – so wird jedenfalls behauptet – die Ärzte ihre Entscheidungen allein auf der Basis des medizinisch Notwendigen und der gegebenen Möglichkeiten einer Behandlung (verfügbare Medikamente, Krankenhausbetten, Krankenhausausstattung) träfen; ökonomische Nutzenkalküle seien deshalb ohne Bedeutung. Entsprechend dem Hippokratischen Eid bestimme nicht der Eigennutz, sondern *karitatives Denken* das Handeln der Ärzte; daher müssen marktwirtschaftliche

B. Theorie der Sozialen Sicherung

Instrumente versagen. Darüber hinaus handele es sich bei der Entlohnung der Ärzte nicht etwa um die Bezahlung eines Preises, sondern um *Honorare*. Diese stellen eine als angemessen anzusehende Entlohnung einer Leistung dar, deren Wert im Grunde nicht beurteilt werden könne. METZE bemerkt hierzu sehr richtig, daß dieses zuletzt genannte Argument für ein Versagen der Marktsteuerung auf einem Irrtum bezüglich der Interpretation des Begriffs »Preis« beruht. Seit der *subjektiven Wertlehre* ist in der Ökonomie klar, daß der Gebrauchswert eines Gutes oder einer Leistung nicht aus seinem Preis abzuleiten ist. Denn schon die ökonomischen Klassiker konnten nicht erklären, weshalb Diamanten, denen letztlich ein geringer »Gebrauchswert« beizumessen ist, einen hohen Preis haben, während Luft, auf die niemand verzichten kann, einen Preis von null hat. Ähnliche Beziehungen zwischen Preis und Wert gelten auch für Gesundheitsgüter. Diese *philosophische Überhöhung* des Ärzteverhaltens überdeckt, daß auch ärztliches Handeln vom Eigennutzstreben bestimmt wird. Nicht zuletzt deswegen zeigen diese eine besondere Hartnäckigkeit in den Honorarverhandlungen.

7.2. Systemanalyse der Krankenversicherung

Nach dieser grundsätzlichen Klärung gilt es zunächst, die Aufgabenstellung der Krankenversicherung näher zu analysieren. Um Referenzmodelle zur Beurteilung existierender Krankenversicherungssysteme zu entwerfen, bietet es sich an, idealtypisch dem Grundmodell einer privaten Krankenversicherung das Grundmodell einer gesetzlichen Krankenversicherung gegenüberzustellen. Ein staatliches Zwangsgesundheitssystem, basierend auf dem Versorgungsprinzip, ist mit erheblichen ökonomischen Nachteilen verbunden, kann also aus der weiteren Betrachtung ausgeschlossen werden.

7.2.1. Aufgabenstellung der Krankenversicherung

Allgemein läßt sich die Aufgabe der Krankenversicherung damit charakterisieren, *Krankheitsaufwand zu decken* und *krankheitsbedingte Einkommensausfälle auszugleichen*. Der Krankheitsaufwand – auch als Sachleistungen bezeichnet – umfaßt die Ausgaben für ambulante Behandlungen, die Ausgaben für Arzneimittel und die Ausgaben für stationäre Behandlung. Die Akteure auf der Angebotsseite sind bei der ambulanten Behandlung die Ärzte, bei den Arzneimitteln die Apotheker und die Pharmaindustrie, bei der stationären Behandlung die Krankenhausträger.

Ärzte und Apotheker sind den selbständig tätigen Berufen zuzurechnen, sie unterliegen allerdings einer Vielzahl von *Wettbewerbsbeschränkungen*. Auch die Pharmaindustrie ist privatwirtschaftlich organisiert, wobei in den verschiedenen Arzneimittelbereichen die Wettbewerbssituation recht unterschiedlich ausgestaltet ist. Der Krankenhaussektor ist demgegenüber sehr stark *staatlich* beeinflußt, die privaten Krankenhausträger befinden sich in der Minderheit. Seitdem im übrigen die Zahl der Krankenhausbetten als besonderes Leistungskriterium der öffentlichen Hand gilt (als ein sozialer Indikator), hat es nicht lange gedauert, bis in vielen Regionen ein Überangebot an Krankenhausbetten zu verzeichnen war. Im Gesundheitsbereich kommt also hinzu, daß nicht nur das Gut Gesundheit an sich als öffentliches Gut gesehen wird, was eine soziale Krankenversicherung rechtfertigen mag, sondern daß auch das Angebot stationärer Leistungen in großem Maße vom Staat übernommen worden ist. Die Gesundheitssicherung ist infolgedessen mit wesentlich höheren *Infrastrukturausgaben* verbunden als beispielsweise die Alterssicherung. Die krankheitsbedingten Einkommensausfälle werden durch ein Krankentagegeld abgedeckt. Die Krankenversicherung erbringt nun nicht nur Leistungen für Kranke, sondern auch für Nichtkranke; diese erhalten als Gegenleistung für ihren Beitrag die Gewißheit des »Gesichertseins«, die sich daraus ergibt, daß bei Eintritt der Krankheit auch tatsächlich Leistungen im engeren Sinne (Sach- und Geldleistungen) erbracht werden. Damit übernimmt die Krankenversicherung die Funktion des *Risikoausgleichs*; der Risikoausgleich innerhalb der Krankenversicherung vollzieht sich – wie bereits bemerkt – *innerhalb* einer Periode; die problematische intertemporale Komponente der Alterssicherung spielt also hier keine Rolle. In sozialen Krankenversicherungssystemen tritt neben den Risikoausgleich als Zielsetzung die personelle Umverteilung, und zwar in vertikaler und horizontaler Richtung. Gerade bei der Krankenversicherung stellt sich allerdings die Frage, ob diese tatsächlich ein effizientes Instrument zur personellen Umverteilung darstellt (OTT).

7.2.2. Grundmodell einer privaten Krankenversicherung (PKV)

Die einfachste Struktur der **privaten Krankenversicherung** umfaßt drei Akteure bzw. Gruppen von Akteuren: die Versicherungsunternehmer, die Versicherten und die Ärzte. Die Versicherten der PKV zahlen Beiträge an ihre Versicherungsunternehmen. Diese Beiträge sind leistungsabhängig bzw. risikoabhängig. Die Versicherten erhalten die Sicherheit, daß ihnen die Versicherung im Krankheitsfall, je nach Vertrag, einen Teil oder die gesamten Krankheitskosten und/oder des krankheitsbedingten Einkommensausfalls ersetzt. Im Falle der Krankheit begeben sich die Privatversicherten zu den Ärzten, von denen sie ärztliche Leistungen empfangen. Die Ärzte stellen dann den Privatpatienten Rechnungen aus, und diese zahlen die Arzthonorare aus eigener Tasche. Zur Erstattung der Arztkosten reichen die Privatpatienten diese Rechnungen an ihre Krankenversicherungen zwecks Rückerstattung weiter. Die Rückerstattung erfolgt 100%ig, wenn eine Vollversicherung abgeschlossen ist bzw. mit einem geringeren Prozentsatz, wenn der Versicherte eine Selbstbeteiligung vereinbart hat. In der Abbildung 16 ist eine *systemtheoretische Darstellung* der PKV wiedergegeben (HERDER-DORNEICH). Die Versicherten sind hierin mit V gekennzeichnet, die Versicherungsunternehmen mit VU und die Ärzte mit Ä. Zwischen diesen Akteuren fließen jetzt Ströme, die wie folgt bezeichnet sind:

- b = Beiträge (Versicherungsprämien),
- m = ärztliche Leistungen,
- h = Honorare,
- r_1 = Rechnungen der Ärzte an die Versicherten,
- r_2 = an die Versicherung weitergereichte Rechnungen der Versicherten,
- e = Erstattungszahlung der Krankenversicherung an den Versicherten.

B. Theorie der Sozialen Sicherung

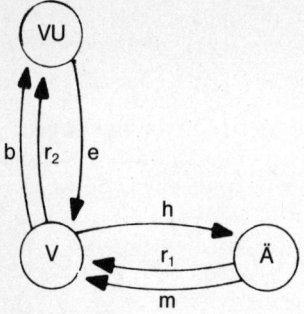 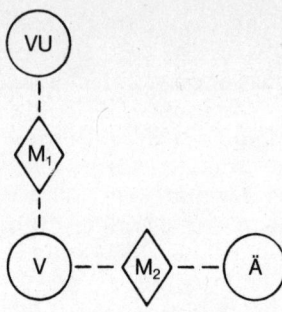

Abbildung 16: Strömungsmodell der PKV   *Abbildung 17:* PKV als Marktsystem

Verbindungsglied zwischen den Versicherten V und dem Versicherungsunternehmen VU ist der *Versicherungsmarkt* (M_1 in Abbildung 17). Darüber hinaus besteht auch zwischen den Versicherten und den Ärzten Ä eine Marktbeziehung. Die Versicherten beschaffen sich auf dem Markt M_2 für ärztliche Leistung ihre medizinische Versorgung und zahlen die Honorare h zunächst direkt. Der Markt M_2 hat aufgrund seiner geringen Transparenz (die Informationen seitens der Patienten sind höchst unvollkommen) starke monopolistische Züge; infolgedessen bildet sich ein System der Preisdifferenzierung, das zu großen Preisunterschieden führen kann. Es bestehen keine direkten Beziehungen zwischen den Ärzten und den Versicherungsunternehmen.

Das System der privaten Krankenversicherung besticht zum einen aufgrund seiner relativen Einfachheit und zum anderen deswegen, weil bei diesem System den Versicherten die *Äquivalenz* von Leistung und Gegenleistung deutlich vor Augen geführt wird. Die Versicherten haben genaue Informationen über die Kosten der ärztlichen Leistungen auf der einen Seite und ihre Beitragsleistungen gegenüber den Versicherungen auf der anderen Seite. Entsprechend ihrer persönlichen Risikopräferenz können sie die Höhe der Selbstbeteiligung frei fixieren. Darüber hinaus gewähren in zunehmendem Maße die privaten Krankenversicherungen ihren Versicherungsnehmern *Prämienrückerstattung*, wenn sie die Krankenversicherung in einem oder mehreren Jahren nicht in Anspruch genommen haben. Diese *Prämienrückerstattung* stellt – wie wir oben festgestellt haben – ein geeignetes Instrument dar, das moralische Risiko in den Versicherungen zu vermindern.

7.2.3. Grundmodell einer gesetzlichen Krankenversicherung (GKV)

Die **gesetzliche Krankenversicherung** GKV übernimmt gegenüber der privaten Krankenversicherung weitere Aufgaben, insbesondere die personelle Umverteilung in vertikaler und horizontaler Richtung. Neben der Umverteilung ergibt sich als weitere Aufgabe für die GKV die soziale Steuerung, da in diesem System der Markt als Steuerungsmechanismus außer Kraft gesetzt ist. An die Stelle der Märkte treten sogenannte **Quasi-Märkte**, die nicht über den Preis, sondern über ganz bestimmte Honorierungsverfahren funktionieren.

VII. Gesundheitsökonomik

Das Grundmodell der GKV ist um die Grundbeziehung Patient – Arzt aufgebaut. Betrachtet man das Gesamtleistungsgeflecht, bestehen daneben auch die Beziehungen Versicherte – Kassen, Ärzte – Kassenärztliche Vereinigung und Kassenärztliche Vereinigung – Kassen. Insgesamt ergibt sich ein Geflecht von Beziehungsketten und Beziehungskreisläufen, das sich am übersichtlichsten wieder in einem systemtheoretischen Modell verdeutlichen läßt (HERDER-DORNEICH).

Der grundlegende Unterschied zur privaten Krankenversicherung liegt darin, daß es innerhalb der GKV einen *Zahlungsumweg* gibt. Dieser resultiert daraus, daß die Versicherten ihren Arzt nicht mehr direkt bezahlen, sondern auf dem Umweg über die Kassen. Ein weiterer Zahlungsumweg ist im Verhältnis Kassen – Ärzte zu beobachten. Die Ärzte reichen ihre Honorarforderungen nicht direkt bei den Kassen ein, sondern auf dem Umweg über die Kassenärztlichen Vereinigungen KV (siehe Abbildung 18). Die Versicherten V zahlen Beiträge b an die Kassen K; die Kassen wiederum leisten ihre Zahlungen gv an die Kassenärztlichen Vereinigungen KV. Die Ärzte Ä erhalten von diesen ihre Honorare h. Steuerungsmittel der Verteilung sind die **Krankenscheine**; der Kreislauf der Krankenscheine fließt dem Strom der Zahlungsmittel entgegen und steuert ihn in ähnlicher Weise, als wenn der Geldstrom zwischen Patienten und Ärzten kurzgeschlossen wäre. Der Versicherte V erhält von den Kassen K die Krankenscheine s_1. Im Krankheitsfalle suchen die Versicherten V nun die Ärzte Ä auf, um sich behandeln zu lassen. Sie geben den Krankenschein s_2 ab und erhalten ärztliche Leistungen m. Die Ärzte tragen ihre Einzelleistungen auf dem Krankenschein ein und reichen diesen s_3 den Kassenärztlichen Vereinigungen ein, von denen sie dafür die Honorare h erhalten. Die Kassenärztlichen Vereinigungen sammeln die Krankenscheine, machen darüber Aufstellungen und legen diese s_4 den Kassen vor. Sie erhalten von den Kassen eine Gesamtvergütung gv für die Leistungen der Ärzte ausgezahlt.

Während sich im Modell der privaten Krankenversicherung die Prämien und die Preise auf dem Markt bildeten, stellt sich in einer gesetzlichen Krankenversi-

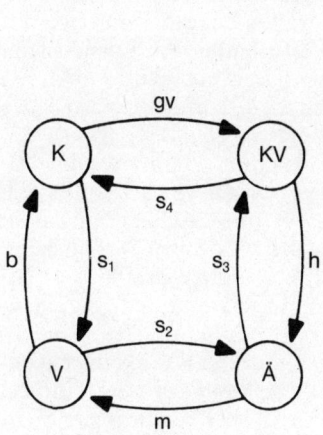

Abbildung 18: Strömungsmodell der GKV

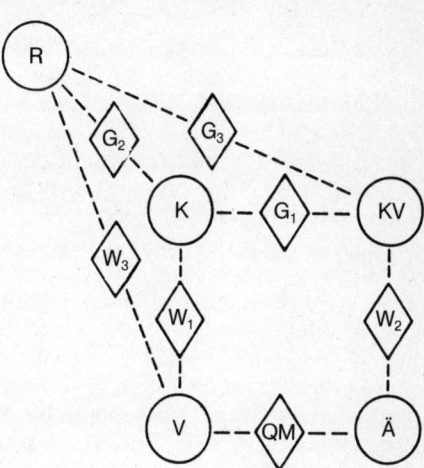

Abbildung 19: Steuerungsmechanismen der GKV

B. Theorie der Sozialen Sicherung

cherung die Problematik, die »notwendige« Beitragshöhe und die »angemessene« Höhe der Honorare festzulegen. An die Stelle des Marktes treten als Steuerungsmechanismen nun Wahlen, Quasi-Märkte und Gruppenverhandlungen.
Bei der Festlegung der Beitragshöhe pro Krankenschein haben die Wahlen eine gewisse Steuerungsfunktion (vgl. Abbildung 19).

Sowohl über die *Sozialwahlen* W_1 und W_2 als auch über die politischen Wahlen W_3 (die Politiker R werden von den Versicherten in den Wahlen W_3 gewählt) sind Einflußmöglichkeiten der Versicherten auf die Beitragshöhe gegeben. Zwischen den Versicherten und Ärzten bildet sich ein Quasi-Markt QM; hier findet ein Austausch von Gut und Berechtigungsschein gegen Leistungen unter Wettbewerb statt. *Freie* Arztwahl vorausgesetzt, stehen einerseits die Ärzte in Konkurrenz um die Krankenscheine der Versicherten, andererseits die Versicherten in Konkurrenz um die guten Ärzte. Leistungen werden gegen Krankenschein getauscht, so daß zwischen Arzt und Patient *keine* Marktbeziehung besteht, bei der die Leistung gegen Geld erbracht wird, sondern ein Quasi-Markt QM. Zwischen den Ärzten Ä und den Kassenärztlichen Vereinigungen KV findet ein Austausch der Krankenscheine gegen Honorare statt. Die Ärzte können über die Wahlen zur Kassenärztlichen Vereinigung W_2 auf die Verteilungspolitik der KV Einfluß nehmen. Dadurch werden einerseits die Honorarverteilungsmaßstäbe der Kassenärztlichen Vereinigungen gesteuert wie auch das Verhalten der Funktionäre der KV in den Gruppenverhandlungen mit den Kassen. Die Kassenärztlichen Vereinigungen KV und Kassen K stehen um die Gesamtvergütung gv in *Gruppenverhandlungen* G_1. Der politische Einfluß R drückt sich aus in Gruppenverhandlungen, die zum einen mit den Kassen geführt werden G_2 und zum anderen mit den Kassenärztlichen Vereinigungen G_3.

Dieses Grundmodell der GKV ist also wesentlich *komplexer* als das Modell der PKV; an die Stelle der direkten Beziehungen Versicherter – Krankenversicherung und Versicherter – Arzt treten nun eine Reihe von *indirekten* Beziehungen. Hinzu kommt vor allen Dingen ein Verband, die Kassenärztliche Vereinigung. Darüber hinaus treten an die Stelle eindeutiger Marktbeziehungen politische Einflüsse über Wahlen und Gruppenverhandlungen. Gemäß der Modernen Politischen Ökonomie haben sowohl Politiker als auch Verbände und deren Vertreter massive Eigeninteressen. Diese Interessen müssen keineswegs immer identisch mit den Interessen der Versicherten sein, die in erster Linie gute medizinische Leistungen zu einem möglichst niedrigen Beitrag wünschen. In dem System der gesetzlichen Krankenversicherung erhalten die Versicherten medizinische Leistungen, die *Kosten* der medizinischen Leistungen bleiben ihnen aber *verborgen*; da außerdem die *Beiträge* zur gesetzlichen Krankenversicherung (wie auch zur GRV und zur Arbeitslosenversicherung) im *Quellenabzugsverfahren* von den Löhnen einbehalten werden, von vielen Versicherten daher weniger als Beitrag, sondern vielmehr als Quasi-Steuern empfunden werden, mag die Vorstellung entstehen, daß medizinische Leistungen zum Nulltarif zu haben sind. Wird diese Ansicht beherrschend, dann ist das in der Sozialversicherung angewendete modifizierte Äquivalenzprinzip *völlig außer Kraft gesetzt*. Leistung und Gegenleistung werden nicht mehr verglichen, die Unterschiede zu einem staatlichen Gesundheitssystem (Gesundheitsversorgungssystem) verschwinden. Vordringlich aus polit-ökonomischer Sicht ist in gesetzlichen Krankenversicherungssystemen einerseits die Rückdrängung der *Verbandseinflüsse* und andererseits die Betonung der *Versicherteninteressen*. Entscheidend aus ökonomischer Sicht dürfte allerdings sein, das **Kostenbewußtsein** seitens der Versicherten wieder zu stärken; sofern man nicht ganz zu einem privaten Krankenversicherungssystem übergeht, bieten sich hier insbesondere die Instrumente der Selbstbeteiligung und der Prämienrückvergütung an, damit das in der GKV außerdem bestehende »moralische Risiko« ebenfalls gemindert werden kann.

7.3. Personelle Umverteilung in der GKV

Wie bereits erwähnt, sind die **Beiträge** in der gesetzlichen Krankenversicherung nicht risikobezogen, sondern **einkommensbezogen**. Allein daraus resultieren personelle Umverteilungswirkungen. Die Einkommensumverteilungen lassen sich allgemein definieren als Nettoeffekt zwischen der Leistung, die die Versicherten für die gesetzliche Krankenversicherung erbringen, und der Gegenleistung, die sie aus diesem System erhalten. Gibt der Versicherte mehr als er empfängt, liegt für ihn eine Belastung vor; erhält er höhere Leistungen, als er in das System hineingibt, wird er begünstigt. Die Leistung der Versicherten besteht in der Entrichtung von Beiträgen, die Gegenleistung der GKV liegt in der Übernahme des Krankheitskostenrisikos. Für die Quantifizierung der umverteilungsrelevanten Beziehungen innerhalb des Versichertenkreises sind die *tatsächlich geleisteten* mit den *risikoproportionalen* Beiträgen zu vergleichen. Dabei sind Gruppen mit unterschiedlichen Risiken zusammenzufassen.

Die Risikogruppen müssen Unterscheidungsmerkmale in sozialer und ökonomischer Hinsicht aufweisen, die gleichzeitig auch wesentliche Merkmale bezüglich des Krankheitskostenrisikos darstellen. Wesentliche Merkmale sind das Alter und das Geschlecht der Versicherten, die Zahl der ohne eigene Beiträge mitversicherten Familienmitglieder sowie die Einkommenshöhe der Mitglieder. Isoliert betrachtet spielen sich folgende Umverteilungsprozesse ab (Ott):

- Eine *vertikale* Umverteilung zwischen den Beziehern unterschiedlich hoher Einkommen, da die Beiträge nach der Höhe des Einkommens gestaffelt, die Leistungen dagegen weitgehend einkommensunabhängig sind.
- Eine Umverteilung *zwischen Familien* mit unterschiedlich großer Anzahl von beitragsfrei mitversicherten Angehörigen, da die Beiträge nach dem Individualprinzip erhoben, die Leistungen jedoch nach dem Haushaltsprinzip gewährt werden.
- Eine *geschlechtsspezifische* Umverteilung aufgrund der unterschiedlichen Mortalität und Morbidität der beiden Geschlechter, aber hiervon unabhängige Beitragsleistungen.
- Eine *altersspezifische* Umverteilung, da altersunabhängige Beiträge erhoben werden, das Krankheitskostenrisiko aber mit dem Alter zunimmt.

Diese Umverteilungsprozesse beziehen sich auf die *kurze* Periode, so daß ihre Betrachtung allein nicht ausreicht, die Verteilungswirkungen vollständig zu erfassen. In der *Lebenseinkommensbetrachtung* werden nämlich kurzfristige interpersonelle Umverteilungen häufig dadurch ausgeglichen, daß man sich zeitweilig in einer begünstigten Situation und zeitweilig in einer belasteten Situation befindet. Allerdings kann man nicht davon ausgehen, daß sich in der Lebenseinkommensbetrachtung die interpersonellen Einkommensumverteilungen saldieren. So finden interpersonelle Umverteilungen auch bei lebenszeitbezogener Betrachtung statt zwischen

- Männern und Frauen aufgrund des unterschiedlichen geschlechtsspezifischen Krankheitsrisikos;
- Versicherten mit unterschiedlicher Entwicklung ihres Familienstandes und der Zahl der von ihnen mitzuversichernden Familienangehörigen;
- Versicherten mit verschieden hohem Niveau und/oder unterschiedlicher Entwicklung ihrer Einkommen.

B. Theorie der Sozialen Sicherung

In seiner grundlegenden quantitativen Analyse kommt OTT zu folgendem Ergebnis: Zu den *Belasteten* zählen die Alleinstehenden ohne Kinder und die Zweiverdienerfamilien fast sämtlicher Altersgruppen. Der Kreis der *Begünstigten* wird vor allem durch die Rentner gebildet; weiterhin gehören hierzu die älteren sowie die jüngeren Einverdienerfamilien mit mehreren Kindern. Im Vergleich zu den *horizontalen* Umverteilungen, d. h. von den Alleinstehenden und kinderlosen Ehepaaren zugunsten der Einverdienerfamilien mit Kindern, sind die *vertikalen* Umverteilungen von geringerer quantitativer Bedeutung. Vergleichbar hohe Begünstigungen bestehen nur für Bezieher sehr niedriger Einkommen.

Die Aggregation der individuellen Verteilungsposition zur gesamtgesellschaftlichen Umverteilung hat ergeben, daß die Alleinstehenden sowie die Zweiverdienerfamilien ohne Kinder und mit geringer Kinderzahl einen etwa gleich hohen Beitrag zum Umverteilungsvolumen leisten. Innerhalb dieser Gruppen tragen dabei die jungen und gut verdienenden Personen bzw. Familien den größten Anteil. Der mit Abstand *größte Teil der Begünstigungen* fließt in die Finanzierung der **Krankenversicherung der Rentner**, während für den *Familienlastenausgleich* der aktiv Versicherten nur *geringe* Mittel verbleiben. Da außerdem ein relativ großer Teil dieser Mittel an die kinderlosen Familien fließt, ist der Familienlastenausgleich insgesamt sehr unzureichend erfüllt.

Das System der gesetzlichen Krankenversicherung mit am Individualprinzip orientierten und einkommensbezogenen Beiträgen sowie am Haushaltsprinzip orientierten Leistungen ist *nicht* in der Lage, *konsistente* Umverteilungen zu verwirklichen. Besonders hervorzuheben ist, daß sich die unerwünschten Verteilungswirkungen im Rahmen der horizontalen Umverteilung nur dann konsequent vermeiden lassen, wenn auch auf der Beitragsseite das Haushaltsprinzip verwirklicht wird, d. h. für sämtliche Familienangehörige auf der Grundlage des Familieneinkommens eigene Beiträge zu leisten sind.

VIII. Familienlastenausgleich

Unter **Familienlastenausgleich** versteht man – wie oben erwähnt – einerseits den **Kinderlastenausgleich** und andererseits den **Alterslastenausgleich**. Die Problematik des Alterslastenausgleichs haben wir im Zusammenhang mit der Theorie der Alterssicherung behandelt. Der Schwerpunkt bei der Darstellung der Problematik des Familienlastenausgleichs wird also auf dem Kinderlastenausgleich liegen, obwohl hier die gegenseitigen Bedingtheiten und Abhängigkeiten mit dem Alterslastenausgleich nicht aus den Augen verloren werden. Gehen wir einmal von unseren drei Zielen der sozialen Sicherung – nämlich ökonomische Sicherung, personelle Umverteilung und zufriedenstellende Kapitalbildung – aus, dann dient der Familienlastenausgleich vor allem der *horizontalen Umverteilung*, während die ökonomische Sicherung etwas in den Hintergrund tritt. Auch die *Kapitalbildung* spielt im Zusammenhang mit dem Familienlastenausgleich eine hervorragende Rolle, allerdings nicht die Realkapitalbildung, sondern die **Humankapitalbildung**. Nach der Diskussion der

Arten und Zielsetzungen des Familienlastenausgleichs werden einige ausgewählte Familienlastenausgleichskonzepte vorgestellt. Den Abschluß dieses Kapitels bilden Überlegungen über den Familienlastenausgleich und das generative Verhalten.

8.1. Arten und Zielsetzungen des Familienlastenausgleichs

Es ist an dieser Stelle nicht möglich, das breite Spektrum der familienpolitischen Problematik darzustellen. Ausgehend von dem sozialökonomischen Ansatz hat die **Familienpolitik** vor allem die Funktion, die Humankapitalbildung zu beeinflussen: insbesondere die *Qualität des Humankapitals* und erst in zweiter Linie die Quantität des Humankapitals. Der Sinn der Familienpolitik liegt also vor allem darin, einerseits die *Eltern* von der ökonomischen Belastung, welche die Pflege und Erziehung von Kindern mit sich bringt, *zu entlasten* (ökonomische Begründung: die positiven externen Effekte von Kindern für die Gesamtgesellschaft). Andererseits geht es auch darum, eine hinreichende *Fähigkeit* der Eltern zum Aufbau von Humanvermögen sicherzustellen; das bedeutet neben der Beeinflussung der Kinderzahlen innerhalb der Familie vor allem eine Beeinflussung der »Kinderqualität«. Zu letzterer zählt neben den sozialen Grundbedingungen (geordnete Familienverhältnisse, gesunder Sozialisationsprozeß u. ä.) vor allem die Schul- und Berufsausbildung. Eine hohe Qualität des Humankapitals hat unmittelbare Konsequenzen für das Arbeitskräftepotential und damit das Wachstumspotential einer Gesellschaft, ist also auch mit positiven externen Effekten verbunden.

Schulabschluß und andere Charakteristika des Individuums, wie z. B. die individuelle Begabung (Intelligenzquotient) sind entscheidend für den Arbeitsmarkterfolg und damit auch Determinanten des Einkommens und des beruflichen Status. Diese direkt ersichtlichen Faktoren hängen nun von einer ganzen Reihe sogenannter »Background«-Variablen ab, die *familienbestimmt* sind. Die »neue Familienökonomik« (LEIBOWITZ) hat aufgezeigt, daß Familienvariablen einen bedeutenden Einfluß auf die Fähigkeit des einzelnen haben und einen erheblichen Teil der Varianz in den erreichten Schulabschlüssen erklären. Das zum Zeitpunkt t in die Kinder investierte Humanvermögen HV_t läßt sich somit als Funktion der verschiedenen **Familien-»Background«-Variablen** darstellen:

$$HV_t = f(E_V, E_M, A_V, A_M, ET_V, ET_M, K, AZ, GR),$$

wobei: E_V = Einkommen des Vaters
E_M = Einkommen der Mutter
A_V = Ausbildung des Vaters
A_M = Ausbildung der Mutter
ET_V = Umfang der Erwerbstätigkeit des Vaters
ET_M = Umfang der Erwerbstätigkeit der Mutter
K = Kinderzahl
AZ = Alterszusammensetzung der Kinder
GR = Geburtenrang
HV_t = Humanvermögensbestand zum Zeitpunkt t

B. Theorie der Sozialen Sicherung

Der sozialökonomische Status bzw. der Familien-»Background« läßt sich am besten durch das Merkmal Familieneinkommen (das sich zusammensetzt aus dem Einkommen des Vaters und der Mutter) klassifizieren; so können also vermögenstheoretisch fundierte Erkenntnisse die Unterschiede in den Start- und Entwicklungsbedingungen der Kinder erklären. In den Vordergrund familienpolitischer Überlegungen rücken dann Maßnahmenprogramme, die in den Familien die *Hemmnisse* zur Humanvermögensbildung *abbauen* und zur Verwirklichung der **Startchancengleichheit** auch nivellierend wirken. Eigentliche Zielgruppe des Familienlastenausgleichs (hier: **Kinderlastenausgleich**) sind also nicht die Eltern, sondern primär die *Kinder* und die *Heranwachsenden*. Daß Eltern ihren sozialökonomischen Status auch heute noch in hohem Maße an die Kinder »vererben«, zeugt von geringer Mobilität. Mit dem Familien-»Background« scheinen also gewisse Aufstiegsbarrieren, aber auch Abstiegsbarrieren verbunden zu sein. Der Abbau von Mobilitätsschranken und die Erhöhung der Chancengleichheit in den Start- und Entwicklungsbedingungen ist nicht etwa eine moderne Fragestellung, sondern eine Forderung, die bereits bei klassisch-liberalen Autoren (MILL) zu finden ist. Humanvermögensinvestitionen sind nämlich aus zweierlei Sicht besonders vielversprechend: Einerseits tragen sie zur Verbesserung der Nutzung knapper gesellschaftlicher Ressourcen bei, andererseits aber auch zum sozialen Ziel, die Ungleichheit in der personellen Einkommens- und Vermögensverteilung zu reduzieren (KRÜSSELBERG). Aufgrund des hohen dualen Ertrags von Vermögensinvestitionen in Kinder stellt sich hier der ansonsten die Sozialpolitik durchziehende »trade-off« zwischen allokativer Effizienz und personeller Umverteilung praktisch nicht (AUGE).

Unter Familienlastenausgleich sollen im folgenden die monetären und realen Leistungen des Staates (direkte Leistungen) und die steuerlichen familienbezogenen Begünstigungen (indirekte monetäre Leistungen) verstanden werden.

8.1.1. Monetäre Transfers

Bei den **monetären Transfers** im Rahmen des Kinderlastenausgleichs müssen grundsätzlich zwei Arten unterschieden werden: (1) die **ungebundenen** monetären Transfers, die für alle (auch bereits lebende) Kinder gewährt werden (z. B. Kindergeld) und (2) die **gebundenen** monetären Transfers. Bei letzteren handelt es sich um Transfers mit fester Anbindung an *zusätzliche* Geburten (z.B. die Anrechnung eines Babyjahres im Rahmen der GRV nur für zukünftig geborene Kinder, ein Kinderdarlehen oder eine echte Geburtenprämie). Primäre Zielsetzung des ungebundenen Transfers ist es, eine i. d. R. teilweise Kompensation der Kinderkosten zu erreichen. M. a. W. erhalten die Eltern ein Entgelt für die positiven externen Effekte, die für die Gesamtgesellschaft mit dem Aufziehen von Kindern verbunden sind. Sekundär kann über die ungebundenen Transfers aber auch das Geburtenverhalten (und damit die Quantität des Humankapitals) beeinflußt werden, jedenfalls bei den Familien, bei denen die potentiell gewünschte Kinderzahl noch größer ist als die tatsächlich realisierte. Die *geburtenfördernde* Wirkung wird zweifellos von der Höhe des ungebundenen monetären Transfers abhängen, d. h., in welchem Ausmaß die Kinderkosten von der Gesellschaft übernommen werden. Unterstellen wir ein Indifferenzkurvenmodell, dann verschiebt der monetäre Transfer die Budgetgerade der Eltern nach rechts. Da die Entscheidung für ein zusätzliches Kind aber ein Ganzzahligkeitsproblem beinhaltet, muß der Transfer schon relativ hoch sein, damit auch tatsächlich eine potentiell gewünschte Geburt realisiert wird.

Besteht aber aus übergeordneter, gesamtgesellschaftlicher Sicht der Wunsch nach einer höheren Kinderzahl, liegt die primäre Zielsetzung also in einer Anhebung der Quantität des Humankapitals (**aktive Bevölkerungspolitik**), wird man sich für gebundene monetäre Transfers entscheiden, die nur für zusätzlich geborene Kinder gewährt werden. *Gebundene* Transfers dürften aus zwei Gründen *stärkere* Anreizwirkungen auf das Geburtenverhalten ausüben: Erstens sind die »Versickerungseffekte« im Vergleich zu ungebundenen Transfers geringer, da diese auch an Familien fließen, deren gewünschte bereits mit der tatsächlichen Kinderzahl übereinstimmt bzw. die aus anderen Gründen keine zusätzlichen Kinder mehr wünschen. Zweitens ist – bei gegebenem Transfervolumen – ein höherer gebundener Transfer möglich, da nicht viele Millionen bereits lebende Kinder gefördert werden, sondern nur einige Hunderttausend Geburten. Mit einem höheren Transfer pro geborenem Kind nimmt aber die Wahrscheinlichkeit stark zu, daß bei einer größeren Anzahl von Familien auch eine ausreichend starke Verschiebung der Budgetgeraden erfolgt und damit der Wunsch zur Wirklichkeit wird.

Die »Geburtenprämie« wäre somit aus ökonomischer Sicht durchaus ein Instrument, das die tatsächliche Kinderzahl nach oben treiben könnte. Aus der Sicht der Humankapitalbildung, aber auch aus ökonomischen und sozialen Gründen sollte die Förderung der *Qualität* des Humankapitals *Vorrang* haben. Wird diese Wertung geteilt, dann käme als Instrument lediglich der *ungebundene* Transfer für alle Kinder in Frage. Allerdings ist auch dieser direkte Transfer mit Problemen behaftet. Erhöht wird mit diesem direkten Transfer – soweit es sich um unmündige Kinder handelt – das Familienbudget, konkret das verfügbare Einkommen der Eltern. Damit haben diese Zahlungen nicht unbedingt einen unmittelbaren Bezug zur konkreten Versorgungslage eines bestimmten Kindes. Die Einführung oder Erhöhung derartiger monetärer Transfers muß also nicht schwergewichtig den finalen Konsum der Kinder beeinflussen. Wie bei den Subventionen kann auch hier das Problem auftreten, daß die staatlichen Leistungen lediglich an die Stelle eigener Leistungen der Familie treten. Bei mündigen Kindern – z. B. im Falle von Unterhaltstransfers in der Ausbildungsphase (BAföG) – liegt die Verwendung im allgemeinen in deren Hand, obwohl auch hier gewisse Substitutionsbeziehungen zwischen Transfer und Einkommen der Eltern bestehen mögen. Das wäre nur mit weiteren Eingriffen in die Konsumentensouveränität der Eltern zu verändern, z. B. in Form von Verwendungsauflagen. Das hätte zum einen ökonomische Wohlfahrtsverluste zur Folge und ist zum anderen aus grundsätzlichen Erwägungen (die persönlichen Freiheitsrechte betreffend) inferior.

8.1.2. Realtransfers

Der Blick in die Praxis des Familienlastenausgleichs zeigt nun, daß das Schwergewicht der staatlichen Leistungen im Bereich des Kinderlastenausgleichs im Angebot spezieller öffentlicher oder meritorischer Güter liegt. Im Vergleich zu den monetären Transfers können die **Realtransfers** weitaus direkter auf das Wohl der Kinder selbst gerichtet sein. Zu nennen ist hier insbesondere der *Bildungs-*, aber auch der *Gesundheitsbereich*. Dabei werden

B. Theorie der Sozialen Sicherung

jedenfalls zum Teil Leistungen erzwungen, die – der meritorischen Argumentation folgend – privat nicht in ausreichendem Maße nachgefragt würden: beispielsweise der Schulzwang in den allgemeinbildenden Schulen. Darüber hinaus stellt der Staat auch in weiten Bereichen Bildungsleistungen zum Nulltarif zur Verfügung, die von den Kindern und Jugendlichen freiwillig nachgefragt werden können (höhere Schulausbildung, Hochschulbildung).

Die staatlichen Realtransfers können, insbesondere wenn sie mit *Zwangskonsum* verbunden werden, die Kinder direkt fördern, ohne daß – wie bei den monetären Transfers – Sickerungsverluste im Familienbereich auftreten. Zu beachten ist dabei allerdings, daß bei der Bereitstellung öffentlicher und meritorischer Güter zum Nulltarif staatliche Leistungen auch von Kindern und Jugendlichen aus Einkommensschichten in Anspruch genommen werden können, die durchaus in der Lage wären, entsprechende Leistungen auch privat über die Märkte nachzufragen. Realtransfers haben also oft personelle Umverteilungswirkungen, die der vorherrschenden Gerechtigkeitsvorstellung in der Gesellschaft *zuwiderlaufen*. Finanzwissenschaftliche Nutzeranalysen zeigen hier, daß oft eine Umverteilung von unten nach oben stattfindet.

Im übrigen kann man in dem Vorhandensein eines öffentlichen Kapitalstocks auch ein Leistungsreservoir für die zukünftigen Generationen sehen. Diesem Leistungsreservoir auf der einen Seite steht allerdings auf der anderen Seite eine zunehmende Hypothek der Industriegesellschaft gegenüber, die sich in Form von Umweltlasten ausdrückt. Es sei hier nur am Rande erwähnt, daß für eine umfassende und zukunftsorientierte Wirtschafts- und Sozialpolitik auch die Umweltproblematik von erheblicher Bedeutung ist, zunehmende Umweltprobleme also die Humankapitalbildung behindern können.

8.1.3. Steuerliche Begünstigung

Bei dem Vorhandensein entwickelter Steuersysteme, wie sie in den Industriestaaten gegeben sind, kann man versuchen, auch diese in den Dienst eines Familienlastenausgleichs zu stellen. Neben die vertikale Umverteilung durch die Progression des Steuersystems tritt dann als zweite personelle Umverteilungskomponente die *horizontale Umverteilung* hinzu. **Steuerliche Begünstigungen** der Familien stellen einen Einnahmenverzicht des Staates dar, tauchen also, anders als die monetären Transferzahlungen und die Realtransferzahlungen, nicht in den staatlichen Budgets auf.

Eine familienpolitisch orientierte Ausgestaltung des Steuersystems kann sowohl bei den direkten als auch bei den indirekten Steuern ansetzen. Bei den *direkten Steuern* ist insbesondere die Einkommensteuer zu nennen; in ihrem Rahmen gibt es eine ganze Reihe von Instrumenten, die geeignet sind, die Familie bzw. das Vorhandensein von Kindern zu begünstigen. Familienlastenausgleichselemente können aber auch im Rahmen der Vermögensteuer und Erbschaftsteuer eine Rolle spielen. Nivellierende Vermögen- und insbesondere Erbschaftsteuern tragen zu einer gleichmäßigeren Verteilung des Sachkapitals bei und verbessern so die Startchancengleichheit für die Kinder (erinnert sei in diesem Zusammenhang an den Vorschlag des klassisch-liberalen MILL, der über eine konfiskatorische Erbschaftsbesteuerung Vermögens- und damit Startchancengleichheit herstellen wollte). Mit dem Hineinwachsen breiter Einkommensschichten in die Einkommensteuer, vor allen Dingen während der Nachkriegszeit, ist die

VIII. Familienlastenausgleich

Einkommensteuer zu einem immer bedeutsameren Instrument des Familienlastenausgleichs geworden.
Auch die *indirekten Steuern* lassen sich in diesem Sinne einsetzen, obwohl sie nicht subjektiven Kriterien, wie etwa die Einkommensteuer, folgen. Immerhin kann man versuchen, die Verbrauchsbesteuerung so einzusetzen, daß gerade Familien mit einer großen Kinderzahl nicht überbelastet werden. Insofern ist die Differenzierung der Steuersätze in der Mehrwertsteuer (die als allgemeine Verbrauchsteuer aufgefaßt werden kann) auch dem Familienlastenausgleich dienlich, wenn auch die Motivation zur Einführung gespaltener Steuersätze noch andere Ursachen gehabt hat. Auch im Bereich der Einzelverbrauchsbesteuerung wären entsprechende Regelungen denkbar, allerdings sind existierende Verbrauchsteuern nicht in diesem Sinne eingesetzt worden. Der Familienlastenausgleich über die Einkommensteuer wird unten unter 8.2.3. eingehend erörtert.

8.2. Ausgewählte Familienlastenausgleichskonzepte

Es sei nochmals betont, worin hier die eigentlichen Zielsetzungen des Familienlastenausgleichs (Kinderlastenausgleichs) gesehen werden: Der Familienlastenausgleich soll einerseits in erster Linie die *Qualität des Humankapitals* erhöhen und andererseits zu einem *horizontalen Einkommensausgleich* beitragen. Letzteres bedeutet, daß von Bürgern ohne Kinder zu Familien mit Kindern personell umverteilt wird. Hier tritt also neben die klassische sozialpolitische Forderung, eine vertikalen Einkommensumverteilung zu vollziehen, eine andere personelle Umverteilungskomponente in den Vordergrund. Leider werden beide Umverteilungskomponenten in der Literatur sehr häufig vermischt; so werden Familienlastenausgleichskonzepte von Autoren des öfteren abgelehnt, weil sie ihrem Werturteil nach eine zu geringe vertikalen Umverteilungswirkung aufweisen (AUGE). Im folgenden sollen ausgewählte Familienlastenausgleichskonzepte dargestellt werden, die in erster Linie dem Ziel eines **horizontalen Einkommensausgleichs** folgen. Dieser kann allerdings mit einer vertikalen Umverteilung verbunden sein, die aus der Sicht verschiedener Autoren auch als unerwünscht erscheinen mag.

8.2.1. Kinder- und Jugendrente

Bei der **Kinder-** und **Jugendrente** geht es wie bei der Altersrente um das Problem eines *intertemporalen* Einkommenausgleichs über den Lebenszyklus. M. a. W. müssen also unterschiedliche im Lebenszyklus auftretende Bedarfssituationen denen in der Erwerbstätigkeitsphase erzielten Einkommen angepaßt werden. Das Einkommen im Zeitraum der Berufstätigkeit soll nicht nur die Altersrente finanzieren, sondern auch die in Kindheit und Jugend erhaltenen Zuwendungen abtragen. Letztere begründen somit eine Rückzahlungsverpflichtung in der Phase der Erwerbstätigkeit, während über die in diesem Zeitpunkt bestehende Verpflichtung zur Beitragszahlung ein Anrecht auf eine zukünftige Altersrente erworben wird. In dieser Individualisierung von Kinder-

B. Theorie der Sozialen Sicherung

und Jugendzuwendungen sowie der Altersrente kommt ein tragender Grundpfeiler dieses Konzepts zum Ausdruck – das *Äquivalenzprinzip*. Dieses von SCHREIBER vorgeschlagene Modell beschränkt sich also auf einen intertemporalen Einkommensausgleich, interpersonelle Umverteilungseffekte sollen ausgeschlossen werden.

Die Aufbringung der Beiträge und die Finanzierung dieses Rentensystems erfolgt über das *Umlageverfahren*. Nach SCHREIBER wird über das Umlageverfahren das Prinzip des »Solidaritätsvertrages zwischen den Generationen« bewußt gemacht und gleichzeitig mit der Entsprechung von Beitragsleistungen und Zuwendungen in Jugend und Alter dem Äquivalenzprinzip entsprochen. Den nicht-erwerbstätigen Müttern wird in diesem Modell die Rückzahlung der Kinderrente erlassen, und die daraus folgende Finanzierungslücke im Rentensystem wird mit Hilfe von Beiträgen der Unverheirateten und kinderlos Verheirateten geschlossen. Diese Sonderregelung für nicht-erwerbstätige Mütter wird nun häufig als Abweichung vom Äquivalenzprinzip bezeichnet, gewissermaßen als horizontale Einkommensumverteilung zwischen kinderlosen Bürgern und Familien mit Kindern. Bezieht man das Äquivalenzprinzip allerdings nicht allein auf den *Geldbeitrag* zu den sozialen Sicherungseinrichtungen, sondern – wie wir es oben bereits getan haben – berücksichtigt man auch den **Reproduktionsbeitrag**, dann liegt hierin nicht eine Durchbrechung dieses Äquivalenzprinzips. Denn ein umlagefinanziertes System aufgrund von Zwangsmitgliedschaft ist nicht nur von Geldbeiträgen, sondern auch den »Reproduktionsbeiträgen« abhängig, weil nur dann die Versorgungsniveaus über die Generationen hinweg aufrechterhalten werden können. Sinken die Reproduktionsbeiträge – schrumpfen also die Kinderzahlen – verändert sich entweder die Beitragsbelastung oder aber das Rentenniveau (siehe oben 6.3.5.).

Die Höhe der Kinderrente bemißt sich bei SCHREIBER nach einem bestimmten Prozentsatz des Einkommens des Vaters. Um die Kinderrente und die Altersrente nicht unter ein sozialpolitisch unvertretbares Niveau sinken zu lassen und um zu verhindern, daß überhöhte Zuwendungen in den Nicht-Erwerbstätigkeitsphasen gezahlt werden (damit die Belastungen des Systems in Grenzen gehalten werden), führt SCHREIBER eine *untere* und *obere Bemessungsgrenze* ein, die an das jeweilige Durchschnittseinkommen angelehnt ist und sich somit automatisch an die jährlichen Einkommenssteigerungen anpaßt. Insbesondere die Orientierung dieses Familienlastenausgleichskonzepts auf die Lage der Kinder einerseits und die Einkommenshöhe des Vaters andererseits wird mehr oder weniger heftig kritisiert. Denn grundsätzlich ist das Kind selbst nicht Belasteter, sondern die Eltern sind in ihrem Budget bei Existenz von Kindern eingeschränkt (siehe hierzu oben 5.5.). So sind eigentlich die *Eltern* und nicht die Kinder Entscheidungsträger und Maßnahmeadressaten, die Eltern und nicht die Heranwachsenden tragen die Last der Pflege und Erziehung (ALBERS).

Darüber hinaus wird im SCHREIBER-Modell unterstellt, daß sich der zukünftige sozialökonomische Status des Kindes tendenziell eng an den seines Vaters anlehnt (Orientierung der Kinderrente an der Einkommenshöhe des Vaters). So wird keineswegs auf eine Verbesserung der Start- und Entwicklungschancen von Kindern hingearbeitet, sondern im Ergebnis eine Erhöhung der Wahrscheinlichkeit der »*Vererbung*« des sozialökonomischen Status erzielt. Damit entstehen für die vertikale Mobilität zwischen den Einkommensschichten (Aufstieg) Hemmnisse; das widerspricht aber unserer oben postulierten Zielsetzung, daß ein Familienlastenausgleichskonzept insbesondere auch zu einer Verbesserung der Qualität des Humankapitals beitragen soll.

8.2.2. Familienlastenausgleich durch horizontale Einkommensumverteilung

Dieses Konzept geht davon aus, daß mit dem Kinderlastenausgleich ein Einkommenstransfer zwischen Ledigen, Familien mit und Familien ohne Kindern angestrebt wird. Es soll also vermieden werden, daß der Kinderlastenausgleich zum Teil von denjenigen mitfinanziert wird, die die Kinderlasten selbst tragen (was in vielen real existierenden Systemen der Fall ist). Zur Verwirklichung eines konsequenten Ausgleichssystems ist es erforderlich, einen Familientyp zu definieren, der vom Familienlastenausgleich unberührt bleiben soll, m. a. W. weder profitieren soll noch belastet werden soll (Nettoeffekt des Lastenausgleichs gleich Null). Jener Familientyp wird auch als »*Null-Linie des Systems*« (ALBERS) bezeichnet. Ein derartiger fiktiver Familientyp läßt sich aus der Familienstruktur eines Landes ableiten. So liegt die Null-Linie des Systems in dem ALBERS-Vorschlag bei einem fiktiven Familientyp, der zwischen den Familientypen ohne Kinder und mit einem Kind anzusiedeln ist.

Gehen wir der Einfachheit halber davon aus, daß der Typ »*Familie mit einem Kind*« die Null-Linie des Systems darstellt, dann erhielten alle Familien mit mehr als einem Kind Unterstützungszahlungen, die von den Familien und Alleinstehenden ohne Kinder zu finanzieren wären. Die Finanzierung will ALBERS über den Einbau von familientypenspezifischen Elementen in das Einkommensteuersystem sicherstellen. Diese Abgaben sollen sich nach dem Prinzip der Besteuerung nach der Leistungsfähigkeit in ihrer Höhe an das jeweilige Einkommen anlehnen, sinken bzw. steigen also nach Maßgabe des Progressionstarifs. Das hiermit gewonnene Mehraufkommen wird dann in bewußter Abweichung vom Nonaffektationsprinzip für die Finanzierung der Familienlastenausgleichsleistungen *zweckgebunden* sein.

Die Höhe der Unterstützungszahlungen an die berechtigten Familien wird nach dem *Alter* der Kinder und ihrer *Ordnungszahl* gestaffelt. ALBERS begründet dies zum einen mit dem Tatbestand, daß die Kosten der Pflege und Erziehung von Kindern stark altersabhängig sind. Was die progressive Staffelung der Familienlastenausgleichszahlungen nach der Ordnungszahl der Kinder angeht, rechtfertigt er diese mit dem Hinweis auf das mit zunehmender Familiengröße rapide absinkende Pro-Kopf-Einkommen. Die somit in Abhängigkeit von der Kinderzahl steigenden Belastungen könnten durch ein einheitliches Kindergeld nicht aufgefangen werden, auch wenn lediglich eine Teilentlastung gemäß dem Subsidiaritätsprinzip angestrebt ist.

In dieser reinen Form würde das Modell also einen *horizontalen Einkommensausgleich* bedeuten; da nun Kindergeldzahlungen gerade an »reiche« Eltern dann zum Teil aus den Steuern relativ ärmerer Alleinstehender und Familien ohne Kinder finanziert würden, hat ein derartiger horizontaler Einkommensausgleich auch *vertikale* Umverteilungswirkungen zur Folge, die unerwünscht erscheinen mögen. Die vertikale personelle Umverteilung ließe sich dadurch in ein solches Modell integrieren, daß man *Einkommensgrenzen* bei den Unterstützungszahlungen einführen bzw. die Unterstützungszahlungen mit steigendem Einkommen degressiv ausgestalten würde. Aus ökonomischer Sicht, aber auch aus gesellschaftspolitischer Sicht scheint es allerdings günstiger zu sein, auf Einkommensgrenzen zu verzichten: Die personelle Umverteilung kann besser erreicht werden durch entsprechende Regelungen im Rahmen des Einkommensteuersystems; darüber hinaus tragen auch »reiche« Familien mit ihrer Reproduktion zur Aufrechterhaltung des Generationenvertrages im Umlageverfahren bei. Eine horizontal motivierte Unterstützungszahlung für Kinder respektiert also den Reproduktionsbeitrag der Familien unabhängig von ihrer Einkommensposition.

Betrachtet man nicht nur die Ausgabenseite des Systems, sondern im Sinne einer Gesamtinzidenz auch die Finanzierung, dann stellt sich die Frage, ob in den existierenden Einkommensteuersystemen die Progression allein zurückzuführen

B. Theorie der Sozialen Sicherung

ist auf das Leistungsfähigkeitsprinzip und nicht etwa auch auf Umverteilungszielsetzungen (HALLER). Kommt in dem progressiven Einkommensteuertarif auch die Zielsetzung einer Einkommensredistribution zum Ausdruck, dann gehen von der Finanzierungsseite eines derartigen Kinderlastenausgleichskonzeptes wiederum vertikale Einkommensumverteilungswirkungen aus. Ist der Tarifverlauf stark progressiv, liegt hierin ein weiterer Grund, um bei den Leistungen des Systems auf Einkommensgrenzen verzichten zu können.

8.2.3. Familienlastenausgleich über Einkommensteuer

Die **Einkommensteuer** ist seit ihrer Entstehung ein klassisches Instrument des Familienlastenausgleichs. Zu dieser hervorragenden Stellung der Einkommensteuer hat insbesondere beigetragen, daß bei ihr *subjektive* Faktoren relativ gut erfaßt werden können, damit also die steuerliche Leistungsfähigkeit eines Individuums bzw. einer Familie – jedenfalls was das Markteinkommen betrifft – verhältnismäßig gut beschrieben werden kann. Hervorzuheben ist hier insbesondere das Ehegattensplitting, über das solange ein relativ breiter Konsens bestand, wie mit der Ehe auch das Aufziehen von Kindern verbunden war. Erst bei Auftreten einer großen Zahl kinderloser Ehen wird die Förderung des Rechtsinstituts »Ehe« fragwürdig. Denn gefördert werden dann nicht mehr die Kinder, sondern allein die Ehefrau. Aus den oben betonten Zielsetzungen einer horizontalen Umverteilung der Kinderlasten und der Förderung der Qualität des Humankapitals ist eine derartige Wirkung des Ehegattensplittings nicht eben optimal. Insofern sind auch andere Konzepte des Familienlastenausgleichs (Ehegattenlastenausgleichs und Kinderlastenausgleichs) im Rahmen der Einkommensteuer zu diskutieren.

8.2.3.1. Ehegattensplitting

Bei der **Ehegattenbesteuerung** soll mit geeigneten Maßnahmen versucht werden, die Situation der Familie über Steuerermäßigungen zu verbessern. Zur Darstellung der Wirkungsweise ist es erforderlich, kurz die Grundformen der Ehegattenbesteuerung zu umreißen (ANDEL). Zu unterscheiden sind die *getrennte* Veranlagung der Ehegatten (entsprechend dem Individualprinzip), die *gemeinsame* Veranlagung der Ehegatten ohne Splitting und die *gemeinsame* Veranlagung der Ehegatten *mit Splitting* (letztere beide Verfahren in Anlehnung an das Haushaltsprinzip). Dabei scheidet die gemeinsame Veranlagung ohne Splitting als Instrument des Familienlastenausgleichs aus, weil die gemeinsame Veranlagung der Ehegatten bei einem Alleinverdienerehepaar zu keiner steuerlichen Entlastung führt, bei einem Doppelverdienerehepaar sogar zu einer steuerlichen Mehrbelastung. Im weiteren vergleichen wir also das Ehegattensplitting mit einem Splittingfaktor 2 und die getrennte Veranlagung.

Bei dem **Ehegattensplitting** mit einem Splittingfaktor 2 wird das Gesamteinkommen der Ehegatten ermittelt, die Einkommensteuerschuld aber von der Hälfte des »zu versteuernden Einkommens« errechnet und der sich dann ergebende Betrag verdoppelt. Der **Splittingtarif** T_{SP} läßt sich also aus dem **Grundtarif** (Normaltarif) T ableiten:

$$(1) \quad T_{SP} = 2 \cdot T\left(\frac{X}{2}\right);$$

VIII. Familienlastenausgleich

damit wird gewissermaßen die *erste* Einkommenshälfte *progressiv*, die *zweite* aber – mit konstantem Durchschnittssteuersatz – *proportional* besteuert. M. a. W. wird bei dem hälftigen zu versteuernden Einkommen der Ehegatten im Grundtarif die Steuerschuld ermittelt und dann verdoppelt. Bei der **getrennten Veranlagung** hingegen wird die Steuerschuld aus dem Grundtarif für jeden einzelnen Ehegatten ermittelt (X_1 und X_2), so daß sich die gesamte Steuerschuld wie folgt ergibt:

(2) $$T = T(X_1) + T(X_2) .$$

Im folgenden gehen wir davon aus, daß sich das Gesamteinkommen X der Ehegatten zusammensetzt aus den beiden Einzeleinkommen X_1 und X_2:

(3) $$X = X_1 + X_2 .$$

Setzen wir das Gesamteinkommen mit 100% an, dann stellen im folgenden α und β die relativen Einkommensanteile der Ehegatten dar:

(4) $$X_1 = \alpha X , X_2 = \beta X , \alpha + \beta = 1 ;$$

daraus folgt:

(5) $$X = \alpha X + (1 - \alpha) X .$$

Ausgegangen sei zunächst von einem *Alleinverdienerehepaar*, α wäre also gleich 1 und $X_1 = X$:

Alleinverdiener: $\alpha = 1 , X_1 = X , X_2 = 0$

$$\Rightarrow T_{SP}^A = 2 \cdot T\left(\frac{X}{2}\right) \text{ und}$$

$$T^A = T(X)$$

$$\Rightarrow T_{SP}^A < T^A$$

Bei progressivem Tarifverlauf des Grundtarifs resultiert also bei dem Alleinverdiener eine Steuerschuld im Splittingfall von T_{SP}^A, die kleiner ist als bei der getrennten Veranlagung T^A. Der sogenannte **Splittingvorteil** SV ist nichts anderes als die Differenz zwischen T^A und T_{SP}^A:

$$SV^A = T^A - T_{SP}^A$$

Geht man hingegen von einem *Doppelverdienerehepaar* aus, bei dem sich die Einkommen *ungleich* verteilen, dann ergibt sich folgendes Bild:

Doppelverdiener,
ungleiche Verteilung: $0 < \alpha < 1$

$$\Rightarrow T_{SP}^{DU} = 2 \cdot T\left(\frac{\alpha X + (1 - \alpha) X}{2}\right) \text{ und}$$

$$T^{DU} = T(\alpha X) + T[(1 - \alpha) X]$$

$$\Rightarrow T_{SP}^A = T_{SP}^{DU} < T^{DU} .$$

In diesem Falle ist die Steuerschuld des Doppelverdienerehepaars bei dem Splittingverfahren T_{SP}^{DU} ebenfalls kleiner als bei der getrennten Veranlagung T^{DU}; für den Splittingvorteil bei ungleicher Verteilung der Einkommen auf die Ehegatten SV^{DU} gilt

$$SV^{DU} < SV^A ,$$

da die Steuerschuld für das Doppelverdienerehepaar bei getrennter Veranlagung kleiner ist als die Steuerschuld des Alleinverdieners:

$$T^{DU} < T^A .$$

Geht man hingegen von einem *Doppelverdienerehepaar* aus, bei dem sich die Einkommen *gleichmäßig* verteilen, dann resultiert folgendes Ergebnis:

B. Theorie der Sozialen Sicherung

Doppelverdiener,
gleiche Verteilung: $\alpha = 0{,}5$

$$\Rightarrow T_{SP}^{DG} = 2 \cdot T\left(\frac{X}{2}\right) \text{ und}$$

$$T^{DG} = T\left(\frac{X}{2}\right) + T\left(\frac{X}{2}\right) = 2 \cdot T\left(\frac{X}{2}\right)$$

$$\Rightarrow T_{SP}^{DG} = T^{DG} < T^{DU} < T^{A}.$$

Bei gleicher Verteilung des Gesamteinkommens auf die Ehegatten ergibt sich aus dem Splittingtarif und aus dem Grundtarif die *gleiche* Steuerbelastung, ein Splittingvorteil existiert *nicht*:

$$SV^{DG} = T^{DG} - T_{SP}^{DG} = 0.$$

Für die quantitative Bedeutung des Splittingvorteils gilt also die folgende Relation:

$$SV^{A} > SV^{DU} > SV^{DG} = 0.$$

Das Splittingverfahren hat den Vorteil, daß bei gleichhohem Gesamteinkommen die *Höhe* der Steuerlast *unabhängig* ist von der *Verteilung* der Einkommen auf die Ehegatten. Zudem führt die Eheschließung – anders als bei der gemeinsamen Veranlagung ohne Splitting – *nicht* zu einer höheren steuerlichen Belastung. Mit dem Ehegattensplitting ist allerdings verbunden, daß insbesondere bei Alleinverdienerehepaaren ein Splittingvorteil entsteht, dessen *absolute* Entlastungswirkung abhängig ist von der Höhe des individuellen *Grenzsteuersatzes* des Alleinverdieners. Es erfolgt also eine progressive Entlastungswirkung zugunsten des nicht-erwerbstätigen oder nur wenig erwerbstätigen Ehegatten. Nimmt darüber hinaus die Zahl der kinderlosen nicht-erwerbstätigen Ehefrauen zu, dann entsteht die sozialpolitisch fragwürdige Perspektive, daß die nicht-erwerbstätigen kinderlosen Ehefrauen von »reichen« Ehepaaren steuerlich alimentiert werden, während die erwerbstätige Mutter – im Beispiel der Gleichverteilung – nicht nur die Lasten der zusätzlichen Erwerbstätigkeit, sondern auch noch die Lasten der Kindererziehung zu tragen hat, ohne daß eine steuerliche Entlastung erfolgt.

Es sei nur am Rande erwähnt, daß die getrennte Veranlagung von Ehegatten zu ähnlichen Effekten führen kann wie das Splitting; denn bei der getrennten Veranlagung kann man durch eine bewußte Gestaltung seiner Einkommensteuerbemessungsgrundlage Einkommensteile auch auf mehrere Personen übertragen. Ein Ehepartner, der allein ein relativ hohes Einkommen hat, das sich aus unterschiedlichen Einkommensquellen zusammensetzt, kann also versuchen, durch Übertragung dieser Einkommensquellen auf seinen Ehepartner bzw. auf die Kinder seine einkommensteuerliche Bemessungsgrundlage zu reduzieren. Es treten dann ebenfalls Splittingvorteile auf, allerdings nur bei denjenigen, die Einkünfte aus *verschiedenen Quellen* beziehen bzw. *Gestaltungsmöglichkeiten* besitzen (z. B. Selbständige, die Ehefrauen und/oder Kinder in ihren Unternehmen fiktiv beschäftigen können). Diesen *realen* Splittingmöglichkeiten kann man durch gesetzliche Regelungen nur sehr schwer entgegenwirken, da hier ein tiefes Eindringen in die Privatsphäre erforderlich wäre.

8.2.3.2. Familiensplitting

Ist die Förderung der *Qualität des Humankapitals* Zielsetzung, gilt es, das *Vorhandensein von Kindern* und nicht das Institut »Ehe« zu fördern. Es wäre auch möglich, die Zahl der Kinder in den Splittingfaktor aufzunehmen (HALLER). Es ist theoretisch vorstellbar, das Ehegattensplitting völlig abzubauen. Das rechtliche Institut Ehe hätte dann keine steuerlichen Konsequenzen mehr mit der Folge, daß in unserem obigen Beispiel das Alleinverdienerehepaar ohne Kinder eine höhere Steuerschuld zu entrichten hätte als das Doppelverdiener-ehepaar bei gleicher Verteilung ebenfalls ohne Kinder. Ein solches Verfahren wäre angebracht, wenn man nicht nur das Markteinkommen berücksichtigt, sondern auch das potentielle Einkommen aus der Eigenproduktion, die in der Freizeit betrieben werden kann (ALBERS). Bei einem **reinen Kindersplitting** bestimmt also die Zahl der Kinder die Höhe des Splittingfaktors. Gehen wir von einem Faktor von 0,5 pro Kind aus und unterstellen das Vorhandensein von 2 Kindern, dann beliefe sich der Splittingfaktor wieder auf 2. In den oben angeführten Beispielen entstände dann im Falle des Alleinverdienerehepaars und des Doppelverdienerehepaars bei ungleicher Verteilung der Einkommen wiederum ein Splittingvorteil, während im Falle des Doppelverdienerehepaars bei gleicher Verteilung der Einkommen ein Splittingvorteil nicht auftreten würde.

Im Falle des **Familiensplittings** bestimmt sich die Höhe des Splittingfaktors einerseits aus der *Anzahl* der Kinder und andererseits aus dem *Vorhandenseins* eines Ehepartners. Über die Höhe der Faktoren wäre letztlich politisch zu entscheiden. Ein Splittingfaktor von beispielsweise 0,5 für die Ehefrau und die Berücksichtigung eines entsprechend hohen Splittingfaktors für die Kinder (evtl. gestaffelt nach dem Alter der Kinder: 0,25 für jüngere, 0,5 für ältere Kinder) kann die steuerliche Begünstigung von Alleinverdienerehepaaren ohne Kinder stark reduzieren. Insbesondere Doppelverdienerehepaare mit mehreren Kindern würden von einer solchen Lösung profitieren.

8.2.3.3. Freibeträge und Abzugsbeträge

Eine Berücksichtigung der Unterhaltslasten für den Ehegatten bzw. die Kinder läßt sich auch über eine entsprechende Ausgestaltung der **Abzugsbetragsre-gelung** im Rahmen der Einkommensteuer erreichen. Hier existieren grund-sätzlich zwei Möglichkeiten: (1) die Einführung von **Freibeträgen** für den Ehegatten bzw. die Kinder, wobei diese Freibeträge von der Bemessungsgrund-lage (in der Einkommensteuer dem Bruttoeinkommen) abzuziehen sind; (2) die Einführung entsprechender **Anrechnungsbeträge**, wobei diese auf die Steuer-schuld anzurechnen sind (tax credit).

Über diese Alternativformen ist in der Literatur ausführlich diskutiert worden, da sie sich in erster Linie durch ihre *personellen* Umverteilungswirkungen in *vertikaler* Hinsicht unterscheiden. Bei *Freibetragsregelungen* hängt die Entlastungs-wirkung vom individuellen *Grenzsteuersatz* ab, während der *Anrechnungsbetrag* vom individuellen Grenzsteuersatz *unabhängig* ist. Es sei am Rande bemerkt, daß der Unterschied zwischen Freibetrag und Anrechnungsbetrag allerdings nur bei *direkt* progressiven Tarifen von Gewicht ist, da sich bei indirekt progressiven Tarifen jeder Freibetrag leicht in einen Anrechnungsbetrag umwandeln läßt. Wer in positiver Richtung die Progression mit *Leistungsfähigkeitsargumenten* rechtfertigt, muß als Äquivalent auch die Entlastungswirkung in umgekehrter Richtung akzeptieren (WISSENSCHAFTLICHER BEIRAT BEIM BUNDESMINISTERIUM FÜR FINANZEN). M. a. W. führen also Unterhaltsverpflichtungen zu einer Reduktion des persönlichen Einkommens, damit auch zu einer Minderung der Leistungsfähigkeit; somit ist bei direkt progressiven Tarifen die Entlastungswirkung abhängig von der jeweiligen Position im Progressionstarif. Entsprechendes gilt im übrigen auch für die Entlastungswirkungen des Splittings. Argumentiert man hingegen nicht mit dem Leistungsfähigkeitsprinzip, sondern mit dem *Prinzip der steuerlichen Umverteilung*, dann profitieren von Freibetragsregelung und Splitting insbesondere die Bezieher hoher Einkommen, während die Bezieher niedriger Einkommen kaum oder – insbesondere dann, wenn sie überhaupt nicht steuerlich belastet sind – gar nicht entlastet werden. Betont man nun die personelle Einkommensumverteilung in vertikaler Richtung, dann sind Anrechnungsbeträge gegenüber Freibeträgen vorzuziehen.

8.2.3.4. Zusammenfassende Beurteilung

Wird die Zielsetzung einer Humankapitalbildung in qualitativer Hinsicht betont, dann ist von staatlicher Seite insbesondere der Tatbestand »Vorhandensein von Kindern« zu fördern. Die Entlastung von den Unterhaltslasten für den Ehepartner tritt hingegen in den Hintergrund. Objektive Kriterien hinsichtlich der Wahl zwischen Familiensplitting, Kinderfreibeträgen oder aber Kinderanrechnungsbeträgen existieren nicht; in der Literatur dominieren bei eindeutigen Reformvorschlägen in der Regel die Werturteile der einzelnen Autoren. Entscheidend für die Wahl sind hier die *vertikalen Umverteilungswirkungen* der unterschiedlichen Maßnahmen. Wenn eine stärkere Nivellierung der Einkommen angestrebt wird, dann sind zweifellos Anrechnungsbeträge gegenüber Freibeträgen und Splittingverfahren überlegen.

8.2.4. Kindergeld

Gegenüber der Anrechenbarkeitsregelung im Rahmen der Einkommensteuer hat das **Kindergeld** den Vorteil, daß es allen Familien mit Kindern zufließt, unabhängig davon, ob sie eine positive Steuerschuld aufweisen oder nicht. Setzt die Einkommensbesteuerung oberhalb des sozial-kulturellen Existenzminimums an, dann erweist sich für alle diejenigen, die eine Steuerschuld aufweisen, die geringer ist als der Anrechnungsbetrag, eine entsprechende Kindergeldzahlung als erforderlich. Eine derartige Kindergeldzahlung könnte integriert werden in das Einkommensteuersystem und so den Einstieg in eine negative Einkommensteuer darstellen (bzw. in ein integriertes Steuer-/Transfer-System, KAUSEMANN).
Ein derartig ausgestaltetes Kindergeld im Rahmen eines **Steuer-/Transfer-Systems** ist mit einer identischen Entlastungswirkung für alle Einkommensbezieher verbunden. Die relative Entlastungswirkung ist in den unteren Einkommensbereichen am größten und sinkt mit steigendem Einkommen. Treten vertikale Umverteilungszielsetzungen hinzu, wäre es vorstellbar, auch den absoluten Entlastungsbetrag mit steigendem Einkommen abnehmen zu lassen, so daß bei hohen Einkommen kein Kindergeld mehr gewährt werden würde. Je nach Betonung des Subsidiaritätsprinzips muß dieses Kindergeld die

Vollaufwendungen bzw. nur *Teilaufwendungen* der Eltern zum Unterhalt der Kinder abdecken. Gerade bei Familien, die ein Einkommen *unterhalb* des sozialkulturellen Existenzminimums aufweisen, ergäbe sich bei einer Teildeckung der Unterhaltslasten der Kinder eine *Einkommenslücke;* hier dürfte es unstrittig sein, daß die Normaufwendungen für Kinder von Familien der untersten Einkommensschichten zur Sicherung des Existenzminimums durch staatliche Sozialtransfers voll abzudecken sind (z. B. durch Sozialhilfe). Bei der Ausgestaltung der Kindergeldzahlung im Rahmen eines integrierten Steuer-/Transfer-Systems ist insbesondere darauf zu achten, daß die Steuertarife und die Kindergeldzahlung harmonisiert sind. M. a. W. sollen mit steigendem Einkommen die kinderbedingten Entlastungsbeträge kontinuierlich, zumindest relativ, reduziert werden und von der Volldeckung der Kinderkosten zur Teildeckung der Kinderkosten übergegangen werden. Denn gerade bei Familien mit höheren Einkommen ist nicht nur eine Eigenvorsorge hinsichtlich der Alterssicherung leichter möglich, sondern auch hinsichtlich des Unterhalts der eigenen Kinder.

8.2.5. Förderung der Ausbildung

Die **Ausbildungsförderung** entspricht am ehesten der Zielsetzung der Förderung der Qualität des Humankapitals. Natürlich wäre es hier möglich, mit direkten Einkommenshilfen zu arbeiten; sollen diese direkten Einkommenshilfen an die Eltern auch zweckorientiert eingesetzt werden, sind *Verwendungsauflagen* erforderlich. Verwendungsauflagen machen aber eine weitgehende Erfassung der Einnahmen- und Ausgabenstruktur der privaten Haushalte erforderlich, wenn vermieden werden soll, daß die direkten Einkommenshilfen an die Stelle eigener Aufwendungen treten. Des weiteren sind mit Verwendungsauflagen erhebliche Eingriffe in die Konsumentensouveränität verbunden. Bei der Ausbildungsförderung unmündiger Kinder hat sich daher die direkte Einkommenshilfe als Instrument nicht durchgesetzt. Bei der Förderung mündiger Kinder, an die diese direkten Hilfen auch unmittelbar geleistet werden, wenn sie sich in einer entsprechenden Ausbildung befinden, sind sie durchaus ein leistungsfähiges Instrumentarium.
Wie aber bereits oben erwähnt, vollzieht sich die Ausbildungsförderung weitgehend durch die Bereitstellung öffentlicher bzw. meritorischer Güter. Diese Bereitstellung erfolgt überwiegend zum Nulltarif; die Ausbildungsförderung zum Nulltarif bedingt aber, daß auch Einkommensschichten in den Genuß dieser öffentlichen Leistungen kommen, die aufgrund ihrer Position in der Einkommenspyramide durchaus in der Lage wären, für die Ausbildung ihrer Kinder selbst aufzukommen. Die Ausbildungsförderung über die Bereitstellung öffentlicher und meritorischer Güter zum Nulltarif ist also aus der Sicht der *vertikalen Umverteilung* ein besonders *ineffizientes* Mittel. Aus ökonomischer Sicht wäre eine **Gebührenfinanzierung**, die einerseits die internen Effekte der Ausbildung, aber andererseits auch die externen Effekte berücksichtigt, ein effizienteres Instrumentarium; aus sozialpolitischen Gründen wäre mit einer Gebührenfinanzierung der Ausbildung eine *sozial gestaffelte Entlastung* für die unteren Einkommensschichten notwendig. Ist die vertikale Einkommensumverteilung auch Zielsetzung des Familienlastenausgleichs (im Sinne einer Chancengleichheit), dann ist die Gebührenfinanzierung gegenüber dem generellen Nulltarif zu präferieren. Darüber hinaus macht das angewendete Äquivalenzprinzip bei den Gebühren das Verhältnis von Leistung und

B. Theorie der Sozialen Sicherung

Gegenleistung deutlicher, so daß auch die Inanspruchnahme der Ausbildungsleistung verstärkt aus dem ökonomischen Blickwinkel heraus erfolgen würde. Sind die Ausbildungkosten für die Kinder weitgehend privatisiert, ist eine Ausbildungsförderung auch durch die Berücksichtigung der Ausbildungskosten für Kinder im Rahmen des Einkommensteuersystems möglich. In Frage kommt hier ein völliger oder aber begrenzter Abzug der Aufwendungen von der Bemessungsgrundlage, ein Freibetrag bzw. ein fixer Anrechnungsbetrag. Für die Auswahl zwischen diesen Alternativen dürften in erster Linie wieder Vorstellungen über die vertikalen Umverteilungswirkungen der Instrumente entscheidend sein.

8.2.6. Familienlastenausgleich als sozialpolitisches Subsystem

Aus der umfassenden Literatur ist der Versuch von ZEPPERNICK hervorzuheben, der den Familienlastenausgleich als ein *sozialpolitisches Subsystem* organisieren will. Er geht dabei von fünf Thesen aus, die für sich genommen individuelle Werturteile darstellen:

(1) Die Familienlastenausgleichsleistungen werden an der Gesamtbelastung der Familien orientiert.
(2) Die Familienlastenausgleichsleistungen sinken mit steigendem Einkommen.
(3) Die Familienlastenausgleichsleistungen garantieren für alle Kinder ein sozial-kulturelles Existenzminimum sowie Chancengleichheit in der Ausbildung.
(4) Die Finanzierung aller Familienlastenausgleichsleistungen erfolgt über eine gesonderte Steuer. Familienlastenausgleichsleistungen und Finanzierungsbeitrag der Familien mit Kindern werden unmittelbar saldiert.
(5) Die Familienlastenausgleichsleistungen sind mit anderen Leistungssystemen abgestimmt.

Zunächst zur These (1): Ausgangspunkt für die Familienlastenausgleichsleistungen ist die *Gesamtbelastung* der einzelnen Familien. Deshalb soll die Normbelastung durch alle Kinder als Orientierungsgröße für die Zuweisung von Familienlastenausgleichsleistungen fungieren. Daraus folgt eine mit steigendem Alter der Kinder zunehmende Belastung entsprechend dem sich parallel vollziehenden Wachstum dieses Normaufwandes.
Zur These (2): Über die Höhe des Anteils der Familienlasten, die von der Gesellschaft zu tragen sind, entscheidet zunächst die Höhe des als Existenzminimum definierten Einkommens. Dabei ist die Ausgestaltung der Degression der Familienlastenausgleichsleistungen (mit zunehmendem Einkommen progressiv, proportional oder aber regressiv sinkende Vergünstigungen) eine ausschließlich politische Entscheidung. Für ZEPPERNICK ist als technisches Instrument zur Gewährung der Familienlastenausgleichsleistungen sowohl eine Kombination von Steuer- und Transfersystem als auch ein reines Transfersystem geeignet. Das Werturteil ist darin zu sehen, daß er bei der konkreten Ausgestaltung des Familienlastenausgleichs mit steigendem Einkommenden sinkende Transferleistungen fordert.
Zur These (3): Aus dieser These ergibt sich zwingend, daß in diesem Falle für alle Kinder die Normaufwendungen zu sichern sind. Dies bedeutet bei Einkommen, welche den sozial-kulturellen Mindestbedarf der Eltern nicht überschreiten, daß ein voller Ausgleich der Normaufwendungen zu gewähren ist. Als Untergrenze des Ziels »Chancengleichheit« wird somit das sozial-kulturelle Existenzminimum garantiert.
Zur These (4): Auf der Finanzierungsseite übernimmt ZEPPERNICK einen Vorschlag des WISSENSCHAFTLICHEN BEIRATS FÜR FAMILIENFRAGEN BEIM BUNDESMINISTERIUM FÜR

JUGEND, FAMILIE UND GESUNDHEIT. Die Mittel für die Familienlastenausgleichsleistungen sollen demnach ab dem Existenzminimumeinkommen aufwärts über eine einkommensproportionale Steuer aufgebracht werden, wobei Ansprüche und Verpflichtungen im Rahmen der Einkommensbesteuerung gegeneinander aufgerechnet werden; negative Differenzbeträge sind gegebenenfalls auszuzahlen (negative Einkommensteuer).
Zur These (5): Der Familienlastenausgleich soll mit Beendigung des 15. Lebensjahres auslaufen und durch eine familienunabhängige Ausbildungsförderung ersetzt werden. In der Ausbildungsförderung sieht ZEPPERNICK eine Investition in Humanvermögen. Aufgrund des investiven Charakters, den er dieser Ausbildungsförderung zumißt, ist – zumindest teilweise – eine Gewährung der Ausbildungsförderungsleistungen auf *Darlehensbasis* vorgesehen.

Im Zusammenhang mit diesem Vorschlag ist vor allem hervorzuheben, daß von vornherein die Wertungen offengelegt werden. Darüber hinaus wird mit Nachdruck die Forderung erhoben, daß eine *Abstimmung* der verschiedenen Sozialleistungssysteme erforderlich ist. Damit wird der Familienlastenausgleich nicht isoliert als ein eigenständiges sozialpolitisches System gesehen, sondern herausgestrichen, daß ein sinnvolles Familienlastenausgleichskonzept in ein umfassendes Sozialleistungssystem einzubinden ist, insbesondere darf der Kinderlastenausgleich nicht unabhängig gesehen werden von der Alterslastenausgleichsproblematik.

8.3. Familienlastenausgleich und generatives Verhalten

Betrachtet man den Familienlastenausgleich als Gesamtkomplex aus Kinderlastenausgleich und Alterslastenausgleich, und ist der Alterslastenausgleich über ein Umlageverfahren organisiert, dann gehen von letzterem Anreizwirkungen ökonomischer Art aus. Spielen in dem Umlageverfahren nur die **Geldbeiträge**, nicht aber die **Reproduktionsbeiträge** eine Rolle, dann können zunehmend Alleinstehende oder auch Ehepaare sich als sogenannte **Trittbrettfahrer** verhalten. Sie verzichten selbst auf die Erziehung von Kindern, profitieren aber andererseits von diesen, da die Kinder ja nicht nur die Beiträge zur Leistung der Renten an ihre eigenen Eltern, sondern auch an die Kinderlosen zu übernehmen haben. Fehlt dann außerdem ein entsprechender Kinderlastenausgleich bzw. ist der Familienlastenausgleich in erster Linie auf eine Begünstigung des Ehegatten ausgerichtet, dann werden so eindeutige ökonomische Anreize gesetzt, daß auch Konsequenzen für das generative Verhalten zu erwarten sind. Die Forderung, die an den gesamten Familienlastenausgleich zu stellen ist, muß also nicht darin liegen, daß der Familienlastenausgleich zu einer Geburtenförderung beiträgt; andererseits soll der Familienlastenausgleich aber auch nicht das Kindererziehen bestrafen. Neben einem sozialen Alterslastenausgleich bleibt also ein entsprechender Kinderlastenausgleich erforderlich, der in erster Linie der Förderung der Qualität der Humankapitalbildung dienen sollte, daneben aber auch für die notwendige vertikale Umverteilung von oben nach unten zu sorgen hat. Damit die *Neutralität* in bezug auf das *generative Verhalten* gewährleistet ist, muß der *Kinderlastenausgleich ähnlichen Prinzipien folgen wie der Alterslastenausgleich*. Werden die Alterslasten gesamtgesellschaftlich getragen, so

B. Theorie der Sozialen Sicherung

müßte das konsequenterweise auch für die Kinderlasten gelten. Man kann also nicht einerseits *Eigenverantwortlichkeit bei der Entscheidung zugunsten von Kindern* fordern, aber andererseits eine *staatliche Zwangsvorsorge für das Alter* propagieren.

Literatur

Einführende Literatur
AUGE, M.: Humanvermögen, Sozialisation und Familienlastenausgleich. Zur vermögenstheoretischen Perspektive in der Familienpolitik. Spardorf 1984, Kapitel V.
BRÜCK, G. W.: Allgemeine Sozialpolitik. Grundlagen – Zusammenhänge – Leistungen. 2. Aufl., Köln 1981, Erstes und Zweites Kapitel.
FORSTER, E.: Ökonomische Sicherungspolitik. Berlin 1983, 2. Kapitel.
HERDER-DORNEICH, Ph.: Gesundheitsökonomik. Systemsteuerung und Ordnungspolitik im Gesundheitswesen. Stuttgart 1980, Abschnitt 1.2.2. (Systemanalyse der Krankenversicherung).
LAMPERT, H.: Lehrbuch der Sozialpolitik. Berlin, Heidelberg, New York, Tokyo 1985, VI. Kapitel (Abschnitt A und B) und X. Kapitel.
METZTE, I.: Gesundheitspolitik. Ökonomische Instrumente zur Steuerung von Angebot und Nachfrage im Gesundheitswesen. Stuttgart, Berlin, Köln, Mainz 1982, Kapitel A.
PETERSEN, H.-G.: Finanzwissenschaft II. Stuttgart, Berlin, Köln, Mainz 1988, Abschnitt H.1.2.
PETERSEN, H.-G.: Sicherheit der Renten? Die Zukunft der Altersversorgung. Würzburg, Wien 1981, Kapitel III, IV und V.
SCHÖNBÄCK, W.: Subjektive Unsicherheit als Gegenstand staatlicher Intervention. Frankfurt, New York 1980, Kapitel B und C.
ZERCHE, J. und F. GRÜNDGER: Sozialpolitik. Einführung in die ökonomische Theorie der Sozialpolitik. Düsseldorf 1982, Kapitel 4 und 5.

Vertiefende Literatur
ALBERS, W.: Probleme eines Familienlastenausgleichs. In: Sozialer Fortschritt, Jg. 16 (1967), S. 156 – 162.
ALBERS, W.: Soziale Sicherung. Konstruktionen für die Zukunft. Stuttgart 1982.
ANDEL, N.: Einkommensteuer. In: Handbuch der Finanzwissenschaft. Bd. 2, 3. Aufl., Tübingen 1980, S. 331 – 401.
ANDEL, N.: Nettoanpassung und Besteuerung der Renten im Lichte der Gleichmäßigkeit der Besteuerung, der Verteilungsgerechtigkeit und des Sanierungsbedarfs der Rentenversicherungen. In: P. BOHLEY und G. TOLKEMITT (Hrsg.): Wirtschaftswissenschaft als Grundlage staatlichen Handelns. Heinz Haller zum 65. Geburtstag, Tübingen 1979, S. 165 – 176.
ARROW, H. J.: Economic Welfare and the Allocation of Ressources for Invention. In: Ders.: Essays in the Theory of Risk-Bearing. Amsterdam, London 1970, S. 144 – 163.
ARROW, K. J. und R. C. LIND: Uncertainty and the Evaluation of Public Investment Decisions. In: American Economic Review, Vol. LX, 1970, S. 364 – 378.
BARRO, R. J.: Are Government Bonds Net Wealth? In: Journal of Political Economy, Vol. 82, 1974, S. 1095 – 1117.
BOSS, A.: Zur Reform der sozialen Sicherung in der Bundesrepublik Deutschland. In: Konjunkturpolitik, 27. Jg., 1981, S. 59 – 88.
BREMS, H.: Labor, Capital, and Growth. Lexington 1973.
BURGHARDT, A.: Kompendium der Sozialpolitik. Berlin 1979.
DEBREU, G.: Theory of Value. An Axiomatic Analysis of Economic Equilibrium. New York 1959.

Literatur

DINKEL, R.: Die Auswirkungen eines Geburten- und Bevölkerungsrückgangs auf Entwicklung und Ausgestaltung von gesetzlicher Alterssicherung und Familienlastenausgleich. Berlin 1984.

ENGELS, W. und H. WENKEBACH: Sozial- und Verteilungspolitik – Gedanken zur Weiterentwicklung (Gesellschaftspolitische Bildungsmaterialien, H. 6). Köln 1979.

FELDSTEIN, M.: Social Insurance. In: Public Policy, Vol. 25, 1977, S. 81 – 115.

FELDSTEIN, M.: Social Security, Induced Retirement, and Aggregate Capital Accumulation. In: Journal of Political Economy, Vol. 82, 1974, S. 905 – 926.

FELDSTEIN, M. und B. FRIEDMAN: Tax Subsidies, the Rational Demand for Insurance and the Health Care Crisis. In: Journal of Public Economics, Vol. 7, 1977, S. 155 – 178.

FREY, B. S. und W. STROEBELE: Ist das Modell des Homo Oeconomicus »unpsychologisch«? In: Zeitschrift für die gesamte Staatswissenschaft, Tübingen, 136. Bd., 1980, S. 82 – 97.

FRIEDMAN, M.: A Theory of the Consumption Function. Princeton 1975.

FROMM, E.: Haben oder Sein – Die seelischen Grundlagen einer neuen Gesellschaft. 10. Aufl., Stuttgart 1979.

GIERSCH, H.: Wir brauchen wieder Gründerjahre. In: Die Zeit, Nr. 1, 1. Januar 1982, S. 18.

GLAAB, P.: Eine Modellrechnung zur langfristigen Entwicklung der finanziellen Situation in der gesetzlichen Rentenversicherung. Frankfurt, Bern, Las Vegas 1977.

GROHMANN, H.: Auswirkungen der Bevölkerungsentwicklung in der Bundesrepublik Deutschland auf die gesetzliche Rentenversicherung. In: Zeitschrift für die gesamte Versicherungswissenschaft, Bd. 70, 1981, S. 49 – 72.

HALLER, H.: Probleme der progressiven Besteuerung (Walter Eucken Institut, Vorträge und Aufsätze, H. 27), Tübingen 1970.

HALLER, H.: Die Berücksichtigung des Lebensunterhalts der Kinder und der Vorsorgeaufwendungen im Rahmen der Steuerreform – Zielsetzungen und Implikationen. In: Zeitschrift für die gesamte Staatswissenschaft, Bd. 129, 1973, S. 504 – 534.

HARMS, J.: Funktionsanalyse der kapitalistischen Wirtschaft. Frankfurt 1981.

HEDTKAMP, G.: Finanzwissenschaftliche Untersuchung. In: H. F. ZACHER (Hrsg.): A.a.O., S. 437 – 452.

HENRICHSMEYER, W., O. GANS und I. EWERS: Einführung in die Volkswirtschaftslehre. 6. Aufl., Stuttgart 1985.

HEUBECK, G.: Auswirkungen der Bevölkerungsentwicklung auf die betriebliche Altersversorgung. In: Zeitschrift für die gesamte Versicherungswissenschaft, Bd. 70, 1981, S. 101 – 119.

ISENSEE, J.: Rechtswissenschaftliche Untersuchung – Die Rolle des Beitrags bei der rechtlichen Einordnung und Gewährleistung der sozialen Sicherung, In: H. F. ZACHER (Hrsg.): A.a.O., S. 461 – 500.

JÜTTEMEIER, K. H.: Deutsche Subventionspolitik in Zahlen 1973 – 1981. Anlagenband zum Zweiten Strukturbericht des Instituts für Weltwirtschaft. Kiel 1984.

KAUSEMANN, E.-P.: Möglichkeiten einer Integration von Steuer- und Transfersystem. Thun, Frankfurt 1983.

KAY, J. A. und M. KING: The British Tax System. 3. Aufl., Worcester 1983.

KNIGHT, F. H.: Risk, Uncertainty and Profit. Boston, New York 1921.

KOLMS, H.: Art. »Konsum«. In: Handwörterbuch der Sozialwissenschaften, 6. Bd., Tübingen, Göttingen 1959, S. 142 – 149.

KRÜSSELBERG, H. G.: Vitalvermögenspolitik und die Einheit des Sozialbudgets: Die ökonomische Perspektive der Sozialpolitik für das Kind. In: K. LÜSCHER (Hrsg.): Sozialpolitik für das Kind. Stuttgart 1979. S. 143 – 179.

LEIBENSTEIN, H.: Economic Backwardness and Economic Growth. New York, London 1957.

LEIBFRITZ, W., A. KRUMPER und W. NIERHAUS: Staatliche und private Altersversorgung – Gutachten zur bisherigen und künftigen Aufgabenteilung. In: IFO-Schnelldienst, Nr. 8, 1986, S. 15 – 20.

B. Theorie der Sozialen Sicherung

Leibowitz, A.: Family Background and Economic Success: A Review of the Evidence. In: Kinometrics. Determinants of Socioeconomic Success Within And Between Families. Amsterdam, New York 1977, S. 9 – 30.
Liefmann-Keil, E.: Ökonomische Theorie der Sozialpolitik. Berlin, Göttingen, Heidelberg 1961.
Liefmann-Keil, E.: Sozialinvestition und Sozialpolitik. Zur Perpetuierung der Sozialpolitik. In: Gewerkschaftliche Monatshefte, 23. Jg., 1972, S. 24 – 38.
Lindbeck, A.: Tax Effects Versus Budget Effects on Labor Supply (Seminar Paper No. 148, Institute for International Economic Studies). Stockholm 1980; gekürzte Fassung in: Economic Inquiry, Oct. 1982, S. 473 – 489.
Lobscheid, H. G.: Versicherung in wirtschaftstheoretischer Betrachtung. Berlin 1959.
Löwe, H.: Demographisch bedingte Probleme der Versorgung alter Menschen. In: Konsequenzen des Geburtenrückgangs für ausgewählte Politikbereiche (Schriftenreihe des Bundesministeriums für Jugend, Familie und Gesundheit, Bd. 58). Stuttgart, Berlin, Köln, Mainz 1978. S. 97 – 111.
Mackenroth, G.: Bevölkerungslehre. Theorie, Soziologie und Statistik der Bevölkerung. Berlin 1953.
Mackenroth, G.: Die Reform der Sozialpolitik durch einen deutschen Sozialplan. In: E. Boettcher (Hrsg.): Sozialpolitik und Sozialreform. Tübingen 1957, S. 43 – 74; zuerst erschienen in: Schriften des Vereins für Socialpolitik, N. F. Bd. 4, Berlin 1952.
Maslow, A. H.: Motivation und Persönlichkeit. Olten, Freiburg i. Br. 1977.
Meade, J.: The Growing Economy. London 1968.
Meinhardt, V.: Die Auswirkungen der gesetzlichen Rentenversicherung auf das Sparverhalten der privaten Haushalte in der Bundesrepublik Deutschland. Dissertation, Berlin 1980.
Meinhold, H.: Fiskalpolitik und sozialpolitische Parafisci. Tübingen 1976.
Messere, K.: Tax Levels, Structures, and Systems: Some Intertemporal and International Comparisons. In: H. C. Recktenwald (Hrsg.): Secular Trends of the Public Sector (Proceedings of the 32st Congress of the IIPF, Edimbourg 1976). Paris 1978, S. 193 – 210.
Munnel, A. H.: The Future of Social Security. Washington, D. C. 1977.
Musgrave, R. A., P. B. Musgrave und L. Kullmer: Die öffentlichen Finanzen in Theorie und Praxis. 3. Bd., Tübingen 1977.
Nell-Breuning, O. v.: Bedürftigkeitsprüfung oder Bedürfnis? In: Sozialer Fortschritt, 5. Jg., 1956, S. 8 – 10.
Olson, M.: The Logic of Collective Action, Public Goods and the Theory of Groups. Cambridge/Mass. 1965 (deutsche Übersetzung: Die Logik des kollektiven Handelns. 2. Aufl., Tübingen 1985).
Oppitz, G.: Kind oder Konsum? Eine ökonomisch-psychologische Studie zur Verhaltensrelevanz von Werthaltungen junger Ehepaare (Schriftenreihe des Bundesinstituts für Bevölkerungsforschung, Bd. 14). Wiesbaden 1984.
Ott, G.: Einkommensumverteilungen in der gesetzlichen Krankenversicherung. Frankfurt, Bern 1981.
Peacock, A. T.: The Economics of National Insurance. London, Edinburgh, Glasgow 1952.
Petersen, H.-G.: Besteuerung der Alterseinkommen – Kritische Anmerkungen zu Vorschlägen des Sozialbeirats und der Sachverständigenkommission Alterssicherungssysteme. In: Finanzarchiv, N. F. Bd. 42, 1984, S. 126 – 142.
Petersen, H.-G.: Theorie und Praxis der Alterssicherung – Stand, Ansatzpunkte für Reformen und ihre Auswirkungen in der Bundesrepublik Deutschland. Gießen 1986.
Pfaff, M. und M. Schneider: Ökonomische Untersuchung. In: H. F. Zacher (Hrsg.): A.a.O., S. 391 – 423.
Preller, L.: Sozialpolitik – Theoretische Ortung. Tübingen 1962.
Proebsting, H.: Bevölkerungsvorausschätzungen. In: Die Angestellten-Versicherung, H. 10, 1985, S. 413 – 420.
Rhys-Williams, Lady D. B. E.: Taxation and Incentive. London, Edinburgh, Glasgow 1953.

RIESE, H.: Wohlfahrt und Wirtschaftspolitik. Hamburg 1975.
ROBERTSON, J.: Zusammenbruch oder Durchbruch – Politik und Wirtschaft der nachindustriellen Revolution. In: J. HUBER (Hrsg.): Anders arbeiten – anders wirtschaften. Frankfurt 1979, S. 36 – 54.
RORARIUS, M.: Modellrechnungen zur langfristigen Entwicklung der Rentenbestände und Rentenausgaben der ArV und AnV. In: Die Angestelltenversicherung, H. 7/8, 1983, S. 268.
ROSA, J.-J. (Hrsg.): The World Crisis in Social Security. Paris, San Francisco 1982.
ROSEN, S.: Social Security and the Economy. In: M. J. BOSKIN (Hrsg.): The Crisis in Social Security – Problems and Prospects. 3. Aufl., San Francisco 1979, S. 87 – 106.
ROSENBERG, P.: Die Zukunft der Alterssicherung in der Bundesrepublik Deutschland. In: Allgemeines Statistisches Archiv, Bd. 63, 1979, S. 40 – 57.
RÜFNER, W.: Landesbericht für die Bundesrepublik Deutschland. In: H. F. ZACHER (Hrsg.): A.a.O., S. 177 – 200.
RÜSTOW, A.: Ortsbestimmung der Gegenwart – Eine universalgeschichtliche Kulturkritik. Bd. 3: Herrschaft und Freiheit. Erlenbach, Zürich 1957.
SCHMÄHL, W. (Hrsg.): Versicherungsprinzip und soziale Sicherung. Tübingen 1985.
SCHREIBER, W.: Die Einrichtungen der sozialen Sicherheit und ihre gesellschaftliche Funktion. In: E. BOETTCHER (Hrsg.): Sozialpolitik und Sozialreform. Tübingen 1957, S. 75 – 114.
SCHREIBER, W.: Existenzsicherung in der industriellen Gesellschaft. In: B. KÜLP und W. SCHREIBER (Hrsg.): Soziale Sicherheit. Köln, Berlin 1971, S. 276 – 309.
STAHL, I.: Sweden. In: J.-J. ROSA (Hrsg.): A.a.O., S. 93 – 120.
TAKAYAMA, N.: Public Pensions in Japan. In: J.-J. ROSA (Hrsg.): A.a.O., S. 71 – 92.
TOBIN, J.: Economic Growth as an Objective of Government Policy. In: American Economic Review, Vol. 64, 1964, S. 1 – 27.
VAUBEL, R.: Die soziale Sicherung aus ökonomischer Sicht. In: H. SIEBERT (Hrsg.): Perspektiven der deutschen Wirtschaftspolitik. Stuttgart, Berlin, Köln und Mainz 1983, S. 151 – 164.
VAUBEL, R.: Social Security for Old Age. Paper prepared for the Mont-Pelerin Society, Regional Meeting, Vina del Mar, November 1981.
WEDDINGEN, W.: Grundzüge der Sozialpolitik und Wohlfahrtspflege. Stuttgart 1957.
ZACHER, H. F. (Hrsg.): Die Rolle des Beitrags in der sozialen Sicherung (Schriftenreihe für Internationales und Vergleichendes Sozialrecht, Bd. 4). Berlin 1980.
ZEPPERNICK, R.: Kritische Bemerkungen zum Zusammenhang zwischen Alterslastenausgleich und Kinderlastenausgleich. In: Finanzarchiv, Tübingen, N. F. Bd. 37, 1979, S. 292 – 306.
ZEPPERNICK, R.: Untersuchungen zum Familienlastenausgleich. Köln 1974.
ZIMMERMANN, H.: Welfare Taxation – The Importance of Non-Monetary Welfare Determinants for Income Taxation. In: W. A. S. KOCH und H.-G. PETERSEN (Hrsg.): Staat, Steuern und Finanzausgleich. Probleme nationaler und internationaler Finanzwirtschaften im zeitlichen Wandel. Festschrift für Heinz Kolms zum 70. Geburtstag. Berlin 1984, S. 263 – 278.

C. Soziale Sicherung in der Bundesrepublik Deutschland

In diesem Abschnitt sollen die Einrichtungen der sozialen Sicherung in der Bundesrepublik Deutschland kurz dargestellt werden. Dabei handelt es sich um die Einrichtungen der Alterssicherung, der Gesundheitsvorsorge, die gesetzliche Unfallversicherung, die Arbeitslosenversicherung und die Sozialhilfe. Den Abschluß dieses Kapitels bildet eine knappe Darstellung des Familienlastenausgleichs in der Bundesrepublik Deutschland.

IX. Einrichtungen der Alterssicherung

Zu den Einrichtungen der Alterssicherung zählen sowohl öffentliche als auch private Institutionen und Instrumente der Altersvorsorge. Zentrale Bedeutung hat die gesetzliche Rentenversicherung (GRV), aber für einen großen Teil der Bevölkerung sind auch die Versorgungseinrichtungen des öffentlichen Dienstes maßgeblich. Betriebliche Altersversorgungseinrichtungen gibt es für einen Teil der in der Privatwirtschaft beschäftigten Arbeitnehmer. Die privaten Lebensversicherungen stehen grundsätzlich allen offen, traditionell versichern sich in ihnen insbesondere die Selbständigen. Zur Sicherung des Alters dienen zum Teil auch die Vermögensbildung und Nebenerwerbstätigkeit.

9.1. Die gesetzliche Rentenversicherung (GRV)

Die **gesetzliche Rentenversicherung** umfaßt die Rentenversicherung der *Arbeiter* (ArV), der *Angestellten* (AnV) und die *knappschaftliche* Rentenversicherung. Die Träger der Rentenversicherung sind Körperschaften des öffentlichen Rechts und unterstehen staatlicher Aufsicht; sie sind als Selbstverwaltungskörperschaften organisiert. Die Arbeitnehmervertreter werden in der Bundesrepublik Deutschland durch die sogenannten *Sozialwahlen* von den Mitgliedern gewählt und in die Vertreterversammlung, die zu zwei Dritteln mit Arbeitnehmervertretern und einem Drittel Arbeitgebervertretern besetzt ist, entsandt. Die Selbstverwaltungsorgane haben weitgehende Entscheidungsbefugnisse in Fragen der Personalpolitik und der Vermögensverwaltung; auf Finanzierung (Beitragshöhe) und Leistung (Rentenhöhe) haben sie keinen Einfluß.
Zwischen der Rentenversicherung der Arbeiter und der der Angestellten besteht ein *Finanzverbund* mit dem Ziel der gegenseitigen Sicherung der Zahlungsfähigkeit. Aufgrund der fortlaufenden Veränderung in der Beschäftig-

IX. Alterssicherung

tenstruktur (weniger Arbeiter, mehr Angestellte) fließen regelmäßige Finanzausgleichszahlungen von der Angestellten- an die Arbeiterrentenversicherung; Beitrags- und Rentenhöhe sind für beide Versicherungszweige gleich geregelt. Demgegenüber ist die knappschaftliche Rentenversicherung selbständig und sowohl auf der Finanzierungs- als auch Leistungsseite abweichend ausgestaltet.

9.1.1. Der versicherte Personenkreis

Die Rentenversicherung ist eine **Pflichtversicherung**, in der die *wirtschaftlich unselbständigen* Arbeitnehmer, wenn sie gegen Entgelt oder als Lehrlinge beschäftigt sind, gegen Alter und Invalidität versichert sind. Dabei spielt die Höhe des Entgelts für die Versicherungspflicht grundsätzlich keine Rolle.[1] Als versichert gelten seit dem 1. 1. 1986 aufgrund des Hinterbliebenenrenten- und Erziehungszeitgesetzes von 1985 auch Mütter bzw. bei gemeinsamer Erklärung beider Elternteile kindererziehende Väter für die der Geburt eines Kindes folgenden 12 Kalendermonate. Die **Kindererziehungszeit** wird so berechnet, als seien Beiträge in Höhe von 75 % des durchschnittlichen Bruttoarbeitsentgelts aller Versicherten gezahlt worden. Eine gleichzeitige Erwerbstätigkeit steht der Anerkennung von Kindererziehungszeiten nicht entgegen.

Auf Antrag können auch *Selbständige* innerhalb von zwei Jahren nach Aufnahme ihrer selbständigen Tätigkeit eine Versicherungspflicht herbeiführen. Versicherungsfrei sind bestimmte Nebentätigkeiten und Personengruppen, deren Altersversorgung im allgemeinen gesichert erscheint. Das ist im wesentlichen der Personenkreis, der Anspruch auf eine Beamtenversorgung (dazu siehe 9.2.1.) hat. Freiwillig versichern können sich alle Personen, die in der Bundesrepublik Deutschland ihren Wohnsitz haben, und im Ausland lebende deutsche Staatsangehörige.

Gemäß den Ergebnissen des letzten Mikrozensus lag im Juni 1985 die Zahl der Versicherten in der GRV bei rund 31,7 Millionen, davon waren 21,2 Millionen pflichtversichert, ca. 1,8 Millionen freiwillig und 8,8 Millionen latent versichert[2]. Im Vergleich dazu belief sich die Zahl der Erwerbspersonen in der Bundesrepublik im Jahr 1985 auf 26,6 Millionen, die der abhängig beschäftigten Erwerbstätigen auf 23,5 Millionen. Aus diesen Zahlen wird deutlich, daß die GRV bereits den Charakter einer **Volksversicherung** angenommen hat, also nur noch unwesentlich abweicht von einer Versicherung, in der alle Staatsbürger abgesichert sind.

9.1.2. Die Finanzierung

Die Finanzierung der GRV erfolgt über die *Beitragszahlungen* der Versicherten bzw. deren Arbeitgeber und aus *Bundeszuschüssen*. Es findet ein Umlageverfahren Anwendung, so daß die jährlichen Ausgaben grundsätzlich durch Beiträge bzw.

---

[1] Bis 1968 existierte für Angestellte eine sogenannte Versicherungspflichtgrenze zur GRV, die damals entfallen ist. Die Versicherungspflichtgrenze zur GKV blieb hingegen bestehen.

[2] Latent Versicherte haben in den letzten 12 Monaten keine Beiträge entrichtet, aber vorher sind Pflicht- oder freiwillige Beiträge entrichtet worden; eine Rente beziehen sie noch nicht.

C. Soziale Sicherung in der BRD

Zuschüsse zu decken sind. Die *Liquiditätsreserve* (»Schwankungsreserve«) beträgt nur wenige Monatsausgaben. Der **Beitragssatz der GRV** beläuft sich gegenwärtig auf 18,7% des Bruttoarbeitsentgelts und ist je zur Hälfte vom Arbeitnehmer und Arbeitgeber aufzubringen. Beiträge werden erhoben bis zu einer **Beitragsbemessungsgrenze**, die etwas mehr als das Doppelte der jeweils geltenden allgemeinen Bemessungsgrundlage (siehe unten 9.1.3.) beträgt.

Für das Jahr 1988 beläuft sich die Beitragsbemessungsgrenze zur GRV auf 72 000 DM pro Jahr (6 000 DM pro Monat). In der knappschaftlichen Rentenversicherung sind zum einen die Beitragssätze höher, wobei die sich gegenüber der ArV und AnV ergebende Mehrbelastung vom Arbeitgeber gezahlt wird, und zum anderen liegt auch die Beitragsbemessungsgrenze um ca. 20% über der der ArV und AnV. Die Beiträge der Pflichtversicherten werden vom Arbeitgeber einbehalten und zusammen mit den Beiträgen zur GKV und zur Bundesanstalt für Arbeit als Gesamtsozialversicherungsbeitrag an die zuständige Krankenkasse abgeführt, die ihrerseits die den einzelnen Versicherungszweigen zustehenden Beitragsanteile überweist. Die Beiträge der pflichtversicherten Selbständigen und der freiwillig Versicherten werden heute ebenfalls überwiegend bargeldlos geleistet, wobei sich die Höhe der Beiträge nach gewissen Beitragsklassen richtet. Auch hier gilt der aus der o. a. Beitragsbemessungsgrenze folgende höchstmögliche Monatsbeitrag als Obergrenze.

Die Struktur der Finanzierungsseite der GRV hat sich in der Nachkriegszeit fortlaufend gewandelt, die quantitative Bedeutung des **Bundeszuschusses** ständig abgenommen. Der Bund zahlte im Jahr 1985 rund 17,8% der Gesamtausgaben der GRV gegenüber ca. einem Drittel in den 50er Jahren. Hingegen ist der Anteil der Beitragseinnahmen und der sonstigen Einnahmen, die im wesentlichen aus der Auflösung von Liquiditätsreserven resultieren, an den gesamten Einnahmen stark gestiegen. Die Entwicklung der Finanzierungsstruktur kann für ausgewählte Jahre der Tabelle 1 entnommen werden.

	1980	1984	1985	1986	1990
Beiträge (Ist)	113 509	131 769	140 382	149 209	173 444
Vermögenserträge	1 370	904	801	714	1 631
Erstattungen	1 078	1 337	1 277	1 247	1 136
Übrige Einnahmen	430	477	350	355	459
Zahlungen innerhalb der Rentenversicherung	8 315	9 582	13 128	14 381	13 072
Bundeszuschüsse	29 357	32 811	33 789	34 611	41 115
Einnahmen insgesamt	154 059	176 880	189 727	200 517	230 857
abzüglich:[1]	8 888	8 882	12 190	14 381	13 072
Finanzierung Sozialbudget	**145 171**	**167 998**	**177 537**	**186 136**	**217 785**

[1] Verrechnungen innerhalb der Rentenversicherung sowie z.B. Rentenrückflüsse. Entnahme aus der Rücklage und Differenzen zwischen der Ist- und Sollrechnung der Beiträge.

Quelle: DEUTSCHER BUNDESTAG: **Sozialbericht 1986 (S. 122).**

Tabelle 1: Finanzierung der GRV

IX. Alterssicherung

Der Bundeszuschuß hatte nach dem II. Weltkrieg auch die Aufgabe, die hohen *Kriegsfolgelasten* zu finanzieren. Er ist an die Entwicklung der allgemeinen Bemessungsgrundlage gebunden, damit die sich aus Leistungsverbesserungen ergebenden Mehrausgaben nicht automatisch durch entsprechende Erhöhungen des Bundeszuschusses aufgefangen werden. Konsequent ist eine solche Ausgestaltung dann, wenn die Leistungsverbesserungen allen Versicherungsmitgliedern zugute kommen; dem Äquivalenzprinzip zufolge müßten dann die Beitragssätze erhöht werden. Die Ausgestaltung der Rentenreform von 1972 entsprach allerdings weniger dem Äquivalenzprinzip, denn die Leistungsverbesserungen bezogen sich nur auf bestimmte Gruppen, wurden in der Folge aber über allgemeine Beitragserhöhungen finanziert, so daß daraus für viele Versicherungsmitglieder eine zusätzliche Einschränkung der Beitragsäquivalenz resultierte.

Das seit 1969 auch de jure praktizierte *Umlageverfahren* zwingt dazu, die Ausgaben *jährlich* zu decken; reichen die Beitragseinnahmen nicht aus, sind die erforderlichen Mittel vom Bund aufzubringen (sogenannte Bundesgarantie). Der Bund muß also daran interessiert sein, rechtzeitig Beitragsanpassungen vorzunehmen. Nun steigen die Ausgaben der GRV aber nicht nur aufgrund von Leistungsverbesserungen, sondern auch dann, wenn sich das Verhältnis von Beitragszahlern zu Leistungsempfängern verschlechtert, mehr Leistungsempfängern also weniger Beitragszahler gegenüberstehen. Sowohl aufgrund von Leistungsverbesserungen als auch aufgrund einer Verschlechterung des Rentenlastquotienten wachsen die Ausgaben der GRV schneller als die allgemeine Bemessungsgrundlage, die in Anlehnung an die Entwicklung der durchschnittlichen Bruttoarbeitnehmerentgelte berechnet wird. Infolgedessen nimmt der Anteil des Bundeszuschusses an der Gesamtfinanzierung der GRV trendmäßig ab, während die Beitragseinnahmen (über eine Erhöhung der Beitragssätze) angepaßt werden müssen. Da der Bund bei einer solchen Ausgestaltung nicht an den finanziellen Risiken der zukünftigen demographischen Entwicklung beteiligt würde, wird von verschiedenen Seiten eine Reform der Ausgestaltung des Bundeszuschusses gefordert.

9.1.3. Die Aufgaben und Leistungen

Die Aufgaben der GRV bestehen in:

1) der Gewährung von *Renten* an Versicherte und Hinterbliebene im Falle von Invalidität[3], Alter bzw. Tod;
2) der Erhaltung, Besserung und Wiederherstellung der Erwerbsfähigkeit der Versicherten (*Rehabilitation*)[4] und

---

3 Bei Invalidität werden zwei Grade unterschieden: (1) als *berufsunfähig* gilt der Versicherte, dessen Erwerbsfähigkeit (wegen Krankheit oder anderer Gebrechen oder Schwächung seiner körperlichen und geistigen Kräfte) auf weniger als die Hälfte eines vergleichbaren gesunden Versicherten herabgesunken ist; (2) als *erwerbsunfähig* gilt der Versicherte, der aus den eben genannten Gründen auf nicht absehbare Zeit eine Erwerbstätigkeit nicht mehr ausüben oder aus einer Erwerbstätigkeit nur noch geringe Einkünfte erzielen kann.
4 Zu unterscheiden sind hier die medizinische Rehabilitation (therapeutische Betreuung in Kur- und Spezialeinrichtungen, insbesondere vorbeugender Natur) und die berufsfördernden Leistungen der Rehabilitation (verschiedene Hilfen der Arbeits- und Berufsförderung).

C. Soziale Sicherung in der BRD

3) der *Förderung* von Maßnahmen zur Hebung der *gesundheitlichen* Verhältnisse in der versicherten Bevölkerung sowie die Aufklärung und Auskunft an Versicherte und Rentner.

Seit 1983 beteiligen sich die Rentner an den Kosten ihrer Krankenversicherung mit einem Beitrag von ihrer Rente. Dieser **Krankenversicherungsbeitrag für Rentner** wurde bis zum 1. Juli 1987 schrittweise auf 5,9% angehoben. Bemessungsgrundlage ist die Sozialrente zuzüglich vergleichbarer Alterseinkommen (z. B. Pensionen, Betriebsrenten u. ä.). Der Tabelle 2 kann die Entwicklung der Leistungsstruktur der GRV für einige ausgewählte Jahre entnommen werden.

	1980	1984	1985	1986	1990
Gesundheitsmaßnahmen	4 426	4 013	4 369	4 686	5 469
Renten	119 843	147 510	153 308	159 492	192 485
davon[1]					
Bergmannsrente	346	382	350	360	407
Berufsunfähigkeit	1 329	1 467	1 365	1 408	1 654
Erwerbsunfähigkeit	13 052	19 040	19 553	20 335	24 234
Alter	70 334	85 079	89 559	93 296	113 562
Witwen/Witwer	32 903	39 728	40 878	42 444	50 659
Waisen	1 746	1 675	1 603	1 649	1 969
Knappschaftsausgleichsleistung	368	472	518	534	621
Krankenversicherung der Rentner	14 922	14 402	12 425	11 207	11 369
Beitragserstattungen	417	2 020	1 481	388	389
Verwaltung/Verfahren	2 788	3 060	3 090	3 226	3 869
Übrige Ausgaben	306	291	297	301	321
Verrechnungen[2]	8 087	9 367	12 913	14 166	12 857
Ausgaben insgesamt	151 157	181 135	188 401	194 000	227 380
abzüglich:[3]	8 572	9 758	13 164	14 416	13 107
Leistungen Sozialbudget	**142 585**	**171 377**	**175 237**	**179 584**	**214 273**

1 In den Jahren 1980 und 1984 sind 133 bzw. 139 Mio. DM an Rentenrückflüssen abgesetzt worden.
2 Zahlungen der Rentenversicherungszweige untereinander.
3 Verrechnungen, Abschreibungen/Nutzungen und Rentenrückflüsse.

Quelle: Deutscher Bundestag: Sozialbericht 1986 (S. 121).

Tabelle 2: Leistungen der GRV

Laut Sozialbericht 1986 wurden Mitte 1985 ca. 14 Mill. Renten gezahlt, davon 9,3 Mill. Versichertenrenten und 4,7 Mill. Hinterbliebenenrenten. Im Jahr 1985 waren in der Bundesrepublik Deutschland ca. 12,4 Mill. Menschen älter als 60 Jahre, davon 4,45 Mill. männlichen und 7,97 Mill. weiblichen Geschlechts. Von den Frauen waren in allen Altersklassen 4,6 Mill. und in den Altersklassen 60 Jahre und älter 4,0 Mill. verwitwet. Setzt man diese Zahlen ins Verhältnis zu den gezahlten Renten, wird deutlich, daß – ähnlich wie bei dem versicherten Personenkreis – heute der überwiegende Teil der alten Bevölkerung eine Rente aus der GRV erhält, die Sozialversicherung also zur *wichtigsten Einkommensquelle der alten Generation* geworden ist, wenn auch in vielen Fällen für den einzelnen damit noch kein ausreichendes Versorgungsniveau erreicht wird.

IX. Alterssicherung

Es wurde bereits erwähnt, daß die *Zahl der Leistungsempfänger* in einem Alterssicherungssystem wesentlich bestimmt wird durch die Fixierung der *Altersgrenze*. In der Bundesrepublik gilt keine feste Altersgrenze, sondern seit der Rentenreform 1972 eine flexible; die einzelnen Regelungen können der Tabelle 3 entnommen werden. Es sei hier nur angemerkt, daß sich seit Einführung der **flexiblen Altersgrenze** eine Tendenz durchgesetzt hat, die Rente zum frühest möglichen Zeitpunkt zu beanspruchen, während nur wenige von der Möglichkeit, über das 65. Lebensjahr hinaus zu arbeiten, Gebrauch machen.

Die Neu- oder Zugangsrenten werden grundsätzlich nach dem Arbeitsverdienst des Versicherten und der Dauer der Versicherung bemessen; für die Berechnung sind die folgenden vier Faktoren – zwei persönliche und zwei allgemeine – maßgebend:

(1) die sogenannte **persönliche Bemessungsgrundlage** P;
(2) die **Zahl der anrechnungsfähigen Versicherungsjahre** J;
(3) die sogenannte **allgemeine Bemessungsgrundlage** B und
(4) der **Steigerungssatz je anrechnungsfähigem Versicherungsjahr** St.

P ist das Bruttoarbeitsentgelt der Versicherten, ausgedrückt als Prozentsatz des durchschnittlichen Bruttoarbeitsentgelts aller Arbeiter und Angestellten. Dieser Faktor berücksichtigt also die Höhe der Beitragsleistung des Versicherten, die ja an seinem Arbeitsentgelt orientiert ist. Die Zahl der entrichteten Beiträge schlägt sich in dem Faktor J, der Zahl der anrechnungsfähigen Jahre, nieder. Neben diesen beiden persönlichen Faktoren berücksichtigt der Faktor B den jeweiligen Stand der Lohn- und Gehaltsentwicklung. Der Steigerungssatz St je anrechnungsfähigem Versicherungsjahr ist für die einzelnen Rentenarten unterschiedlich festgelegt und soll bewirken, daß sich bei normalem Arbeitsleben eine dem früheren Lohn oder Gehalt nach angemessene Rente ergibt. Die Jahresrente R berechnet sich nach folgender **Rentenformel**:

$$R = (P \cdot B) \cdot (J \cdot St) \ .$$

Zur Erläuterung ein einfaches Beispiel: Ein Versicherter hat während seiner Erwerbstätigkeit immer gerade einen Durchschnittslohn verdient (also das durchschnittliche Bruttoarbeitsentgelt aller Arbeiter und Angestellten in der GRV bezogen) und 40 anrechnungsfähige Versicherungsjahre zurückgelegt. Dann beträgt seine *persönliche Bemessungsgrundlage* P gerade 100% (hätte sein Lohn unter dem Durchschnitt gelegen, wäre die persönliche Bemessungsgrundlage P kleiner als 100%, hätte sein Lohn über dem Durchschnitt gelegen, wäre P größer als 100%). Die *allgemeine Bemessungsgrundlage* B beträgt beispielsweise für 1987 29842 DM. Dieser Betrag, multipliziert mit der persönlichen Bemessungsgrundlage P, ergibt in diesem Beispiel auch einen Wert von 29842 DM. Die *Zahl der anrechnungsfähigen Versicherungsjahre* J sei gleich 40, und der *Steigerungssatz je Versicherungsjahr* St beträgt bei Altersruhegeld 1,5%. Multipliziert man diese beiden Faktoren, ergeben sich 60%; dieser Prozentsatz stellt nun das *persönliche Versorgungsniveau* (Verhältnis der Bruttorente zum früheren Bruttoeinkommen) dar. Die Jahresrente beläuft sich in unserem Beispiel auf 60% von 29842 DM, also auf 17905,20 DM.

Der Prozentsatz der persönlichen Bemessungsgrundlage P drückt also das Verhältnis aus, in dem während der zurückgelegten Beitragszeiten das Bruttoarbeitsentgelt des einzelnen Versicherten zu dem aller Versicherten gestanden hat; es wird prinzipiell Jahr für Jahr ermittelt und daraus der Durchschnitt gebildet. Mit der persönlichen Bemessungsgrundlage soll die Rente entsprechend der Stellung des Versicherten im Einkommensgefüge bestimmt werden, die er

C. Soziale Sicherung in der BRD

Personengruppe	Altersgrenze	Voraussetzungen für Altersrente	Weiterarbeit	Wahlmöglichkeit
Frauen	60	15 Beitrags- und Ersatzjahre sowie 121 Pflichtbeiträge in den letzten 20 Jahren	Vor dem 65. Lebensjahr Nebenverdienst bis zu 440 DM/monatlich oder Begrenzung der Beschäftigung auf 2 Monate oder 50 Tage im Jahr. Bei Schwerbehinderten erhöht sich vom 62. Lebensjahr an, bei allen übrigen vom 63. Lebensjahr an die Nebenverdienstgrenze auf 1000 DM monatlich, wenn 35 anrechnungsfähige Versicherungsjahre nachgewiesen werden.	1. Weiterarbeit ohne Altersrente bis 65. Lebensjahr; anschließend höhere Altersrente 2. Weiterarbeit ohne Altersrente über 65. Lebensjahr hinaus; anschließend höhere Altersrente und zusätzliche Rentenzuschläge
Arbeitslose	60	15 Beitrags- und Ersatzjahre sowie 1 Jahr arbeitslos in den letzten 1½ Jahren		
Schwerbehinderte und Berufs- oder Erwerbsunfähigkeitsrentner	62	35 anrechnungsfähige Versicherungsjahre, davon 15 Beitrags- und Ersatzjahre	Beschränkung der Weiterarbeit auf höchstens 2 Monate oder 50 Arbeitstage im Kalenderjahr oder auf einen Nebenverdienst von höchstens 1000 DM/monatlich	
Alle Versicherten	63			
Alle Versicherten	65	15 Beitrags- und Ersatzjahre	ohne Einschränkung möglich	Weiterarbeit ohne Altersrente; anschließend höhere Altersrente und zusätzliche Rentenzuschläge

Quelle: BUNDESMINISTERIUM FÜR ARBEIT UND SOZIALORDNUNG: Übersicht über die soziale Sicherung (1977, S. 81)

Tabelle 3: Das System der flexiblen Altersgrenze

IX. Alterssicherung

während seiner gesamten Erwerbstätigkeit innehatte; m. a. W. soll die Verteilung der Renteneinkommen auf die einzelnen Rentner an die Verteilung der Arbeitseinkommen auf die einzelnen Arbeitnehmer anknüpfen.[5] Die Rente hat für die alte Generation eine sogenannte **Lohnersatzfunktion**, so daß auch nach dem Ausscheiden aus der Erwerbstätigkeit ihre *relative* Einkommensposition nach Möglichkeit erhalten bleiben sollte. Der *Prozentsatz der persönlichen Bemessungsgrundlage* ist nun in zweierlei Hinsicht – nämlich nach unten und oben – *begrenzt*:

(1) Arbeitnehmer, die beim Eintritt des Versicherungsfalls mindestens 25 Versicherungsjahre erreicht haben, werden, wenn ihre persönliche Bemessungsgrundlage P weniger als 75% der allgemeinen Bemessungsgrundlage betragen hat, so gestellt, als hätten sie 75% der allgemeinen Bemessungsgrundlage erreicht. Bei dieser Regelung handelt es sich um die sogenannte **Rente nach Mindesteinkommen**, zurückgehend auf die Rentenreform des Jahres 1972.

(2) Ergibt die persönliche Bemessungsgrundlage P einen Wert, der über 200% liegt (d. h., der Versicherte hat also mehr als das Doppelte des durchschnittlichen Bruttoarbeitsentgelts bezogen), bleiben die darüberliegenden Werte in der normalen Rentenberechnung außer Betracht. Diese *Obergrenze* ist damit zu begründen, daß es auf der Beitragsseite ebenfalls eine *Beitragsbemessungsgrenze* gibt, jenseits derer keine weiteren Beiträge mehr zu entrichten sind.

Seit 1985 wird die *allgemeine Bemessungsgrundlage* nach dem *durchschnittlichen Vorjahres-Bruttoarbeitsentgelt* berechnet. Da die allgemeine Bemessungsgrundlage die Entwicklung der Bruttoarbeitsentgelte widerspiegelt, sind die Zugangsrenten an das aktuelle Arbeitseinkommen – allerdings mit einer zeitlichen Verzögerung von etwa einem halben Jahr – gebunden. Die Entwicklung der durchschnittlichen Bruttoarbeitsentgelte und der allgemeinen Bemessungsgrundlage seit 1957 ist der Tabelle 4 zu entnehmen.

Die Rentenhöhe ist gemäß der Rentenformel auch von der Zahl der anrechnungsfähigen Versicherungsjahre J abhängig. Als Versicherungsjahre werden *Beitragszeiten, Ersatzzeiten, Ausfallzeiten* und *Zurechnungszeiten* zusammengerechnet. Dabei beträgt die Zeit, die bei den am 1. Juli 1987 laufenden Versichertenrenten berücksichtigt worden ist, bei Versichertenrenten an Männer in der ArV durchschnittlich 36,1 und in der AnV 37,6 Jahre und bei Versichertenrenten an Frauen in der ArV durchschnittlich 22,4 bzw. in der AnV 27,2 Jahre. Bei der Zahl der anrechnungsfähigen Versicherungsjahre ist einerseits aufgrund der geringer werdenden Bedeutung der infolge des II. Weltkriegs kürzeren Versicherungszeiten[6] und der zunehmenden Erwerbstätigkeit der Frauen eine

---

5 Läge statt dessen der Durchschnitt der letzten drei oder auch der besten fünfzehn Erwerbsjahre der Rentenberechnung zugrunde, ergäben sich Umverteilungseffekte zugunsten derjenigen, die erst am Ende des Arbeitslebens das höchste Einkommen erzielen bzw. während eines relativ kurzen Arbeitslebens hohe Einkommen bezogen haben.

6 Viele (die während des II. Weltkriegs nicht Soldaten waren) haben ihre selbständige, nicht versicherungspflichtige Existenz verloren, wobei sie häufig freiwillige Alterssicherung über Vermögensbildung und private Lebensversicherungen betrieben hatten. Diese Ansprüche gingen bekanntlich verloren, so daß sie nach dem II. Weltkrieg, dann schon als ältere Arbeitnehmer, praktisch erst neue Ansprüche in der GRV erwerben mußten.

C. Soziale Sicherung in der BRD

Jahr	Durchschnittliches Bruttojahresarbeitsentgelt [1] DM/Jahr	Allgemeine Bemessungsgrundlage [2] DM/Jahr	Beitragsbemessungsgrenze DM/Monat	Altersruhegeld am 1. Januar des Jahres [3]			Brutto-	Netto-
				DM/Monat [4]	Veränderung gegenüber dem Vorjahr v. H.	1957 = 100	Rentenniveau [5] bei 40 anrechnungsfähigen Versicherungsjahren v. H.	
1957	5 043	4 281	750	214,10		100,0	50,9	59,3
1958	5 330	4 542	750	214,10		100,0	48,2	56,7
1959	5 602	4 812	800	227,10	6,1	106,1	48,6	57,1
1960	6 101	5 072	850	240,60	5,94	112,4	47,3	56,2
1961	6 723	5 325	900	253,60	5,4	118,4	45,3	54,2
1962	7 328	5 678	950	266,30	5,0	124,4	43,6	52,5
1963	7 775	6 142	1 000	283,90	6,6	132,6	43,8	53,0
1964	8 467	6 717	1 100	307,10	8,2	143,4	43,5	52,9
1965	9 229	7 275	1 200	335,90	9,4	156,9	43,7	52,7
1966	9 893	7 857	1 300	363,80	8,3	169,9	44,1	53,9
1967	10 219	8 490	1 400	392,90	8,0	183,5	46,1	56,7
1968	10 842	9 196	1 600	424,50	8,1	198,3	47,0	57,3
1969	11 839	9 780	1 700	459,80	8,3	214,8	46,6	57,7
1970	13 343	10 318	1 800	489,00	6,35	228,4	44,0	56,8
1971	14 931	10 967	1 900	515,90	5,5	241,0	41,5	54,4
1972	16 335	12 008	2 100	548,40	6,3	256,1	42,2	57,0
1973	18 295	13 371	2 300	600,40	9,5	280,4	41,6	56,3
1974	20 381	14 870	2 500	668,60	11,35	312,3	41,6	57,0
1975	21 808	16 520	2 800	743,50	11,2	347,3	43,2	59,0
1976	23 335	18 337	3 100	826,00	11,1	385,8	44,8	62,8
1977	24 945	20 161	3 400	916,90	11,0	428,3	46,3	65,6
1978	26 242		3 700	1 008,10	9,9	470,9	46,1	64,6
1979	27 685	21 068	4 000	1 053,40	4,5	492,0	45,7	63,8
1980	29 485	21 911	4 200	1 095,60	4,0	511,7	44,6	63,2
1981	30 900	22 787	4 400	1 139,40	4,0	532,2	44,2	62,9
1982	32 198	24 099	4 700	1 205,00	5,76	562,8	44,9	64,6
1983	33 293	25 445	5 000	1 272,30	5,59	594,3	44,6	64,5
1984	34 292	26 310	5 200	1 315,50	3,4	614,4	45,3	65,2
1985	35 286	27 099	5 400	1 355,00	3,0	632,9	45,4	65,1
1986	36 627	27 885	5 600	1 394,30	2,9	651,2	45,0	63,7
1987	37 762	28 945	5 700	1 447,30	3,8	676,0	45,2	64,1

[1] Durchschnittsentgelt 1987: geschätzt.
[2] 1978; 21 608 (1. Halbjahr), 21 068 (2. Halbjahr).
[3] Altersruhegeld eines Versicherten mit durchschnittlichem Bruttojahresarbeitsentgelt aller Versicherten der ArV und der AnV und nach 40 anrechnungsfähigen Versicherungsjahren.
[4] Ab 1983 am 1. Juli des Jahres.
[5] Im Kalenderjahr; Bruttorente bzw. Rentenzahlbetrag gemessen am Brutto- bzw. Nottoarbeitsentgelt; 1987 geschätzt.

Quelle: DEUTSCHER BUNDESTAG: Rentenanpassungsbericht 1987 (S. 75).

Tabelle 4: Die Entwicklung des durchschnittlichen Bruttojahresarbeitsentgelts der Versicherten, der allgemeinen Bemessungsgrundlage, der Beitragsbemessungsgrenze, eines 1957 festgesetzten Altersruhegeldes und des Rentenniveaus in der Rentenversicherung der Arbeiter und der Angestellten

in Zukunft steigende Tendenz zu erwarten. Andererseits trägt die flexible Altersgrenze zu einer gegenläufigen Entwicklung bei.

Beitragszeiten sind solche Zeiten, in denen der Versicherte Beiträge an die GRV entrichtet hat. **Ersatzzeiten** hingegen sollen den Versicherten vor versicherungsrechtli-

IX. Alterssicherung

chen Nachteilen schützen, wenn er durch Ereignisse, die sich seinem persönlichen Einfluß entzogen, an der Beitragsleistung gehindert war. Als solche Zeiten gelten Jahre des Militär- und Kriegsdienstes, der Gefangenschaft oder Verschleppung, der Gefangenschaft als Verfolgter des Nationalsozialismus bzw. als politischer Häftling in der DDR. **Ausfallzeiten** sollen einen Ausgleich dafür geben, daß der Versicherte keine Beschäftigung gegen Entgelt ausüben konnte, und zwar ohne daß er durch staatliche Eingriffe daran gehindert war; solche Zeiten sind u. a.: Zeiten von Arbeitsunfähigkeit infolge Krankheit oder Unfall; Zeiten, in denen Rehabilitationsmaßnahmen durchgeführt worden sind; Zeiten von Arbeitslosigkeit, Schwangerschaft und Ausbildung (berücksichtigt werden Lehrzeiten, soweit sie nach dem 16. Lebensjahr liegen, Schul-, Fach- und Hochschulausbildung; bei Schul- und Fachschulausbildung bis zu 4, bei Hochschulausbildung bis zu 5 Jahren). **Zurechnungszeiten** sind besondere Zeiten, die im Falle von Berufs- oder Erwerbsunfähigkeit bzw. bei Witwenrenten im Falle des Todes des Ernährers gewährt werden. Die Zurechnungszeit ist dann die Zeit zwischen dem Eintritt des Versicherungsfalles (Invalidität, Tod) und der Vollendung des 55. Lebensjahres durch den Versicherten. Tritt z. B. vor Vollendung des 55. Lebensjahres Invalidität ein, wird die Zurechnungszeit bei der Ermittlung der anrechnungsfähigen Versicherungsjahre den zurückgelegten Beitrags-, Ersatz- und Ausfallzeiten hinzugerechnet.

Der Steigerungssatz je Versicherungsjahr ist abhängig von der Art der Rente. Der Versicherte erhält für jedes anrechnungsfähige Versicherungsjahr in der GRV bei Rente wegen *Berufsunfähigkeit* 1%, wegen *Erwerbsunfähigkeit* 1,5% und bei *Altersruhegeld* ebenfalls 1,5% als Steigerungssatz angerechnet. In der GRV (ArV und AnV) ergibt sich bei einer Versicherungszeit von 50 Jahren (vom 15. bis zum 65. Lebensjahr) ein Altersruhegeld von 75%, bei 40 Versicherungsjahren von 60% der persönlichen Bemessungsgrundlage.[7] Der Steigerungssatz von 1,5% findet auch bei fast allen Witwenrenten Anwendung. Im Falle der Berufsunfähigkeit ist der Steigerungssatz deswegen niedriger, weil die verbliebene Arbeitskraft (gegenüber der Erwerbsunfähigkeit) noch anderweitig verwendet werden könnte. Für Versicherte, die über das 65. Lebensjahr hinaus arbeiten und auf den Bezug des Altersruhegeldes verzichten (und auch vorher keine andere Rente aus der GRV bezogen haben), gibt es für jeden Monat ihres Rentenverzichts einen besonderen Rentenzuschlag[8].

Die laufenden oder sogenannten **Bestandsrenten** werden bei Veränderung der allgemeinen Bemessungsgrundlage B per Gesetz an die wirtschaftliche Entwicklung angepaßt. Die Bestandsrenten sind also an die Entwicklung der Bruttolöhne und -gehälter geknüpft; die dadurch erreichte **Dynamisierung** sorgt nicht nur für eine Anpassung an die Geldentwertung, sondern auch dafür, daß die Rentner an der realen Entwicklung der Löhne und Gehälter teilhaben. Die Tabelle 4 zeigt auch die Entwicklung des **Rentenniveaus** bei 40 anrechnungsfähigen Versicherungsjahren von 1960 bis 1985 (sogenannte Eckrente) jeweils als Prozentsatz des Brutto- bzw. des Nettoarbeitsentgelts. Die monatliche Rentenzahlung hat sich seit 1957 nahezu versiebenfacht, wobei das Bruttoversorgungsniveau zwischen 41,5% und 50,9% und das Nettoversorgungsniveau zwischen 52,5% und 65,6% schwankte. Das Nettoversorgungsniveau ist

---

[7] Der Satz von 75% stimmt mit dem in der Beamtenversorgung erreichbaren Höchstsatz überein, der dort allerdings bereits nach 35 Dienstjahren erreicht wird; siehe unten 9.2.1.

[8] Dieser Zuschlag beträgt 0,6% der bei Vollendung des 65. Lebensjahres erreichten Rente und wird maximal für zwei Jahre (24 Monate) gewährt; dadurch kann der Versicherte sein Altersruhegeld um höchstens 14,4% erhöhen.

C. Soziale Sicherung in der BRD

Versicherungszweig/Rentenart	Januar 1981	Januar 1982	Juli 1983	Juli 1984	Juli 1985	Juli 1986	Juli 1987
	\multicolumn{7}{c}{DM/Monat}						
Arbeiterrentenversicherung							
Versichertenrenten:							
Berufsunfähigkeitsrenten	364,00	390,50	401,20	475,30	567,70	605,40	667,20
Erwerbsunfähigkeitsrenten	482,20	509,20	534,70	556,40	587,30	634,20	683,40
Erwerbsunfähigkeitsrenten, erweiterte	390,80	712,60	816,90	860,60	859,20	971,20	1 084,40
Erziehungsrenten, kleine	376,90	332,00	370,40	383,10	389,70	391,60	403,70
Erziehungsrenten, große	441,00	452,20	460,30	414,30	446,20	438,40	488,20
Altersruhegelder, 60 Jahre an Arbeitslose	1 170,70	1 237,30	1 307,00	1 354,70	1 404,10	1 464,64	1 527,40
Altersruhegelder, 60 Jahre an Frauen	591,30	625,60	661,20	684,10	704,60	726,60	759,50
Altersruhegelder, 60 Jahre an Schwerbehinderte	1 291,70	1 369,20	1 443,20	1 493,50	1 534,50	1 584,90	1 641,60
Altersruhegelder, 63 Jahre	1 333,20	1 404,90	1 475,30	1 521,60	1 560,60	1 604,90	1 660,00
Altersruhegelder, 65 Jahre	717,40	745,10	756,80	759,90	744,10	732,90	722,80
Hinausgeschobene Altersruhegelder	611,80	643,20	674,00	691,00	707,50	723,30	744,70
Versichertenrenten insgesamt	703,80	739,30	768,70	792,50	813,10	840,90	869,70
Witwenrenten insgesamt	594,90	628,70	656,80	679,10	699,20	720,60	746,00
Waisenrenten:							
für Halbwaisen	227,40	231,40	235,20	238,60	241,10	243,70	247,30
für Vollwaisen	351,70	371,90	392,40	409,00	420,60	433,80	450,80
Waisenrenten insgesamt	231,40	236,00	240,40	244,40	247,30	250,20	254,30
Angestelltenversicherung (einschließlich von der AnV festgestellte Handwerkerrenten)							
Versichertenrenten:							
Berufsunfähigkeitsrenten	420,70	446,60	484,70	515,10	647,90	680,40	737,70
Erwerbsunfähigkeitsrenten	660,60	687,60	715,40	733,20	758,70	800,20	858,20
Erwerbsunfähigkeitsrenten, erweiterte	536,40	630,10	717,20	750,50	780,80	808,50	859,30
Erziehungsrenten, kleine	318,90	442,10	468,50	507,50	489,10	508,40	540,60
Erziehungsrenten, große	—	227,50	394,20	391,30	448,10	582,90	793,20
Altersruhegelder, 60 Jahre an Arbeitslose	1 399,60	1 461,40	1 533,90	1 590,40	1 648,80	1 715,50	1 800,60
Altersruhegelder, 60 Jahre an Frauen	934,70	980,00	1 022,70	1 051,10	1 075,20	1 100,90	1 144,90
Altersruhegelder, 60 Jahre an Schwerbehinderte	1 568,90	1 642,70	1 712,20	1 765,30	1 806,40	1 855,10	1 915,80
Altersruhegelder, 63 Jahre	1 666,70	1 752,80	1 836,50	1 893,20	1 938,90	1 991,70	2 062,80
Altersruhegelder, 65 Jahre	1 116,00	1 153,20	1 180,30	1 190,90	1 162,10	1 144,40	1 115,40
Hinausgeschobene Altersruhegelder	1 096,00	1 149,30	1 204,00	1 237,70	1 240,20	1 283,80	1 320,70
Versichertenrenten insgesamt	1 063,20	1 106,50	1 147,60	1 173,80	1 193,10	1 221,80	1 257,40
Witwenrenten insgesamt	832,30	877,30	926,00	955,90	982,00	1 008,70	1 041,30
Waisenrenten:							
für Halbwaisen	251,00	255,90	260,60	264,60	267,60	270,50	274,30
für Vollwaisen	395,10	416,20	440,80	456,00	467,20	480,30	496,90
Waisenrenten insgesamt	255,20	260,60	265,90	270,10	273,30	276,40	280,50

*) Einschließlich der jeweiligen Rentenanpassungen.
Renten bis 1982 nach den monatlichen Postmeldungen, ab 1983 Rentenbestandsaufnahme.

Quelle: DEUTSCHER BUNDESTAG: Rentenanpassungsbericht 1987 (S. 56).

Tabelle 5: Durchschnittliche Höhe der laufenden Renten in der Rentenversicherung der Arbeiter und der Angestellten nach Rentenarten 1981 bis 1987*)

höher als das Bruttoversorgungsniveau, da von den Bruttoarbeitsentgelten noch Lohnsteuer und Sozialbeiträge abzuführen sind, während die in der Tabelle 4 enthaltenen Renten einkommensteuerfrei bleiben.

IX. Alterssicherung

Der Tabelle 5 sind die *durchschnittlichen Höhen der laufenden Renten* in der ArV und AnV nach Rentenarten und bei unterschiedlichem Ruhestandsbeginn für die Jahre 1981 bis 1987 zu entnehmen. Zu beachten ist hier insbesondere, daß das Altersruhegeld, das an Arbeitslose über 60 gewährt wird, höher ist als das Altersruhegeld, das nach Ruhestandsbeginn mit Vollendung des 65. Lebensjahres gewährt wird, und auch wesentlich höher als das hinausgeschobene Altersruhegeld (Ruhestandsbeginn mit Vollendung des 67. Lebensjahres) ist, obwohl bei letzterem ein besonderer Zuschlag gewährt wird. Über das 63. Lebensjahr hinaus arbeiten heute wohl überwiegend diejenigen weiter, die bis dahin noch keinen ausreichenden Anspruch auf Altersrente erworben haben.[9]
Die **Hinterbliebenenversorgung** folgt in der GRV überwiegend dem *Kausalprinzip*, bei dem der *Ausfall des Ernährers* als ausreichendes Kriterium für den Anspruch auf eine Hinterbliebenenrente zur Bestreitung des Lebensunterhalts gilt. Es erhalten verwitwete Personen Zahlungen, auch wenn sie in der Lage wären, ihren Lebensunterhalt zu bestreiten. Die Hinterbliebenenrenten wurden mit dem oben erwähnten Hinterbliebenenrenten- und Erziehungsgesetz ab 1. 1. 1986 neu geregelt. Bis 1985 erhielten *Witwen* auf jeden Fall eine Rente, wenn der verstorbene Ehegatte im Todeszeitpunkt einen Anspruch auf eine Berufsunfähigkeitsrente gehabt hätte. *Witwer* hingegen erhielten nur dann eine Rente, wenn ihre Frau überwiegend zum Lebensunterhalt beigetragen hatte. Diese Regelung erklärte das BVerfG für verfassungswidrig, und von diesem wurde auch eine Neuregelung zum Ende des Jahres 1984 vorgeschrieben. Gemäß dieser Neuregelung haben auch Witwer einen unbedingten Witwerrentenanspruch, so daß eine *Gleichbehandlung von Mann und Frau* erfolgt. Allerdings wird ein Erwerbseinkommen, eine eigene Rente aus der GRV oder eine Pension angerechnet, wenn das eigene Einkommen des überlebenden Ehepartners einen dynamisierten Freibetrag übersteigt. Dieser ist auf monatlich 3,3 % der allgemeinen Bemessungsgrundlage fixiert (1988: 955 DM zuzüglich einer Erhöhung je waisenrentenberechtigtes Kind um 195 DM). Der diesen Freibetrag übersteigende Betrag wird zu 40 % auf die Hinterbliebenenrente angerechnet, so daß die Hinterbliebenenrente teilweise oder ganz ruht.

Die *Höhe* der Witwen- bzw. Witwerrente hängt außerdem von der *sozialen Lage der Witwe bzw. des Witwers* ab. So spricht man in der GRV von der »kleinen« und der »großen« Hinterbliebenenrente. Anspruch auf eine »große« Hinterbliebenenrente haben nur solche Hinterbliebene, die älter als 45 Jahre sind oder Kinder haben oder erwerbsunfähig sind; bei ihnen beträgt der Rentenanspruch 60 % der Rente der/des Verstorbenen. Sind diese Bedingungen nicht erfüllt, erhält die/der Hinterbliebene nur die »kleine« Hinterbliebenenrente, die sich auf 40 % der Rente der/des Verstorbenen beläuft. Hier haben also auch *finale* Zielsetzungen Eingang in die Ausgestaltung der Hinterbliebenenversorgung gefunden. Die Waisenrente beträgt bei Halbwaisen 10 %, bei Vollwaisen 20 % der Rente, die dem Versicherten ohne Kinderzuschuß zugestanden hätte. Die Halbwaisenrente erhöht sich um den Kinderzuschuß (152,90 DM), die Vollwaisenrente um ein Zehntel der für die Versichertenrente maßgeblichen allgemeinen Bemessungsgrundlage. Die durchschnittlichen Rentenhöhen der Hinterbliebenenversorgung sind ebenfalls der Tabelle 5 zu entnehmen.
Um die mögliche Spannweite der unterschiedlichen Rentenhöhen einmal anzudeuten, sollen im folgenden zwei Beispielfälle betrachtet werden:

---

9 Und gerade diese weniger gesicherten Arbeitnehmer finanzieren über ihre Beiträge die Kosten der flexiblen Altersgrenze mit.

C. Soziale Sicherung in der BRD

(1) Die *Rente nach Mindesteinkommen* wird gewährt, wenn mindestens 25 anrechnungsfähige Versicherungsjahre zurückgelegt sind. Ist das gerade der Fall und war das Bruttoentgelt des Versicherten immer kleiner als 75% der allgemeinen Bemessungsgrundlage B, berechnet sich die Mindestrente für 1987 wie folgt: Die persönliche Bemessungsgrundlage P beträgt 75% der allgemeinen Bemessungsgrundlage B (1987: 28 945 DM), also 21 708,75 DM. Es liegen 25 anrechnungsfähige Versicherungsjahre J vor, die mit einem Steigerungssatz St von 1,5% berücksichtigt werden, so daß sich ein Wert von 37,5% ergibt. Die jährliche Mindestrente beläuft sich demnach auf 37,5% von der persönlichen Bemessungsgrundlage 21 708,75 DM, also auf ca. 8141 DM; das entspricht einer monatlichen Rente von rund 678 DM,[10] ein Wert, der noch unterhalb des Niveaus der Sozialhilfe liegt.

(2) Um einen Eindruck von der *höchstmöglichen Rente* zu vermitteln, sei folgendes extreme Beispiel unterstellt: Ein Versicherter hat 50 anrechnungsfähige Versicherungsjahre zurückgelegt und während seiner Erwerbstätigkeit immer ein Bruttoentgelt bezogen, das doppelt so hoch war wie die allgemeine Bemessungsgrundlage. P ist also 200% der allgemeinen Bemessungsgrundlage, d. h. 57 890 DM. Aus dem Produkt aus anrechnungsfähigen Versicherungsjahren J und Steigerungssatz St ergeben sich 75%, so daß sich seine Jahresrente auf 75% von 57 890 DM, also auf 43 417,50 DM jährlich oder monatlich auf ca. 3618 DM beläuft. Das ist allerdings ein theoretischer Wert; bei eher erreichbaren 45 Versicherungsjahren ergäbe sich eine Jahresrente von ca. 39 076 DM bzw. eine Monatsrente von ca. 3 256 DM.

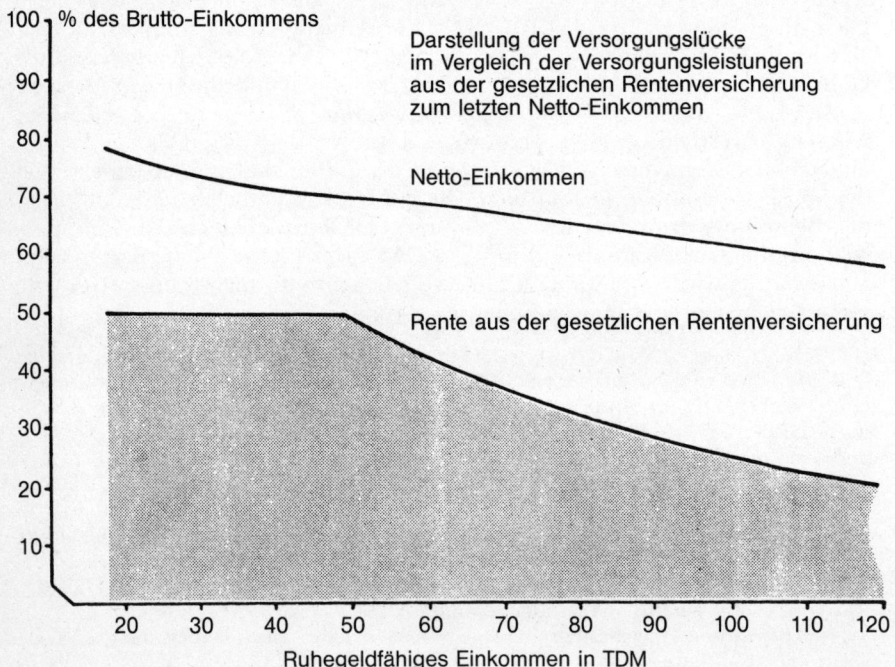

Quelle: AHREND, FÖRSTER und RÖSSLER (1980, S. 42)

Abbildung 20: Versorgungslücke

---

10 Niedrigere Renten sind natürlich möglich, wenn die Zahl der Versicherungsjahre geringer als 25 ist, höhere sind möglich, wenn die Zahl der Versicherungsjahre höher ist. Bei 35 Versicherungsjahren beträgt die Mindestrente z. B. 11 397 DM, bei 45 ca. 14 653 DM jährlich.

IX. Alterssicherung

Auch wenn die Versicherten eine relativ hohe Zahl an anrechnungsfähigen Versicherungsjahren aufzuweisen haben, bleibt – legt man das vor dem Ruhestandsbeginn zuletzt bezogene verfügbare Erwerbseinkommen zugrunde – eine mehr oder weniger große **Versorgungslücke** vorhanden, die sich bei 40 Versicherungsjahren ungefähr auf 35% und bei 45 Versicherungsjahren auf ca. 27% beläuft. Da es in der GRV eine Beitragsbemessungsgrenze und folglich auch eine Höchstrente gibt, sinkt das Versorgungsniveau für Rentner, die überwiegend ein Einkommen oberhalb der Beitragsbemessungsgrenze bezogen haben, um so stärker ab, je höher deren Einkommen oberhalb der Beitragsbemessungsgrenze gelegen hat: Hier nimmt die Versorgungslücke mit steigendem Erwerbseinkommen zu. Die Abbildung 20 verdeutlicht diesen Tatbestand, wobei eine Sozialversicherungsrente von 50% des Bruttoeinkommens unterstellt worden ist. Diese Versorgungslücke wird nun – zumindest für eine relativ große Zahl von alten Menschen – durch ergänzende Systeme auf betrieblicher Basis oder freiwillige Vorsorge z. T. oder sogar gänzlich geschlossen, so daß – jedenfalls in der Sicht einiger Autoren – der GRV nur die Funktion einer **Basisversorgung** zukommt.[11]

9.1.4. Die steuerliche Behandlung von Beiträgen und Renten

Für das *Nettoversorgungsniveau* – also die Relation des verfügbaren Renteneinkommens zum vor dem Ruhestandsbeginn erzielten verfügbaren Erwerbseinkommen – ist die einkommensteuerliche Behandlung von Erwerbseinkommen und Renten von besonderer Bedeutung. Da die Rentenversicherung aber im wesentlichen ein Instrument des intertemporalen Einkommensausgleichs darstellt, und aus steuersystematischen Gründen das Lebenseinkommen nur einmal der Besteuerung unterliegen sollte, ist auch die steuerliche Behandlung der Beiträge zur GRV von großer Wichtigkeit (ANDEL, WEISE und LITTMANN). Betrachtet man die Rente auch als auf das Alter übertragene Teile des früheren Leistungseinkommens, dann könnte man – will man das gesamte Lebenseinkommen besteuern – das *Leistungseinkommen* während der aktiven Lebensphase *ohne Abzug der Aufwendungen für die Altersversorgung* (einkommensteuerlicher Begriff: »**Vorsorgeaufwendungen**«) vom Leistungseinkommen besteuern. Betrachtet man hingegen die Rente – mehr dem tatsächlichen Umlageverfahren entsprechend – als intertemporalen Einkommensausgleich, den die erwerbstätige an die nicht mehr erwerbstätige Generation vornimmt, wäre das *Leistungseinkommen abzüglich der Aufwendungen für die Altersversorgung* und die *spätere Rentenzahlung* zu besteuern. Beide Verfahren führen allerdings nur bei nicht dynamisierten Rentenzahlungen und einem proportionalen Einkommensteuersystem zu identischen Ergebnissen (siehe oben 6.3.2.).[12]

---

11 Das trifft insbesondere für höhere Einkommen zu, denen auch bewußt eine zusätzliche Eigenvorsorge zugemutet wird.

12 Die zweite Alternative sorgt für eine gleichmäßigere Verteilung der steuerlichen Bemessungsgrundlage und vermeidet so die Progressionsspitzen, die aufgrund des vorwiegend geltenden Jahresperiodizitätsprinzips bei ungleichmäßiger Verteilung des Lebenseinkommens zu einer höheren Gesamtsteuerlast führen können.

C. Soziale Sicherung in der BRD

Die zur Zeit geltenden einkommensteuerlichen Regelungen verfolgen *keine* der beiden aufgezeigten Möglichkeiten in konsequenter Weise. Die **Vorsorgepauschale** im Rahmen der Lohnsteuer hat den Zweck, Vorsorgeaufwendungen bis zu bestimmten Höchstbeträgen nicht der Einkommensbesteuerung zu unterwerfen. Die Höchstbeträge wurden eingeführt, um zu vermeiden, daß Bezieher hoher Einkommen große Einkommensteile durch Umwidmung als Vorsorgeaufwendungen (im weitesten Sinne ist jede Art der Ersparnisbildung eine Vorsorgeaufwendung) der Einkommensbesteuerung entziehen. Im wesentlichen dient die Vorsorgepauschale dazu, die Aufwendungen für die Sozialversicherung (Renten-, Kranken- und Arbeitslosenversicherung) und im begrenzten Umfang auch freiwillige Beiträge der Steuerpflichtigen einkommensteuerlich außer Ansatz zu lassen. Insofern folgt also das *deutsche Einkommensteuergesetz* der *zweiten* dargestellten Möglichkeit der Lebenseinkommensbesteuerung, allerdings nur prinzipiell, da eine *vollständige* Freistellung der Sozialversicherungsbeiträge – und sei es auch nur der Beiträge zur GRV – *nicht* in jedem Falle gelingt. Ob Sozialbeiträge mit Einkommensteuer belastet werden oder nicht, hängt im wesentlichen vom Familienstand und der Kinderzahl sowie der Einkommenshöhe des einzelnen Steuerpflichtigen ab (ALBERS).

Prinzipiell sind die Sozialrenten, die steuerlich zu den sogenannten *Leibrenten* zählen, einkommensteuerpflichtig, und zwar im Rahmen der »sonstigen Einkünfte« (Einkunftsart 7 des EStG). Die Renten unterliegen der Einkommensbesteuerung jedoch nur in Höhe des sogenannten **Ertragsanteils**. In der steuerlichen Definition gilt als Ertragsanteil die Differenz zwischen dem Jahresertrag der Rente und dem Betrag, der sich bei gleichmäßiger Verteilung des Kapitalwerts der Renten auf ihre voraussichtliche Laufzeit ergibt, wobei als voraussichtliche Laufzeit die mittlere Lebenserwartung des Rentenberechtigten zu Beginn des Rentenbezugs zugrunde gelegt wird. Mit dem Ertragsanteil soll die *Verzinsungskomponente der Rente* erfaßt werden; es wird dabei also von der Vorstellung ausgegangen, die Rente sei durch Ansammlung von Kapital gebildet worden, und dieses Kapital werde – wie bei den privaten Lebensversicherungen oder auch anderen Vermögenswerten – bis zum Eintritt des Rentenfalls verzinst. Da auch die Zinsen aus anderen Vermögensarten der Einkommensbesteuerung unterliegen, soll auch die Zinskomponente der Rente besteuert werden[13].

Der Ertragsanteil beträgt z. B. bei Beginn der Rente mit vollendetem 65. Lebensjahr 24% und bei Beginn der Rente mit vollendetem 60. Lebensjahr 29%. M. a. W. werden also nur 24% (bzw. 29%) der Rente als Einkünfte aus sonstigen Bezügen in die Bemessungsgrundlage der Einkommensbesteuerung einbezogen.[14] Da außerdem noch Frei- und Pauschbeträge in Höhe von 6 242 DM (bei Alleinstehenden) bzw. 12 484 DM (bei Verheirateten) gewährt werden, ergibt sich eine **steuerfreie Jahresrente**, die etwa viermal (bzw. 3,5-mal) so hoch ist wie die o. a. Summen der Frei- und Pauschbeträge, also in Höhe von ca. 26 008 DM (bzw. 21 524 DM) und 51 183 DM (42 359 DM). Erhält z. B. ein 65 Jahre alter Rentner eine Leibrente in Höhe von 26 008 DM, so ergibt sich also bei einem Ertragsanteil von 24% ein Betrag von 6 242 DM, von dem die Frei- und Pauschbeträge abgezogen werden dürfen, so daß letztlich eine Einkommensteuerschuld von 0 DM resultiert.

---

13 Da bei der Sozialrente das Kapitaldeckungsverfahren gar nicht angewendet wird und die Eigenbeiträge mit der Höhe der Rente (aufgrund der Dynamisierung und beitragsfreier Leistungen) nicht völlig korrespondieren, ist die Konstruktion des Ertragsanteils ausgesprochen fragwürdig.

14 Der Ertragsanteil wirkt also wie ein einkommensproportionaler Freibetrag. Sollte die Zinskomponente allerdings halbwegs korrekt erfaßt werden, müßte der Ertragsanteil nicht nach dem Rentenbeginn, sondern nach dem Versicherungsbeginn gestaffelt sein (ALBERS).

In der Höhe gleiche Arbeitnehmer- und Renteneinkommen werden zum einen steuerlich unterschiedlich belastet und zum anderen tragen die Renteneinkommen keine Sozialbeiträge, so daß das Nettoversorgungsniveau immer deutlich oberhalb des Bruttoversorgungsniveaus liegt. Da die Erwerbseinkommen der einkommensteuerlichen Progression unterliegen, die Renten aber faktisch steuerfrei sind, steigt das Nettoversorgungsniveau mit zunehmender Rentenhöhe an, bis die höchst mögliche Sozialversicherungsrente erreicht ist, um dann anschließend wieder zu sinken.

9.2. Die Versorgungseinrichtungen des öffentlichen Dienstes

Zu den Versorgungseinrichtungen des öffentlichen Dienstes zählen einerseits die *Beamtenversorgung*, die als Vollsicherung ausgestaltet ist, und andererseits die *öffentlichen Zusatzversorgungseinrichtungen*, die den Arbeitern und Angestellten des öffentlichen Dienstes eine zur Sozialrente zusätzliche Altersversorgung gewähren, damit die gegenüber den Beamten sich ansonsten ergebende Versorgungslücke in bezug auf das Bruttoversorgungsniveau jedenfalls grundsätzlich geschlossen wird. Beamtenrechtliche Versorgungsempfänger sind neben bestimmten Arbeitnehmergruppen, die nach beamtenrechtlichen Vorschriften oder Grundsätzen versorgt werden, auch die Versorgungsempfänger nach Kap. I des Gesetzes zu Art. 131 des Grundgesetzes (verdrängte öffentliche Bedienstete weggefallener Dienststellen).
Die *wichtigsten* Zusatzversicherungen für Arbeiter und Angestellte des öffentlichen Dienstes sind die Versorgungsanstalt des Bundes und der Länder (VBL), die Bundesbahn-Versicherungsanstalt, Abteilung B (Zusatzversicherung) und die Versorgungsanstalt der Deutschen Bundespost.

9.2.1. Die Beamtenversorgung

Bei der Alterssicherung der **Beamten** wird unterstellt, daß – folgend aus ihrer besonderen *Treuepflicht* im dienstlichen (aber auch außerdienstlichen) Verhalten gegenüber dem Arbeitgeber – diesem auch gegenüber seinen Arbeitnehmern eine besondere *Unterhaltspflicht* (»Alimentationspflicht«) erwächst. Daher findet hier auch nicht das Versicherungsprinzip, sondern das *Versorgungsprinzip* Anwendung. »Das Alimentationsprinzip hat ja gerade zum Gegenstand, daß der Beamte nicht selbst Vorsorge treiben muß, daß er bis zur Erreichung der Altersgrenze seine ganze Kraft für den Dienstherrn einsetzt und – so muß man wohl ergänzen – nicht Zeit, noch Kraft, noch Mittel für eigene Vermögensdispositionen findet, um dann, wenn er den Teil des Lebens, während dessen er arbeitsfähig ist, vollendet hat, die staatliche Alimentation entgegenzunehmen« (THIEME).
Im Juni 1986 lag die Zahl der in der öffentlichen Verwaltung einschließlich der Wirtschaftsunternehmen ohne eigene Rechtspersönlichkeit beschäftigten Beamten bei 1,8 Millionen (darunter ca. 148 000 Teilzeitbeschäftigte); eine entsprechende Zahl erwirbt folglich auch Ansprüche auf eine beamtenrechtli-

C. Soziale Sicherung in der BRD

che Versorgung. Die Finanzierung des beamtenrechtlichen Systems erfolgt im wesentlichen aus *allgemeinen Haushaltsmitteln*, eigene Beiträge werden von den Beamten nicht erbracht. Sie sind darüber hinaus auch nicht krankenversicherungspflichtig, können sich aber freiwillig in der GKV[15] bzw. zu Quotentarifen, die die Beihilfe berücksichtigen, welche den Beamten im Krankheitsfall zusteht, in privaten Krankenversicherungen versichern.[16]

Auch die Beamtenversorgung erfolgt also über ein Umlageverfahren, allerdings aus allgemeinen Haushaltsmitteln gespeist, zu denen die Beamten einen Teil – nämlich über ihre Steuerzahlungen – selbst beitragen, wie sie im übrigen auch an dem Bundeszuschuß zur GRV beteiligt sind. Zur Finanzierung des beamtenrechtlichen Systems wurden im Jahre 1985 36,8 Mrd. DM aufgewendet.

Aufgaben des beamtenrechtlichen Systems sind neben der bereits erwähnten Alters- und Hinterbliebenenversorgung u. a. auch die Sicherung im Falle der Invalidität und des einstweiligen Ruhestandes. Zu den »ruhegehaltsfähigen Dienstbezügen« zählen das Grundgehalt, der Ortszuschlag, die jährliche Sonderzuwendung (»Weihnachtsgeld«) sowie sonstige Bezüge, die im Besoldungsrecht als ruhegehaltsfähig bezeichnet sind. Die ruhegehaltsfähige Dienstzeit setzt sich zusammen aus der eigentlichen Dienstzeit und u. a. auch Zeiten des Wehrdienstes, Ausbildungszeiten und gegebenenfalls Zurechnungszeiten, die ähnlich wie in der GRV geregelt sind.

Grundsätzlich gilt gemäß § 41 Bundesbeamtengesetz als *Altersgrenze* die Vollendung des 65. Lebensjahres, nur in besonderen Ausnahmen ist eine Weiterarbeit bis zur Vollendung des 67. Lebensjahres möglich; gemäß § 42 Abs. 3 kann ohne Nachweis der Dienstunfähigkeit ein Beamter auf Lebenszeit auf seinen Antrag in den Ruhestand versetzt werden, wenn er das 63. Lebensjahr, als Schwerbehinderter im Sinne des § 1 des Schwerbehindertengesetzes das 62. Lebensjahr vollendet hat.[17] Ein Anspruch auf Ruhegehalt besteht, wenn der Beamte wenigstens fünf Jahre tätig war. Das Ruhegehalt (**Pension**) beträgt bis zur Vollendung einer zehnjährigen Dienstzeit 35% der ruhegehaltsfähigen Dienstbezüge und steigt mit jedem Dienstjahr bis zum 25. Dienstjahr um je 2%, vom 26. Dienstjahr an um 1% jährlich, bis maximal 75% der ruhegehaltsfähigen Dienstbezüge, was nach 35jähriger Dienstzeit erreicht ist. Im Jahr 1980 wurde ein durchschnittlicher Ruhegehaltssatz von ca. 72% erreicht (ZACHER); damit liegt das Bruttoversorgungsniveau des beamtenrechtlichen Systems deutlich oberhalb des Bruttoversorgungsniveaus in der GRV.

Im Gegensatz zur GRV gibt es in der Beamtenversorgung eine »**Mindestpension**«. Gemäß § 14 Beamtenversorgungsgesetz beträgt die Mindestversorgung 65% der jeweils ruhegehaltsfähigen Dienstbezüge aus der Endstufe der Besoldungsgruppe A 3 zuzüglich 35 DM. Der Grundgehaltssatz der Endstufe der Besoldungsgruppe A 3 beläuft sich ab 1. 1. 1987 auf 1 564,80 DM, der Ortszuschlag für einen Ledigen (Stufe 1) auf 617,74 DM; daraus resultiert dann im Jahr 1987 eine Mindestpension in Höhe von 1 454,– DM monatlich (zuzüglich Sonderzuwendung).

Das *Hinterbliebenengeld* beträgt 60% des Ruhegehalts, das der Verstorbene erhalten hätte, wenn er am Todestag in den Ruhestand getreten wäre (auch hier: Kausalprinzip).

---

15 In diesem Falle müssen auch die Beamten den Arbeitgeberanteil zahlen.
16 Diese Tarife sind insbesondere für Ledige, aber auch für Verheiratete wesentlich günstiger als die Beiträge an die GKV.
17 Für einzelne Beamtengruppen wie Polizeibeamte und Soldaten ist gesetzlich eine niedrigere Altersgrenze bestimmt, für Richter und Hochschullehrer teils eine höhere.

Ähnlich wie bei der »kleinen« Hinterbliebenenrente in der GRV existiert eine einschränkende Regelung in der Beamtenversorgung, gemäß der Hinterbliebene, die mehr als 20 Jahre jünger sind als der (die) Verstorbene und keine ehelichen Kinder haben, ein gekürztes Hinterbliebenengeld erhalten.[18] Das Waisengeld beträgt für Halbwaisen 12% und für Vollwaisen 20% des Ruhegehalts, das der Verstorbene erhalten hat oder erhalten hätte, wenn er am Todestag in den Ruhestand getreten wäre. Das Ruhegehalt ist wie die Hinterbliebenenversorgung *dynamisiert*, da die Leistungen an der Besoldung der aktiven Beamten anknüpfen. Die beamtenrechtliche Versorgung kennt keine Höchstgrenze, so daß für alle Gruppen der Versorgungsempfänger ein einheitliches Bruttoversorgungsniveau gilt. Informationen über die Höhe der Pensionen sind nur indirekt ableitbar und schätzbar. So dürfte der durchschnittliche Pensionär heute eine Pension beziehen, die etwa an die Besoldungsgruppe A 12 angelehnt ist (75% des Gehalts der letzten Stufe; PETERSEN). Die Zahl der Empfänger von Ruhegehalt (Pensionäre) belief sich im Jahr 1986 auf ca. 560 000; Witwen- bzw. Witwergeld erhielten rund 415 000 und Waisengeld 42 000 Versorgungsempfänger (unmittelbarer öffentlicher Dienst; d. h. ohne die Versorgungsempfänger der Sozialversicherungsträger).

Die Pensionen werden *einkommensteuerlich* nicht als »Leibrenten«, sondern als »Versorgungsbezüge« ähnlich den Einkünften aus nichtselbständiger Arbeit behandelt. Zu den allen Arbeitnehmern gewährten Frei- und Pauschbeträgen kommen noch der Altersfreibetrag und der Versorgungs-Freibetrag (40% der Versorgungsbezüge, maximal 4 800 DM im Jahr) hinzu. Bei dem durchschnittlichen Pensionär ergibt sich also eine Einkommensteuerschuld, die etwas niedriger ist als bei einem Arbeitnehmer mit vergleichbarem Einkommen, aber deutlich höher als bei einem Sozialrentner mit entsprechend hoher Rente. Trotzdem liegt natürlich die Nettopension deutlich oberhalb der durchschnittlichen Nettorente der GRV, da schon die durchschnittliche Bruttorente nur einen Bruchteil der Durchschnittspension ausmacht. Entsprechend fällt auch die Hinterbliebenenversorgung der Beamten sowohl brutto als auch netto deutlich höher aus als in der GRV.

9.2.2. Die Zusatzversorgung

Aufgrund der Entwicklung in der Beschäftigtenstruktur des öffentlichen Dienstes sowie des Dienstrechts wurden zunehmend die Tätigkeitsfelder der Arbeiter und Angestellten denen der Beamten ähnlicher und damit auch vergleichbar. So kann es nicht verwundern, daß sich Bestrebungen einstellten, die Versorgung der Arbeiter und Angestellten des öffentlichen Dienstes der der Beamten anzupassen. Mit der Einführung der sogenannten Gesamtversorgung durch den Tarifvertrag über die Versorgung der Arbeitnehmer des Bundes und der Länder sowie von Arbeitnehmern kommunaler Verwaltungen und Betriebe (Versorgungs-TV) vom 4. November 1966 war diesen Bestrebungen auch Erfolg beschieden; die Anpassung an die Beamtenversorgung wurde weitgehend verwirklicht.

Im Juni 1986 lag die Zahl der in der öffentlichen Verwaltung einschließlich der Wirtschaftsunternehmen ohne eigene Rechtspersönlichkeit sowie Bundesbahn und Bundespost beschäftigten Arbeiter und Angestellten bei 2,8 Millionen, darunter 651 000 Teilzeitbeschäftigte; eine entsprechend große Zahl erwirbt

---

18 Gemäß § 20 Beamtenversorgungsgesetz wird das Witwengeld für jedes angefangene Jahr des Altersunterschieds über 20 Jahre um 5% gekürzt, jedoch höchstens um 50%.

C. Soziale Sicherung in der BRD

also auch Ansprüche aus der Zusatzversorgung. Die Finanzierung der **Zusatzversorgung** erfolgt durch Beiträge und Umlagen. Die *Beiträge* belaufen sich auf 4% des zu versichernden Entgelts; seit dem 1. 7. 1973 werden diese Beiträge voll vom Arbeitgeber gezahlt.[19] Die beteiligten Arbeitgeber haben außerdem eine *Umlage* zu erbringen, die zur Zeit 1,5% der Summe der Arbeitsentgelte aller aufgrund der Pflichtversicherung Versicherten ausmacht. Faktisch werden die öffentlich-rechtlichen Zusatzversorgungseinrichtungen also aus allgemeinen Haushaltsmitteln der öffentlichen Haushalte finanziert.

Die Zusatzversorgung basiert aber – anders als die GRV – zumindest teilweise auf dem *Kapitaldeckungsverfahren*; das Vermögen der **Versorgungsanstalt des Bundes und der Länder** (VBL), der Bundesbahn-Versicherungsanstalt, Abt. B, und der Versorgungsanstalt der Deutschen Bundespost belief sich im Jahre 1988 auf 21,1 Mrd. DM. Damit waren immerhin 3,7 Jahresausgaben der Zusatzversorgungsanstalten gedeckt, was für ein wirkliches Kapitaldeckungsverfahren zu wenig, für ein reines Umlageverfahren aber zu viel ist. Im Jahre 1985 betrugen die gesamten Ausgaben der drei o. a. Anstalten ca. 5,8 Mrd. DM.

Die Aufgaben der Zusatzversorgungsanstalten entsprechen im wesentlichen denen des beamtenrechtlichen Systems; zusammen mit der Rente aus der GRV, die die Arbeiter und Angestellten des öffentlichen Dienstes erhalten, soll also über die Zusatzrente eine den *Beamten ähnliche Gesamtversorgung* erreicht werden. Eine Versorgungsrente erhält, wer im Sinne der GRV berufs- oder erwerbsunfähig ist, ein Altersruhegeld aus der GRV erhält oder das 65. Lebensjahr vollendet hat. Als Versorgungsrente wird der Betrag gewährt, der sich als Differenz zwischen der Gesamtversorgung und den Bezügen (i. d. R. die Rente aus der GRV) ergibt, die auf die Gesamtversorgung anzurechnen sind. Die Höhe der Gesamtversorgung ist abhängig von der Höhe des gesamtversorgungsfähigen Entgelts und des Steigerungssatzes; beides ist in Anlehnung an die Beamtenversorgung geregelt, so daß sich nach 35 gesamtversorgungsfähigen Jahren ein maximaler Rentenanspruch von 75% des letzten Bruttoentgelts ergibt. Bei Angestellten des öffentlichen Dienstes, deren Vergütung oberhalb der Beitragsbemessungsgrenze zur GRV liegt, ist nach § 43 Abs. 4 der Satzung der VBL »gesamtversorgungsfähiges Entgelt das um 20 vH des die Beitragsbemessungsgrenze übersteigenden Betrages gekürzte gesamtversorgungsfähige Entgelt«. Für Angestellte im oberen Bereich des BAT wird daher der Rentenanspruch die 75-%-Grenze unterschreiten, so daß hier das Bruttoversorgungsniveau vergleichbarer Beamter nicht erreicht wird. Die Hinterbliebenenversorgung ist wie im beamtenrechtlichen System geregelt, eine *Mindestrente*, die der Mindestpension entspricht, *existiert nicht*. Die Gesamtversorgung ist wie die Beamtenversorgung *dynamisch* ausgestaltet.

Im Jahr 1986 belief sich der Rentenbestand der drei o. a. Zusatzversorgungsanstalten auf ca. 874 000 Versicherten- und Hinterbliebenenrenten, davon rund 616 000 an Versicherte und 258000 an Hinterbliebene. Über die Höhe der Zusatzversorgung aus der VBL und der sich damit ergebenden Gesamtversorgung der Arbeiter und Angestellten des öffentlichen Dienstes liegen nur wenige Informationen vor. Nach eigenen Berechnungen und Schätzungen dürfte sich aus Sozialrente und Zusatzversorgung eine Gesamtversorgung ergeben, die in etwa 75% eines Gehalts im Bereich der Vergütungsgruppen Vc bis Vb des Bundesangestelltentarifs (BAT) entspricht. Die durchschnittliche Bruttoversorgung der Arbeiter und Angestellten liegt damit deutlich unterhalb der Beamten, was teilweise auf die unterschiedliche Struktur im Stellenkegel zurückzuführen

---

19 Vorher betrug der Arbeitnehmeranteil 1,5% des zu versichernden Entgelts.

ist.[20] Da sowohl die GRV-Rente als auch die *Zusatzrente* einkommensteuerlich *als Leibrenten behandelt* werden (also der Ertraganteilsbesteuerung unterliegen), ist die Gesamtversorgung bei Alleinstehenden nur gering steuerlich belastet, bei Verheirateten hingegen steuerfrei. Infolgedessen werden Nettoversorgungsniveaus erreicht, die – je nach Familienstand – weit über 100% hinausgehen, während die Beamten ein Nettoversorgungsniveau zwischen etwa 80 – 85% aufweisen. Darüber hinaus nimmt das Nettoversorgungsniveau mit steigender Vergütungsgruppe zu und beginnt erst dann wieder zu sinken, wenn die Beitragsbemessungsgrenze zur GRV erreicht wird, da dann auch das Bruttoversorgungsniveau rückläufig ist. Die Hinterbliebenenrenten sind auch im wesentlichen einkommensteuerfrei.

Diese »**Überversorgungstendenzen**« sollen zukünftig mittels versorgungstarifvertraglicher Regelungen abgebaut werden. Dabei soll angestrebt werden, daß langfristig das Nettoversorgungsniveau 90% eines fiktiven Nettoeinkommens nicht übersteigen soll. Bei grundsätzlicher Besitzstandswahrung bedingt eine solche isolierte Lösung komplizierte Übergangsregelungen. Darüber hinaus werden hier die Tarifvertragsparteien quasi als »Hilfsfiskus« tätig, was steuersystematisch fragwürdig und verfassungsrechtlich bedenklich ist.

9.3. Die betriebliche Altersversorgung

Bei der **betrieblichen Altersversorgung** handelte es sich lange Zeit um eine *freiwillige* Sozialleistung der Arbeitgeber. Prinzipiell ist sie das auch heute noch, aber mit dem Gesetz zur Verbesserung der betrieblichen Altersversorgung (Betriebsrentengesetz) vom 19. 12. 1974 hat sie dennoch eine etwas andere Qualität angenommen: »Der Gesetzgeber hat durch seine Initiative gezeigt, daß er die betriebliche Altersversorgung als eigenständige Säule im Bereich der sozialen Sicherung der Arbeitnehmer anerkennt, und auch die Gewerkschaften haben durch ihre konstruktive Mitarbeit bei der Schaffung der gesetzlichen Bestimmungen bewiesen, daß auch sie die betriebliche Altersversorgung als sozialpolitisch notwendige Unterstützung der gesetzlichen Rentenversicherung ansehen« (AHREND/FÖRSTER/RÖSSLER). Die betriebliche Altersversorgung hat also u. a. das Ziel, die Versorgungslücke, die die GRV hinterläßt, jedenfalls teilweise zu schließen. Es darf allerdings nicht verkannt werden, daß gerade die steuerliche Begünstigung für die Unternehmen einen starken Anreiz zur Einführung betrieblicher Altersversorgungen ausgeübt hat und eine wahre Gesetzesflut notwendig war, um Mißbräuche zu verhindern.

Über die Ausgestaltung und quantitative Bedeutung der betrieblichen Altersversorgung gibt es wenig Informationen, so daß es nur möglich ist, ein unvollständiges Bild zu zeichnen. Nach der amtlichen statistischen Erhebung für das Jahr 1976 können etwa 7 Mill. Arbeitnehmer in den untersuchten Wirtschaftsbereichen – das sind durchschnittlich etwa 65% aller dort beschäftigten Arbeitnehmer – mit einer betrieblichen Versorgung rechnen, wobei allerdings eine starke Abhängigkeit von der *Unternehmensgröße* zu beobachten ist; so werden z. B. in Großunternehmen 90%, in Kleinunternehmen aber nur 18% betrieblich versorgt. Gegenüber 1973 hat der relative Anteil der betrieblich

---

20 Die oberen Vergütungsgruppen sind bei den Beamten wesentlich stärker besetzt.

C. Soziale Sicherung in der BRD

versorgten Arbeitnehmer um 4,5 Prozentpunkte zugenommen. Zählt man zu der o. a. Zahl der Arbeitnehmer noch die der Wirtschaftsbereiche, in denen die betriebliche Altersversorgung tarifvertraglich geregelt ist, hinzu, so erwarben im Jahr 1976 etwa 9 Mill. Arbeitnehmer Ansprüche auf eine betriebliche Altersversorgung; das sind ca. 51% der außerhalb des staatlichen Bereichs beschäftigten Arbeitnehmer.

Die aktuellsten Ergebnisse (Stand 1984) liefern Erhebungen des IFO-INSTITUTS FÜR WIRTSCHAFTSFORSCHUNG und von INFRATEST (LEIBFRITZ/KRUMPER/NIERHAUS/ PARSCHE). Aus ihnen wird deutlich, daß nach 1981 kein weiterer Ausbau der betrieblichen Altersversorgung mehr stattgefunden hat, teilweise sogar die Tendenz zu einer *quantitativen* und *qualitativen Einschränkung* dieses Versorgungssystems erkennbar geworden ist. Der Verbreitungsgrad der betrieblichen Altersversorgung dürfte heute also eher unter dem o. a. Niveau liegen.

Für die betriebliche Altersversorgung gibt es prinzipiell fünf verschiedene *Gestaltungsformen*, mit denen die Art der Finanzierung unmittelbar verbunden ist. Die Alterssicherung erfolgt

(1) durch das Unternehmen selbst (Direktzusage),
(2) durch ein Unternehmen der privaten bzw. öffentlich-rechtlichen Lebensversicherung (Direktversicherung),
(3) durch eine betriebliche Pensionskasse,
(4) durch eine betriebliche Unterstützungskasse oder
(5) durch einen Träger der GRV (Höherversicherung und freiwillige Versicherung).

Ohne hier auf alle Details eingehen zu können, sei festgehalten, daß in den Grundformen (1) und (4) keine Beitragsbeteiligung der Arbeitnehmer, in den Grundformen (2), (3) und (5) eine Beitragsbeteiligung zwar möglich, aber überwiegend nicht üblich ist. Häufig werden die möglichen Gestaltungsformen kombiniert angewendet.

Der Anteil der Arbeitnehmer mit Zusagen auf betriebliches Ruhegeld betrug laut INFRATEST im Jahr 1981 etwas über 50%, der Anteil der aus Unterstützungskassen[21] begünstigten ca. 25%, der Anteil der Pensionskassenmitglieder[22] knapp 10% und der Anteil der direktversicherten Arbeitnehmer (einschließlich der GRV, die aber nur einen sehr geringen Anteil ausmachen) gut 10%. Dabei herrscht in den Großbetrieben die Direktzusage[23] vor, während die kleineren Unternehmen die Direktversicherung präferieren. Mit dem Betriebsrentengesetz wurde im übrigen auch eine *Insolvenzsicherung* geschaffen; dazu gründeten die Bundesvereinigung der Deutschen Arbeitgeberverbände zusammen mit dem Bundesverband der Deutschen Industrie und dem Verband der Lebensversicherungsunternehmen den Pensions-Sicherungs-Verein (VVaG), der bei Zahlungsunfähigkeit eines Arbeitgebers die Aufrechterhaltung der betrieblichen Altersversorgung gewährleistet, soweit es sich um unverfallbare Anwartschaften und um Ansprüche handelt.

In der betrieblichen Altersversorgung findet überwiegend das *Kapitaldeckungsverfahren* Anwendung, und zwar in der Unternehmung selbst oder in den privaten Lebensversicherungen. Z. T. wird allerdings auch das Umlageverfahren angewendet (bei den sogenann-

---

21 Unterstützungskassen sind rechtlich selbständige Einrichtungen (e. V., GmbH, seltener Stiftung).
22 Pensionskassen sind ebenfalls rechtlich selbständig, aber als Versicherungsvereine auf Gegenseitigkeit (VVaG) organisiert.
23 Bei der Direktzusage behält das Unternehmen die Verfügungsgewalt über die Mittel; die Finanzierung erfolgt entweder aus dem laufenden Ertrag der Zahlungsjahre oder im voraus während der Aktivzeit durch Rückstellungen nach § 6a EStG.

IX. Alterssicherung

ten Betriebsrenten ohne Vorausfinanzierung). »Man schätzt die Ruhegeldverpflichtungen, die aus dem laufenden Ertrag gezahlt werden, auf etwa 10% aller Ruhegeldverpflichtungen« (WERNER). Nach Schätzungen von AHREND beliefen sich die für die betriebliche Altersversorgung angesammelten Mittel im Jahr 1985 auf etwa 295 Mrd. DM. Damit kommt der betrieblichen Altersversorgung auch aus gesamtwirtschaftlicher Sicht eine erhebliche Bedeutung insbesondere für die Finanzierung der deutschen Wirtschaft zu. Bei den für 1978 auf ca. 7,4 Mrd. DM geschätzten laufenden Pensionszahlungen waren mit dem vorhandenen Vermögen 19,8 Jahresausgaben gedeckt, wobei allerdings zu berücksichtigen ist, daß die Zahl der Anspruchserwerber wesentlich größer ist als die der Leistungsempfänger.

Die betriebliche Altersversorgung umfaßt die Sicherung im Falle der Invalidität und im Alter. Die Hinterbliebenenversorgung gehört nicht grundsätzlich zum Leistungsumfang. Allerdings ergab z. B. eine Untersuchung der Vereinigung Leitender Angestellter, daß ca. 74% der befragten Führungskräfte eine Hinterbliebenenrente zugesagt erhalten haben, von den befragten Pensionären allerdings 92% eine solche Zuwendung erhalten hatten (VEREINIGUNG LEITENDER ANGESTELLTER). Die Leistungen werden in Form von Renten- oder Kapitalzahlungen erbracht; nach der oben zitierten amtlichen Erhebung erhalten durchschnittlich 93% der Arbeitnehmer mit betrieblicher Altersversorgung Zusagen auf Rentenleistungen, darunter 37% auf bezügeabhängige Renten. 7% der Arbeitnehmer erhalten einmalige Kapitalleistungen. Bei den Arbeitern und Angestellten orientiert sich die Altersgrenze an den Regelungen der GRV (flexible Altersgrenze); bei den leitenden Angestellten ist eine vorzeitige Pensionierung etwa ab dem 60. Lebensjahr nur bei sehr wenigen möglich (AHREND).

Wie bereits festgestellt wurde, sinkt das Versorgungsniveau in der GRV für diejenigen, die ein Einkommen oberhalb der Beitragsbemessungsgrenze bezogen haben. Soll mit der betrieblichen Alterssicherung eine Gesamtversorgung in Höhe von 65% bis 75% der letzten Bruttobezüge erreicht werden, bedeutet das betriebliche Versorgungsleistungen von ca. 10% bis 15% unterhalb der Beitragsbemessungsgrenze. Oberhalb der Beitragsbemessungsgrenze ergibt sich mit steigendem Einkommen ein stark zunehmender Versorgungsbedarf, der dann durch die Betriebsrente gedeckt werden soll. In der Tabelle 6 ist beispielhaft aufgezeigt, wie die betriebliche Altersversorgung ausgestaltet sein muß, wenn zumindest annähernd ein gleichmäßiges Nettoversorgungsniveau angestrebt wird.[24] Es tritt deutlich zutage, daß mit *steigendem* Einkommen die Betriebsrente ein *zunehmendes* Gewicht an der Gesamtversorgung erhält; in der höchsten Einkommensklasse ist die Betriebsrente rund 1,7 mal so hoch wie die Rente aus der GRV.

Allein aus dieser in der Praxis häufig anzutreffenden Ausgestaltung folgt, daß sich die Betriebsrenten sehr unterschiedlich auf die verschiedenen Empfängergruppen verteilen, so daß die noch folgenden Durchschnittswerte nur eine relativ geringe Aussagekraft haben. Geht man von den oben gemachten Annahmen aus, dann resultiert für das Jahr 1976 bei einem Bruttoarbeitseinkommen in Höhe der Beitragsbemessungsgrenze zur GRV (3 100 DM monatlich) eine Versorgungslücke von etwa 310 bis 460 DM (10% bis 15%) bzw. bei einem Bruttoeinkommen in Höhe der doppelten Beitragsbemessungsgrenze eine Lücke von ca. 1 860 DM (30%).

Nach Schätzungen von AHREND wurden 1976 von allen Unternehmungen etwa 7,4 Mrd. DM an Pensionszahlungen geleistet. Bei einer ungefähren Empfängerzahl von etwa 2 Millionen (TRANSFER-ENQUETE-KOMMISSION) belief sich die durchschnittliche Zahlung

---

24 Die Betriebsrentenformel lautet hier: 15% für Gehaltsteile bis zur Beitragsbemessungsgrenze und 45% für Gehaltsteile oberhalb der Beitragsbemessungsgrenze.

C. Soziale Sicherung in der BRD

Einkommen* brutto	netto	Relation Netto- zu Brutto- ein- kommen	SV- Rente	Betriebs- rente	Steuerpflichtiger Teil der SV- Rente	Betriebs- rente	insge- samt	Steuer- abzug	Gesamtrente brutto	netto	Relation Netto- zu Brutto- rente	Relation Netto- rente zu Netto- ein- kommen
(1)	(2)	(3)	(4)	(5)	(6)	(7)	(8)	(9)	(10)	(11)	(12)	(13)
18 000	13 963	77,57	9 000	2 700	1 600	–	1 600	–	11 700	11 700	100	83,8
21 600	16 269	75,32	10 800	3 240	1 960	–	1 960	–	14 040	14 040	100	86,3
25 200	18 549	73,61	12 600	3 780	2 320	–	2 320	–	16 380	16 380	100	88,3
28 800	20 771	72,12	14 400	4 320	2 680	–	2 680	–	18 720	18 720	100	90,1
32 400	23 006	71,00	16 200	4 860	3 040	–	3 040	–	21 060	21 060	100	91,5
36 000	25 228	70,08	18 000	5 400	3 400	–	3 400	–	23 400	23 400	100	92,8
39 600	27 666	69,86	19 800	5 940	3 760	–	3 760	–	25 740	25 740	100	93,0
44 400	30 882	69,55	22 200	6 660	4 240	–	4 240	–	28 860	28 860	100	93,5
49 200	34 002	69,11	24 000	7 740	4 600	230	4 830	–	31 740	31 740	100	93,3
54 000	37 272	69,02	24 000	9 900	4 600	1 286	5 886	–	33 900	33 900	100	91,0
58 800	40 409	68,72	24 000	12 060	4 600	2 366	6 966	–	36 060	36 060	100	89,2
63 600	43 388	68,22	24 000	14 220	4 600	4 136	8 736	313	38 220	37 907	99,2	87,4
68 400	46 251	67,62	24 000	16 380	4 600	5 906	10 506	741	40 380	39 639	98,2	85,7
73 200	49 040	66,99	24 000	18 540	4 600	8 066	12 666	1 253	42 540	41 287	97,1	84,2
78 000	51 744	66,34	24 000	20 700	4 600	9 446	14 046	1 581	44 700	43 119	96,5	83,3
82 800	54 350	65,64	24 000	22 860	4 600	11 246	15 846	2 009	46 860	44 851	95,7	82,5
87 600	56 923	64,98	24 000	25 020	4 600	13 016	17 616	2 421	49 020	46 599	95,1	81,9
92 400	59 448	64,34	24 000	27 180	4 600	14 786	19 386	2 849	51 180	48 331	94,4	81,3
97 200	61 933	63,72	24 000	29 340	4 600	16 616	21 216	3 277	53 340	50 063	93,9	80,8
102 000	64 383	63,12	24 000	31 500	4 600	18 596	23 196	3 748	55 500	51 752	93,2	80,4
106 800	66 805	62,55	24 000	33 660	4 600	20 546	25 146	4 218	57 660	53 442	92,7	80,0
111 600	69 233	62,04	24 000	35 820	4 600	22 526	27 126	4 689	59 820	55 131	92,2	79,6
121 200	73 951	61,02	24 000	40 140	4 600	26 456	31 056	5 616	64 140	58 524	91,2	79,1

* Brutto-Aktiveinkommen = ruhegeldfähiges Einkommen (Durchschnitt der letzten 12 Monate)
Basis: 1.1.1979**)
Rentenformel: 15% bis BBG; 45% über BBG; anrechnungsfähige Dienstzeit: 30 Jahre
** Beitragsbemessungsgrenze 1979: a) Renten und Arbeitslosenversicherung = 48 000 DM p.a.
　　　　　　　　　　　　　　　　　b) Krankenversicherung = 36 000 DM p.a.

Quelle: AHREND, FÖRSTER und RÖSSLER (1980, S. 48).

Tabelle 6: Vergleich von Nettorenten und Nettoaktiveinkommen bei alternativen Bruttoeinkommen

IX. Alterssicherung

auf ca. 308 DM monatlich. Bei den leitenden Angestellten erhält die überwiegende Zahl Festrenten von über 350 DM monatlich bzw. bezügeabhängige Renten von 15% bis unter 50% des pensionsfähigen Einkommens. Die Mehrzahl der übrigen Angestellten erhält Festrenten von 100 DM bis unter 350 DM, die Arbeiter von 100 DM bis 200 DM bzw. bezügeabhängige Renten von 15% des pensionsfähigen Einkommens oder mehr.[25]

Aufgrund der überaus großen *Streuung* der Leistungen um den Mittelwert ist ein durchschnittliches Bruttoversorgungsniveau für Arbeitnehmer mit Anspruch auf eine betriebliche Versorgung nicht abzuleiten. Aus den unterschiedlichen Regelungen und den vorliegenden Zahlen läßt sich jedoch eine grobe Schätzung ableiten, nach der sich das Bruttoversorgungsniveau durch die betriebliche Altersversorgung um rund 15 Prozentpunkte erhöht. Wie sich diese Erhöhung auf das Nettoversorgungsniveau auswirkt, hängt nun von der einkommensteuerlichen Behandlung der Bezüge aus der betrieblichen Altersversorgung ab. Leistungen aus einer Ruhegeldverpflichtung sowie aus Unterstützungskassen bedeuten für den ehemaligen Arbeitnehmer steuerlich – ähnlich wie bei der Beamtenpension – einen Zufluß von Arbeitslohn, so daß auf diese Leistungen alle dem aktiven Arbeitnehmer zustehenden Frei- und Pauschbeträge sowie der Versorgungs-Freibetrag angerechnet werden und es bei den oben berechneten Durchschnittswerten überwiegend zu keiner Lohnsteuerzahlung kommt. Leistungen aus Direktversicherungen und Pensionskassen unterliegen, wie die Leistungen aus einer Höherversicherung in der GRV, der Ertragsanteilsbesteuerung und sind folglich i. d. R. auch einkommensteuerfrei, so daß die Leistungen aus der betrieblichen Altersversorgung überwiegend voll dem verfügbaren Einkommen zufließen.[26]

Im Jahr 1987 belief sich das Bruttoversorgungsniveau für Arbeiter und Angestellte auf 45,2%. Durch die betriebliche Altersversorgung wurde dieses auf ca. 60% angehoben. Das durchschnittliche Nettoversorgungsniveau (siehe die Tabelle 4) betrug 64,1% und erhöhte sich dann durch die Betriebsrente auf ca. 84,0%. Diese Zahlen sind im Vergleich zu den Werten der GRV, der Beamtenversorgung und der Zusatzversorgung des öffentlichen Dienstes nur äußerst grobe Richtwerte. Über das Versorgungsniveau der Hinterbliebenen läßt sich keine Aussage machen, da die Hinterbliebenenversorgung nicht grundsätzlich zum Leistungskatalog der betrieblichen Altersversorgung zählt. Die Anpassung der betrieblichen Versorgungsleistungen an die wirtschaftliche Entwicklung ist seit Ende 1974 gesetzlich geregelt. Die Urteile des Bundesarbeitsgerichts von 1977 und 1980 deuten allerdings darauf hin, daß sich die Anpassung zum Kardinalproblem der betrieblichen Altersversorgung entwickelt hat. Die Dynamisierung erfolgt nicht automatisch wie in der GRV oder den anderen Systemen und soll außerdem lediglich das Ausmaß der Geldentwertung berücksichtigen, wobei die Unternehmen nur aufgefordert sind, bei der Überprüfung einen dreijährigen Turnus einzuhalten. Allerdings darf nach Ansicht des BAG dabei nicht die wirtschaftliche Lage der Unternehmen außer acht gelassen werden.

---

25 Die von INFRATEST für das Jahr 1982 erfragten Größenordnungen der Betriebsrenten liegen im großen und ganzen im Bereich der o. a. Zahlen; es sind also keine nachhaltigen Änderungen eingetreten.
26 Ein Einkommensteuerabzug entsteht erst bei vergleichsweise hohen Einkünften aus der GRV und der betrieblichen Altersversorgung; siehe die Tabelle 6.

C. Soziale Sicherung in der BRD

9.4. Die privaten Lebensversicherungen

Die Struktur der **privaten Lebensversicherungen** hat sich in der Nachkriegszeit erheblich gewandelt. Während zu Beginn der 50er Jahre die *Kleinleben-Versicherung*[27] dominierte, hat sich bald die *Großleben-Versicherung* immer stärker durchgesetzt und macht 1985 etwa 76,1% der gesamten Versicherungssumme aus.[28] Da der Anteil der Versicherungsleistungen, die durch Ablauf oder Erleben fällig geworden sind, ebenfalls zugenommen hat, ist auch ihre Bedeutung für die Einkommenssicherung der alten Generation gewachsen.

In den privaten Lebensversicherungen versichern sich traditionell die *Selbständigen*, die nicht versicherungspflichtig waren und die früher auch nicht Mitglied in der GRV werden konnten. In den letzten Jahren, insbesondere seit Einführung des Vermögensbildungsgesetzes, haben sich verstärkt auch Arbeitnehmer freiwillig in den privaten Lebensversicherungen versichert, um die in der GRV und anderen Systemen verbleibende Versorgungslücke zu verringern oder auch ihre Alterseinkünfte noch weiter aufzustocken. Insgesamt ist die Branche der privaten Lebensversicherungen überaus stark *expandiert*; gegenüber 1950 sind z. B. ihre Beitragseinnahmen 2,8-mal so schnell gestiegen wie das Volkseinkommen.

Der Bestand an Lebensversicherungsverträgen belief sich im Jahr 1985 auf 67,5 Millionen, die gesamte Vertragssumme (einschließlich der kapitalisierten Renten) auf 1116,6 Mrd. DM. Die durchschnittliche Vertragssumme je Versicherungsvertrag betrug 16545 DM.[29] Für den zukünftigen Anspruchserwerb sind allerdings insbesondere die Vertragssummen der Neuzugänge von Bedeutung. Im Jahr 1985 wurden ca. 5,2 Millionen neue Versicherungsverträge abgeschlossen mit einer Versicherungssumme von 150,7 Mrd. DM. Daraus ergibt sich eine durchschnittliche Versicherungssumme je neuzugegangenem Versicherungsvertrag in Höhe von 28723 DM. Bei einer Zahl von ca. 25,3 Mill. Privathaushalten mit erwerbstätigen Haushaltsvorständen und einer Versicherungssumme von 1116,6 Mrd. DM resultiert eine durchschnittliche Versicherungssumme pro Haushalt von 44134 DM.

Dieser Durchschnitt ist – genau wie die Werte im Falle der betrieblichen Altersversorgung – nur eine sehr grobe Richtschnur, da die Streuung um den Durchschnitt überaus groß ist. Der Verband der Lebensversicherungs-Unternehmen e. V. hat eine Aufgliederung des Neuzugangs in der Großleben-Versicherung nach Berufsgruppen und Geschlecht für das Jahr 1979 vorgenommen. Die durchschnittliche Versicherungssumme je Vertrag (nicht je Haushalt) betrug bei Männern 35100 DM und bei Frauen 26000 DM. Ärzte und Zahnärzte versichern sich beispielsweise je Vertrag mit durchschnittlich 129370 DM; das ist knapp das sechsfache der Summe, mit der sich Industrie- und Bergarbeiter versichern, die mit 23740 DM den geringsten Durchschnittswert aufweisen.

---

[27] Unter Kleinleben-Versicherung versteht man Versicherungen mit niedrigen Versicherungssummen bis zu etwa 5000 DM (GREB). Diese Versicherungen waren früher überwiegend Sterbegeld-Versicherungen.

[28] Auf die Kleinleben-Versicherung entfallen 1,5%, die Risiko-Versicherung 7,1%, die Gruppen-Versicherung 12,2% und die Renten-Versicherung 2,1% der gesamten Vertragssumme (VERBAND DER LEBENSVERSICHERUNGS-UNTERNEHMEN).

[29] Die durchschnittliche Versicherungssumme in der Großleben-Versicherung betrug 20280 DM, in der Kleinleben-Versicherung 1308 DM, in der Risiko-Versicherung 21087 DM, in der Gruppen-Versicherung 15290 DM und in der Renten-Versicherung 31369 DM.

IX. Alterssicherung

Bei den Frauen beträgt der niedrigste Wert 20 890 DM bei den Beschäftigten von Industrie und Bergbau und der höchste Wert 91 420 DM bei Ärztinnen und Zahnärztinnen.

Unter den Versicherungsnehmern der privaten Lebensversicherungen befinden sich zweifelsohne eine große Zahl von Arbeitnehmern (unselbständig Beschäftigte), die somit auch Zwangsmitglieder der GRV sind. Die Anzahl der Lebensversicherungsverträge, die Arbeitnehmer abgeschlossen haben, läßt sich nicht den zugänglichen Unterlagen entnehmen. Mit Sicherheit sind mindestens 5,7 Mill. Arbeitnehmer im Rahmen des Vermögensbildungsgesetzes in der Großleben-Versicherung versichert; die durchschnittliche Vertragssumme betrug hier im Jahr 1985 10919 DM. Hinzu kommen noch die 2,9 Mill. Direktversicherungsverträge im Rahmen der betrieblichen Altersversorgung. Da der Anteil der selbständig Beschäftigten an der Zahl der Erwerbstätigen nur relativ gering ist und diese deutlich mehr Verträge als im Durchschnitt je Haushalt abgeschlossen haben, dürfte die Zahl der von Arbeitnehmern abgeschlossenen Lebensversicherungsverträge eher über als unter 30 Millionen liegen. Nach den Ergebnissen der Einkommens- und Verbrauchsstichprobe 1978 hatten von ca. 22 Mill. Haushalten 15,4 Millionen Lebensversicherungsverträge abgeschlossen; immerhin 8 von 10 Arbeitnehmerhaushalten bedienten sich der privaten Lebensversicherungen.

An Beitragseinnahmen flossen den Lebensversicherungen ca. 36 Mrd. DM im Jahr zu. Die durchschnittliche Beitragsleistung je bestehendem Vertrag lag bei rund 533 DM jährlich.[30] Wie mehrfach erwähnt, folgen die privaten Lebensversicherungen aufgrund gesetzlicher Vorschriften dem *Kapitaldeckungsverfahren*, wobei die Anlageformen mündelsicher sein müssen.[31] Die gesamten Vermögensanlagen beliefen sich im Jahre 1985 auf 289,7 Mrd. DM. Von der Größenordnung her kommt den privaten Lebensversicherungen eine ähnliche Bedeutung zu wie der betrieblichen Altersversorgung. Bei reinen Versicherungsleistungen von ca. 13,3 Mrd. DM im Jahr 1985 waren mithin 21,8 Jahresausgaben durch angesammeltes Vermögen gedeckt, wobei allerdings auch hier die Zahl der Anspruchserwerber deutlich über der der Leistungsempfänger liegt. Während das Vermögen der betrieblichen Altersversorgung vorwiegend im privaten Unternehmenssektor investiert ist, hat sich die *Vermögensstruktur* der privaten Lebensversicherungen *deutlich verschoben*. Die Sachwertanlagen (u. a. Grundstücke, Aktien oder Industriebeteiligungen) sind etwa seit Mitte der 70er Jahre stark zurückgegangen, was sich zum großen Teil mit einem nahezu vollständigen Rückzug aus dem Mietwohnungsbau erklären läßt, da ein solches Engagement mit dem Anlagegrundsatz der Rentabilität kaum mehr in Übereinstimmung zu bringen ist. Demgegenüber ist der Anteil der Anlagen, die den Gebietskörperschaften direkt zuflossen oder an Kreditinstitute vergeben

---

30 Aus der EVS 1978 ergab sich eine durchschnittliche Beitragszahlung für noch nicht beitragsfreie Verträge in Höhe von 893 DM je Haushalt und Jahr, wobei die Streuung um diesen Wert sehr groß ist (EULER).
31 Die Versicherungsunternehmen können nur innerhalb eines durch aufsichtsrechtliche Vorschriften festgesetzten Rahmens ihre Anlagemittel investieren. Grundlage hierfür ist das Versicherungsaufsichtsgesetz (VAG), dessen Einhaltung durch das BUNDESAUFSICHTSAMT FÜR DAS VERSICHERUNGSWESEN (BAV) überwacht wird.

C. Soziale Sicherung in der BRD

wurden, die ihrerseits Finanzierungsmittel für öffentliche Aufgaben bereitstellen, beträchtlich gestiegen.[32]

Die reinen *Versicherungsleistungen* (ohne Vorauszahlungen und Rückkäufe) in Höhe von 13,3 Mrd. DM im Jahre 1985 entfielen zu 91% auf Kapitalbeträge aus Hauptversicherungen und 3% auf Rentenbeträge aus Hauptversicherungen, der Rest entfiel auf Zusatzversicherungen und sonstige Leistungen. Von den Kapitalbeträgen wurden 73,2% durch Ablauf oder Erleben, 25,1% durch Tod und 1,7% durch Invalidität, Heirat oder andere Ursachen fällig. Darüber hinaus kamen den Versicherten im Jahr 1985 4 Mrd. DM Überschußanteile zugute. Die gesamten Leistungen beliefen sich demnach auf 17,3 Mrd. DM. Der Abgang aufgrund von Tod, Heirat bzw. Ablauf bei Hauptversicherungen betrug 3,1 Mill. Verträge bei einer Leistungssumme von 12,1 Mrd. DM, so daß sich eine durchschnittliche Leistung je Vertrag in Höhe von ca. 3 903 DM ergab.

In dieser niedrigen Durchschnittszahl kommt zum Ausdruck, daß bei den Abgängen heute noch die Kleinleben-Versicherungsverträge dominieren; darauf deuten auch die Zahlen der EVS 1978 hin, denenzufolge bei mehr als der Hälfte der Verträge die Vertragssummen bei nichterwerbstätigen Haushaltsvorständen und Haushaltsvorständen im Alter von 65 und mehr Jahren unter 3 000 DM lagen. Hierbei handelt es sich überwiegend um Sterbegeldversicherungen. Aus den Zahlen der EVS 1978 und denen der Versicherungswirtschaft läßt sich allerdings folgern, daß etwa 70% der Haushalte mit nicht mehr erwerbstätigem Haushaltsvorstand Lebensversicherungsverträge ausgezahlt bekommen haben bzw. noch bekommen. Wie bei der betrieblichen Altersversorgung haben die heutigen Leistungen also eine wesentlich geringere Bedeutung als der zukünftige Leistungserwerb.

Die *steuerliche Behandlung* von Beiträgen an sowie Leistungen von privaten Lebensversicherungen ist abhängig von der Ausgestaltung der Lebensversicherung und deshalb äußerst komplex, so daß eine detaillierte Darstellung hier nicht möglich ist. Sehr pauschal läßt sich allerdings sagen, daß bei Arbeitnehmern die Vorsorgepauschale im Rahmen der Lohnsteuer und Einkommensteuer in der überwiegenden Zahl der Fälle bereits durch die Pflichtbeiträge zur Sozialversicherung ausgefüllt ist, so daß die Beiträge zur privaten Lebensversicherung i. d. R. der Besteuerung unterliegen (REUTER). Bei selbständigen Erwerbstätigen, bei denen zusätzlich noch der sogenannte Vorwegabzug im Rahmen der Einkommensteuer voll zum Zuge kommt, sind die Versicherungsbeiträge so lange nicht steuerlich belastet, wie die Beiträge unterhalb der nach Familienstand gestaffelten Vorsorge-Jahreshöchstbeträge liegen. Darüber hinausgehende Beitragsleistungen werden besteuert.

Der Zufluß der *Versicherungssumme* im Falle der Kapitalversicherung fällt unter keine der sieben Einkunftsarten des Einkommensteuergesetzes. Er ist deshalb *einkommensteuerfrei*, obwohl in der Kapitalsumme »rechnungsmäßige Zinsen« enthalten sind.[33] Demgegenüber ist der Zufluß der *Lebensversicherungsrente* im Zeitpunkt ihres Zuflusses *steuerpflichtig*; sie zählen überwiegend zu den Leibrenten im Sinne des EStG und sind *mit ihrem Ertragsanteil* der Steuerbemessungsgrundlage zuzurechnen, werden also besteuert wie die Renten aus der GRV. Da die Kapitalsumme und auch die Lebensversicherungsrenten aufgrund der

---

32 In dieser Entwicklung kann durchaus eine gewisse Bestätigung der »crowding-out«-Hypothese gesehen werden, zumal die hohe Verzinsung der Staatsschuldtitel in den letzten Jahren die Rentabilität dieser Anlageformen wesentlich erhöht hat.

33 Es ist zu vermuten, daß die geplante Quellensteuer hieran Grundlegendes verändern wird; Einzelheiten stehen noch nicht fest.

Ertragsanteilsregelung faktisch nicht besteuert werden, können auch Selbständige, die sich ausschließlich in privaten Lebensversicherungen für das Alter abgesichert haben, wesentliche Teile ihres Lebenseinkommens von der Einkommensbesteuerung freistellen. Die Leistungen der privaten Lebensversicherungen sind im allgemeinen *nicht dynamisch* ausgestaltet, allerdings hat in der Vergangenheit die Überschußbeteiligung zumindest einen gewissen Inflationsausgleich herbeiführen können.

9.5. Die sonstige Vermögensbildung

Auch das im Vorabschnitt bereits behandelte »Versicherungssparen« ist i. d. R. eine besondere Art der Vermögensbildung; im Gegensatz zu den anderen hier behandelten Arten der Vermögensbildung ist mit dem Lebensversicherungssparen allerdings ein *Risikoausgleich* innerhalb der Versichertengemeinschaft verbunden. Die relativ hohe durchschnittliche Versicherungsdauer von 27,4 Jahren in der »Gemischten Versicherung« (auf den Todes- und Erlebensfall), die im Neuzugang die häufigste Versicherungsform darstellt, deutet darauf hin, daß heute Lebensversicherungsverträge in erster Linie aus dem Vorsorgemotiv heraus abgeschlossen werden. Aber auch in den anderen möglichen Formen der Vermögensbildung spielt das *Vorsorgemotiv* – also die Sicherung des Alters – eine wichtige Rolle. Die jüngste Analyse der unterschiedlichen *Sparmotive* legte »Der Spiegel« im Jahre 1980 vor. Von vier möglichen Sparmotiven rangierte bei den befragten Männern und Frauen die »langfristige Absicherung der Zukunft« mit 38% der Antworten an zweiter Stelle.[34]

Im Durchschnitt sparten die privaten Haushalte in den vergangenen Dekaden etwa 13% bis 15% ihrer Haushaltsnettoeinkommen. Dabei betrug z. B. die Sparquote der Arbeitnehmer ca. 16% und die der Rentner rund 8% (DEUTSCHE BUNDESBANK). Die etwa halb so große Sparquote der Rentner erklärt sich im wesentlichen daraus, daß das Vorsorgemotiv grundsätzlich fortfällt und größere Anschaffungen in Rentnerhaushalten weit weniger erforderlich sind als in Arbeitnehmerhaushalten. Die Differenz in den Sparquoten ist also mit den in der Spiegel-Untersuchung erfragten Sparmotiven durchaus kompatibel. Bemerkenswert ist im übrigen, daß die Sparquote der Rentner von 2,4% in der Periode von 1960 bis 1966 auf 8,1% in der Periode von 1970 bis 1976 – also um mehr als das Dreifache – gestiegen ist, während sich die Sparquote der Erwerbstätigen nur von 11,4% auf 16,3% erhöhte. Allein diese Zahlen belegen, daß in den deutschen *Rentnerhaushalten* im Durchschnitt nicht etwa Vermögen aufgezehrt, sondern noch *zusätzliches Vermögen gebildet* wird. Allerdings ist auch hierbei darauf hinzuweisen, daß die Möglichkeit zur Vermögensbildung eng korreliert mit der Einkommenshöhe, so daß sich der Vermögensbesitz relativ stark in den oberen Einkommensschichten konzentriert.

---

34 Auf den ersten Platz kam das Motiv »Rücklage für Notfälle« (44% der berufstätigen Frauen und 39% der berufstätigen Männer), auf den dritten Platz das Motiv »Zunächst das Geld anlegen, später entscheiden wofür« (21% der berufstätigen Frauen und 22% der berufstätigen Männer) und auf den vierten Platz das Motiv »Größere Anschaffungen« (13% der berufstätigen Frauen und 18% der berufstätigen Männer). Mehrfachantworten waren möglich.

C. Soziale Sicherung in der BRD

Nicht unumstritten ist, was zu den **Vermögensbeständen** der privaten Haushalte zu rechnen ist. Zweifellos gehören dazu die *Geldvermögensbestände*,[35] das *Eigentum an privaten Grundstücken und Gebäuden* sowie *Eigentumsansprüche an Unternehmen* (ohne Aktien). Umstritten ist bereits, ob das private *Gebrauchsvermögen*,[36] das in der Nachkriegszeit zweifellos auch erheblich zugenommen hat und gerade bei Haushalten mit älteren Haushaltsvorständen aufgrund der bereits getätigten Käufe vor allem der langlebigen Gebrauchsgüter besonders hoch ist, und die *Ansprüche an die Sozialversicherung, betriebliche Altersversorgung, öffentliche Pensionskassen* usw. dem Vermögensbestand hinzugerechnet werden sollten. Hinsichtlich des Gebrauchsvermögens mangelt es allerdings an statistischen Unterlagen, so daß man nur äußerst grobe Schätzungen anführen kann; aber zweifellos sollte man diese Vermögensposition bei der Gesamtbeurteilung nicht gänzlich vernachlässigen.

Daten über die Verteilung der **Geldvermögensbestände** sind mit der oben bereits erwähnten EVS 1978 gewonnen worden, wobei allerdings bestimmte Formen des Geldvermögens nicht erfaßt wurden.[37] Läßt man einmal die Lebensversicherungsverträge außer Betracht, so verfügte Ende 1978 jeder private Haushalt über einen Bestand an Spareinlagen, Bausparguthaben und Wertpapieren in Höhe von 18 618 DM; abzüglich der durchschnittlichen kurzfristigen Kreditverpflichtungen ergibt sich ein durchschnittliches Nettogeldvermögen in Höhe von 17 574 DM. Die Nichterwerbstätigen-Haushalte wiesen ein entsprechendes Nettovermögen in Höhe von 14 969 DM, die Haushalte mit einem Haushaltsvorstand im Alter von 65 und mehr Jahren ein Nettovermögen von 16 480 DM und mit einem Alter des Haushaltsvorstands von 55 bis 65 Jahren, die ebenfalls zum großen Teil Empfänger von Renten und Versorgungsbezügen umfassen, ein Nettovermögen von 20 557 DM auf. Zu rund 60% ist dieses Vermögen auf Sparbüchern angelegt, zu rund 30% in Wertpapieren und der Rest bei Bausparkassen. Verglichen mit den Zahlen aus der EVS 1978 lagen die von der Bundesbank ermittelten Durchschnittswerte für 1976 in ähnlicher Abgrenzung bereits oberhalb dieser Werte; das durchschnittliche Geldvermögen je Rentnerhaushalt belief sich danach im Jahr 1976 bereits auf ca. 21 000 DM. Die Differenzen mögen zum großen Teil auch darauf beruhen, daß die EVS auf eigenen Angaben der Befragten basiert, während die Bundesbank für ihre Schätzungen eigene Statistiken herangezogen hat. Immerhin liegen die Werte so eng beieinander, daß sie insgesamt durchaus als plausibel anzusehen sind, insbesondere wenn man die unterschiedliche Datenbasis berücksichtigt. MIEGEL hat den Wert der Bundesbank von 1976 unter Zugrundelegung eines zehnjährigen Wachstumstrends auf 1980 hochgerechnet und kommt so zu einem durchschnittlichen Geldvermögen der Rentner von knapp 40 000 DM. Die hierin zum Ausdruck kommende jährliche Zuwachsrate von ca. 13,8% dürfte wohl zu hoch angesetzt sein, so daß im Jahr 1980 eher ein Durchschnittswert von 30 000 DM erreicht worden sein dürfte.

Über die Größenordnung der **Sachvermögensbestände** ist man mehr oder weniger auf Spekulationen angewiesen, denkt man allein an die *Bewertungsprobleme* im Bereich des privaten Immobilienbesitzes, aber auch des sonstigen Sachvermögens. Nach der

---

35 Dazu gehören (1) Guthaben auf Sparkonten bei Banken, Sparkassen, Post usw., (2) bei Bausparkassen, (3) bei Lebensversicherungsunternehmen, (4) Bestände an Wertpapieren und Aktien, (5) Bestände auf Girokonten, an Bargeld, Termingeldern usw., (6) ausstehende, in Geldwert meßbare Forderungen aus gegebenen Krediten usw.

36 Z. B. Bestände an Ausstattungs-, Einrichtungs-, Bekleidungsgegenständen, Kraftfahrzeugen, Schmuck, Kunstgegenständen.

37 So die Bestände auf Girokonten, Barbestände, Termingelder (denen ebenfalls eine stark wachsende Bedeutung insbesondere in jüngerer Zeit zukommt) und ausstehende Forderungen.

IX. Alterssicherung

Einkommens- und Verbrauchsstichprobe von 1973 hatten 43% der Haushalte mit einem Haushaltsvorstand im Alter von 55 – 65 Jahren und 32% der Haushalte mit einem Haushaltsvorstand im Alter von 65 und mehr Jahren Haus- und Grundbesitz ohne eigengenutzte Betriebsgrundstücke und Gebäude (BUNDESMINISTERIUM FÜR ARBEIT UND SOZIALORDNUNG). Gemäß der Wohnungsstichprobe 1978 beträgt der Anteil von Eigentümerwohnungen an der Gesamtzahl der Mitwohnungen bei Nichterwerbstätigen 42%, wobei hier nur vollständige Familien erfaßt wurden, und insgesamt 43%.[38] Nach Schätzungen von MIEGEL befanden sich im Jahr 1980 etwa die Hälfte der Mietwohnungen im Eigentum privater Haushalte; dabei hat »im statistischen Durchschnitt der heutige Rentnerhaushalt selbstgenutztes Wohnungseigentum im Nettowert von DM 10000«.

Demgegenüber ist das *Produktionsvermögen* weitaus ungleichmäßiger verteilt. Im Jahre 1973 belief sich der Anteil der privaten Haushalte mit nennenswertem Produktionsvermögen auf nur etwa 25%, wobei sich die Hälfte des Vermögensbestandes auf 1,7% der Haushalte insbesondere von Selbständigen konzentriert (MIERHEIM/WICKE). Da Arbeitnehmer und Rentner nur im geringen Umfang Produktionsvermögen besitzen, spielt dies für deren Alterssicherung keine bedeutsame Rolle. Auch über das sonstige Sachvermögen (Hausrat usw.) gibt es nur vage Schätzungen, denenzufolge der statistische Durchschnitt je Haushalt bei 20000 DM bis 30000 DM liegen soll. Da dieser Vermögensbestand i. d. R. nicht ertragbringend und überwiegend unveräußerlich ist, spielt er für die Sicherung des durchschnittlichen Rentnerhaushalts auch nur eine untergeordnete Rolle.

Um die Einkommenssituation der nicht mehr Erwerbstätigen korrekt zu beurteilen, muß zumindest das *ertragbringende Vermögen* – also die Verzinsung des Geldvermögens bzw. fiktive oder tatsächliche Mieterträge – berücksichtigt werden, will man nicht so weit gehen, auch eine mögliche Verrentung dieser Vermögensbestände in Betracht zu ziehen.[39] Bei einem gemittelten Zinssatz von durchschnittlich 5% im Jahr 1979[40] ergibt sich bei einem Vermögensbestand von durchschnittlich 28000 DM ein jährliches Zinseinkommen je Rentnerhaushalt von 1400 DM bzw. von ca. 117 DM monatlich. Unterstellt man, daß etwa 40% der Rentner- und Versorgungsempfängerhaushalte Haus- und Grundbesitz haben, dann beträgt nach der Schätzung von MIEGEL der durchschnittliche Nettowert des selbstgenutzten und vermieteten Wohnungseigentums ca. 118000 DM. Diesem Betrag entspricht in etwa eine 60 qm große Wohnung mittlerer Ausstattung. Unterstellt man eine durchschnittliche Quadratmetermiete von 5 DM, resultiert eine Jahresrohmieteinnahme von brutto 3600 DM, von der der Instandhaltungsaufwand noch abzuziehen ist. Nimmt man diesen großzügig mit einem Fünftel der Mieteinnahmen an, bleiben rund 2900 DM jährlich bzw. ca. 240 DM monatlich an Nettomieteinnahme bzw. Eigenmiete übrig.[41]

In Anbetracht des heutigen Eigenheim- und Eigentumswohnungsbesitzes ist dieser Durchschnitt als eine äußerst zurückhaltende Schätzung zu betrachten; auch um diesen Wert dürfte die Streuung ganz beträchtlich sein. Es sei hier nur am Rande vermerkt, daß sowohl die Zins- als auch die Mieteinnahmen überwiegend nicht der Einkommensbesteuerung unterliegen, sei es aufgrund

---

38 Auf alle Familien bezogen beträgt der Anteil von Eigentümerwohnungen 38% des Gesamtbestandes (STATISTISCHES BUNDESAMT: Bautätigkeit und Wohnen).
39 Dies würde letztlich eine Veräußerung der Vermögensgegenstände implizieren.
40 Spareckzins, Umlaufrendite festverzinslicher Wertpapiere sowie Verzinsung der Bausparbeiträge, gewichtet mit ihren jeweiligen Anteilen am gesamten Vermögensbestand der Rentnerhaushalte.
41 Das entspricht einer Kapitalverzinsung von 2,5% jährlich.

C. Soziale Sicherung in der BRD

geltender Freibeträge[42] und Sondervergünstigungen, sei es aufgrund des Verschweigens der steuerlichen Tatbestände.
Bei einer Verrentung der vorhandenen Bestände an Geld- und Wohnungsvermögen kämen selbstverständlich wesentlich höhere Jahres- bzw. Monatsbeträge heraus. Bei einem Rechnungszinssatz von 3% und einer durchschnittlichen Dauer der Rentenzahlung von 15 Jahren ergibt sich bei einem durchschnittlichen Geldvermögensbestand von 28 000 DM im Jahre 1979 eine jährliche Rentenzahlung von ca. 2 350 DM, monatlich rund 195 DM[43]. Bei den 40% der Rentnerhaushalte, die zusätzlich über Grundvermögen verfügen, ergibt sich bei einem Gesamtvermögensbestand von ca. 146 000 DM eine entsprechende jährliche Rentenzahlung von ca. 12 200 DM und monatlich ca. 1 015 DM.[44] Aber obwohl ein großer Teil des Vermögens aus dem *Vorsorgemotiv* heraus gebildet worden ist, denkt an die *Auflösung des vorhandenen Vermögens nur eine sehr kleine Zahl* von alten Menschen; das kommt nicht zuletzt in der positiven Sparquote zum Ausdruck. Es wird also noch *zusätzliches* Vermögen gebildet, u. a. sicherlich auch aus dem Motiv heraus, ein mehr oder weniger großes Vermögen an seine Kinder *vererben* zu können. Allein deshalb sind die voranstehenden Zahlen, die sich aus einer Verrentung vorhandener Vermögensbestände ergeben, eher theoretischer Natur.

9.6. Die Nebenerwerbstätigkeit

Neben den bisher behandelten Institutionen und Formen der Alterssicherung besteht nicht nur die Möglichkeit, im Rahmen der flexiblen Altersgrenze über die eigentliche, traditionelle Grenze von 65 Jahren hinaus erwerbstätig zu bleiben, sondern auch die Möglichkeit, nach Beginn des Ruhestandes noch einer **Nebenerwerbstätigkeit** nachzugehen. Beschränkungen ergeben sich hier lediglich bei der GRV, wenn vorzeitiges Altersruhegeld bezogen wird (zu den Regelungen hinsichtlich der Weiterarbeit siehe die Tabelle 3). Erst ab dem 65. Lebensjahr ist eine Weiterarbeit *ohne* Einschränkung möglich, d. h. man kann neben Einkünften aus Erwerbstätigkeit eine Rente aus der GRV beziehen, ohne daß diese herabgesetzt wird.
Die Weiterarbeit wird nicht in allen Berufsgruppen gleichermaßen möglich sein. Es liegt hier die Vermutung nahe, daß sie insbesondere bei Berufen, die einer höheren Qualifikation bedürfen, eher möglich sein wird, als bei Berufen mit niedrigem Qualifikationsniveau. Darauf deutet insbesondere hin, daß gerade Beamte nach dem Eintritt in den Ruhestand in zunehmender Zahl noch eine Nebentätigkeit ausüben, so daß sich das Versorgungsniveau aufgrund der

---

42 Auch bei den Einkünften aus Kapitalvermögen und Vermietung und Verpachtung findet der Altersentlastungsbetrag gemäß § 24 a EStG Anwendung. Er beträgt 40% der o. a. Einkünfte (wobei außerdem auch Einkünfte aus nichtselbständiger Arbeit begünstigt sind), maximal 3 000 DM im Jahr und wird Steuerpflichtigen ab dem 65. Lebensjahr gewährt.
43 Bei einem Rechnungszinssatz von 5,5% resultieren Werte von ca. 2 800 DM jährlich bzw. 230 DM monatlich.
44 Hier lauten die Werte bei einem Rechnungszinssatz von 5,5% ca. 14 500 DM jährlich bzw. 1 200 DM monatlich.

Pension noch weiter erhöht. Nach Untersuchungen des DIW sind in Rentnerhaushalten Einkommen aus Erwerbstätigkeit nur relativ selten anzutreffen, »sie sind zumeist Einkünfte von Arbeitnehmern, die als weitere Einkommensbezieher in Rentner-Haushalten leben« (BEDAU/GÖSEKE).

Über die Zahl der Rentner- und Versorgungsempfängerhaushalte und die durchschnittliche Höhe der bezogenen Erwerbseinkommen sind keine detaillierten Angaben verfügbar. Von den wenigen Rentenbeziehern, die im Rahmen der Einkommensteuer unter Beziehern mit Einkünften überwiegend aus sonstigen Einkünften im Jahre 1980 erfaßt wurden, hatte nur rund ein Drittel gleichzeitig auch Einkünfte aus nichtselbständiger Arbeit bezogen, wobei sich der jährliche Durchschnittsbetrag auf ca. 2 900 DM belief.[45] Immerhin wird hier die Dunkelziffer durchaus beträchtlich sein; in den Berufsgruppen des handwerklichen und landwirtschaftlichen Bereichs dürfte die Weiterarbeit zumindest auf Teilzeitbasis durchaus quantitative Bedeutung haben. Über diese »Grauzone« werden sich kaum halbwegs korrekte Zahlen ermitteln lassen, da es sich hierbei jedenfalls z. T. auch um Schwarzarbeit handelt. Gerade bei den Witwen, die häufig nur sehr kleine Renten aus der GRV beziehen, ist zu vermuten, daß eine große Zahl ihre unzureichende Einkommenssituation durch eine Nebentätigkeit aufbessert, sei es als Haushaltshilfe oder Tagesmutter, sei es auch durch Familienhilfe.

Wird die Nebentätigkeit offiziell ausgeübt, dann vermindert auch hier der Altersentlastungsbetrag die anfallende Lohnsteuerschuld; 40% des Arbeitslohnes, maximal 3 000 DM pro Jahr, sind abzugsfähig. Selbstverständlich werden auch alle Abzugsbeträge berücksichtigt, die Arbeitnehmern zustehen. Darüber hinaus zahlen Rentner, die einer Nebenerwerbstätigkeit nachgehen, keine Beiträge zur GKV, solange ihre Einkünfte aus nichtselbständiger Arbeit unter einer Grenze von 440 DM monatlich liegen. Gegenüber Arbeitnehmern, die einer Nebentätigkeit nachgehen und gemäß der Lohnsteuerklasse VI (2. Lohnsteuerkarte) besteuert werden, wird die Abgabenbelastung der Nebeneinkünfte der Rentner erheblich reduziert.

9.7. Zusammenfassung

Allein die knappe Darstellung der verschiedenen Institutionen und Formen der Alterssicherung sowie die Beurteilung ihrer quantitativen Bedeutung hat offenkundig gemacht, daß es *unmöglich* ist, etwa ein *durchschnittliches Versorgungsniveau für die Rentner- und Versorgungsempfängerhaushalte abzuleiten*. Die starke *Streuung* um die ermittelten Durchschnitte sowie die Möglichkeit der *Kumulation* von Alterseinkommen – nicht nur innerhalb des Systems der sozialen Sicherung, sondern auch aus anderen Quellen – läßt einen derartigen Versuch scheitern. Auf jeden Fall kann aber aus den vorangehenden Ausführungen abgeleitet werden, daß bei einer ausschließlichen Betrachtung allein der Leistungen der

---

45 Von ca. 256 000 Steuerpflichtigen mit Einkünften aus sonstiger Tätigkeit, von denen außerdem eine quantitativ allerdings wenig bedeutsame Gruppe lediglich Einkünfte aus Spekulationsgewinnen erzielte, hatten rund 80 500 Steuerpflichtige außerdem noch Einkünfte aus nichtselbständiger Arbeit.

C. Soziale Sicherung in der BRD

GRV sowie der mit ihr verwandten Systeme (beamtenrechtliches System und Zusatzversorgung) kein korrektes Bild der Einkommenssituation der älteren Generation gezeichnet werden kann. Wenn auch gegenwärtig noch die Leistungen aus den sozialen Sicherungseinrichtungen dominieren, zeigen doch die Entwicklungen im Anspruchserwerb bei den privaten Sicherungseinrichtungen (betriebliche Altersversorgung und private Lebensversicherungen), aber auch bei der privaten Vermögensbildung, daß in Zukunft diesen Bereichen eine stark wachsende Bedeutung für die Altersversorgung zukommen wird. Die Versorgungslücke, die die öffentlichen Systeme heute z. T. in mehr oder weniger großem Ausmaß hinterlassen, wird also bei vielen zunehmend geschlossen werden, ja das bereits heute heftig diskutierte Problem der *Überversorgung* wird noch verstärkt in Erscheinung treten, auch wenn sich sicherlich nie genau sagen lassen wird, wo nun das angestrebte Versorgungsniveau noch angemessen erscheint und wo genau Überversorgung einsetzt.

Auch heute noch läßt sich eine gewisse **Versorgungshierarchie** ableiten. Im großen und ganzen ist sicherlich die Aussage gerechtfertigt, daß die Beamten sowie die Arbeiter und Angestellten des öffentlichen Diensts nicht nur das geringste Arbeitsplatzrisiko und damit auch die höchste Versorgungssicherheit haben, sondern daß auch die Höhe ihrer Altersversorgung nicht nur von der GRV, sondern auch in der überwiegenden Zahl der Fälle nicht von Personen erreicht wird, die noch einen zusätzlichen Anspruch auf eine betriebliche Altersversorgung haben. Darüber hinaus ist vieles, was im Bereich der Versorgung des öffentlichen Dienstes bereits seit langem erreicht ist, für die GRV noch Zukunftsmusik und wird es – in Anbetracht der zukünftigen Probleme – wohl vorerst auch bleiben. Schlußlichter in der Rangordnung der Versorgungsqualität bilden also diejenigen, die heute und in Zukunft allein auf die Leistungen der GRV angewiesen sind bzw. angewiesen sein werden.

Um einen Eindruck von der *gesamtwirtschaftlichen Bedeutung* der Einrichtungen der Alterssicherung zu geben, seien an dieser Stelle die Leistungen derjenigen Institutionen zusammengefaßt, die im allgemeinen mit dem »**Drei-Säulen-System**« umschrieben werden. Die Rentenleistungen der GRV beliefen sich im Jahre 1985 auf rund 153,3 Mrd. DM, die Leistungen des beamtenrechtlichen Systems auf 36,8 Mrd. DM. Faßt man beide Einrichtungen zur sogenannten *ersten Säule* zusammen,[46] betrug die Gesamtleistung 190,1 Mrd. DM. Hochgerechnet auf das Jahr 1985 ergeben sich geschätzte Leistungen der betrieblichen Altersversorgung für Pensionszahlungen in Höhe von ca. 9,8 Mrd. DM; die Zusatzversicherungen im öffentlichen Dienst wendeten insgesamt ca. 5,5 Mrd. DM auf, so daß die »*zweite Säule*« insgesamt 15,3 Mrd. DM an Renten- und Pensionszahlungen leistete. Hinzu kommen noch die Zahlungen der »*dritten Säule*«, der privaten Lebensversicherungen, die sich mit insgesamt ca. 13,3 Mrd. DM bezifferten; wenn letztere auch nicht ausschließlich an die ältere Generation flossen, so lagen doch die Gesamtleistungen der drei Säulen in der Nähe von 218,7 Mrd. DM, das sind immerhin rund 15,5 % des Volkseinkommens des Jahres 1985.

Höhere Renten, als den Leistungen der GRV (also der ArV und AnV) entsprachen, bezogen die Rentner und Witwen der knappschaftlichen Renten-

---

46 Die über die GRV hinausgehenden Leistungen des beamtenrechtlichen Systems müßten prinzipiell der 2. Säule zugerechnet werden; eine derartige Aufteilung kann allerdings nur mehr oder minder willkürlich vorgenommen werden.

IX. Alterssicherung

versicherung, die Versorgungsempfänger (und Witwen) des beamtenrechtlichen Systems sowie der öffentlichen Zusatzversorgung und die Pensionäre (sowie z. T. deren Witwen) der betrieblichen Altersversorgung. Da außerdem ca. 70% der Rentner- und Versorgungsempfängerhaushalte Leistungen aus der privaten Lebensversicherung erhalten haben bzw. noch erhalten werden, annähernd 90% allein über Guthaben auf Sparbüchern in Höhe von nahezu 20000 DM und neben anderen Geld- und Sachvermögensformen weitere 40% über Wohnungseigentum verfügen, ist die Schlußfolgerung erlaubt, daß es der *heutigen Rentner- und Versorgungsempfängergeneration* in bezug auf ihre Einkommens- und Vermögenssituation *besser geht als jeder vorangegangenen Generation*, zweifellos eine der größten Leistungen der Sozialpolitik der Nachkriegszeit.

Dabei soll selbstverständlich nicht vergessen werden, daß es durchaus noch *Randgruppen* von quantitativer Bedeutung gibt, die keine ausreichende Versorgung haben; zu ihnen gehören sicherlich auch gerade die Witwen, die früher viele Kinder aufgezogen haben und gerade deswegen keine eigenen Rentenanwartschaften erwerben konnten. Wenn man allerdings über die Einkommens- und Vermögenssituation der älteren Generation spricht, dann sollte man diese Randgruppen nicht als den Normalfall darstellen; denn dem durchschnittlichen Rentner und Versorgungsempfänger geht es wesentlich besser. Angesichts des heutigen *Anspruchserwerbs* insbesondere aus der 2. und 3. Säule darf sicherlich der Schluß gezogen werden, daß sich in Zukunft die Einkommens- und Vermögensposition noch *weiter verbessern* wird, auch wenn der Leistungsumfang der GRV nicht weiter erhöht werden sollte. Faßt man alle Leistungen aus den verschiedenen Institutionen und Formen der Alterssicherung zusammen, dann haben bereits heute die Leistungen aus der GRV für nahezu die Hälfte der Rentner- und Versorgungsempfängerhaushalte eher den Charakter einer *Basis*- als einer *Vollversorgung*, und diese Entwicklung hin zu einer Grundsicherungseinrichtung dürfte sich noch weiter verstärken.

Es sei nur am Rande vermerkt, daß die heute oft anzutreffende Unterschätzung der Einkommenssituation insbesondere der Rentnerhaushalte auch darauf zurückzuführen ist, daß allein aufgrund der oft kaum möglichen Zusammenführung amtlicher Statistiken (z. B. EVS, Mikrozensus, Einzelstatistiken für Sozialhilfe, Wohngeld usw., Einkommensteuerstatistiken) – ganz abgesehen vom Problem der statistischen Erfassung bei den freiwilligen Alterssicherungseinrichtungen und den privaten Transferleistungen – ein halbwegs korrektes Bild kaum gezeichnet werden kann. So ist die traditionelle Auffassung, daß alle Rentner arm seien, auch heute noch nicht überwunden.

Die insgesamt trotzdem nicht vollständig zufriedenstellende Situation im Bereich der Alterssicherung liegt nicht nur darin, daß zum Teil noch beträchtliche Sicherungslücken beispielsweise im Bereich der sozialen Sicherung der Frau und der Hinterbliebenen vorhanden sind, sondern darin, daß die Bestimmungen hinsichtlich der Finanzierung und Leistung zwischen den staatlichen Zwangssystemen zur Alterssicherung nicht harmonisiert sind, insbesondere daß bei gleichen Voraussetzungen extrem unterschiedliche Leistungen gewährt werden. Auch hierfür finden sich in den voranstehenden Einzelausführungen zahlreiche Beispiele.[47]

---

47 Hier sei nur als Beispiel die Rente nach Mindesteinkommen in der GRV und die Mindestpension im beamtenrechtlichen System genannt.

C. Soziale Sicherung in der BRD

Durch die einkommensteuerlichen Bestimmungen wird die ungleiche Behandlung teils verstärkt, aber teils auch reduziert, weil – wie bereits im einzelnen aufgezeigt – die verschiedenen Arten der Alterseinkommen extrem unterschiedlich behandelt werden. Dadurch werden, betrachtet man insbesondere die Nettoversorgungsniveaus, z. T. groteske Effekte hervorgerufen, die besonders kraß im Fall der Zusatzversorgung für die Arbeiter und Angestellten des öffentlichen Dienstes zutage treten.

Nun ist die **Rentenkumulation** im Bereich des öffentlichen Dienstes nicht das einzige Beispiel dafür, daß die Ertragsanteilsregelung zu extrem hohen Nettoversorgungsniveaus führt. Entsprechendes gilt auch häufig für die Kumulation von Sozial- und Betriebsrenten. Die TRANSFER-ENQUETE-KOMMISSION stellte hierzu fest, daß gerade in den oberen Einkommensbereichen Personen vertreten sind, die außertarifliche Versorgungsleistungen in beträchtlicher Höhe beziehen. »Insgesamt gibt es eine Reihe von Indizien dafür, daß eine gewisse Zahl von Rentenbeziehern mit Anspruch auf betriebliche Versorgungsleistungen, soweit sie ein »normales« Arbeitsleben hinter sich gebracht haben, ein Renteneinkommen beziehen, das nur wenig hinter ihrem früheren Nettoeinkommen zurückbleibt – mitunter auch darüber hinausgeht. Diese Zahl mag derzeit noch nicht sehr groß sein, aber sie wächst ständig, weil einzelne Personen im Laufe der Zeit höhere Ansprüche erwerben.« Weitere Fälle von Rentenkumulation liegen bei dem Zusammentreffen von einer eigenen Rente sowie einer Hinterbliebenenrente bei verwitweten Frauen vor. Auch beim Zusammentreffen zweier eigener Renten (häufig bei Männern Sozialrente mit einer Unfallrente, Kriegsopfer- oder Kriegsschadenrente) und bei dem Zusammentreffen einer Pension und einer Rente (z. B. wenn der Beamte vor der Übernahme ins Beamtenverhältnis eine versicherungspflichtige Tätigkeit ausgeübt hat) gibt es eine Rentenkumulation. Daneben sind natürlich auch Kumulationen von Sozialrenten und Pensionen mit Leistungen aus der dritten Säule des »Drei-Säulen-Systems« – den privaten Lebensversicherungen –, aber auch mit Einkünften aus Vermögen sowie nichtselbständiger Arbeit möglich, die nicht nur durch den Altersentlastungsbetrag begünstigt, sondern aufgrund der Ertragsanteilsbesteuerung bei den Leibrenten bzw. des Versorgungs-Freibetrags bei Pensionen und einem Teil der Betriebsrenten entweder gar nicht oder mit wesentlich geringeren marginalen Steuersätzen als bei Erwerbstätigen mit vergleichbaren Einkommen besteuert werden.

Diese zusammenfassenden Ausführungen machen deutlich, daß sich das heutige Alterssicherungssystem in der Bundesrepublik Deutschland von einem rational geplanten System noch sehr unterscheidet. Das kann auch nicht überraschen, ist unser heutiges System doch Ausfluß eines historischen Prozesses, in dem viele z. T. auch wiederstrebende Einflüsse zum Zuge gekommen sind. Insgesamt gesehen soll deutlich geworden sein, daß dieses System trotz einiger eklatanter Schwächen, die insbesondere eine Hypothek für die Zukunft darstellen, durchaus eine Errungenschaft ist, die es gilt zu erhalten und deshalb auch zu reformieren.

X. Einrichtungen der Gesundheitsvorsorge

Von den Einrichtungen der Gesundheitsvorsorge sollen im folgenden die gesetzliche Krankenversicherung (GKV), die privaten Krankenversicherungen (PKV) sowie die Beihilfe im öffentlichen Dienst betrachtet werden.

10.1. Die gesetzliche Krankenversicherung (GKV)

Die GKV in der Bundesrepublik Deutschland wird gegenwärtig im wesentlichen von den *Kassenarten* getragen, die sich bereits bei dem Inkrafttreten der Reichsversicherungsordnung (RVO) im Jahre 1914 herausgebildet hatten: den Orts-, Betriebs-, Innungs- und Land- bzw. landwirtschaftlichen Krankenkassen, der Seekrankenkasse, der Bundesknappschaft sowie den Ersatzkassen für Arbeiter und Angestellte. Die einzelnen Kassen sind Selbstverwaltungskörperschaften des öffentlichen Rechts. Ihre Organe setzen sich aus den gewählten Vertretern der Mitglieder und der Arbeitgeber zusammen. Aufgrund der Vorschriften über das Rechnungswesen besteht jede Kasse aus einer sogenannten Allgemeinen Krankenversicherung (AKV), der sämtliche Pflichtmitglieder und freiwillige Mitglieder angehören, und einer Rentnerkrankenversicherung (KVdR).

Die *Ersatzkassen* unterscheiden sich von den übrigen Trägern der GKV im wesentlichen dadurch, daß sie – mit Ausnahme der Rentner und Arbeitslosen – keinen gesetzlich zugewiesenen Mitgliederkreis haben. Aufnahmeberechtigt sind versicherungspflichtige und berechtigte Personen, die zum Zeitpunkt der Aufnahme in dem Bezirk wohnen und dem Mitgliederkreis angehören, für den die Ersatzkasse zugelassen ist. Die Mitgliedschaft ist freiwillig; versicherungspflichtige Mitglieder einer Ersatzkasse werden von der Mitgliedschaft bei einer anderen gesetzlichen Krankenkasse *befreit*. Ersatzkassen für Angestellte dürfen nur Angestellte und Ersatzkassen für Arbeiter nur Arbeiter aufnehmen. Die Zuständigkeit fast aller Ersatzkassen für Angestellte erstreckt sich auf das gesamte Bundesgebiet, wobei die beiden mit Abstand größten Kassen auch sämtliche Berufszweige abdecken. Damit ist es jedem Angestellten möglich, einer Ersatzkasse beizutreten. Demgegenüber sind die Ersatzkassen für Arbeiter stärker regional organisiert, so daß sie zusammen mit ihrer Differenzierung nach Berufszweigen nur einen relativ geringen Teil der versicherungspflichtigen Arbeiter abdecken (OTT).

10.1.1. Der versicherte Personenkreis

Zu dem durch die GKV geschützten Personenkreis zählen die *Mitglieder* in den gesetzlichen Krankenkassen als Hauptversicherte sowie ihre ohne eigene Beiträge *mitversicherten Familienangehörigen*. Unter verteilungspolitischen Gesichtspunkten ist weiterhin die Unterscheidung in Pflicht- und freiwillig Versicherte bedeutsam. Ein Pflichtversicherung besteht traditionell für sämtli-

C. Soziale Sicherung in der BRD

che Arbeiter, ohne Rücksicht auf die Höhe ihres Arbeitsentgelts, sowie für Angestellte mit einem Einkommen bis zur *Versicherungspflichtgrenze*. Um der Einkommensentwicklung Rechnung zu tragen, wurde diese Grenze bis 1970 fallweise erhöht; seit 1971 ist sie *dynamisiert*, d. h. sie wird automatisch jährlich der allgemeinen Einkommensentwicklung angepaßt. Ebenfalls seit langer Zeit versicherungspflichtig sind einige Gruppen von selbständig Erwerbstätigen mit Einkommen bis zur Versicherungspflichtgrenze. Hierzu gehören etwa Hausgewerbetreibende, Lehrer, Musiker und Hebammen. Werden bisher versicherungsfreie Angestellte und Selbständige wegen der Erhöhung der Versicherungspflichtgrenze versicherungspflichtig, können sie sich von der Versicherungspflicht befreien lassen, wenn eine ausreichende Privatversicherung vorliegt.

In der KVdR sind Rentner pflichtversichert, die eine Versicherten- oder Hinterbliebenenrente aus der Rentenversicherung der Arbeiter oder Angestellten bzw. der knappschaftlichen Rentenversicherung beziehen sowie Altenteiler der Landwirtschaftlichen Krankenversicherung. Eine Befreiung von der Versicherungspflicht kann verlangen, wer zuvor privat versichert war.

Für die *freiwillige* Mitgliedschaft in der GKV bestehen grundsätzlich *zwei* Möglichkeiten: als freiwillige *Weiterversicherung* im Anschluß an eine vorausgegangene Pflichtmitgliedschaft oder als freiwilliger *Beitritt*, ohne daß zuvor eine Pflichtversicherung bestanden hat. Die Möglichkeiten der Weiterversicherung bei Erfüllen einer Vorversicherungszeit bestehen für Personen, die aus einer krankenversicherungspflichtigen Beschäftigung ausscheiden. In der Hauptsache betrifft dies die Fälle, in denen sich das Gehalt auf einen Betrag über der Versicherungspflichtgrenze erhöht oder daß eine selbständige Tätigkeit aufgenommen wird. Von dieser Möglichkeit können weiterhin aus der Erwerbstätigkeit ausscheidende Ehefrauen, deren Ehegatte privatversichert ist, Gebrauch machen.

Zum freiwilligen Beitritt sind zunächst solche Personen berechtigt, die entweder als Selbständige tätig sind und deshalb nicht der Versicherungspflicht unterliegen oder als Arbeitnehmer versicherungsfrei sind. Der Begriff des Selbständigen erfaßt solche Personen, die entweder Gewerbetreibende oder Betriebsunternehmer sind. Zu den versicherungsfreien Beschäftigten zählen etwa Beamte und Verwaltungslehrlinge. Weiterhin gehören hierher Familienangehörige des Arbeitgebers, die ohne abhängiges Arbeitsverhältnis und ohne Entgelt in seinem Betrieb beschäftigt sind, sowie seit 1975 alle in der beruflichen Aus- und der allgemeinen Weiterbildung befindlichen Personen. In sämtlichen Fällen ist Voraussetzung, daß zum Zeitpunkt des Beitritts das erzielte Gesamteinkommen die Versicherungspflichtgrenze nicht überschreiten darf.

1985 waren bei der GKV 21,1 Mill. Arbeitnehmer und 10,6 Mill. Rentner pflichtversichert. 4,5 Mill. Menschen waren freiwillig versichert. Die Zahl der mitversicherten Familienangehörigen beträgt mehr als 20 Millionen, so daß mehr als 56 Mill. Menschen Ansprüche auf Leistungen der GKV hatten. Waren 1949 nur etwa 72% der Bevölkerung in der GKV versichert, so stieg dieser Anteil bis zum Jahre 1984 auf über 94% an.

X. Gesundheitsvorsorge

10.1.2. Die Finanzierung

Die gesetzliche Krankenversicherung finanziert sich in erster Linie aus **Beiträgen**, die je zur Hälfte von Arbeitnehmern und Arbeitgebern aufgebracht werden müssen; Obergrenze für die Beitragsleistung eines Versicherten ist die **Beitragsbemessungsgrenze**, die sich auf 75% der jeweils geltenden Beitragsbemessungsgrenze der Rentenversicherung (siehe Tabelle 4 oben) beläuft (1988: 54 000 DM Jahreseinkommen). Des weiteren erhält die GKV Mittel aus der Rentenversicherung, die zum Teil von der GRV und den Rentnern (Krankenversicherungsbeitrag der Rentner) getragen werden. Auch aus der Bundesanstalt für Arbeit fließen an die GKV Mittel, da diese die Arbeitslosen gegen Krankheit weiterversichert. In geringem Umfang werden auch Zuschüsse des Bundes geleistet (insbesondere für die Mutterschaftsleistungen).

Die Beitragssätze sind *gesetzlich nicht fixiert*. Sie sind so zu bemessen, daß sie einschließlich der anderen Einnahmen ausreichen, um die zulässigen Ausgaben der Kassen abzudecken. Sie sollen 6 – 8% nicht überschreiten. Die Beitragssätze der gesetzlichen Krankenkassen weisen außerordentlich *starke Unterschiede* auf, und zwar sowohl innerhalb der Kassenarten als auch zwischen den einzelnen Kassengruppen. Setzt man die Differenz zwischen dem niedrigsten und höchsten Beitragssatz in Beziehung zum zugehörigen durchschnittlichen Beitragssatz, so ergeben sich Schwankungen bis zu 100% (OTT). Als bedeutendste Ursache der bestehenden *Beitragssatzunterschiede* sind die unterschiedlichen Versichertenstrukturen der Kassen anzusehen. Der durchschnittliche Beitragssatz liegt 1987 bei etwa 12,2%. Dabei sind die Beitragssätze im Zeitraum 1960 bis 1986 etwa fünfmal so stark angestiegen wie der Preisindex für die Lebenshaltungskosten aller privaten Haushalte.

Die Begrenzung der Beitragsbemessungsgrundlage führt für die die Bemessungsgrenze übersteigenden Einkommen zu einer *regressiven* Belastung. Die durchschnittliche Belastung nimmt mit zunehmendem Einkommen ab, da die Grenzbelastung gleich Null wird. Die Abbildung 21 zeigt diesen Zusammenhang für eine beliebige Höhe des Beitragssatzes b und der Beitragsbemessungsgrenze BBG. So reduziert sich etwa die prozentuale Beitragsbelastung bei einem Einkommen von 50% über der Beitragsbemessungsgrenze um ein Drittel und bei einem Einkommen in Höhe der zweifachen Bemessungsgrenze um die Hälfte.

Die Beiträge in der GKV werden nach dem *Individualprinzip*, d. h. nach dem Einkommen aus dem jeweiligen Arbeitsverhältnis, bemessen. Übersteigt das Familieneinkommen in einem Zweiverdiener-Haushalt die Beitragsbemessungsgrenze, dann hängt die Höhe der Beitragsbelastung auch davon ab, in welchem Verhältnis die Einkommenshöhen der beiden Ehepartner zueinander stehen. Bei *gleichem* Familieneinkommen ergeben sich *unterschiedliche* Beiträge immer dann, wenn wegen des Hinauswachsens eines Einkommens über die Beitragsbemessungsgrenze diese Einkommensteile nicht mehr beitragspflichtig sind. Die Belastungen sind dabei um so größer, je gleichmäßiger sich die Einkommen auf die beiden Bezieher verteilen. Die Abbildung 22 verdeutlicht diese Relation für die Fälle mit beliebiger Höhe des Beitragssatzes und der Bemessungsgrenze, in denen beide Bezieher ein gleichhohes Einkommen aufweisen (1/1), der eine Partner zwei Drittel (2/3), die Hälfte (1/2) und ein Drittel (1/3) des Einkommens des anderen erhält und den Fall des Einverdiener-Haushalts (0).

Bei einem Familieneinkommen in Höhe der zweifachen Beitragsbemessungsgrenze 1988 von 108 000 DM und dem zugehörigen durchschnittlichen

C. Soziale Sicherung in der BRD

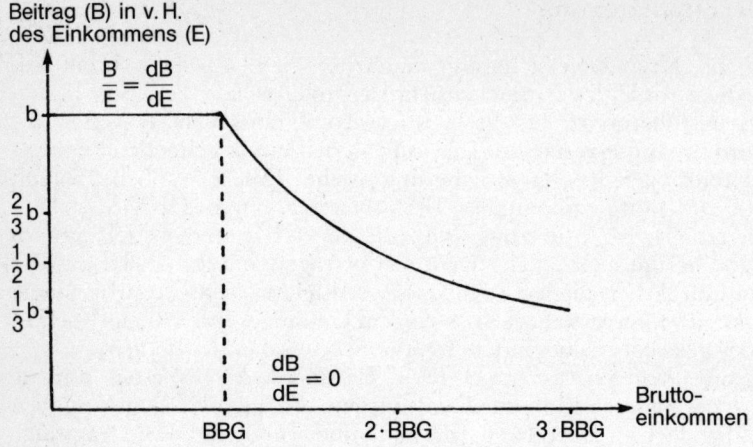

Quelle: Ott (1981, S. 147).

Abbildung 21: Durchschnitts- und Grenzbeitragsbelastung in Abhängigkeit von der Einkommenshöhe

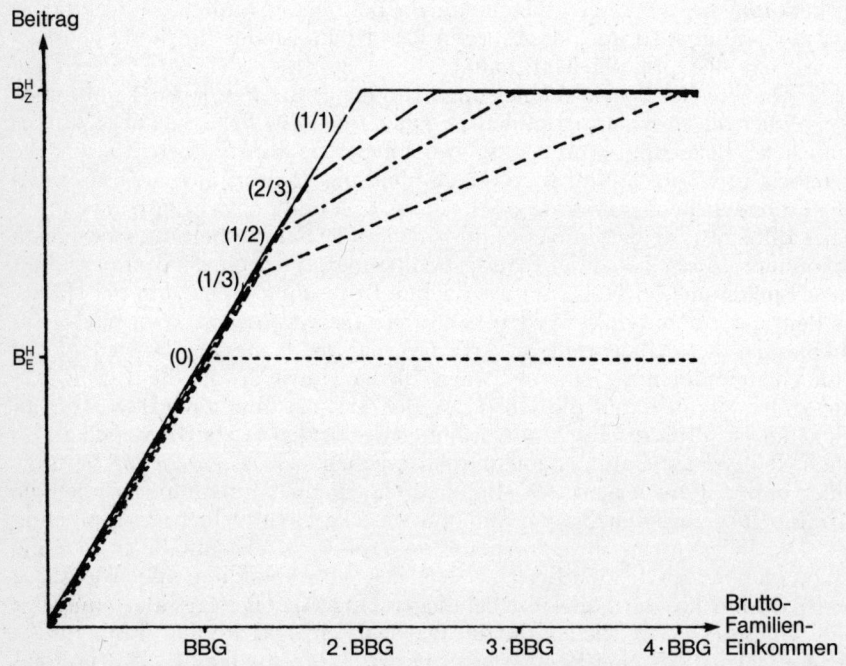

Quelle: Ott (1981, S. 149).

Abbildung 22: Beiträge in Abhängigkeit von der Höhe und Zusammensetzung des Familieneinkommens

Beitragssatz von 12,2% ergibt sich für den Fall der gleichhohen Einkommen ein Betrag von 13 824 DM. Verdient ein Partner z. B. zwei Drittel des Einkommens des anderen, dann sind Beiträge in Höhe von 11 520 DM zu zahlen, während bei Berufstätigkeit nur eines Partners sich der Beitrag auf 6912 DM beläuft.

10.1.3. Aufgaben und Leistungen

Die Aufgaben der GKV bestehen zum allergrößten Teil aus den Leistungsausgaben für die Versicherten. Diese lassen sich in die Kategorien Sachleistungen und Geldleistungen (Barleistungen) einteilen. Zu den **Sachleistungen** zählen die Krankenpflege (ärztliche und zahnärztliche Behandlung, Arzneien, Heil- und Hilfsmittel, Zahnersatz) und die Krankenhauspflege. Die **Geldleistungen** bestehen aus Kranken-, Mutterschafts- und Sterbegeld. Außerdem sind die Verwaltungskosten der Kassen zur Durchführung der Krankenversicherung zu nennen.

Der Umfang der Leistungen sowie der anspruchsberechtigte Personenkreis werden im zweiten Abschnitt des zweiten Buches der RVO geregelt. Hinsichtlich der Sachleistungen besteht im allgemeinen kein Unterschied zwischen den Leistungen, die die Mitglieder beanspruchen können, und denen, die den mitversicherten Familienangehörigen im Rahmen der Familienhilfe gewährt werden. Bei den Geldleistungen gibt es Einschränkungen: Familienangehörige erhalten kein Krankengeld; Mutterschafts- und Sterbegeld sind geringer. Von den Pflichtmitgliedern sind Rentner, Studenten und landwirtschaftliche Unternehmer nicht krankengeldberechtigt; für die freiwilligen Mitglieder kann der Anspruch auf Krankengeld bei ermäßigten Beiträgen ausgeschlossen werden.
Der weitaus größte Teil der Leistungen sind *Regelleistungen*, deren Ausmaß und Dauer gesetzlich vorgeschrieben sind. Darüber hinaus kann die einzelne Kasse *freiwillige zusätzliche Leistungen* übernehmen oder Regelleistungen über das gesetzliche Maß hinaus erhöhen. Diese Mehrleistungen sind jedoch in Art und Höhe nur insoweit zulässig, als die RVO dies ausdrücklich vorsieht. Zu ihnen gehören etwa Maßnahmen zur Genesendenfürsorge, Sicherung des Rehabilitationserfolges, Förderung des Behindertensports, Gewährung von Vorbeugungskuren, erhöhtes Sterbe- und Mutterschaftsgeld. Durch den ständigen Ausbau der Pflichtleistungen, wodurch vielfach frühere Mehrleistungen zu Regelleistungen erklärt wurden, hat sich der Anteil der Mehrleistungen an den gesamten Leistungsausgaben verringert und spielt gegenwärtig nur eine untergeordnete Rolle.

Der Tabelle 7 ist die *Ausgabenstruktur* der GKV zu entnehmen. Die Ausgaben sind hier gegliedert in vorbeugende und betreuende Maßnahmen, Behandlung, Krankheitsfolgeleistungen und nicht aufteilbare Ausgaben. Krankheitsfolgeleistungen sind insbesondere Krankengeldzahlungen, nicht aufteilbare Ausgaben die Verwaltungskosten der GKV.

C. Soziale Sicherung in der BRD

Bezeichnung	Mio. DM				Anteile in vH.			
	1970	1975	1980	1981	1970	1975	1980	1981
Vorbeugende und betreuende Maßnahmen	835	2 176	2 471	748	3,4	3,6	2,8	2,9
darunter:								
– *Gesundheitsdienste*	125	201	255	261	0,5	0,3	0,3	0,3
– *Gesundheitsvorsorge und Früherkennung*	248	1 058	874	1 025	1,0	1,8	1,0	1,1
– *Mutterschaftshilfe*	462	917	1 342	1 462	1,9	1,5	1,5	1,5
Behandlung	19 142	49 430	73 497	79 468	78,4	82,4	83,1	83,7
darunter:								
– *ambulante Behandlung*	7 168	15 410	21 172	22 767	29,4	25,7	23,9	24,0
– *stationäre Behandlung*	6 197	18 268	26 935	29 003	25,4	30,4	30,5	30,5
– *Arzneien, Heil- und Hilfsmittel*	4 891	11 483	17 544	19 012	20,0	19,1	19,8	20,0
– *Zahnersatz*	828	4 180	7 351	8 110	3,4	7,0	8,3	8,5
Krankheitsfolgeleistungen	3 110	5 521	8 463	8 343	12,8	9,2	9,6	8,8
darunter:								
– *Barleistungen*	3 110	5 442	8 366	8 245	12,7	9,1	9,5	8,7
nicht aufteilbare Ausgaben	1 324	2 873	3 993	4 417	5,4	4,8	4,5	4,7
Insgesamt	24 411	60 000	88 424	94 976	110,0	100,0	100,0	100,0

Quelle: Smiegielski (1985, S. 80).

Tabelle 7: Ausgaben der Gesetzlichen Krankenversicherung für Gesundheit

Für die gesamte **Ausgabenentwicklung** ist nicht zuletzt die Höhe der *Pro-Kopf-Ausgaben* entscheidend. Die Abbildung 23 zeigt die Entwicklung der Leistungsausgaben für die Allgemeinversicherten (Mitglied der AKV) und Rentner (Mitglied der KVdR). Zum Vergleich sind hier auch die Pro-Kopf-Einkommen der Arbeitnehmer dargestellt, die das Ausmaß des Ausgabenanstiegs in der GKV verdeutlichen sollen.

Zu den *Bestimmungsgründen dieser Entwicklung* gehört die ständige Ausweitung des Leistungsumfangs durch den Gesetzgeber. Dies betraf zunächst in erster Linie die Geldleistungen: So brachte das Lohnfortzahlungsgesetz 1957 eine Erhöhung des Krankengeldes und die Verpflichtung des Arbeitgebers, einen Zuschuß zu dem Differenzbetrag bis zum Nettoentgelt zu zahlen. Diese Regelung wurde 1961 verbessert sowie die Dauer des Krankengeldbezuges auf 78 Wochen verlängert. Die im Jahre 1970 auf die Arbeiter ausgedehnte vollständige **Lohnfortzahlung** durch den Arbeitgeber für die Dauer von 6 Wochen brachte für die Kassen dann eine erhebliche Verminderung der Krankengeldleistungen.

X. Gesundheitsvorsorge

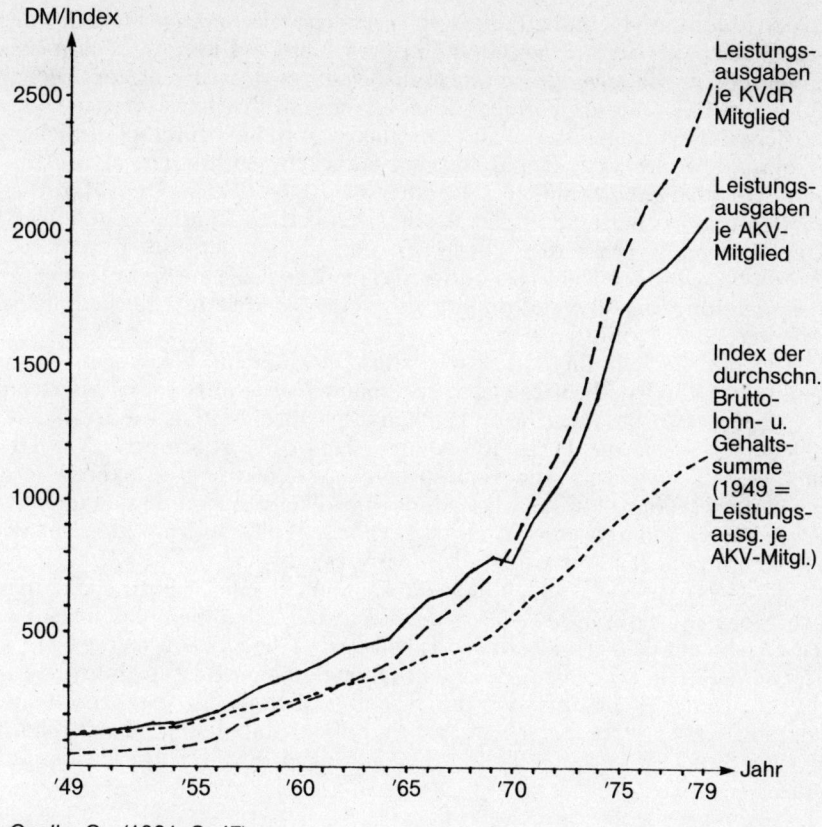

Quelle: Oтт (1981, S. 47).

Abbildung 23: Leistungsausgaben je Mitglied der AKV und KVdR und durchschnittliche Bruttolohn- und Gehaltssumme (1949 – 1979)

Der Umfang der im Falle der Mutterschaft zustehenden Leistungen, insbesondere das Mutterschaftsgeld, ist mit dem Mutterschutzgesetz 1952 und seiner Verbesserung im Jahr 1968 wesentlich erweitert worden.

Die mit der Ausgliederung eines großen Teils der Barleistungen bewirkte Umstrukturierung im Leistungsgefüge wurde in den 70er Jahren durch die Ausweitungen der Leistungspflicht vornehmlich in bezug auf die Sachleistungen verstärkt: Die Einführung von Vorsorgeuntersuchungen (1971), kostendeckende Krankenhauspflegesätze (1973), Wegfall der Aussteuerung bei Krankenhauspflege, Rehabilitationsmaßnahmen sowie Zahnersatz als Pflichtleistung (1974). In diesem Zusammenhang ist auch die Ausweitung des Krankheitsbegriffs und die damit verbundene Anerkennung neuer behandlungsbedürftiger Krankheiten zu nennen. Das *Krankenversicherungs-Kostendämpfungsgesetz* hat ab 1977 allerdings einige Einschränkungen im Leistungsrecht gebracht. So wurden die Zuschüsse für Zahnersatz wieder begrenzt und strengere Maßstäbe für Zuschüsse zu Kuren und für den Anspruch auf Familienhilfe festgelegt.

C. Soziale Sicherung in der BRD

Neben den quantitativen und qualitativen Leistungsverbesserungen haben eine Reihe anderer Faktoren zur dargestellten Entwicklung des Leistungsvolumens beigetragen. So die *Änderung der Versichertenstruktur* durch die zeitweilig gestiegene Anzahl der mitversicherten Familienangehörigen und durch die Erweiterung des versicherten Personenkreises um Mitglieder mit überdurchschnittlicher Morbidität wie Behinderte, Rehabilitanten und Schwerbehinderte. Hinsichtlich der Ausgabenentwicklung für Rentner ist zu berücksichtigen, daß die Anzahl der mitversicherten Familienangehörigen je Rentner ständig gesunken ist. Die im Vergleich zu den allgemein Versicherten wesentlich stärkere Kostenerhöhung bei den Rentnern dürfte in erster Linie auf eine überproportionale Ausdehnung der Behandlungsmöglichkeiten spezifisch altersbedingter Krankheiten zurückzuführen sein.

Vom Angebot her eröffnete der medizinisch-technische Fortschritt neue Behandlungsmethoden, die vergleichsweise höhere Aufwendungen erforderten, stiegen die Honorare für ärztliche und zahnärztliche Behandlung, die Krankenhauspflegesätze sowie die Preise für Arznei-, Heil- und Hilfsmittel. Auf der Nachfrageseite stieg die Leistungsinanspruchnahme, bedingt auch durch ein allgemein wachsendes Anspruchsniveau der Bevölkerung, die die Gesundheit im Vergleich zu anderen Gütern mit steigendem Wohlstand als zunehmend dringlicher empfindet (Gesundheit als superiores Gut).

Eine **Kostendämpfung** ist auch über die Einführung einer Selbstbeteiligung versucht worden. Diese *Selbstbeteiligung* der Versicherten hat man in den letzten Jahren verschiedentlich erhöht. In der Tabelle 8 sind die Leistungsbereiche mit Selbstbeteiligung und die entsprechenden Quoten in der GKV im Jahre 1983 dargestellt. Neueren Datums ist die Selbstbeteiligung bei Arzneimitteln, Heilmitteln, Reisekosten, Krankenhausbehandlung und Kuren. Bei Brillen, Zahnersatz und kieferorthopädischen Behandlungen ist die Selbstbeteiligung schon traditionell.

10.2. Die privaten Krankenversicherungen (PKV)

Der versicherte Personenkreis in der **PKV** ist – wenn in der GKV bereits ca. 94 % der Bevölkerung versichert sind – naturgemäß gering. In der PKV versichern sich vorwiegend selbständig Tätige und Beamte, die aber auch in der GKV versichert sein können, wenn sie in einer Vortätigkeit ein versicherungspflichtiges Einkommen bezogen haben (freiwillig in der GKV versichert). Es existiert eine Vielzahl privater Krankenversicherungen, die mit ihrer speziellen Tarifgestaltung um die Versicherten *konkurrieren*. Die Wettbewerbssituation könnte man als oligopolistisch bezeichnen. Aufgrund der differenzierten Tarifgestaltung ist es für den Versicherten nicht immer ganz einfach, das für ihn optimale Versicherungspaket zu wählen.

Die Finanzierung erfolgt über **risikoabhängige Beiträge**. Die *Risikodifferenzierung* erfolgt zum einen nach dem *Geschlecht* und innerhalb der Geschlechter nach dem *Alter*[48]. Gleichaltrige Frauen müssen im Verhältnis zu ihren männlichen Altersgenossen deutlich höhere Versicherungsprämien zahlen, was

---

48 Für die Kinder bis zum 16. Lebensjahr gibt es Sondertarife.

X. Gesundheitsvorsorge

Leistungsbereich	Beteiligungsregelung	GKV-Ausgaben (1983 geschätzt)	Selbstbeteiligung in Mio. DM	Gesamtkosten	Beteiligungsquote in vH.
1	2	3	4	5	6
Leistungsbereiche mit Selbstbeteiligung					
/ Arzneimittel	a) 2 DM je verordnetes Mittel b) Ausgrenzung Bagatellarzneimittel	14 200	1 500 300	16 000	11,3
/ Heilmittel / Brillen / Zahnersatz	4 DM je verordnetes Heilmittel 4 DM je verordnete Brille mind. 40 v.H. der zahntechnischen Leistungen	3 800[1] 1 200 6 500	120 40 2 385	3 920 1 240 8 885	3,1 3,2 26,8
/ Kieferorthopäd. Behandlung	bei Abbruch d. Behandl. 20 v.H. höchstens 1/4 der montal. Bezugsgröße (1983 = 645 DM)	1 350	12[2]	1 362	0,9
/ Reisekosten	5 DM je einfache Fahrt	1 100	70	1 170	6,0
/ Krankenhausbehandlung / Kuren	5 DM je Tag, höchstens für 14 Tage i.J. 10 DM je Tag	30 000 500	280 20	30 280 520	0,9 3,8
Summe		58 650	4 727	63 377	7,5
Leistungsbereiche ohne Selbstbeteiligung		35 470	–	–	–
Gesamt		94 120	4 727	98 847	4,8

[1] Heil- und Hilfsmittel insgesamt, separate Angaben über Hilfsmittel sind nicht möglich.
[2] Es wurde eine Abbruchquote von 5 v.H. zugrunde gelegt.

Quelle: SMIEGIELSKI (1955, S. 86).

Tabelle 8: Selbstbeteiligungsquote in der GKV 1983

C. Soziale Sicherung in der BRD

insbesondere mit dem Geburtenrisiko begründet ist;[49] mit zunehmendem Alter verringern sich diese Differenzen, werden aber nie ganz abgebaut.

Darüber hinaus ist die Höhe der Prämie abhängig vom *Eintrittsalter*; je später der Versicherte in eine PKV eintritt, desto höher ist der individuelle Beitragssatz. Die Tarife sind im wesentlichen in *vier* Tarifbereiche aufgespalten. Der *Tarif für ambulante Behandlung* deckt die Kosten für ärztliche Leistungen sowie für Medikamente ab. Der Leistungsumfang orientiert sich an dem der GKV, geht aber in Teilen darüber hinaus. Der *Tarif für stationäre Pflege* dient im wesentlichen dem Ersatz der Krankenhauspflegekostensätze[50] und der *Zahntarif* dem der Zahnarztkosten, wobei i. d. R. für Zahnersatz ein Selbstbehalt, ähnlich wie in der GKV, üblich ist. Das verfügbare Einkommen – sofern die Krankheitsdauer die Fristen der Lohnfortzahlung durch den Arbeitgeber übersteigt – kann über eine entsprechende *Krankentagegeldversicherung* abgesichert werden, wobei der Beitrag einerseits von der Höhe des verfügbaren Einkommens und andererseits der Dauer der Lohnfortzahlung des Arbeitgebers abhängig ist.

In den ambulanten und stationären Tarifen ist die Vereinbarung eines *Selbstbehaltes* möglich, und zwar entweder in absoluter Form oder in relativer mit einem absoluten Höchstbetrag. Je höher die vereinbarte Selbstbeteiligung ausfällt, desto stärker ermäßigen sich die laufenden Beiträge. Insbesondere bei den ambulanten Tarifen und in Ergänzung zum Selbstbehalt, aber z. T. auch als Alternative zum Selbstbehalt, sind *Beitragsrückerstattungen* vorgesehen, wenn ein Versicherter über einen längeren Zeitraum (i. d. R. ein Jahr) seine Versicherung nicht beansprucht hat. Hat ein Versicherter beispielsweise über einen Zeitraum von mehreren Jahren seine Versicherung nicht belastet, erhält er – je nach Versicherung – bis über 40% seiner Jahresprämie zurückerstattet.

Bei Krankheitskosten, die permanent oberhalb der Kosten für einen durchschnittlichen Versicherten liegen, wenden die PKV das Instrument des **Risikozuschlags** an. Insbesondere können Risikozuschläge dann vereinbart werden, wenn eine Umstellung eines laufenden Versicherungsvertrages erforderlich wird; das kann in einem Versicherungszyklus des öfteren der Fall sein. In dramatischen Fällen können die Versicherungen auch das Instrument der *Aussteuerung* anwenden. M. a. W. wird der Versicherte von der Versicherung abgefunden und von der weiteren Versicherung ausgeschlossen.

Beurteilt man die Vorzüge von GKV und PKV, dann weist die letztere deutlich niedrigere Beiträge vor allem für diejenigen auf, die *relativ jung* sind, ein *relativ hohes* Einkommen erzielen und *ledig* sind, in der GKV also den höchsten Beitragssatz zahlen müßten. Wenn man z. B. als Angestellter oberhalb der Versicherungspflichtgrenze der GKV liegt, ist der Beitragssatz in der PKV häufig nur halb so hoch wie in der GKV; auch zum Beitrag der PKV hat der Arbeitgeber den Arbeitgeberanteil zu übernehmen. Bei Ehepaaren, bei denen nur ein Ehepartner berufstätig, der zweite als beitragslos in der GKV mitversichert ist, schwinden die Vorteile der PKV gegenüber der GKV, und zwar um so stärker, je mehr Kinder in der Familie vorhanden sind.

---

49 Im Alter um 25 Jahre liegen die Beiträge für Frauen i. d. R. um über 60% oberhalb der Beiträge für männliche Versicherte, im Alter um 65 Jahre hingegen lediglich über 20%.

50 Der «Privatpatient» kann i. d. R. ein Zweibettzimmer (z. T. auch Einbettzimmer) beanspruchen; außerdem kann er im Krankenhaus auch die privatärztliche Behandlung (z. B. durch den Chefarzt) wählen.

X. Gesundheitsvorsorge

Die günstigeren Konditionen der PKV sind also nicht zuletzt auf die *Risikoauslese* zurückzuführen, die sich in ihrer Versichertenstruktur auch deutlich niederschlägt. Die Kostenentwicklung der beiden Versicherungssysteme ist in der Vergangenheit häufig relativ parallel verlaufen, d. h. die PKV hat die Beitragsanpassungen über Jahre hinweg ähnlich den Anpassungen in der GKV vollzogen. Dabei mag in gewissen Phasen die PKV sogar eine *Leistungs-* und *Preisführerschaftsfunktion* übernommen haben, jedenfalls ist der Leistungskatalog der GKV lange Zeit dem der PKV immer mehr angenähert worden. Die *Kostenexplosion* im Gesundheitswesen hat die PKV dann bewogen, verstärkt die *Selbstbeteiligungsmodelle* und die *Beitragsrückerstattung* zu *propagieren*. Das scheint zumindest temporär einen *dämpfenden* Effekt auf die Kostensituation gehabt zu haben; Beitragsanpassungen sind jedenfalls seltener geworden. Es bleibt aber abzuwarten, wie sich die Beitragsanpassungen in GKV und PKV angesichts der jüngsten Kostenexplosion entwickeln werden.[51]

Es sei an dieser Stelle nur erwähnt, daß Ende der 70er Jahre auch einige private Krankenversicherungen die Beiträge für ältere Versicherte weniger erhöht haben, als es entsprechend der Kostenentwicklung in dieser Risikogruppe erforderlich gewesen wäre. Um diesen Versichertenkreis nicht zu verlieren, haben die Unternehmen besondere Mittel (»Firmeneinschüsse«) zur Verfügung gestellt, die natürlich aus den Überschüssen anderer Risikogruppen stammen. Hier hat die PKV also auch Elemente der *personellen Umverteilung* (zwischen jüngeren und älteren Versicherten) in das System hineingetragen.

10.3. Die Beihilfe im öffentlichen Dienst

Im Bereich des öffentlichen Dienstes existiert ein sogenanntes **Beihilferecht**, nach dem der Dienstherr dem Arbeitnehmer zu den anfallenden Krankheitskosten einen Zuschuß gewährt. Beihilfeberechtigt sind zunächst alle Beamten, die zugleich von der Versicherungspflicht in der GKV befreit sind. Ein Wahlrecht zwischen Beihilfe oder dem Arbeitgeberanteil zur Krankenversicherung haben die Angestellten des öffentlichen Dienstes, die ein Einkommen beziehen, das oberhalb der Versicherungspflichtgrenze in der GKV liegt.

Die beihilfeberechtigten Arbeitnehmer des öffentlichen Dienstes erhalten einen Zuschuß zu den Krankheitskosten, der zum einen vom Familienstand und zum anderen von der Kostenart (ambulante bzw. stationäre Kosten) abhängig ist.[52] So erhält beispielsweise ein lediger Beamter eine Beihilfe von 50% zu seinen Krankheitskosten. Will er sich voll absichern, kann er sich – sofern sein Einkommen unterhalb der Versicherungspflichtgrenze der GKV liegt – freiwillig in der GKV versichern, erhält allerdings keinen Arbeitgeberanteil gezahlt. Allein deshalb ist i. d. R. die Versicherung in der PKV günstiger; diese hat gerade für die beihilfeberechtigten Arbeitnehmer des öffentlichen Dienstes

---

51 So haben die privaten Krankenversicherungen im Jahr 1987 ihre Beitragssätze kräftig erhöht.
52 Seit dem 1. 10. 1985 gilt in Bund und Ländern nicht mehr ein einheitliches Beihilferecht; nur noch in einigen Ländern richtet sich die Höhe der Beihilfe auch nach der Kostenart, im Bund und anderen Ländern nur nach dem Familienstand.

C. Soziale Sicherung in der BRD

sogenannte **Quotentarife** geschaffen, mit denen die nach der Beihilfe *verbleibenden* Krankheitskosten ersetzt werden können. Die Beiträge innerhalb dieser Quotentarife sind oft deutlich niedriger als die Beihilfenquote ausmachen würde, da die Beschäftigten des öffentlichen Dienstes sich in einer günstigeren Risikosituation befinden als die übrigen Beschäftigten (Dominanz weniger riskabler Arbeitsplätze in der Verwaltung).
Die Beihilferegelung ist für den Staat so lange günstiger als die Zahlung eines permanenten Arbeitgeberbeitrags zur GKV bzw. PKV, wie die Beamten ein Krankheitskostenrisiko aufweisen, das deutlich unterhalb des Risikos der sonstigen Bevölkerung liegt. Da dieses in der Vergangenheit der Fall war, wird von offizieller Seite die Beihilferegelung als besonders effizient gepriesen. Dabei scheint aber außer acht zu bleiben, daß gerade im Bereich der Beihilfe die *Verwaltungskosten besonders hoch* sind, diese in der Kosten-Nutzenanalyse allerdings kaum in angemessenem Umfang ihren Niederschlag finden.

XI. Die gesetzliche Unfallversicherung

Zwischen der GKV und der **gesetzlichen Unfallversicherung (GUV)** besteht eine gewisse Beziehung, obwohl sich die GUV aus der früheren Haftpflicht der Unternehmer entwickelt hat und anfänglich nur gewisse Betriebe, Einrichtungen und Tätigkeiten der Unfallversicherungspflicht unterworfen waren. Eine wesentliche Ausweitung erfolgte dadurch, daß das System der Betriebsversicherung durch das System der Personenversicherung ersetzt worden ist (Ausdehnung auf alle in einem Arbeits-, Dienst- und Lehrverhältnis Beschäftigten), andererseits neben dem Unfallrisiko in der Arbeitswelt auch bestimmte Unfallrisiken außerhalb der Arbeitswelt einbezogen worden sind.
Die GUV teilt sich in drei große Bereiche, nämlich die allgemeine, die landwirtschaftliche und die Seeunfallversicherung; Träger sind vor allem die Berufsgenossenschaften. Die Selbstverwaltungsorgane der Berufsgenossenschaften sind die Vertreterversammlungen und der Vorstand (je zur Hälfte Vertreter der Versicherten und der Arbeitgeber).

11.1. Der versicherte Personenkreis

Wie in der GKV gibt es auch in der GUV die Pflichtversicherung und die freiwillige Versicherung. Zu den *Pflichtversicherten* gehören alle Arbeitnehmer, und zwar unabhängig von der Art und Dauer der Beschäftigung sowie der Höhe des Einkommens, ferner Unternehmer (Arbeitgeber), entweder nach gesetzlicher Vorschrift oder nach Satzung des Trägers der GUV, sowie Heimarbeiter, Hausgewerbetreibende, Artisten, Arbeitslose, Hebammen, Masseure. Eingeschlossen sind auch Personen, die bei Unglücksfällen Hilfe leisten, Blutspender, Ehrenamtsträger, Kinder während des Besuches von Kindergärten, Schüler und Studenten während des Besuches der Schule bzw. Hochschule sowie Entwicklungshelfer, Gefangene, Rehabilitanten. Versicherungsfrei sind insbesondere diejenigen, die anderweitig abgesichert sind (z. B. Beamte und die im eigenen Unternehmen mitarbeitenden Ehegatten). Die GUV ist derjenige Zweig der Sozialversicherung mit den meisten Personen als Pflichtversicherten. Der Kreis der *freiwillig Versicherten* setzt sich vor allem aus Unternehmern, aber auch aus bestimmten freiberuflich Tätigen (wie etwa Ärzten, Apothekern) zusammen, die nicht pflichtversichert sind. Wenn sie von dem Recht, sich freiwillig zu versichern, Gebrauch machen, genießen sie den gleichen Versicherungsschutz wie die Pflichtversicherten.

11.2. Die Finanzierung

Die Finanzierung der GUV erfolgt *allein* durch *Beiträge der Unternehmer*. Die Beiträge müssen ihrer Höhe nach so festgesetzt werden, daß sie die Ausgaben des abgelaufenen Geschäftsjahres (der einzelnen Berufsgenossenschaften) decken, und zwar einschließlich der Betriebsmittel und der Rücklagen (es wird das Umlageverfahren angewendet). Die Rücklage, die das Dreifache der in einem Jahr gezahlten Renten betragen soll, dient insbesondere in langfristig beitragsarmen Zeiträumen der Sicherung der Erfüllung der Verbindlichkeiten. Betriebsmittel werden zur Bestreitung laufender Aufwendungen sowie zur Überbrückung kurzfristig beitragsarmer Zeiträume und außergewöhnlicher Ereignisse benötigt.

Die Höhe der Beiträge wird nach dem Arbeitsverdienst der Versicherten in dem jeweiligen Unternehmen und nach dem Grad der Unfallgefahr bemessen. Die Berücksichtigung der Unfallgefahr soll eine möglichst gerechte Verteilung der Beiträge bewirken. Durch die Orientierung an den Arbeitsverdiensten haben die Beiträge zur GUV den *Charakter* einer *Lohnsummensteuer* (payroll tax). Ökonomisch gesehen verteuern diese Beiträge also den Einsatz des Produktionsfaktors Arbeit.

11.3. Aufgaben und Leistungen

Zu den drei großen Aufgabenbereichen der GUV zählen die *Unfallverhütung*, die *Rehabilitierung* sowie die *finanzielle Sicherstellung*. Dabei nimmt die Unfallverhütung einen vorrangigen Platz ein, nachdem lange Zeit die Unfallfolgen im Vordergrund gestanden haben. Denn es hat sich gezeigt, daß auch wirtschaftlich der Einsatz finanzieller Mittel für die Verhütung günstiger ist als die finanzielle Regulierung eingetretener Unfälle, die oft erhebliche Kosten, vor allem für die Heilbehandlungen und Entschädigungen verursachen. Grundlage der Unfallverhütung sind die von den Berufsgenossenschaften zu erlassenden Unfallverhütungsvorschriften; die Durchführung der Unfallverhütung obliegt ebenfalls den Berufsgenossenschaften, die dafür technische Aufsichtsbeamte einsetzen.

Weiterhin erstrecken sich die Leistungen der GUV darauf, die Folgen eines

C. Soziale Sicherung in der BRD

Unfalles zu mildern oder zu beseitigen. Dabei sind an Unfallarten zu unterscheiden: der Arbeitsunfall, der Wegeunfall und die Berufskrankheit. Die *Berufskrankheiten* sind der GUV zugeordnet (und nicht, wie an sich möglich, der GKV und gegebenenfalls auch der GRV), um den Versicherten im Falle einer Berufsminderung die Unfallrente zu gewähren, für die schon eine Herabsetzung der Erwerbsfähigkeit um nur ein Fünftel genügt.

Meldepflichtig ist der Arbeitgeber; Versicherte oder Hinterbliebene brauchen keinen Antrag zu stellen. Mit der Meldung wird ein Verfahren ausgelöst, mit dem Art und Umfang der Schädigung festgestellt werden, ob und in welcher Form die Erwerbstätigkeit des Versicherten wiederhergestellt werden kann oder in welcher Höhe eine Rente bei bleibenden Unfallfolgen oder Tod des Versicherten zu zahlen ist.

	1980	1984	1985	1986	1990
Ambulante Heilbehandlung	544	575	610	642	739
Zahnersatz	22	26	26	27	28
Heilanstaltspflege	882	1 067	1 121	1 173	1 372
Übergangsgeld bei Heilbehandlund und besondere Unterstützung	647	625	674	691	807
Sonstige Heilbehandlungskosten und ergänzende Leistungen zur Heilbehandlung	292	326	331	338	395
Berufshilfe und ergänzende Leistungen zur Berufshilfe	144	165	165	170	202
Renten	6 020	6 827	6 923	7 054	8 111
Beihilfen und Abfindungen	141	182	156	156	182
Sterbegeld	14	14	13	13	15
Unfallverhütung und Erste Hilfe .	364	481	504	527	623
Sonstige Leistungen[1]	19	24	20	20	24
Vermögensaufwendungen und sonstige Ausgaben	2 618	2 735	25[2]	25[2]	29[2]
Verwaltungskosten	780	953	997	1 039	1 217
Verfahrenskosten	97	105	108	111	130
Ausgaben insgesamt	**12 584**	**14 105**	.	.	.
abzüglich:					
Überschuß der Eigenbetriebe ..	0	0	.	.	.
Verluste	1	1	.	.	.
Abschreibungen	13	21	.	.	.
Beitragsausfälle	426	556	.	.	.
Rücklagezuführungen	966	600	.	.	.
Gemeinsame Last	932	934	.	.	.
Mittel für Konkursausfallgeld ..	227	598	.	.	.
Leistungen Sozialbudget	**10 019**	**11 395**	**11 637**	**11 986**	**13 874**

1 Unterbringung in Alters- und Pflegeheimen, Erstattungen innerhalb der Unfallversicherung, Mehrleistungen.
2 ohne Absetzungen.

Quelle: Deutscher Bundestag: Sozialbericht 1986 (S. 128).

Tabelle 9: Unfallversicherung – Leistungen in Mill. DM –

Die einzelnen Leistungen der GUV sind äußerst vielschichtig: Zunächst einmal ist die *Heilbehandlung* zwecks Beseitigung oder Minderung der Folgen eines Unfalls oder einer Berufskrankheit zu nennen. Für ihre Dauer wird ein *Übergangsgeld* gezahlt, berechnet wie das Krankengeld aus der GKV. Die Berufshilfe dient der Wiedergewinnung der Erwerbsfähigkeit im bisherigen Beruf des Verletzten. Wenn dies nicht mehr möglich ist, erfolgt die Ausbildung (Umschulung) für einen anderen, möglichst gleichwertigen Beruf. Eine *Verletztenrente* wird gewährt, wenn die Erwerbsfähigkeit des Versicherten länger als 13 Wochen um mindestens 20% gemindert ist. Für die Höhe der Verletztenrente wird der Grad der Erwerbsminderung sowie der Jahresarbeitsverdienst des Versicherten zugrunde gelegt. Bei völliger Erwerbsunfähigkeit (100%iger Erwerbsminderung) beträgt die Rente zwei Drittel des Jahresarbeitsverdienstes (Vollrente). Bei geringerer Erwerbsminderung wird der Teil der Vollrente gezahlt, der dem Grad der Erwerbsminderung entspricht.

Bei den *Hinterbliebenenrenten* sind Witwen-, Witwer-, Geschiedenen-, Eltern- und Waisenrenten zu unterscheiden. Die Witwenrente beträgt beispielsweise 30% des Jahresarbeitsverdienstes des durch Unfall verstorbenen Ehegatten. Sie erhöht sich auf 40%, wenn die Witwe das 45. Lebensjahr vollendet hat oder ein waisenrentenberechtigtes Kind erzieht oder für sie Berufsunfähigkeit besteht. Die gesetzliche Unfallversicherung folgt also dem *Kausalprinzip*, so daß die Unfallrente auch neben anderen Renten aus der gesetzlichen Sozialversicherung gewährt werden kann, was kumulative Effekte und teilweise Überversorgungstendenzen zur Konsequenz hat.

Die Zahl der angezeigten Unfälle und Berufskrankheiten schwankte in den vergangenen Jahren zwischen 2,4 und 2,8 Millionen pro Jahr. Renten werden an ca. 1 Mill. Menschen gewährt (rund 800 000 an Verletzte und Erkrankte und 200 000 an Hinterbliebene). Die Leistungen der Unfallversicherung sind der Tabelle 9 zu entnehmen.

Dabei machen die Rentenzahlungen knapp die Hälfte der Ausgaben der GUV aus. Wie bereits erwähnt, werden die Ausgaben zuzüglich im Gesetz vorgeschriebener zweckbestimmter Beträge nach Ablauf eines Jahres auf die Mitgliedsunternehmen umgelegt, wobei in der Regel Lohnsumme und Gefahrenklasse als Umlageschlüssel herangezogen werden. Rund 90% aller Einnahmen sind Beiträge aus diesen Umlagen; die übrigen Einnahmen sind Vermögenserträge, realisierte Ersatzansprüche gegen Dritte und in der landwirtschaftlichen Unfallversicherung Zuweisungen aus öffentlichen Mitteln (vom Bundeshaushalt).

XII. Die Arbeitslosenversicherung

Die **Arbeitslosenversicherung (ALV)** ist ausschließlich darauf ausgerichtet, das Risiko der Arbeitslosigkeit, also den Verlust des Arbeitsplatzes, abzudecken. Dabei ist zu berücksichtigen, daß der Arbeitsverwaltung der gesamte Aufgabenbereich der Arbeitsförderung obliegt, ferner auch die ALV, die ursprünglich als eigener Zweig des sozialen Sicherungssystems entwickelt, aber neuerdings in den weiten Bereich der Arbeitsförderung eingebettet worden ist. Träger der gesamten Arbeitsförderung und damit auch der Arbeitslosenversicherung ist die **Bundesanstalt für Arbeit** (BfA). Ihre Selbstverwaltungsorgane setzen sich aus Vertretern der Arbeitnehmer, der Arbeitgeber und der öffentlichen Körperschaften zusammen. Sie werden berufen (also im Gegensatz zur GKV, GUV und GRV nicht gewählt).

C. Soziale Sicherung in der BRD

12.1. Der versicherte Personenkreis

Die ALV kennt nur die *Pflichtversicherung* als Zwangsversicherung; ein freiwilliger Beitrag zur ALV ist nicht möglich. Zum Kreis der Pflichtversicherten gehören alle Arbeiter und alle Angestellten; zur ALV gehören nicht: alle Selbständigen, ferner Personen, für die bereits auf andere Weise gesorgt ist (z. B. Beamte), weiterhin Arbeitnehmer, die das 63. Lebensjahr vollendet haben, sowie Rentner wegen Erwerbsunfähigkeit.

12.2. Die Finanzierung

Die Mittel für die Finanzierung der Leistungen der Arbeitslosenversicherung werden durch *Beiträge* der beitragspflichtigen Arbeitnehmer und Arbeitgeber aufgebracht. Der Beitragssatz ist ab 1. 1. 1987 auf 4,3% des Arbeitsverdienstes festgesetzt worden. Er wird je zur Hälfte vom Arbeitnehmer und vom Arbeitgeber gezahlt. Dem Arbeitnehmer wird über den Quellenabzug sein Beitragsanteil vom Gehalt oder Lohn einbehalten. Der Arbeitgeber führt diesen Beitragsanteil, zusammen mit seinem eigenen Anteil und den Beiträgen zur GKV und GRV, an die zuständige Krankenkasse ab.
Für *spezielle* Leistungen gibt es eine *Umlagefinanzierung*. Diese wird für die Finanzierung der produktiven Winterbauförderung praktiziert; sie wird von jedem Arbeitgeber des Baugewerbes erhoben. Durch Umlage werden auch die finanziellen Mittel für das Konkursausfallgeld aufgebracht; es wird von den Berufsgenossenschaften gezahlt. Wenn Beiträge und Umlagen zur Finanzierung der Aufgaben der Bundesanstalt für Arbeit nicht ausreichen, so hat der Bund der BUNDESANSTALT FÜR ARBEIT Darlehen zu gewähren. Reichen die Darlehen zur Deckung des Bedarfs der BfA nicht aus, so gewährt der Bund die erforderlichen Zuschüsse. Die *Arbeitslosenhilfe* wird allein vom Bund finanziert.

12.3. Aufgaben und Leistungen

Da Arbeitslosigkeit für alle Arbeitnehmer Einkommensverlust und damit Gefährdung der Existenz bedeutet, wird von der BfA im Rahmen der ALV eine Arbeitslosenunterstützung gewährt, die nach ihren Arten das Arbeitslosengeld und die Arbeitslosenhilfe kennt. Auf Arbeitslosengeld hat jeder Versicherte Anspruch, der beim Arbeitsamt als arbeitslos gemeldet ist und Arbeitslosengeld beantragt hat, die Anwartschaft erfüllt hat sowie der Arbeitsvermittlung zur Verfügung steht.
Jeder Arbeiter und Angestellte gilt als arbeitslos, der vorübergehend keine Arbeit hat. **Arbeitslosengeld** wird nur gewährt, wenn die Anwartschaftszeit erfüllt ist. Der Arbeitslose muß innerhalb der letzten 3 Jahre, die der Arbeitslosigkeit vorangingen, mindestens 12 Monate (früher 6 Monate) beitragspflichtig beschäftigt gewesen sein (»Vorversicherungszeit«). Im übrigen hängt die *Anspruchsdauer* auf Arbeitslosengeld ab von der Dauer der Beschäftigung. Der Arbeitslose muß der Arbeitsvermittlung zur Verfügung stehen; d. h.,

XII. Arbeitslosenversicherung

daß der Arbeitslose eine Beschäftigung unter den üblichen Bedingungen ausüben kann und darf, er aber auch bereit ist, jede zumutbare Beschäftigung anzunehmen, die er ausüben kann. Die »*Zumutbarkeit*« ist verschärft worden; während früher den Arbeitslosen nur eine Beschäftigung zugemutet werden konnte, wenn sie seiner Ausbildung und bisherigen Tätigkeit entsprach sowie den bisherigen Arbeitsbedingungen (z. B. Entlohnung, Entfernung von Wohn- und Arbeitsort) vergleichbar war, bewirken die neuen Bestimmungen, daß auch *minderqualifizierte und minderbezahlte Arbeit* angenommen werden muß. Die Zumutbarkeit z. B. auch der räumlichen Mobilität wird nach Lage und Entwicklung des Arbeitsmarktes, den Interessen der Beitragszahler sowie der Arbeitslosen beurteilt.

Die Höhe des Arbeitslosengeldes beträgt 68% (bei Arbeitslosen mit Kindern) bzw. 63% (bei Arbeitslosen ohne Kinder) des letzten durchschnittlichen Nettoarbeitsverdienstes (siehe Tabelle 10).

	mit Kindern	ohne Kinder
Arbeitslosengeld	68 %*	63 %*
Arbeitslosenhilfe	58 %*	56 %*
Kurzarbeitergeld	68 %*	63 %*
Schlechtwettergeld	68 %*	63 %*
Unterhaltsgeld bei beruflicher Bildung für pflegebedürftige Teilnehmer oder Teilnehmer mit Kindern	68 %* 75 %*	63 %* –
Übergangsgeld in der Rehabilitation bei pflegebedürftigen Behinderten oder Behinderten mit Kindern	– 75 %*	65 %* –

* des letzten Nettogehalts

Quelle: SPINNARKE (1985, S. 115)

Tabelle 10: Die wichtigsten Geldleistungen der Bundesanstalt für Arbeit

Das Arbeitslosengeld ist wie die Arbeitslosenhilfe *nettolohnorientiert*. Es unterliegt nicht der Einkommensteuer, seit kurzem gibt es allerdings im Rahmen der Einkommensbesteuerung einen *Progressionsvorbehalt*. Zum Arbeitslosengeld zahlt die BfA die Beiträge für die GKV und GRV. Gerade bei den Beitragszahlungen zur GRV sind in jüngerer Zeit Modifikationen eingeführt worden, die zu einer Verringerung der Rentenansprüche von Arbeitslosen führen.

Der berechtigte Bezug von Sozialleistungen (z. B. Wohngeld, Ausbildungshilfen für Kinder) wird berücksichtigt. Das Arbeitslosengeld wird nach Ablauf eines Jahres *dynamisiert* (wie die Renten aus der GRV). Die *Hinzuverdienstgrenze* für Arbeitslose beträgt für Arbeitslosengeld und Nebenverdienst 80% des letzten Nettoeinkommens. Das Arbeitslosengeld kann versagt werden, wenn der Arbeitslose seiner Meldepflicht ohne wichtigen Grund nicht nachkommt. Es ruht, wenn der Arbeitslose andere Einkünfte bezieht (z. B. Arbeitsentgelt,

C. Soziale Sicherung in der BRD

Kranken-, Übergangs-, Mutterschaftsgeld, Erwerbsunfähigkeitsrente oder Altersruhegeld). Es wird gesperrt, wenn der Arbeitslose sein Arbeitsverhältnis selbst gelöst (freiwillig aufgegeben) oder durch ein vertragswidriges Verhalten Anlaß für eine Kündigung durch den Arbeitgeber gegeben hat. Die Sperrzeit beträgt vier Wochen. Streikende oder ausgesperrte Arbeitnehmer erhalten kein Arbeitslosengeld (da sonst in Arbeitskämpfe eingegriffen werden würde).

Wenn kein Anspruch auf Arbeitslosengeld besteht, ist **Arbeitslosenhilfe** zu gewähren. Arbeitslosenhilfe wird ebenfalls auf Antrag geleistet; im Gegensatz zum Arbeitslosengeld wird die Arbeitslosenhilfe auch an Personen gezahlt, die nicht in der ALV versichert sind. Maßgeblich unterscheidendes und den Anspruch bewirkendes Kriterium der Arbeitslosenhilfe ist die Bedürftigkeit (ähnlich wie in der Sozialhilfe). *Bedürftigkeit* liegt vor, wenn der Arbeitslose seinen Lebensunterhalt nicht auf andere Weise als durch Arbeitslosenhilfe bestreitet oder bestreiten kann und das bei der Bedürftigkeitsprüfung zu berücksichtigende sonstige Einkommen die Arbeitslosenhilfe nicht erreicht, m. a. W. das Einkommen oder Vermögen des Arbeitslosen oder seiner Familienangehörigen für den Lebensunterhalt nicht ausreichen. Die Arbeitslosenhilfe beträgt für Arbeitslose mit Kindern 58% und ohne Kinder 56% des letzten Nettolohnes. Im Gegensatz zum Arbeitslosengeld wird die Arbeitslosenhilfe *unbefristet* gezahlt; sie wird wie das Arbeitslosengeld dynamisiert. Auch hier übernimmt die BfA die Beiträge für die GKV und die GRV.

Neben dem *Schlechtwettergeld* für die in der Bauwirtschaft beschäftigten Arbeitnehmer gibt es seit 1974 ein *Konkursausfallgeld*, das demjenigen Arbeitnehmer zu gewähren ist, der bei Eröffnung des Konkursverfahrens über das Vermögen seines Arbeitgebers für die letzten drei Monate noch Ansprüche auf Arbeitsentgelt hat. Die Leistungen der BUNDESANSTALT FÜR ARBEIT sind in der Tabelle 11 im einzelnen aufgeführt.

Bedeutendste Position ist hier das *Arbeitslosengeld*, das mit *steigender* Arbeitslosigkeit an *Bedeutung gewinnt*; danach rangiert bereits die *Arbeitslosenhilfe*, die in den letzten Jahren sehr *stark angewachsen* ist, da nicht nur die *Zahl* der Arbeitslosen zugenommen hat, sondern auch die *Dauer* der Arbeitslosigkeit stark angestiegen ist. Besonders hervorzuheben sind dann noch das Kurzarbeitergeld sowie die Ausgaben für die Förderung der beruflichen Bildung.

XII. Arbeitslosenversicherung

	1980	1984	1985	1986	1990
Bundesanstalt für Arbeit					
Berufliche Bildung	2 925	3 675	4 009	5 114	6 820
darunter:					
Unterhaltsgeld	1 498	1 784	1 850	2 402	2 900
Förderung der Arbeitsaufnahme.	694	291	321	491	650
Berufliche Rehabilitation	1 650	1 885	1 900	2 339	3 100
Kurzarbeitergeld	471	1 792	1 228	1 115	630
Allgemeine Maßnahmen zur Arbeitsbeschaffung	947	1 724	2 177	2 990	3 500
Lohnkostenzuschüsse für ältere Arbeitnehmer	79	40	41	103	150
Vorruhestandsgeld	–	–	95	585	945
Winterbauförderung	1 974	1 613	1 443	1 725	1 550
darunter:					
Schlechtwettergeld	984	673	772	915	950
Wintergeld	857	652	486	600	600
Arbeitslosengeld	8 110	14 143	14 085	14 529	12 900
Anschluß-Arbeitslosenhilfe	1 541	–	–	–	–
Konkursausfallgeld	206	534	558	637	500
Verwaltung[1]	3 078	3 735	3 880	4 481	5 200
Ausgaben Bundesanstalt[2]	21 675	29 432	29 737	34 109	35 945
abzüglich:					
Darlehen	193	371	350	511	565
Sonstige Absetzungen[3]	192	718	600	790	830
Ausgaben Bundesanstalt (Sozialbudget)	21 290	28 343	28 787	32 808	34 550
Sonstige Arbeitsförderungsmaßnahmen[4]	1 554	9 625	10 203	10 846	10 713
darunter:					
Arbeitslosenhilfe (Bund)	362	8 719	9 126	9 471	9 055
Leistungen Sozialbudget (Arbeitsförderung)	**22 844**	**37 968**	**38 990**	**43 654**	**45 263**

1 Kosten der Fachaufgaben und Auftragsangelegenheiten sowie der eigentlichen Verwaltung der Bundesanstalt für Arbeit (einschließlich sächlicher Verwaltungskosten der Kapitel 1 und 2)
2 Ohne Tilgung von Darlehen und kurzfristigen Betriebsmitteldarlehen des Bundes sowie Zuführung an die Rücklage; 1986 Haushalt der Bundesanstalt für Arbeit, 1990 Schätzung
3 Grunderwerb, Bauten, Verwaltungskostenerstattung und Differenz zu Schlechtwettergeldberechnung nach Tageswerken
4 Auftragsgeschäfte der Bundesanstalt für Arbeit und Sondermaßnahmen des Bundes und der Länder

Quelle: Deutscher Bundestag: Sozialbericht 1986 (S. 131).

Tabelle 11: Arbeitsförderung – Leistungen in Mill. DM –

C. Soziale Sicherung in der BRD

XIII. Die Sozialhilfe

Unter Sozialhilfe wird die öffentliche Fürsorge verstanden; gelegentlich wird sie noch als öffentliche Armenpflege bezeichnet. In der Bundesrepublik Deutschland sind die Träger der Sozialhilfe die kreisfreien Städte und die Landkreise. Sie führen die Sozialhilfe als Selbstverwaltungsangelegenheiten durch.

13.1. Definition der Sozialhilfe

Man versteht unter **Sozialhilfe** die in der Gegenwart im wesentlichen im Sozialhilfegesetz geregelte, von den Bundesländern, vor allem aber den Gemeinden und den Verbänden der freien Wohlfahrtspflege getragene Hilfe für Personen, die entweder nicht in der Lage sind, den Lebensunterhalt aus eigenem Einkommen, aus Vermögen, aus Ansprüchen gegen die Sozialversicherungen oder von dritter Seite zu bestreiten, oder nicht in der Lage sind, sich in besonderen Notlagen aus eigenen Mitteln und Kräften zu helfen. Die Sozialhilfe soll also in einem System der sozialen Sicherung, das weitgehend dem Sozialversicherungsprinzip folgt, entstehende *Sicherungslücken schließen*. Die Notwendigkeit der Sozialhilfe liegt in wenigstens zwei Tatsachen begründet: erstens darin, daß es einen Kreis von Personen gibt, der wegen körperlicher, geistiger oder seelischer Krankheiten und Behinderungen nicht in der Lage ist, seinen Lebensunterhalt durch Arbeit zu erwerben, und der deswegen auch keine Ansprüche gegen die Sozialversicherung aufbauen kann. Zweitens kann die Notwendigkeit darin gesehen werden, daß individuelle Nöte größeren Ausmaßes eine Gefährdung des sozialen Friedens darstellen und den Bestand der staatlichen Ordnung gefährden können.

13.2. Empfänger der Sozialhilfe

Die Sozialhilfe (oder Fürsorge) erstreckt sich auf die Betreuung individueller Sozialfälle, die von der allgemeinen Sozialpolitik nicht erfaßt werden bzw. erfaßt werden können. Aufgabe der Sozialhilfe in der Bundesrepublik Deutschland ist es, dem Empfänger zur Führung eines *menschenwürdigen Lebens* zu verhelfen zwecks Lebensbewältigung und Teilnahme am Leben der Gemeinschaft. Die Hilfe soll es ihm ermöglichen, durch Einsatz seiner eigenen Kräfte unabhängig von ihr zu leben. Empfänger sind im wesentlichen Personen, bei denen eine **Sozialhilfebedürftigkeit** besteht, d. h. der notwendige Lebensunterhalt nicht oder nur unzureichend gesichert ist oder besondere Lebenslagen gegeben sind, für deren Bewältigung der betroffenen Person die notwendigen Mittel nicht zur Verfügung stehen. Dementsprechend ist die Sozialhilfe vor allem ausgerichtet auf die Hilfe zum Lebensunterhalt und die Hilfe in besonderen Lebenslagen. Sozialhilfe- oder Fürsorgeleistungen werden nicht durch Antrag ausgelöst, sondern immer dann, wenn Merkmale *subjektiver Notlage* erkenntlich sind. Die Finanzierung erfolgt durch Zuschüsse (Fürsorgelasten) der Träger der Sozialhilfe.

Die Kennzeichnung der Sozialhilfe wird im wesentlichen dahingehend vorgenommen, daß sie als *Individualhilfe* charakterisiert wird, weil stets die besonderen Verhältnisse des einzelnen Falles zu berücksichtigen sind. Zwar besteht grundsätzlich ein Rechtsanspruch auf Sozialhilfe, aber nicht auf eine bestimmte Art, einen bestimmten Umfang oder eine bestimmte Höhe der Hilfe. Diese werden jeweils durch eine *Bedürftigkeitsprüfung* festgelegt. Da der Sozialhilfe keine Eigenleistung vorangeht (z. B. in Form von Beiträgen wie bei der Sozialversicherung), wird sie aus Mitteln der öffentlichen Hand finanziert (aus allgemeinen Steuermitteln). Nach diesen Merkmalen unterscheidet sie sich deutlich von der Sozialversicherung.

13.3. Leistungen der Sozialhilfe

Die laufende **Hilfe zum Lebensunterhalt** (für Empfänger außerhalb von Anstalten) wird nach *Regelsätzen* bemessen, deren Höhe jeweils den sich ändernden Lebenshaltungskosten angepaßt wird (hier hat es in jüngerer Zeit Veränderungen gegeben, die zu einer wesentlich geringeren Anpassung der Sozialhilfe geführt haben). Daneben werden Kosten für die Unterkunft gewährt, im Bedarfsfall auch einmalige Hilfen.
Hilfen in besonderen Lebenslagen erhalten zum größten Teil Personen, die wegen Krankheit oder Behinderung ständiger Pflege, vor allem in Heimen und Anstalten bedürfen. Dabei geht es auch darum, daß moderne Einrichtungen den Heimbewohnern helfen sollen, ihre Kräfte und Fähigkeiten möglichst wiederzugewinnen.
Der Tabelle 12 sind die Leistungen der Sozialhilfe im einzelnen zu entnehmen. Der *Gesamtaufwand* der Sozialhilfe ist infolge der gestiegenen Arbeitslosigkeit in den letzten Jahren *stark expandiert*. Die Steigerungsraten haben in einzelnen Jahren deutlich über 10% gelegen. Vor allem bedingt durch die Kostenentwicklung im Bereich der Einrichtungen, insbesondere weil die Sozialhilfe das *Pflegekostenrisiko* überwiegend trägt, war die Ausgabenentwicklung beträchtlich; hinzu kamen Belastungen infolge einer ansteigenden Zahl von Asylbewerbern. Dominierend ist die Hilfe in besonderen Lebenslagen, die die Hilfe zum Lebensunterhalt fast um den doppelten Betrag übersteigt.
Die Finanzierung der Leistungen fällt überwiegend den *kommunalen Gebietskörperschaften* zu. Durch den Finanzausgleich zwischen Ländern und Gemeinden werden auch die Länder mit knapp 20% an der Finanzierung beteiligt. An einzelnen weniger bedeutsamen Leistungen ist auch der Bund beteiligt.

C. Soziale Sicherung in der BRD

	1980	1984	1985	1986	1990
Bundessozialhilfegesetz	13 266	18 746	20 774	21 750	24 250
Hilfe zum Lebensunterhalt	4 338	6 749	8 042	8 300	9 000
Hilfe in besond. Lebenslagen	8 927	11 997	12 732	13 450	15 250
darunter:					
Krankenhilfe	792	1 021	1 068	1 110	1 200
Eingliederung Behinderter	2 666	3 920	4 132	4 630	5 570
Hilfe zur Pflege	5 003	6 636	7 100	7 220	7 950
Andere Leistungen der Sozialhilfeträger	288	298	311	316	336
darunter:					
Krankenversorgung nach dem Lastenausgleichsgesetz	137	121	125	125	125
Weihnachtsbeihilfen[2]	104	116	125	130	150
Deutsche im Ausland	46	60	60	60	60
Sonstige soziale Hilfen der Länder	1 466	1 708	1 750	1 930	2 485
darunter:					
Sozialversicherungsbeiträge für Behinderte in Werkstätten[1]	206	360	400	450	600
Schuldendiensthilfen	132	150	150	150	150
Schüler und Studenten	29	50	60	100	215
Strafgefangene	106	140	170	190	270
Landesblinden- und -pflegegeld	766	808	800	850	1 000
Ausgaben insgesamt	**15 020**	**20 752**	**22 835**	**23 996**	**27 071**
abzüglich:					
Ersatz- von Sozialleistungsträgern	1 395	1 974	2 160	2 280	2 550
Darlehen	3	6	.	.	.
Statistische Differenz	–	–	544	320	–
zuzüglich:					
Verwaltung (geschätzt)	1 349	1 905	2 050	2 170	2 640
Leistungen Sozialbudget	**14 972**	**20 677**	**22 182**	**23 536**	**26 984**

1 einschließlich Band (50%)
2 in Zukunft Regelleistung

Quelle: DEUTSCHER BUNDESTAG: Sozialbericht 1986 (S. 149).

Tabelle 12: Sozialhilfe – Leistungen in Mill. DM –

13.4. Sozialhilfe an alte Menschen

Für die *alte Generation* spielt die Sozialhilfe zur Alterssicherung insbesondere deshalb auch heute noch eine relativ bedeutende Rolle, weil infolge des Krieges sowie der nachfolgenden Inflation und Währungsreform viele private Altersversorgungsansprüche verlorengegangen sind, und die Frauenerwerbstätigkeit früher nur eine geringe Rolle spielte, so daß insbesondere die Witwen über keine ausreichende Alterssicherung verfügten.
Ein Drittel – nämlich 734 000 Personen – der Sozialhilfeempfänger des Jahres 1976 waren älter als 60 Jahre (STATISTISCHES BUNDESAMT). Von den 670 000

XIII. Sozialhilfe

Haushaltsvorständen, die laufende Hilfe zum Lebensunterhalt erhielten, waren sogar 39% (also 261 000) älter als 60 Jahre. In diesem Personenkreis sind Frauen besonders stark vertreten; sie stellten 76% der älteren Sozialhilfeempfänger bzw. 88% der Haushaltsvorstände, die laufende Hilfe zum Lebensunterhalt empfingen. Auch die TRANSFER-ENQUETE-KOMMISSION stellte fest, daß ca. 170 000 alleinstehende Frauen im Jahr 1973 unterhalb einer nach den Vorschriften des BSHG (»Sozialhilfestandard«) berechneten *Armutsgrenze* lebten.

Im Jahre 1976 bezogen nach Schätzungen der Kommission knapp 500 000 Personen neben der laufenden Hilfe zum Lebensunterhalt weitere Leistungen aus der gesetzlichen Unfall- und Rentenversicherung sowie aus der landwirtschaftlichen Altershilfe. Bei rund 250 000 Personen war das unzureichende Einkommen der wichtigste Anspruchsgrund. Etwa eine halbe Million Rentenbezieher erhält außerdem Hilfe in besonderen Lebenslagen. Dabei muß allerdings angemerkt werden, daß es sich hier nicht nur um Bezieher kleiner Renten handelt, sondern insbesondere bei Heimunterbringung Renten, die oberhalb der Armutsgrenze gemäß den Vorschriften des BSHG liegen, oft nicht zur Kostendeckung ausreichen. Insgesamt lassen alle Zahlen den Schluß zu, daß bei rund einer halben Million Personen die Sozialhilfe die Funktion eines *»Altersrentenersatzes bzw. einer Altersrentenergänzung«* hat.

Der Regelsatz der Sozialhilfe betrug 1979 durchschnittlich 300 DM monatlich für den Haushaltsvorstand; ist dieser älter als 65 Jahre, wird ein Mehrbedarf anerkannt, der im allgemeinen 30% des maßgeblichen Regelsatzes beträgt. Eine bedürftige alleinstehende Frau über 65 Jahre erhielte demnach Hilfe zum Lebensunterhalt in Höhe von maximal 390 DM; daneben werden die laufenden Leistungen für die Wohnung (Miete und vergleichbare Kosten) in Höhe der tatsächlichen Aufwendungen gezahlt. Das Wohngeld belief sich im Jahr 1979 bei einem Alleinstehenden auf maximal 224 DM im Monat. Im Falle eines Ehepaares (beide über 65 Jahre alt) erhält die Ehefrau zusätzlich 80% des Regelsatzes des Haushaltsvorstands, so daß die monatliche Leistung der Sozialhilfe einschließlich des Mehrbedarfs für die Ehefrau 702 DM betrug, zuzüglich der laufenden Leistungen für die Wohnung.

Führt man zum Vergleich die durchschnittliche Witwenrente aus der ArV mit ca. 557 DM monatlich im Jahr 1979 an und berücksichtigt das maximal mögliche Wohngeld in Höhe von 144 DM monatlich, resultierte ein verfügbares Einkommen von 701 DM. Da einer Sozialhilfeempfängerin die laufenden Leistungen für die Wohnung bezahlt werden, hängt es von der jeweiligen Wohnungsmiete ab, ob die Witwe mit einer durchschnittlichen Rente aus der ArV ein höheres oder aber geringeres verfügbares Einkommen hat. Auch diese Zahlen deuten darauf hin, daß sehr viele *Witwen* nur Leistungen beziehen, die sich in der *Nähe der Armutsgrenze* bewegen. Aussagen über das Volumen der Leistungen der Sozialhilfe an alte Menschen sowie den durchschnittlichen Leistungsumfang lassen sich aus dem zugänglichen statistischen Material nicht ableiten.

C. Soziale Sicherung in der BRD

XIV. Der Familienlastenausgleich

Im Rahmen der Familienpolitik wollen wir hier kurz den Familienlastenausgleich umreißen; dazu gehören die Förderung der Ehe, der Kinderlastenausgleich sowie die Ausbildungsförderung.

14.1. Die Förderung der Ehe

Die **Förderung der Ehe** erfolgt in der Bundesrepublik im wesentlichen über die Ehegattenbesteuerung im Rahmen der Einkommensteuer. Hier findet die gemeinsame Veranlagung der Ehegatten mit dem Splitting Anwendung. Der **Splittingvorteil** (gegenüber einer getrennten Veranlagung, vgl. dazu 8.2.3.1. oben) hängt ab von der Höhe und der Aufteilung der Einkommen auf die Eheleute. Erzielt ein Partner 100% des gemeinsamen Einkommens, kann die (stark progressive) Entwicklung des Splittingvorteils der Abbildung 24 entnommen werden (100 : 0). Der maximale tarifliche Splittingvorteil entsteht im Jahr 1988 mit 19561 DM (ab 1990: 22800 DM) bei einem zu versteuernden Einkommen von mehr als 260000 DM (240000 DM). In den hohen Einkommensgruppen spart ein Ehemann durch den Verzicht seiner Ehefrau auf eigene Erwerbstätigkeit monatlich etwa das Einkommen einer Fabrikarbeiterin, die u. U. mehrere Kinder erziehen muß (Dinkel).
Verdient ein Ehemann relativ wenig und hat die Familie Kinder, so muß die Ehefrau gegebenenfalls erwerbstätig werden. Bleibt das gemeinsam zu versteuernde Einkommen unter 40000 bis 50000 DM, was für mehr als 50% aller Ehepaare zutrifft, dann reduziert sich der Splittingvorteil auf einen sehr geringen Betrag. Das Ehegattensplitting führt also zu einem Einkommensvorteil zugunsten von *Einverdiener-Haushalten* mit *hohem* Einkommen, während Doppelverdiener-Haushalten mit niedrigen Einkommen nur wenig profitieren. In der Abbildung 24 wurden zusätzlich vier Fälle eingetragen, wo beide Partner erwerbstätig sind und sich deren zu versteuerndes Einkommen im Verhältnis 90:10, 80:20, 70:30 bzw. 60:40 verteilt. Dabei zeigt sich, daß in vielen Fällen (z. B. wenn ein Partner 18000 DM, der andere 12000 DM verdient) im geltenden Recht die Steuer gleich hoch ist wie bei getrennter Veranlagung, was selbstverständlich auch bei Gleichverteilung der Einkommen (50:50) der Fall ist.[53]

---

[53] Hier sei darauf hingewiesen, daß die Doppelverdienerehepaare auch durch das Individualprinzip bei der Erhebung der Sozialversicherungsbeiträge benachteiligt werden, da sie bei gleicher Leistung (zumindest in der Kranken- und Arbeitslosenversicherung) höhere Beiträge zu entrichten haben, sofern die Ehepartner ein gemeinsames Einkommen beziehen, das oberhalb der Beitragsbemessungsgrenze liegt. Besonders eklatant sind diese Nachteile bei Gleichverteilung der Einkommen, wenn beide Teileinkommen gerade die Beitragsbemessungsgrenze zur GKV übersteigen (siehe hierzu 10.1.3. und die Abbildung 22 oben).

XIV. Familienlastenausgleich

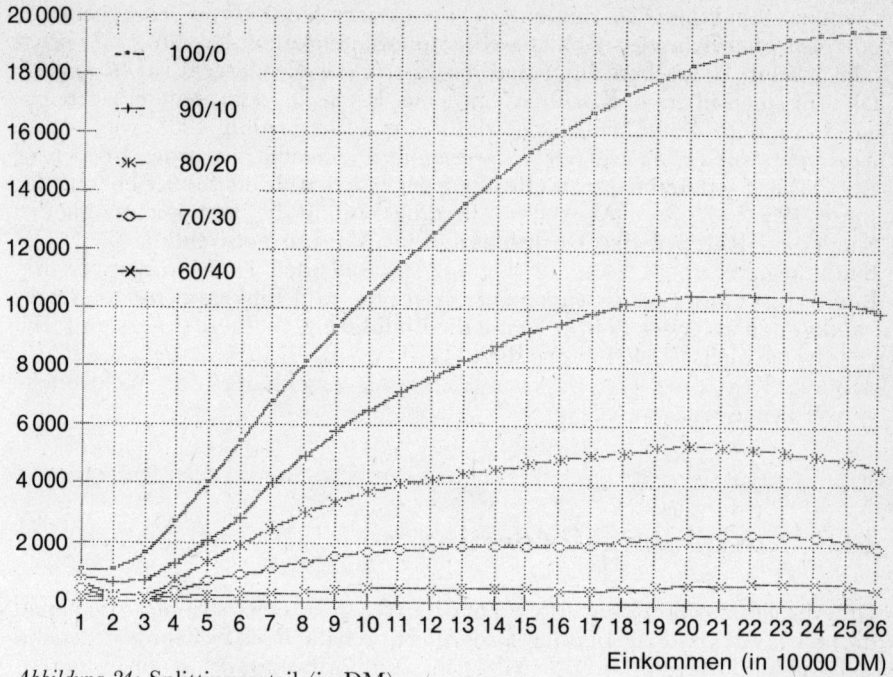

Abbildung 24: Splittingvorteil (in DM)

14.2. Kinderlastenausgleich

Bis zum Jahre 1975, in dem die Einkommensteuer grundlegend reformiert worden ist, war der **Kinderlastenausgleich** im wesentlichen durch das Einkommensteuerrecht geregelt. Im Jahre 1975 wurden die allgemeinen **Kinderfreibeträge** dann *abgeschafft*, weil sie bei gleichem Familienstand und gleicher Kinderzahl die Bezieher höherer Einkommen aufgrund der Steuerprogression stärker entlasteten als Bezieher niedriger Einkommen und den Beziehern niedriger Einkommen, die keiner Steuerpflicht unterlagen, überhaupt nicht zugute kamen. Die Neuordnung des Familienlastenausgleichs durch das »Bundeskindergeldgesetz« in der Fassung vom 31. Januar 1975 brachte grundsätzliche Neuerungen: Erstens wurde das **Kindergeld** vom ersten Kind an, zweitens unabhängig vom Einkommen der Eltern gezahlt. Das Kindergeld beträgt für das erste Kind (seit 1975!) 50 DM, für das zweite 100 DM, für das dritte 220 DM, für das vierte und jedes weitere Kind 240 DM monatlich. Seit dem 1. 1. 1983 wird das Kindergeld für das zweite und jedes weitere Kind bei Berechtigten mit höherem Einkommen stufenweise gemindert, und zwar monatlich bis auf 70 DM für das zweite Kind sowie bis auf 140 DM für das dritte und jedes weitere Kind. Diese Sockelbeträge werden als *Mindestbeträge* – unabhängig von der Höhe des Einkommens – gezahlt. Die maßgeblichen Einkommensgrenzen richten sich nach dem Familienstand und der Anzahl der Kinder. Das Kindergeld wird bis zur Vollendung des 18. Lebensjahres bzw. –

C. Soziale Sicherung in der BRD

wenn das Kind in der Ausbildung steht oder sich wegen körperlicher, geistiger oder seelischer Behinderung nicht selbst unterhalten kann – bis zum 27. Lebensjahr gezahlt. Bezugsberechtigt sind die Eltern; das Kindergeld ist *steuerfrei*. Die christlich-liberale Koalition hat eine *Wende* in dem Kinderlastenausgleich in dem Sinne vollzogen, daß zum Jahresbeginn 1983 wieder ein *Kinderfreibetrag im Rahmen der Einkommensteuer* eingeführt wurde. Er betrug 432 DM je Kind und wurde im Rahmen der ersten Stufe der Steuersenkung des Jahres 1986 auf 2484 DM erhöht (allerdings entfällt die Berücksichtigung der Kinder im Rahmen der Höchstbeträge für Vorsorgeaufwendungen).[54] Die Bundesregierung hat zwar zu Beginn der laufenden Legislaturperiode die Einführung eines *Familiensplittings* bei der Lohn- und Einkommensteuer angekündigt und als ersten Schritt hierzu die Einführung des Freibetrages im Jahre 1983 bezeichnet. Die Erhöhung dieses Freibetrages ab 1986 deutet darauf hin, daß die Regierung das Familiensplitting in absehbarer Zeit nicht mehr verwirklichen will.

14.3. Ausbildungsförderung

Die Ausbildungsförderung erfolgt auf drei Wegen. Als erstes ist hier zu nennen die bereits erwähnte Ausbildungsförderung durch die *Bereitstellung von öffentlichen Ausbildungseinrichtungen* größtenteils zum Nulltarif; darauf ist oben bereits eingegangen worden. Als zweites Instrument der Ausbildungsförderung wird wiederum die *Einkommensteuer* eingesetzt. **Ausbildungsfreibeträge** gibt es für Kinder über 18 Jahre, die in Ausbildung stehen; wenn die Kinder im Haushalt des Steuerpflichtigen leben, beläuft sich der Freibetrag ab 1. 1. 1988 auf 2400 DM jährlich; wenn die Kinder auswärtig untergebracht werden müssen, beträgt der Freibetrag 4200 DM jährlich. Bei Kindern unter 18 Jahren und auswärtiger Unterbringung wurde ein Freibetrag von 1800 DM gewährt.[55]

Drittes Instrument der Ausbildungsförderung sind die direkten *monetären Transfers*. Das **Bundesausbildungsförderungsgesetz** (BAföG) vom Jahre 1971 verfolgt das Ziel, jedem Jugendlichen in der Bundesrepublik eine seiner Neigung, Eignung und Leistung entsprechende Ausbildung finanziell zu sichern, wenn dem Auszubildenden die für seinen Lebensunterhalt und seine Ausbildung erforderlichen Mittel anderweitig nicht zur Verfügung standen. Gefördert wurden Studenten, Schüler ab der 11. Klasse in Vollzeitschulen, Schüler ab der 10. Klasse bei erforderlicher auswärtiger Unterbringung und die

---

54 Die Anhebung des Kinderfreibetrages wurde durch einen Kindergeldzuschlag ergänzt. Eltern, für die der steuerliche Kinderfreibetrag keine oder keine volle Entlastung bringt, erhalten für Kinder, für die ihnen ein Kindergeld zusteht, seit 1986 einen monatlichen Kindergeldzuschlag von bis zu 46 DM je Kind. Im übrigen ist zum 1. 1. 1990 eine weitere Anhebung der Kinderfreibeträge um 540 DM auf 3024 DM geplant.
55 Die Ausbildungsfreibeträge waren zum 1. 1. 1984 stark gekürzt worden. Mit den Steuersenkungen der Jahre 1986 und 1988 ist man schrittweise zur alten Höhe der Ausbildungsfreibeträge zurückgekehrt und konnte diese Anhebungen gleichzeitig als «familienpolitische Verbesserungen» (Presse- und Informationsamt der Bundesregierung) feiern.

Schüler von Berufsfachschulen. Voraussetzung für die Förderung war, daß die Leistungen des Auszubildenden erwarten ließen, daß er das angestrebte Ausbildungsziel erreicht.

Die Förderung ist *familienabhängig*, d. h. daß von dem Förderungsbedarf das Einkommen und das Vermögen des Auszubildenden, seines Ehegatten und seiner Eltern abzurechnen sind, wobei aber Freibeträge festgelegt sind. Der monatliche Förderbedarf wird in Form von Pauschbeträgen festgelegt, die ebenso wie die Freibeträge alle zwei Jahre zu überprüfen und gegebenenfalls neu festzusetzen sind. Die durchschnittlichen monatlichen Förderungsbeträge lagen 1982 für Schüler bei 285 DM, für Studenten bei 510 DM.

Das Siebente Gesetz zur Änderung des Bundesausbildungsförderungsgesetzes von 1981 enthielt eine Reihe von *Einsparungen*;, unter anderem wurden die Einkommen besser erfaßt. Durch das Zweite Haushaltsstrukturgesetz wurde die für Herbst 1982 vorgesehene Überprüfung der Bedarfssätze und Freibeträge um ein Jahr verschoben, zugleich wurde beschlossen, die Förderung der Schüler im 10. berufsbildenden Jahr zum 31. Juli 1983 auslaufen zu lassen. Das Haushaltsbegleitgesetz 1983 schränkte die Förderungsleistungen weiter ein. Schüler erhalten Leistungen nach dem Bundesausbildungsförderungsgesetz nur noch dann, wenn sie ausbildungsbedingt nicht bei ihren Eltern wohnen können oder sich im Zweiten Bildungsweg befinden. Übergangsweise konnten zu Hause wohnende Schüler auch weiterhin Leistungen nach dem Bundesausbildungsförderungsgesetz erhalten, wenn sie sich bereits vor dem 1. August 1983 in einem förderungsfähigen Teil der Ausbildung befunden hatten. Für die zu Hause wohnenden Schüler hat die Mehrzahl der Länder mittlerweile eigene Regelungen zur Ausbildungsförderung erlassen. Durch das Haushaltsbegleitgesetz 1983 wurde des weiteren die Förderung der Studenten auf *Darlehen* umgestellt. Die Berechnung und die Höhe der Förderungsbeträge wurden durch diese Maßnahme nicht verändert.

Die Ausbildungsförderung nach dem Bundesausbildungsförderungsgesetz wird zu 65% durch den Bund und zu 35% durch die Länder finanziert. Die Länder tragen darüber hinaus die bei ihnen anfallenden Verwaltungskosten.

Literatur

Einführende Literatur
JAHN, K.: Allgemeine Sozialversicherungslehre. 2. Aufl., Stuttgart, Berlin, Köln, Mainz 1980.
LAMPERT, H.: Lehrbuch der Sozialpolitik. Berlin, Heidelberg, New York, Tokyo 1985, VI. Kapitel (Abschnitt D).
MÜLLER-HEINE, K.: Die gesetzliche Krankenversicherung. Ein Überblick über das System in der Bundesrepublik Deutschland. Göttingen 1984.
PETERSEN, H.-G.: Sicherheit der Renten? Die Zukunft der Altersversorgung. Würzburg, Wien 1981, Kapitel III.
SCHACHTSCHABEL, H. G.: Sozialpolitik. Stuttgart, Berlin, Köln, Mainz 1983, Abschnitt 2.3.
SCHULTE, B. und P. TRENK-HINTERBERGER: Bundessozialhilfegesetz (BSHG) mit Durchführungsverordnungen. München 1984.
SPINNARKE, J.: Soziale Sicherheit in der Bundesrepublik Deutschland. Die Sozialversicherung – System – Rechte – Leistungen. Heidelberg 1985.

C. Soziale Sicherung in der BRD

Ströer, H.: Was ich über meine soziale Krankenversicherung wissen sollte. 3. Aufl., München 1982.
Ströer, H.: Was ich über meine soziale Rentenversicherung wissen sollte. 6. Aufl., München 1986.

Vertiefende Literatur
Ahrend, P.: Quantitative und qualitative Merkmale der betrieblichen Altersversorgung in der Bundesrepublik Deutschland – Eine Analyse statistischer Erhebungen. In: Betriebliche Altersversorgung im Umbruch. Berlin 1980, S. 37 – 67.
Ahrend, P., W. Förster und N. Rössler: Die betriebliche Altersversorgung. Herne, Berlin 1980.
Ahrend, P. und N. Rössler: Finanzierungs- und Leistungssysteme der betrieblichen Altersversorgung. In: Die Angestelltenversicherung, 33. Jg., 1986, S. 372 – 378.
Albers, W.: Die Behandlung von Vorsorgeaufwendungen in der Einkommensteuer. In: Finanzarchiv, N. F. Bd. 40, 1982, S. 23 – 41.
Albers, W.: Transferzahlungen an Haushalte. In: F. Neumark, N. Andel und H. Haller (Hrsg.): Handbuch der Finanzwissenschaft. Bd. 2, 3. Aufl., Tübingen 1977, S. 861 – 957.
Andel, N.: Die einkommensteuerliche Behandlung der Beiträge an und der Leistungen von Alterssicherungen. In: H. Haller u. a. (Hrsg.): Theorie und Praxis des finanzpolitischen Interventionismus. Fritz Neumark zum 70. Geburtstag, Tübingen 1970, S. 327 – 344.
Andel, N.: Einkommensteuer. In: F. Neumark, N. Andel und H. Haller (Hrsg.): Handbuch der Finanzwissenschaft. Bd. 2, 3. Aufl., Tübingen 1980, S. 331 – 401.
Andel, N.: Nettoanpassung und Besteuerung der Renten im Lichte der Gleichmäßigkeit der Besteuerung, der Verteilungsgerechtigkeit und des Sanierungsbedarfs der Rentenversicherungen. In: P. Bohley und G. Tolkemitt (Hrsg.): Wirtschaftswissenschaft als Grundlage staatlichen Handelns. Heinz Haller zum 65. Geburtstag, Tübingen 1979, S. 165 – 176.
Becker, I.: Einkommensumverteilung im Rahmen der gesetzlichen Krankenversicherung. Eine empirische Untersuchung. In: W. Schmähl (Hrsg.): Versicherungsprinzip und soziale Sicherung. Tübingen 1985, S. 98 – 119.
Bedau, K.-D. und G. Göseke: Einkommensschichtung in der Bundesrepublik Deutschland 1978. In: DIW-Wochenbericht, 46. Jg., 46/1979, S. 467 – 478.
Büchtemann, Ch. F.: Soziale Sicherung bei Arbeitslosigkeit und Sozialhilfebedürftigkeit. In: Mitteilungen aus der Arbeitsmarkt- und Berufsforschung, 4/1985, S. 450 – 466.
Bundesministerium für Arbeit und Sozialordnung: Einkommens- und Vermögensverteilung 1977. Bonn 1977.
Bundesministerium für Arbeit und Sozialordnung: Sozialbericht 1986. Bonn 1986.
Bundesministerium für Arbeit und Sozialordnung: Materialband zum Sozialbudget 1986. Bonn 1986.
Bundesministerium für Arbeit und Sozialordnung: Übersicht über die soziale Sicherung. Bonn 1977.
Bundesministerium für Raumordnung, Bauwesen und Städtebau: Wohngeld '78. Bonn 1977.
Deutsche Bundesbank: Ersparnis und Geldvermögen der Haushalte von Arbeitnehmern, Selbständigen und Rentnern. In: Monatsberichte der Deutschen Bundesbank. Frankfurt, November 1977.
Deutscher Bundestag: Die Situation der älteren Menschen in der Familie – Vierter Familienbericht. Drucksache 10/6145, Bonn 1986.
Deutscher Bundestag: Gutachten des Sozialbeirats über langfristige Probleme der Alterssicherung in der Bundesrepublik Deutschland. Drucksache 9/632. Bonn 1981.
Deutscher Bundestag: Rentenanpassungsbericht 1987 und Gutachten des Sozialbeirats. Drucksache 11/1540. Bonn 1987.

Literatur

DINKEL, R.: Die Auswirkungen eines Geburten- und Bevölkerungsrückgangs auf Entwicklung und Ausgestaltung von gesetzlicher Alterssicherung und Familienlastenausgleich. Berlin 1984.

DORNBUSCH, H.-L.: Zur langfristigen Sicherung der Rentenfinanzen (Institut »Finanzen und Steuern«, Nr. 261). Bonn 1986.

EULER, M.: Probleme der Erfassung von Vermögensbeständen privater Haushalte in Einkommens- und Verbrauchsstichproben. In: Wirtschaft und Statistik, 4/1981, S. 249 – 252.

EULER, M.: Probleme der Erfassung von Vermögensbeständen privater Haushalte in Einkommens- und Verbrauchsstichproben. In: Wirtschaft und Statistik, 4/1981, S. 249 – 252.

FINANZWISSENSCHAFTLICHER BEIRAT BEIM BUNDESMINISTERIUM FÜR WIRTSCHAFT UND FINANZEN: Gutachten zur Neugestaltung und Finanzierung von Alterssicherung und Familienlastenausgleich (Schriftenreihe des Bundesministeriums für Wirtschaft und Finanzen, H. 18). Bonn 1971.

GREB, W.: Lebensversicherung. Wiesbaden o. J.

HÖHNE, G.: Die Altersversorgung in der Bundesrepublik Deutschland als Gegenstand staatlicher und betrieblicher Vorsorge. St. Gallen 1980.

KALTENBACH, H. und P. CLAUSING: Das neue Rentenrecht 1986. Rentenrecht für Hinterbliebene und Anrechnung von Kindererziehungszeiten nach dem HEZG. München 1986.

KLANBERG, F.: Sozialhilfebedürftigkeit unter Rentenempfängern. In: Deutsche Rentenversicherung, H. 6/7/8, 1985, S. 437 – 448.

KLANBERG, F. und A. PRINZ: Anatomie der Sozialhilfe. In: Finanzarchiv, N. F. Bd. 41, 1983, S. 281 – 311.

KOLB, R.: Gesetzliche Rentenversicherung. In: SACHVERSTÄNDIGENKOMMISSION ALTERSSICHERUNGSSYSTEME (Hrsg.): Darstellung der Alterssicherungssysteme und der Besteuerung von Alterseinkommen (Gutachten der Sachverständigenkommission, Berichtsband 2). Stuttgart, Berlin, Köln, Mainz 1983, S. 7 – 126.

KRUPP, H.-J., H. P. GALLER, H. GROHMANN, R. HAUSER und G. WAGNER (Hrsg.): Alternativen der Rentenreform '84. Frankfurt, New York 1981.

LEIBFRITZ, W., A. KRUMPER, W. NIERHAUS und R. PARSCHE: Sicherung der Altersvorsorge durch Aufgabenteilung zwischen Individualversicherung und gesetzlicher Rentenversicherung. Möglichkeiten einer Neuordnung und gesamtwirtschaftliche Auswirkungen (IFO Studien zur Finanzpolitik 37). München 1986.

LIETMEYER, V.: Auswirkungen des Ehegattensplitting – Modellrechnungen nach dem Einkommensteuertarif 1981. In: Deutsche Steuer-Zeitung, Heft 6 (1981), S. 126 – 129.

LITTMANN, K.: Besteuerung von Alterseinkommen. In: SACHVERSTÄNDIGENKOMMISSION ALTERSSICHERUNGSSYSTEME (Hrsg.): Darstellung der Alterssicherungssysteme und der Besteuerung von Alterseinkommen (Gutachten der Sachverständigenkommission, Berichtsband 2). Stuttgart, Berlin, Köln, Mainz 1983, S. 425 – 518.

MAYDELL, B. v.: Betriebliche Altersversorgung. In: SACHVERSTÄNDIGENKOMMISSION ALTERSSICHERUNGSSYSTEME (Hrsg.): Darstellung der Alterssicherungssysteme und der Besteuerung von Alterseinkommen (Gutachten der Sachverständigenkommission, Berichtsband 2). Stuttgart, Berlin, Köln, Mainz 1983, S. 243 – 281.

MAYDELL, B. v.: Lebensversicherung. In: SACHVERSTÄNDIGENKOMMISSION ALTERSSICHERUNGSSYSTEME (Hrsg.): Darstellung der Alterssicherungssysteme und der Besteuerung von Alterseinkommen (Gutachten der Sachverständigenkommission, Berichtsband 2). Stuttgart, Berlin, Köln, Mainz 1983. S. 405 – 423.

MIEGEL, M.: Die verkannte Revolution (1). Einkommen und Vermögen der privaten Haushalte. 2. Aufl., Stuttgart 1983.

MIEGEL, M.: Einheitlich, doch nicht total – Vorschläge zur Reform der Alterssicherung in der Bundesrepublik Deutschland. In: Die Zeit, Nr. 22, 24. Mai 1985, S. 23 – 24.

MIEGEL, M.: Sicherheit im Alter. Plädoyer für die Weiterentwicklung des Rentensystems (Schriften des Instituts für Wirtschafts- und Gesellschaftspolitik, Bd. 4). Stuttgart 1981.

C. Soziale Sicherung in der BRD

MIERHEIM, H. und L. WICKE: Die personelle Vermögensverteilung in der Bundesrepublik Deutschland. Tübingen 1978.

OTT, G.: Einkommensumverteilungen in der gesetzlichen Krankenversicherung. Frankfurt, Bern 1981.

PETERSEN, H.-G.: Besteuerung von Alterseinkommen – Kritische Anmerkungen zu Vorschlägen des Sozialbeirats und der Sachverständigenkommission Alterssicherungssysteme. In: Finanzarchiv, N. F. Bd. 42, 1984, S. 126 – 142.

PETERSEN, H.-G.: Finanzwirtschaftliche Folgen einer Harmonisierung der Belastung von Arbeits- und Alterseinkommen mit öffentlichen Abgaben (Institut für Weltwirtschaft, Kieler Arbeitspapier, Nr. 93). Kiel 1979.

PETERSEN, H.-G.: Theorie und Praxis der Alterssicherung – Stand, Ansatzpunkte für Reformen und ihre Auswirkungen in der Bundesrepublik Deutschland. Gießen 1986.

PETERSEN, H.-G.: Wer trägt die Einkommensteuerlast? Aufkommensentwicklung und Verteilungswirkungen der Lohn- und Einkommensteuer 1965 – 1990. Stuttgart, Berlin, Köln, Mainz 1988.

PRESSE- UND INFORMATIONSAMT DER BUNDESREGIERUNG: Steuerentlastung 1986/1988: Weniger Staat – mehr Einkommen. 5. Aufl., Bonn 1987.

REUTER, H.-P.: Die Lebensversicherung im Steuerrecht. 5. Aufl., Herne, Berlin 1980.

SACHVERSTÄNDIGENKOMMISSION ALTERSSICHERUNGSSYSTEME (Hrsg.): Vergleich der Alterssicherungssysteme und Empfehlungen der Kommission. Berichtsbände 1 und 2 sowie Anlagebände A und B, Stuttgart, Berlin, Köln, Mainz 1983.

SCHMÄHL, W. (Hrsg.): Versicherungsprinzip und soziale Sicherung. Tübingen 1985.

SCHNEIDER, H.-P.: Zusatzversorgung der Arbeitnehmer im öffentlichen Dienst. In: SACHVERSTÄNDIGENKOMMISSION ALTERSSICHERUNGSSYSTEME (Hrsg.): Darstellung der Alterssicherungssysteme und der Besteuerung von Alterseinkommen (Gutachten der Sachverständigenkommission, Berichtsband 2). Stuttgart, Berlin, Köln, Mainz 1983, S. 207 – 241.

SCHOLZ, G.: Beamtengesetze (BeamtG). München 1978.

SMIEGIELSKI, E.: Die Bedeutung des Versicherungsgedankens für die gesetzliche Krankenversicherung. In: W. SCHMÄHL (Hrsg.): A. a. O., 1985, S. 76 – 88.

SOZIALBEIRAT (Hrsg.): Langfristige Probleme der Alterssicherung in der Bundesrepublik Deutschland. Bd. 1 (Gutachten des Sozialbeirats und der Wissenschaftlergruppe des Sozialbeirats), Bd. 2 und 3 (Einzelgutachten), Bonn o. J.

STATISTISCHES BUNDESAMT: Bautätigkeit und Wohnen. Fachserie 5: 1‰ Wohnungsstichprobe 1978. 5 Hefte, Stuttgart, Mainz 1980 – 1981.

STATISTISCHES BUNDESAMT: Finanzen und Steuern. Fachserie 14, Reihe 7.1., Einkommensteuer 1980. Stuttgart, Mainz 1984.

STATISTISCHES BUNDESAMT: Sozialleistungen. Fachserie 13, Reihe 2: Sozialhilfe. Stuttgart, Mainz 1978.

STATISTISCHES BUNDESAMT: Statistisches Jahrbuch für die Bundesrepublik Deutschland. Wiesbaden, Stuttgart, Mainz lfd.

THIEME, W.: Die Versorgung im öffentlichen Dienst (Beamtenversorgung, die gesetzliche Rentenversicherung und die Zusatzversorgung). In: Über- und Unterversorgung bei der Alterssicherung. Verhandlungen des Deutschen Sozialgerichtsverbandes, Verbandstagung Karlsruhe, 12. und 13. Oktober 1978, o. O. und o. J.

TRANSFER-ENQUETE-KOMMISSION: Das Transfersystem in der Bundesrepublik Deutschland. Stuttgart, Berlin, Köln, Mainz 1981.

TRANSFER-ENQUETE-KOMMISSION: Zur Einkommenslage der Rentner – Zwischenbericht der Kommission. Bonn 1979.

VERBAND DER LEBENSVERSICHERUNGS-UNTERNEHMEN: Die deutsche Lebensversicherung – Jahrbuch 1986. Karlsruhe 1986.

VEREINIGUNG LEITENDER ANGESTELLTER: Betriebliche Altersversorgung und Gehaltsstruktur für Führungskräfte – Ergebnisse der VELA-Untersuchung 1977. Köln 1978.

WEISE, H.: Rentenfinanzierung und Rentenbesteuerung. Das Besteuerungspotential der Renteneinkommen in der Bundesrepublik Deutschland. In: Finanzarchiv, Tübingen, N. F. Bd. 37 (1979), S. 390 – 436.

WERNER, G.-A.: Betriebliche Altersversorgung (weitergeführt von W. Hagen). 4. Aufl., München 1978.

WISSENSCHAFTLICHER BEIRAT BEIM BUNDESMINISTERIUM FÜR FINANZEN: Gutachten zur Reform der direkten Steuern (Schriftenreihe des Bundesministeriums der Finanzen, H. 9). Bad Godesberg 1976.

WISSENSCHAFTLICHER BEIRAT BEIM BUNDESMINISTERIUM FÜR FINANZEN: Gutachten zur einkommensteuerlichen Behandlung von Alterseinkünften. (BMF-Schriftenreihe, H. 38). Bonn 1986.

WISSENSCHAFTLICHER BEIRAT FÜR FAMILIENFRAGEN BEIM BUNDESMINISTERIUM FÜR JUGEND, FAMILIE UND GESUNDHEIT: Reform des Familienlastenausgleichs. Bonn 1971.

ZACHER, H. F.: Versorgung der Beamten, Richter und Soldaten. In: SACHVERSTÄNDIGENKOMMISSION ALTERSSICHERUNGSSYSTEME (Hrsg.): Darstellung der Alterssicherungssysteme und der Besteuerung von Alterseinkommen (Gutachten der Sachverständigenkommission, Berichtsband 2). Stuttgart, Berlin, Köln, Mainz 1983, S. 127 – 206.

D. Soziale Sicherung in der Krise

»Und so ist die Gefahr riesengroß, daß im Namen der sozialen Gerechtigkeit erst langsam und schleichend, dann immer schneller alles zerstört wird: Recht und Freiheit und der Wohlstand dazu.« (MERKLEIN)

XV. Übergeordnete Ursachen

Die **Krise der sozialen Sicherung** – die vornehmlich eine Finanzierungskrise aufgrund wachsender **struktureller Defizite** ist – hat zwei übergeordnete Ursachen: erstens die permanente *Expansion sozialer Leistungen* bis hinein in die 80er Jahre, ohne daß je die bestehenden Sozialleistungen in bezug auf ihre weitere Rechtfertigung und Effizienz überprüft und gegebenenfalls abgebaut worden sind; zweitens das *Mißverständnis*, unter »*sozialer Gerechtigkeit*« eine größtmögliche »*Gleichheit*« zu verstehen.
Die Leistungsexpansion erfolgte in der Nachkriegszeit mehr oder weniger permanent, wurde insbesondere in der Regierungszeit der sozial-liberalen Koalition beschleunigt, beruhte aber auch in dieser Periode häufig auf einem Allparteienkonsensus. Sogenannte »kostenlose« Reformen erwiesen sich längerfristig als höchst kostenintensiv, die expandierenden Leistungen bedingten steigende Ausgaben. Dieser Prozeß spielte sich vor dem Hintergrund auch real stark wachsender Masseneinkommen ab. Dem *Subsidiaritätsprinzip* gemäß hätte ein *Abbau* bestehender Sozialleistungen erfolgen müssen, aber Beharrungstendenzen innerhalb der Sozialbürokratie und Eigeninteressen der Politiker (»Geben ist seliger denn Nehmen«) auf der einen Seite und eine gewisse Abgabenillusion bei den Belasteten auf der anderen Seite haben dem entgegengewirkt. Schwinden derartige Illusionen, wächst also das *Belastungsbewußtsein*, und verstärken sich die Zweifel an der Effizienz sozialer Leistungen, nimmt das Abwehrverhalten zu und beginnt auch im politischen Raume eine Rolle zu spielen. Ein solcher Prozeß hat aber erst in jüngerer Zeit eingesetzt.
Die temporäre Fixierung auf das Ziel größtmöglicher Gleichheit lieferte in den letzten Dekaden den ideologischen Unterbau für die sich in der praktischen Sozialpolitik vollziehenden Entwicklungen. In der Schaffung von Gleichheit wurde die wesentliche Staatsaufgabe gesehen, und zugleich verstand man den Staat als einzigen »Produzenten von Sicherheit«.
Mit dem Wachstum des Staates verwandelte sich die von GALBRAITH diagnostizierte öffentliche Armut jedenfalls partiell in ein öffentliches Überschußangebot. So kann es nicht verwundern, daß sich die Stimmen mehrten, die wiederum die Gefahr des Staates als omnipotenten Wunscherfüller, ja als *Leviathan* beschwo-

ren. Zu nennen sind hier insbesondere die frühzeitigen Warner POPPER und v. HAYEK, später insbesondere RAWLS, BUCHANAN und NOZICK. An die Stelle von Eigenverantwortlichkeit trat die »Zwangsbeglückung«, die dann zunehmend mehr als Zwang denn als Beglückung aufgefaßt wurde. Mit der Erkenntnis, daß die Gleichheitsutopien in höchst unfreie Systeme münden, nimmt die Bereitschaft wieder zu, *Individualität* zu akzeptieren, ja als Freiheit zu empfinden. Die sozialpolitische Rolle des Staates reduziert sich dann wiederum stärker auf die *Sicherung der Chancengleichheit* und die Setzung *fairer Rahmenbedingungen*, die die Ausbeutung der Gesamtgesellschaft durch Gruppen mit partikulären Interessen zu verhindern suchen.

In der praktischen Sozialpolitik hat sich ein derartiger Wandel allerdings *noch nicht* vollzogen. Ursache hierfür ist die augenscheinliche Unfähigkeit, ein idealtypisches **Referenzsystem** zu formulieren, anhand dessen das existierende System der sozialen Sicherung überprüft werden könnte (z. B. SACHVERSTÄNDIGENKOMMISSION ALTERSSICHERUNGSSYSTEME). Da historische Systeme alles andere als rational sind, bedingt der Verzicht auf ein Referenzsystem, dem man sich durch aufeinander abgestimmte Reformschritte in allen Bereichen des Sozial- und Steuersystems annähern könnte, eine gewisse Orientierungslosigkeit, die die Auswahl zwischen (vermeintlichen) Lösungsalternativen nahezu unmöglich macht; tagespolitische Opportunität tritt dann an die Stelle eines rationalen Kalküls.

Wird tagespolitisches Denken bestimmend, kommt es statt substantieller Reformen bestenfalls zu *marginalen* Veränderungen, die meist nur *kurzfristig* Abhilfe schaffen. Eine derartige »Flickschusterei« schafft dann die Verhältnisse, wie sie heute weithin beklagt werden – das *Steuer*- und *Sozialrecht* wird zu einem *Dschungel*. Möglich wird dann die moderne Form der Ausbeutung: nämlich die *Ausbeutung der Nichtinformierten durch die Informierten*, die sich in den Niederungen und Verstrickungen des Rechtsystems auskennen – also die Ausbeutung der Gesamtheit durch die Interessengruppen. So beklagt auch der Steuerrechtler TIPKE, daß sich das Steuerrecht unter dem Einfluß von Parteien und Verbänden in die Richtung einer Art von »*Klassensteuerrecht*« entwickelt.

Der Mangel an Perspektiven hinsichtlich eines anzustrebenden Referenzsystems hat offensichtlich auch dazu geführt, daß die sozialpolitischen Zielsetzungen *auszuufern* beginnen. So werden im Gutachten der Wissenschaftlergruppe des SOZIALBEIRATS zwölf »relevante Zielbereiche des sozialen Alterssicherungssystems« – u. a. Stabilität von Ehe und Familie, Entfaltungschancen für das Individuum, Vereinsamung – genannt, die mit ökonomischen Zielsetzungen bestenfalls am Rande zu tun haben. Angesichts der bereits zitierten Definition von BRÜCK, Sozialpolitik sei »eine aufgrund geglaubter Werte versuchte oder tatsächliche Einflußnahme auf die sozialen Bedingungen, unter denen Menschen leben«, kann eine derartige Ausuferung nicht überraschen; denn gemäß dieser Definition ist *jegliche* Politik *auch* Sozialpolitik. Daß zunehmend von »*Zwangsbeglückung*« gesprochen wird, kann eigentlich nicht verwundern, obwohl man nicht den Schluß ziehen sollte, eine totale **soziale Demontage** (sprich »Reprivatisierung«) betreiben zu müssen. Dagegen sprechen gewichtige mikro- und makroökonomische Argumente, die wir eingehend beleuchtet haben.

D. Soziale Sicherung in der Krise

XVI. Die Kostenentwicklung in Einzelbereichen der Sozialen Sicherung

Diesen *übergeordneten* Ursachen stehen nun in den einzelnen Zweigen des sozialen Sicherungssystems eine Vielzahl untergeordneter Ursachen zur Seite, so daß diese im folgenden für die GRV, die GKV, die Arbeitslosenversicherung und die Sozialhilfe einzeln dargestellt werden sollen.

16.1. Probleme der gesetzlichen Rentenversicherung

Die Rentenversicherung konnte seit der Wirtschaftskrise in den Jahren 1974/75 nur durch eine Vielzahl *diskretionärer politischer Eingriffe* vor einer permanenten Defizitfinanzierung bewahrt werden. Dabei stellt sich die weitere kurz- und mittelfristige Entwicklung als problematisch, aber doch weit weniger dramatisch dar, verglichen mit den Entwicklungen, die sich aufgrund des unveränderten demographischen Trends am Ende dieses Jahrtausends und in den drei folgenden Dekaden des neuen Jahrtausends einstellen werden.

16.1.1. Kurz- und mittelfristige Finanzierungsprobleme

Schon die sozial-liberale Koalition hat mit dem 21. Rentenanpassungsgesetz (das eine temporäre Abweichung von der bruttolohnbezogenen Rentenanpassung mit sich brachte) dafür Sorge getragen, daß die Einnahmen und Ausgaben der Rentenversicherung weitgehend im Gleichgewicht blieben. Diese Maßnahmen haben aber nicht ausgereicht, um längerfristig defizitäre Entwicklungen zu vermeiden. So mußte auch die christlich-liberale Regierung erhebliche Einschnitte in das Leistungsrecht der GRV vornehmen. Dabei wurden u. a. zweimal die Rentenanhebungen um jeweils ein halbes Jahr verschoben, die Beitragssätze der Aktiven zeitweilig bis auf 19,2% heraufgesetzt und überdies schrittweise ein *Krankenkassenbeitrag der Rentner* eingeführt. Das alles reichte nur gerade aus, um ein völliges Leerlaufen der Kassen der Rentenversicherung zu vermeiden. Trotz all dieser Maßnahmen stiegen die Reserven der Rentenversicherung nicht nachhaltig an, was in der Öffentlichkeit das Bild einer unsicheren Rentenfinanzierung verstärkte.

Auch die zwischenzeitlich erfolgte *Neuregelung der Hinterbliebenenversorgung* dürfte sich in Zukunft als nicht kostenneutral erweisen. Das von der SACHVERSTÄNDIGENKOMMISSION FÜR DIE SOZIALE SICHERUNG DER FRAU UND DER HINTERBLIEBENEN favourisierte *Teilhabemodell* wäre bei einem Teilhabesatz von 65% an den Rentenversicherungsansprüchen beider Ehegatten kostenneutral gewesen. Das demgegenüber angeführte *Anrechnungsmodell* gewährt nicht nur Witwen, sondern auch Witwern eine Hinterbliebenenrente in Höhe von 60% der Anwart-

XVI. Kostenentwicklung

schaften des verstorbenen Ehegatten. Dadurch wird prinzipiell die Gleichstellung von Witwern und Witwen erreicht, die das Bundesverfassungsgericht in einem früheren Urteil verlangt hatte. Auf diese Hinterbliebenenrenten werden jedoch künftig Erwerbseinkommen und Erwerbsersatzeinkommen, soweit diese einen Freibetrag übersteigen, zu 40% angerechnet. Dieses Anrechnungsmodell ist etwas »teurer« als das Teilhabemodell mit einem Teilhabesatz von 65%, allerdings wesentlich sparsamer als das Teilhabemodell mit einem Teilhabesatz von 75%. Es werden jedoch von 1986 an *Erziehungszeiten* als Pflichtversicherungszeiten bei der Rente desjenigen berücksichtigt, der ein Kind erzogen hat. In den meisten Fällen ist dies die Mutter; auch Adoptiv-, Stief- und Pflegeeltern können die Erziehungszeit angerechnet erhalten. Begünstigt werden Mütter oder Väter der Geburtsjahrgänge von 1921 an, die früher geborenen Jahrgänge werden schrittweise mit einbezogen. Das Babyjahr wird mit 75% des Durchschnittseinkommens aller Versicherten bewertet.

Die Neuregelung bei den Hinterbliebenenrenten dürfte nach Berechnungen der Bundesregierung allmählich zu einer jährlichen Mehrbelastung der Rentenversicherung von etwa 500 Millionen DM führen. Die Kosten der Anrechnung von Erziehungszeiten, die bis 1989 vom Bund übernommen werden, steigen langsam an. Sie werden nach einigen Jahren auf 2,7 Milliarden DM geschätzt, dabei ist jedoch die Rentendynamik nicht berücksichtigt. Die Rentenversicherung selbst rechnet mit erheblich höheren Belastungen. Die sofortige Einbeziehung auch der älteren Frauen in die Anrechnung von Erziehungszeiten würde schon vom ersten Jahr an 5 bis 6 Milliarden DM kosten.

Die *weitere* Entwicklung der Rentenfinanzen bis Ende der 80er Jahre wird insbesondere von der *Entwicklung der Zahl der Rentner* abhängen. In der zweiten Hälfte der 80er Jahre bleibt diese relativ konstant. Sie ist zwar wesentlich von den Veränderungen im Bestand der älteren Bevölkerung abhängig, doch daneben spielen auch versicherungsrechtliche Aspekte eine Rolle. In der Vergangenheit hat die Zahl der Renten an Versicherte im Alter von 60 und mehr Jahren erheblich stärker zugenommen als die Bevölkerung in diesem Alter. Dies wurde besonders durch die Einführung der flexiblen Altersgrenze verursacht. Auch in den nächsten Jahren dürfte – trotz der relativen Konstanz der Bevölkerung im Alter von 60 und mehr Jahren und der »status quo«-Bedingungen – damit zu rechnen sein, daß die Zahl der Rentenfälle weiter zunehmen wird, allerdings verglichen mit der bisherigen Entwicklung stark verlangsamt. Außer der bis 1990 nur leichten Zunahme der Rentenfälle wirkt aber die absehbare *Erhöhung der durchschnittlichen Renten* ausgesprochen ausgabenexpansiv. In den zukünftigen Rentenansprüchen spiegelt sich zum einen die normalisierte, d. h. längere und weniger häufig unterbrochene (z. B. infolge der Kriegs- und Nachkriegswirren) Dauer des Arbeitslebens wieder, zum anderen kommt in ihnen aber auch die in der Nachkriegszeit zur Überwindung kurzfristiger finanzieller Engpässe betriebene Politik der Ausdehnung der Versicherungspflicht auf besserverdienende Bevölkerungsschichten zum Ausdruck. Denn zukünftig werden die Rentenansprüche jener Beitragszahler fällig, die vor 30, 20 und 15 Jahren unter Anhebung der früheren Versicherungspflichtgrenze und der Beitragsbemessungsgrenze in die gesetzliche Rentenversicherung integriert wurden. Es bestehen zumindest einige Zweifel, daß diese Entwicklungen in den Ausgabenprognosen der GRV ausreichend Berücksichtigung gefunden haben, so daß bereits Ende der 80er Jahre die Ausgaben der Rentenversicherung wieder wesentlich schneller steigen werden. Dabei sind gleichzeitig geringere Lohnzuwachsraten als in den vergangenen 30 Jahren

D. Soziale Sicherung in der Krise

realistisch, so daß ein geringeres Wachstum der Beitragseinnahmen eintreten dürfte.
Beurteilt man zusammenfassend die Entwicklung der Rentenfinanzen bis 1990, so kann man schon froh sein, wenn keine erheblichen Defizite auftreten. Die Bildung eines finanziellen Polsters hängt im wesentlichen von dem weiteren Wirtschaftswachstum und der Lohnentwicklung ab. Tritt Ende des laufenden Jahrzehnts eine stärkere *Rezession* auf, so drohen wieder große *Defizite*. Vom theoretischen Gesichtspunkt her wären in einer Rezession sinkende Beitragseinnahmen und steigende Rentenausgaben – bis hin zum Defizit – eigentlich nicht sonderlich aufregend, im Gegenteil, sie paßten sogar in die konjunkturpolitische Landschaft. Vielmehr noch als bei der Diskussion um die Staatsverschuldung ist allerdings darauf hinzuweisen, daß die *Defizite* in der GRV nur vordergründig konjunkturell bedingt sind; vielmehr sind sie durch die Diskrepanz zwischen zukünftigen Beitragseinnahmen und Rentenausgabenentwicklung *strukturell* bedingt, so daß jeder Konjunktureinbruch nicht etwa schmerzlos aus den Überschüssen vergangener Jahre finanziert werden kann, sondern jedesmal ein solches Defizit verursacht, daß den Rentenfinanzen der Kollaps droht. Die Lage der Rentenfinanzen, die schon seit mehr als zehn Jahren in der tagespolitischen Diskussion ein wichtiges Problem darstellt, wird auch in Zukunft nicht aus den Schlagzeilen verschwinden und so zu einer weiteren Verunsicherung der derzeitigen und zukünftigen Rentnergeneration beitragen.

16.1.2. Bevölkerungsschrumpfung und Rentenfinanzen

Bei den *Modellrechnungen* zur Entwicklung der Lage der Rentenfinanzen bis zum Jahre 2030 handelt es sich – genau wie bei den Modellrechnungen zur Bevölkerungsentwicklung (siehe 5.5.3.) – nicht um Vorhersagen, sondern lediglich um *Spekulationen*, wie sich die Lage entwickeln würde, wenn sich am gegenwärtigen *Rechtsstand* im Bereich der GRV und an der angenommenen *Nettoreproduktionsrate* von 0,6 *nichts ändert*. Solche Berechnungen haben trotz allem ihre besondere Bedeutung, denn immerhin kann man nicht ausschließen, daß die Entwicklung tatsächlich noch ungünstiger verläuft. Auf eine solche Möglichkeit deutet der weiter sinkende Trend der Nettoreproduktionsrate hin, die jüngst einen Wert von 0,6 unterschritten hat.
Durch die heute geltende Rentenformel sind die Renten an die Entwicklung der Löhne und Gehälter gekoppelt. Infolge der steigenden Zahl von Rentnern kommt es zu steigenden Ausgaben, während die sinkende Zahl der Beitragspflichtigen gleichzeitig Einnahmenausfälle in der gesetzlichen Rentenversicherung verursacht. Das Gleichgewicht zwischen Ausgaben und Einnahmen kann bei konstantem Versorgungsniveau nur über eine Erhöhung der Beitragssätze wiederhergestellt werden (siehe 6.3.5.).
Auf solchen einfachen Annahmen beruhen im Prinzip auch die Modellrechnungen, die über die Entwicklung der finanziellen Lage der Rentenversicherung bis 2030 und später durchgeführt wurden. Grundlage dieser Berechnungen ist die Modellrechnung des STATISTISCHEN BUNDESAMTES über die Bevölkerungsentwicklung, auf der auch die Schätzung der voraussichtlichen Entwicklung des Erwerbspersonenpotentials – also der Zahl der Erwerbstätigen – basiert, die das INSTITUT FÜR ARBEITSMARKT- UND BERUFSFORSCHUNG in Nürnberg vorgenommen hat. Das *Erwerbspersonenpotential* ist für zwei Gesichtspunkte von Bedeutung: Einerseits bestimmt es neben anderen wichtigen Faktoren die *Wachstumschancen*

einer Volkswirtschaft und andererseits gibt es Anhaltspunkte für die Zahl der *Beitragszahler* in der GRV. Schätzungen zufolge wird das Erwerbspersonenpotential bis 1990 noch geringfügig ansteigen und sinkt dann langsam und später beschleunigt ab. Das bedingt, daß sich das Verhältnis Rentner zu Beitragszahler wesentlich verschlechtert. Die Folge wird eine zunehmend *defizitäre* Entwicklung im Haushalt der gesetzlichen Rentenversicherung sein, die bei Konstanz des Versorgungsniveaus immer wieder durch eine Erhöhung des Beitragssatzes aufgefangen werden muß. Unter diesen Annahmen könnte der Beitragssatz bis 1990 etwa auf dem gegenwärtigen Niveau gehalten werden und würde dann über 20% im Jahre 1995, 21,5% im Jahre 2000 auf rund 32% im Jahre 2030 steigen.

16.2. Kostenexplosion bei der Krankenversicherung

Die Ursachen für die *Kostenexplosion* bei der Krankenversicherung liegen im wesentlichen in der Konstruktion der GKV begründet (siehe 7.2.3.). Zwar zeichnen sich auch andere Teilbereiche des tertiären Sektors durch stark expandierende Kosten aus, im Gesundheitssektor zeigt sich aber diese Entwicklung besonders ausgeprägt (HERDER-DORNEICH). Die Ausgaben für Gesundheit haben sich seit 1970 mehr als *verdreifacht*. Sie sind damit deutlich schneller gestiegen als das Bruttosozialprodukt (SACHVERSTÄNDIGENRAT ZUR BEGUTACHTUNG DER GESAMTWIRTSCHAFTLICHEN ENTWICKLUNG). Die explosive Ausweitung der Leistungsausgaben im Bereich der GKV in der ersten Hälfte der 70er Jahre zwangen die Kassen, ihre Beitragssätze zu erhöhen. Als die Abgabenbelastungssätze in den Augen der Politiker eine kritische Höhe zu erreichen schienen, versuchte man, die weitere Entwicklung durch *kostendämpfende* Maßnahmen zu stoppen. Das Krankenversicherungs-Kostendämpfungsgesetz brachte u. a. die Einrichtung einer »*Konzertierten Aktion im Gesundheitswesen*«, in der neben dem zuständigen Bundesminister die Spitzenverbände der Krankenkassen, der Ärzte und anderer Gruppen des Gesundheitswesens vertreten sind. Mit Hilfe dieses Gremiums sollte eine *Begrenzung* der Ausgabensteigerung erreicht werden; diese ist aber in der realen Entwicklung nicht eingetreten. Auch die neue Koalition sah sich zu weiteren Einschränkungen veranlaßt, u. a. zur Einführung einer »Negativliste« für Bagatellarzneien, eine Krankenhauskostenbeteiligung der Patienten für zwei Wochen in Höhe von 5 DM täglich, bei Kuren von 10 DM täglich, sowie die Erhöhung einer Rezeptgebühr auf 2 DM pro Arzneimittel. Doch auch diese partiellen Maßnahmen haben den Trend zu steigenden Kosten im Bereich der GKV nicht stoppen können. Weitere Maßnahmen zur Kostendämpfung werden gegenwärtig heftig diskutiert.
So stiegen im Jahr 1984 die Ausgaben für Arzneimittel um 7,4%, also deutlich stärker als die Löhne, von denen der Krankenkassenbeitrag einbehalten wird. Ähnlich expandierten die Ausgaben für Krankenhauskosten, Heilmittel, Hilfsgeräte usw. Infolgedessen schlossen die Kassen im Jahre 1984 mit einem Defizit von rund 3 Milliarden DM, die Rücklagen wurden aufgebraucht. Schon zu Beginn des Jahres 1985 mußten mehr als 300 regionale Krankenkassen ihre Beiträge erhöhen. In den Jahren 1986 und 1987 sind weitere Defizite aufgetreten, so daß wiederum Anhebungen der Beitragssätze erwartet werden können.

D. Soziale Sicherung in der Krise

Die steigenden Beitragssätze treffen vor allem jene Krankenkassen, in denen die sog. *schlechten Risiken* pflichtversichert sind. Hier schwanken schon heute die Beitragssätze zwischen 8 und 14% des Bruttolohns je nach Krankenkasse. Für das Jahr 1988 werden bereits Beitragssätze erwartet, die oberhalb von 15% in einigen Krankenkassen liegen dürften. Wer nun als Versicherter das Pech hat, in einer »armen« AOK (Allgemeine Ortskrankenkasse) versichert zu sein, zahlt dann bei gleichem Einkommen für dieselben Leistungen gut 200 DM mehr Beitrag im Monat als ein Versicherter in einer »reichen« Innungskrankenkasse. Mit partiellen Maßnahmen dürfte die fortschreitende Kostenexplosion im Bereich der GKV nicht zu bremsen sein. Erforderlich ist vielmehr eine **Strukturreform der GKV**, mit der vor allen Dingen die *Marktelemente* gestärkt werden müßten. Mit einer derartigen Reform würden allen Beteiligten mehr Anreize geboten, aus eigenem Interesse möglichst wirtschaftlich zu handeln. Die dezentrale Steuerung über den Markt – so auch der SACHVERSTÄNDIGENRAT – führt weit besser zu einer bedarfsgerechten und kostengünstigen Versorgung als zentrale Steuerungsmechanismen. Der einzelne Versicherte muß dazu gebracht werden, Nutzen und Kosten seines Verhaltens sorgsam abzuwägen. Dazu gibt ihm das heutige System keinen Anreiz, vielmehr entsteht eine Umlagementalität. Einen Ausweg aus dieser Situation würden insbesondere **Selbstbeteiligungsmodelle** ermöglichen, die sich bereits im Rahmen der *privaten Krankenversicherungen* bewährt haben. Von politischer Seite ist allerdings zunächst einmal ein weiteres Gremium geschaffen worden, das beratend tätig werden soll: der »SACHVERSTÄNDIGENRAT FÜR DAS GESUNDHEITSWESEN«. Bis dieser Vorschläge vorgelegt hatte, verfügten die Gesundheitspolitiker über ein Alibi, keine unpopulären Entscheidungen treffen zu müssen.

Die langfristige Entwicklung im Bereich der GKV ist ebenfalls stark beeinflußt durch die zukünftige Bevölkerungsentwicklung. Im Bereich der Ortskrankenkassen wurden bereits Ende der 70er Jahre 50% der Ausgaben für die Rentner von den aktiven Versicherten getragen (OTT). Mit einem wachsenden Anteil alter Menschen wird die Belastung der aktiven Versicherten noch zunehmen;[1] ohne einschneidende Maßnahmen im Bereich des Gesundheitswesens würden die Ausgaben weiterhin explosionsartig anwachsen. Aber auch wenn man weitere Kostendämpfungsmaßnahmen antizipiert, dürften Erhöhungen der Beitragssätze in der GKV auf über 20% (einschließlich Arbeitgeberanteil) bis zum Ende dieses Jahrtausends wahrscheinlich sein. Über die weiteren Entwicklungen läßt sich angesichts der Ungewißheiten des medizinischen Fortschritts nur spekulieren; allerdings werden heute bereits zunehmend Befürchtungen geäußert, daß sich die Entwicklung der Beitragssätze in der GKV noch dramatischer vollziehen könnte als in der GRV, vor allem wenn man von »status quo«-Bedingungen ausgeht.

---

[1] In einer empirischen Untersuchung wird deutlich, daß bereits heute der Alterslastenausgleich den Familienlastenausgleich dominiert (BECKER).

16.3. Die Lage der Arbeitslosenversicherung

Die Ausgaben der Arbeitslosenversicherung werden im wesentlichen bestimmt durch die Anzahl der Arbeitslosen. Im Durchschnitt der Jahre 1984 bis 1987 waren mehr als 2,2 Millionen Arbeitslose, Anfang 1988 bereits 2,5 Millionen bei den Arbeitsämtern gemeldet. Trotz dieser hohen Zahl traten im Jahre 1985 erstmals wieder größere *Überschüsse* bei der Arbeitslosenversicherung auf. Diese Überschüsse sind vor allen Dingen auf zwei *Ursachen* zurückzuführen: (1) Vom Sommer 1984 bis zum Herbst 1985 hat die Anzahl der Erwerbstätigen um mehr als 200000 zugenommen (SACHVERSTÄNDIGENRAT). Diese Zunahme der Erwerbstätigenzahlen führte zu höheren Einnahmen seitens der Arbeitslosenversicherung. (2) Die zunehmende Zahl der sog. Langfristarbeitslosen hat andererseits die Ausgaben der Arbeitslosenversicherung verringert. Ihre Ansprüche an die Arbeitslosenversicherung reduzieren sich bzw. erschöpfen sich im Laufe der Zeit; je *länger* die Arbeitslosigkeit andauert, um so stärker nimmt die Ausgabenbelastung der Arbeitslosenversicherung ab.

Ursache für die nun auftretenden Überschüsse war aber auch der *Abbau der Leistungen* der Arbeitslosenversicherung. So wurde mit dem Arbeitsförderungsgesetz 1982 das Anrecht auf Arbeitslosengeld auf diejenigen begrenzt, die in den vergangenen Jahren mindestens 12 Monate (früher 6) beitragspflichtig beschäftigt waren. 1983 wurde die Bezugszeit beim Arbeitslosengeld von 26 auf 17 Wochen bei einjähriger und von 52 auf 35 Wochen bei zweijähriger Beitragszeit begrenzt. Im Jahre 1984 erfolgte dann die Kürzung des Arbeitslosen-, Kurzarbeiter- und Schlechtwettergeldes für kinderlose Leistungsempfänger von 68 auf 63% des letzten Nettogehaltes und die Kürzung der Arbeitslosenhilfe für Ledige von 58 auf 56%. Zum Teil wurden damit die *Probleme der Arbeitslosenversicherung auf die Sozialhilfe verlagert.*

Die Überschüsse im Bereich der Arbeitslosenversicherung werden vor allen Dingen zur Verbesserung der wirtschaftlichen Lage der Dauerarbeitslosen eingesetzt. Ferner wurde der Beitragssatz zur Arbeitslosenversicherung um 0,1 Prozentpunkte auf 4,3% in 1987 und 1988 gesenkt. Die *langfristige Ausgabenentwicklung* im Bereich der Arbeitslosenversicherung hängt im wesentlichen von der Zahl der Arbeitslosen ab. Geht man davon aus, daß etwa ab dem Jahr 1990 das Erwerbspotential zunächst schwach und dann stärker zu schrumpfen beginnt, erscheint es nicht ganz unwahrscheinlich, daß dann die Arbeitslosigkeit zunehmend überwunden wird, sofern nicht gleichzeitig erhebliche Rationalisierungsinvestitionen vorgenommen werden. Infolgedessen dürften die Beitragssätze zur Arbeitslosenversicherung langfristig *eher konstant*, vielleicht sogar leicht rückläufig sein.

16.4. Die Expansion der Sozialhilfeaufwendungen

Nachdem sich infolge des Wirtschaftswachstums und der allgemeinen Einkommenssteigerungen zu Beginn der 70er Jahre die *Zahl der Sozialhilfeempfänger* auf ein relativ niedriges Niveau eingependelt hatte, stieg die Zahl mit dem Einsetzen der Rezession im Jahre 1974 wieder stärker an. Seit 1975 beläuft sich die

D. Soziale Sicherung in der Krise

Gesamtzahl auf über 2,0 Millionen, und ein weiterer Anstieg auf über 2,8 Mill. Hilfeempfänger erfolgte in den Jahren 1982 bis 1985.[2]

Diese Gruppe der »neuen Armen« ist zum einen durch die jahrelange *Massenarbeitslosigkeit* und zum anderen durch den *Abbau der Arbeitslosenunterstützung* entstanden. Unter den Sozialhilfeempfängern finden sich immer mehr Erwerbslose, deren Anteil sich allerdings infolge mangelnder statistischer Daten nicht exakt belegen läßt. Realistische Schätzungen gehen davon aus, daß etwa ein Viertel der Empfänger von Hilfe zum Lebensunterhalt zu den sogenannten **»Langzeitarbeitslosen«** gehört, in Regionen mit überdurchschnittlicher Arbeitslosigkeit kann der Anteil sogar auf bis zu 40% klettern.

Die Zahl der Arbeitnehmer, die ein Jahr oder länger arbeitslos waren, lag im Jahr 1984 bei ca. 700 000 oder einem Drittel aller Arbeitslosen, 1981 gehörten zu den Langzeitarbeitslosen nur 16% der registrierten Erwerbslosen. Andererseits haben immer mehr Erwerbslose keinen Anspruch auf Unterstützung durch die Bundesanstalt für Arbeit. 1984 erhielten nur noch 37,9% der registrierten Arbeitslosen Unterstützungszahlungen, 1975 waren es immerhin noch 65,9%. Der Anteil der Empfänger von Arbeitslosenhilfe, die u. a. an Arbeitslose gezahlt wird, die länger als ein Jahr ohne Erwerb sind, stieg im gleichen Zeitraum von 10,2% auf 26,4% (MARTENS).

Parallel zur Entwicklung der Empfängerzahlen stiegen auch die *Ausgaben der Sozialhilfe*; die verbesserte Situation der Bundesanstalt für Arbeit ist also nicht zuletzt darauf zurückzuführen, daß die *Problemarbeitslosen aus der Arbeitslosenversicherung ausgegrenzt und in die Sozialhilfe überführt* wurden.[3] Überspitzt formuliert wurde der Haushalt der Bundesanstalt für Arbeit zu Lasten der Gemeindehaushalte, die einen wesentlichen Teil der Sozialhilfeaufwendungen tragen, saniert. Die Expansion der Sozialhilfeaufwendungen erfolgte, obwohl einzelne Kürzungsmaßnahmen im Bereich der Hilfe in besonderen Lebenslagen vorgenommen wurden.[4] Bei der laufenden Hilfe zum Lebensunterhalt hat man eine noch stärkere Ausgabenexpansion dadurch verhindert, daß entsprechende *Anpassungen an die wirtschaftliche Entwicklung unterlassen* wurden. Schon während der sozialliberalen Koalition verzichtete man auf eine Anpassung der *realen* Sozialhilfesätze, obwohl sich z. B. im Zeitraum 1974 bis 1982 die verfügbaren Einkommen der privaten Haushalte noch immerhin um real 10% erhöhten. »Das bedeutete aber, daß etwa eine halbe Million Haushalte im sozialen Gefüge abstieg, relativ ärmer wurde« (MIEGEL). Nach 1982 wurde diese Entwicklung infolge der o. a. Kürzungen noch beschleunigt.

---

2 Im Jahr 1970 belief sich die Gesamtzahl der Sozialhilfeempfänger auf 1,491 Millionen; davon bezogen 0,749 Millionen eine Hilfe zum Lebensunterhalt und 0,965 Millionen eine Hilfe in besonderen Lebenslagen. Im Jahr 1985 bezogen 2,808 Mill. Menschen Sozialhilfeleistungen, davon 2,06 Millionen Hilfe zum Lebensunterhalt und 1,1 Millionen Hilfe in besonderen Lebenslagen (STATISTISCHES BUNDESAMT: Statistisches Jahrbuch, lfd.)

3 Dabei melden sich nicht alle ehemals in der Arbeitslosenversicherung Unterstützten bei der Sozialhilfe; ein Teil verzichtet auf Unterstützungszahlungen, sei es aufgrund von Scham, Unkenntnis oder Furcht vor Rückgriff auf Familienangehörige. Sie zählen dann zur Gruppe der »verdeckten Armen«, über deren Zahl man eigentlich nur spekulieren kann.

4 Insbesondere wurden auch die sogenannten freiwilligen Leistungen beschnitten, wie z. B. Beihilfen für Kleider und Möbel.

XVI. Kostenentwicklung

Geht man davon aus, daß die Sozialhilfe ein *sozial-kulturelles Existenzminimum* – und nicht etwa das physische – absichern soll, dann muß im Rahmen der allgemeinen Wohlstandssteigerungen auch der **Warenkorb der Sozialhilfe angepaßt** werden. Eine derartige Anpassung war aber heftig umstritten. Ganze Teilkörbe des Warenkorbes auf der Basis des Jahres 1970, insbesondere der für »Kochfeuerung und Beleuchtung« waren restlos veraltet, denn die Energiepreise sind seit 1970 auch nach dem Ölpreissturz um ein Vielfaches dessen gestiegen, was den Sozialhilfeempfängern seitdem als Inflationsausgleich zugebilligt wurde.

Eine ursprünglich bis 1975 geplante Überarbeitung blieb aus. Erst 1979 beschäftigte man sich wieder mit dem Warenkorb. Der dann im Jahr 1981 erarbeitete Warenkorb löste bei den Kommunen als Belasteten der Sozialhilfe tiefes Erschrecken aus: Schon damals wäre eine Anhebung der Sozialhilfe um 30% erforderlich gewesen. Statt einer Anpassung nach oben beschlossen die Politiker – angesichts leerer Kassen – die *Anpassung nach unten*; die *Regelsätze* wurden 1982 und 1983 nicht einmal an die Preissteigerungsraten angeglichen. Überdies wurden die Mehrbedarfszuschläge für mehr als die Hälfte der Sozialhilfeempfänger, z. B. für die älteren Menschen, um zehn Prozentpunkte gekürzt. Damit entsprach der Realwert des Regelsatzes im Jahr 1984 nur noch dem des Jahres 1972.

Nach weiteren endlosen Verhandlungen einigten sich die Länder schließlich auf das billigste aller diskutierten Modelle. Die Anpassung des Warenkorbes nach bisherigem Muster wurde angesichts der Kosten verworfen. Die Warenkorbexperten der Länder und Gemeinden kamen auf die Idee, daß den Sozialhilfeempfängern durchaus zugemutet werden kann, die Sonderangebote des Handels zu nutzen, die in der bisherigen Preisstatistik nicht berücksichtigt wurden. Die vermeintlichen Verbesserungen im neuen Warenkorb der Sozialhilfe werden durch die Einführung einer besonderen und nicht evaluierten Preisstatistik für Arme (»Armeleutepreise«) praktisch kompensiert. In dieser besonderen Preisstatistik erfolgt die Bewertung der einzelnen Güter und Waren im Sozialhilfewarenkorb 1985 zu »unteren Quartilspreisen«, das sind Preise, die im untersten Viertel der Preisskala angesiedelt sind.

Die Erhöhung des Sozialhilferegelsatzes um 8% zum 1. Juli 1985 bringt gegenüber 1970 allenfalls eine optische Veränderung. Denn die Bewertung des alten Warenkorbes aus dem Jahr 1970 mit den aktuellen Preisen führt zu einem Regelsatz, der dem der Neuregelung weitgehend entspricht, wenn er ihn nicht sogar überschreitet. Von einer spürbaren Verbesserung des Warenkorbes gegenüber dem Warenkorb 1970 kann deshalb überhaupt keine Rede sein.

Wo die *Armutsgrenze* zu ziehen ist und ob die Sozialhilfe ausreicht zur Abdeckung eines sozial-kulturellen Existenzminimums, ist allerdings heftigst umstritten (MERKLEIN). Es ist zweifellos eine Realität, daß viele *Erwerbstätige* insbesondere mit Kindern, die in einem normalen Arbeitsverhältnis stehen, nur noch ein *verfügbares* Einkommen erzielen, das *geringfügig oberhalb des Sozialhilfeniveaus* liegt. Hier ist allerdings zu betonen, daß diese Entwicklung nicht durch eine zu starke Anpassung der Sozialhilfesätze eingetreten ist, sondern dadurch, daß man die *Freibeträge in der Einkommensteuer nicht* entsprechend der *Inflation* angepaßt und außerdem die *Sozialbeiträge permanent erhöht* hat.[5]

---

5 MERKLEIN verweist auf folgendes Beispiel: »Tatsächlich sind die Sozialhilfesätze in Westdeutschland so bemessen, daß eine Familie davon, sicher nicht gerade üppig, aber wohl ohne materielle Not, existieren kann. So zahlt das Sozialamt für seine Klienten die volle Miete (einschließlich der Vorauszahlungen für Sammelheizungen), dazu bei Bedarf die Kosten für Kleidung und Hausrat (mittlere Qualität). Für den Rest, für Nahrungs- und Genußmittel, für Körperpflege, für Bildungs- und Unterhaltungszwecke, für Verkehr und Nachrichtenübermittlung, für Elektrizität und Sonstiges bekommt derzeit in Hamburg beispielsweise eine alleinstehende Frau mit drei Kindern (zwei im Alter von 12 bis 15, eines im Alter von 17 Jahren) 14 180 Mark im Jahr. (Die Durchschnittsausgaben vierköpfiger Arbeitnehmerfamilien mit mittlerem Einkom-

D. Soziale Sicherung in der Krise

Der *Mangel* liegt also darin, daß weder die Einkommensteuer noch die Sozialbeiträge ein sozial-kulturelles *Existenzminimum* in Höhe der Sozialhilfeleistungen *freistellen*. Die mangelnde Harmonisierung im Bereich der Bemessungsgrundlagen kann gegenwärtig zu dem absurden Resultat führen, daß etwa jemand Einkommensteuer und Sozialbeiträge bezahlt, zugleich aber Sozialhilfe bezieht. M. a. W. »subventionieren« dann die örtlichen Träger der Sozialhilfe den Fiskus, weil ja die örtlich zu gewährenden Sozialhilfeleistungen durch die überörtlich abzuführenden Steuerbeträge erst ausgelöst oder jedenfalls erhöht werden (LEIBFRIED/SCHULTE/TENNSTEDT).

Die Kritik an den Leistungen der Sozialhilfe hat in jüngerer Zeit auch deswegen zugenommen, weil es nicht nur eine versteckte oder *verschämte* Armut gibt, sondern – so häufig in den Medien dargestellt – auch eine *»unverschämte«* Armut. Während erstere insbesondere bei älteren Leuten anzutreffen ist, kennzeichnet letztere gerade die jüngere Generation, die augenscheinlich weit weniger Skrupel hat, die Sozialhilfeleistungen auch zu beanspruchen. »Allein unter den 21- bis 25jährigen Männern hat sich der Anteil derjenigen, die von der »Stütze« leben – wie es im Jargon heißt – von 1970 bis 1977 fast verdreifacht« (MERKLEIN).

Gerade die jüngeren Sozialhilfeempfänger sind es auch, die es besonders verstehen, das Sozialhilfeniveau durch schattenwirtschaftliche Tätigkeiten aufzubessern. Die Sozialhilfe wird dann gewissermaßen als *Grundsicherung* verstanden, die man mit allerlei Schwarzarbeit, Nachbarschaftshilfe, Eigenproduktion etc. aufstocken kann, so daß insgesamt gesehen im Einzelfall ein relativ angenehmes Lebensniveau erreicht werden kann, oft verbunden mit einer wesentlich geringeren Arbeits- und damit höheren Freizeit.

Natürlich wäre es wünschenswert, derartige Tätigkeiten bei der Festsetzung der Sozialhilfe zu berücksichtigen, aber Erfassungs- und Bewertungsprobleme stehen dem entgegen. Und i. d. R. kann man von derartigen Aufbesserungen nicht ausgehen, da nicht *alle* Sozialhilfeempfänger dazu in der Lage sind; so bleibt die Feststellung, daß diejenigen, die ausschließlich ihren Lebensunterhalt aus der Sozialhilfe bestreiten, alles andere als ein rosiges Leben führen. Studenten der Fachhochschule Frankfurt haben in Experimenten verdeutlicht, wie schwierig es ist, mit dem Sozialhilfesatz auszukommen (MARTENS), und Studenten sind jedenfalls zum Teil alles andere als anspruchsvoll. Man möchte einigen Kritikern der Sozialhilfe empfehlen, einen ähnlichen Versuch zu unternehmen, vielleicht fiele dann manches Urteil etwas differenzierter aus.

---

men betrugen 1978 für diese Zwecke 16 572,96 Mark, darunter allein 3 147 Mark für Kfz.) Wenn dieselbe Frau auf Sozialhilfe verzichtet und statt dessen sich und ihre Kinder durch eigene Arbeit als festangestellte, also auch steuerzahlende Raumpflegerin versorgte, bekäme sie in Hamburg etwa 16 550 Mark netto im Jahr (inklusive Kindergeld) und müßte davon den gesamten Lebensunterhalt bestreiten, es sei denn, sie hätte auch noch Anspruch auf Wohngeld.«

XVII. Moderne Politische Ökonomie und integrierte Steuer- und Sozialreform

17.1. Moderne Politische Ökonomie und expandierender Sozialaufwand

Die **Moderne Politische Ökonomie** liefert einige Erklärungen dafür, warum der Sozialaufwand, insbesondere aufgrund von Leistungsverbesserungen in der Nachkriegszeit so stark expandiert ist. So benutzen in repräsentativen Demokratien die Regierungen das *sozialpolitische Instrumentarium* nicht allein für *altruistische* Zwecke, sondern auch zur Durchsetzung ihrer eigenen *egoistischen* Zielsetzungen. Die gewählten Regierungen können so verfahren, weil ihnen in repräsentativen Demokratien eine monopolistische Postition auf Zeit eingeräumt wird. Diese wird von den Politikern genutzt, ihre jeweilige ideologische Linie durchzusetzen; bei drohendem Machtverlust wird dann eine »populäre Politik« betrieben bzw. werden an sich (zumindest längerfristig) notwendige »unpopuläre« Maßnahmen unterlassen, damit die Wiederwahl und die Machterhaltung gesichert ist (SCHNEIDER). Je seltener die Machtwechsel sich zwischen den politischen Lagern vollziehen, je identischer die Grundprogrammatik ist, desto stärker werden die Beharrungstendenzen und desto mehr kumulieren sich die populären Leistungen (»Wahlgeschenke«), die bestenfalls kurz nach der Wahl wieder etwas reduziert werden können.

Darüber hinaus bevorzugen in repräsentativen Demokratien auch viele Wähler sozialpolitische Programme, insbesondere wenn sie *nicht von den Kosten* dieser Programme *getroffen* werden bzw. diese ihnen aufgrund von *Defizitfinanzierung* oder *Abgabenillusionen* zunächst *verborgen* bleiben. Erst wenn die Abgabenbelastungen stärker angestiegen sind und eine Defizitfinanzierung aufgrund der damit gegebenenfalls verbundenen Verletzung gesamtwirtschaftlicher Ziele nicht mehr in Frage kommt, beginnen die Abgabenillusionen zu schwinden, die *Abgabenwiderstände* wachsen. Werden dann Kürzungen von Sozialleistungen für notwendig erachtet, sind diese sehr wohl sichtbar und merklich, so daß sich die betroffenen Gruppen – sofern sie organisiert sind – gegen derartige Kürzungen zu wehren versuchen; letzterer Prozeß spielt sich insbesondere in den Medien ab, wobei die Diskussion hauptsächlich von den Interessenverbänden geführt wird.

Damit ist ein weiteres polit-ökonomisches Problem angesprochen: das Wirken von *Interessengruppen*. Typischerweise sind Interessenverbände insbesondere in den sozialpolitischen Bereichen tätig und erfolgreich, in denen die Begünstigten ein Sicherungsniveau erreichen, das *oberhalb* des sozial-kulturellen Existenzminimums liegt; demgegenüber sind Arbeitslose, Sozialhilfeempfänger usw. überregional überhaupt nicht, in jüngerer Zeit bestenfalls regional organisiert. Die Interessengruppen wollen ihrer Klientel die sozialen Leistungen auf möglichst hohem Niveau erhalten; notwendige Veränderungen im Leistungsrecht werden von ihnen als »**soziale Demontage**« denunziert, wobei übersehen wird, daß eine Aufrechterhaltung dieser Leistungen eine entsprechende Demontage auf seiten der Belasteten nach sich zieht; denn nicht immer (vielleicht nur selten) treffen die Abgabenlasten ausschließlich die »wirklich« Wohlhabenden.

D. Soziale Sicherung in der Krise

Die Interessengruppen sind nun deshalb besonders erfolgreich, weil sie sich in der Bundesrepublik erstmals in einem langen Zeitraum von über 40 Jahren haben entwickeln können, ohne daß ernsthafte soziale Störungen oder politische Katastrophen eingetreten sind. Letztere hatten in der Vergangenheit immer wieder derartige Gruppierungen zerschlagen und die gesamte Gesellschaft umgewälzt (KINDLEBERGER); die glückliche Konstellation eines weitgehend störungsfreien Wachstumsprozesses zumindest in den ersten drei Nachkriegsdekaden hat gleichermaßen als *Opportunitätskosten* auch die *Macht der Verbände* gefestigt, die ihre erreichten Positionen zu stärken bzw. gar auszubauen trachten. Interessenvertreter sind in die politischen Parteien und schließlich in die Parlamente gelangt und bestimmen über Absprachen und Kompensationsgeschäfte mit anderen Interessengruppen häufig politische Entscheidungen, die dann als Verwirklichung des Gemeinwohls dem Wählervolk verkauft werden (PETERSEN: Finanzwissenschaft I, B.2.4.).

Interesseneinflüsse sind ebenfalls in die *Verwaltungs-* und *Sozialbürokratie* eingedrungen. Auch diese Bürokratien handeln nicht ausschließlich im Gemeinwohl, sondern haben handfeste eigene Interessen. Selbstverständlich kann ein Vertreter der Sozialversicherung nicht für einen Ausbau des Privatversicherungswesens eintreten; einerseits würde er damit seinen Aufgabenbereich einengen, gegebenenfalls Untergebene verlieren, andererseits könnte die dann eintretende Konkurrenzsituation zwischen privater und gesetzlicher Versicherung verdeutlichen, daß erstere effizienter arbeitet, was eine weitere Gefährdung der Sozialversicherung bedeuten könnte. Auch von den Verwaltungen gehen also Beharrungs- und Expansionstendenzen aus. Insofern ergibt sich oft eine Interessenidentität zwischen Verbänden und Bürokratien. Die Folge ist dann, daß man sich im politischen Bereich im Falle notwendiger *Kürzungen* auf Bereiche einigt, in denen die *Widerstände am geringsten* sind – nämlich bei den Arbeitslosen und den Sozialhilfeempfängern. Beide Gruppen gehören aber zu den sozialen Schichten, die eigentlich am stärksten des sozialen Schutzes bedürfen. Die reale Entwicklung zeigt, daß diese polit-ökonomischen Überlegungen nicht irrelevant sind.

17.2. Integrierte Steuer- und Sozialreform

Ob die Wachstumsverlangsamung Ende der 70er Jahre nun auf einen ausufernden Wohlfahrtsstaat zurückgeführt werden kann oder nicht – eine Wende in der Sozialpolitik war notwendig, ist nur halbherzig durchgeführt worden, bleibt also überfällig. Dabei ist davon auszugehen, daß *soziale Sicherung* – soweit Märkte versagen – eine *Staatsaufgabe* darstellt; der Staat kann also insbesondere *marktfördernd* eingreifen, um den Risikoausgleich in der Gesellschaft zu organisieren. Die Sicherung eines Mindesteinkommens (*Grundsicherung*) ist *ebenfalls Staatsaufgabe*, die allerdings eine personelle Umverteilung in vertikaler Richtung erfordert. *Egalisierung* und *Bevormundung* hingegen – und hier sei v. HAYEK, POPPER, RAWLS, NOZICK, BUCHANAN und vielen anderen zugestimmt – gehören *nicht* zu den Staatsaufgaben in sozialen Marktwirtschaften, denn beide gefährden deren ökonomische Basis.

Aus sozialökonomischer Sicht muß ein System der sozialen Sicherung einigen *wenigen Grundprinzipien* folgen. Zu nennen ist als erstes das *Finalprinzip*; soziale

XVII. Moderne Politische Ökonomie

Leistungen sind also an einem Einkommensziel zu orientieren, wobei das Lebenseinkommen zu berücksichtigen ist. Dann sind sowohl die Abgaben an als auch die Leistungen aus dem sozialen Sicherungssystem nach dem *Haushaltsprinzip* zu bemessen. Dabei sind die Einkommensgrenzen mit denen des Steuersystems abzustimmen. Abgesehen von den Bereichen der Sozialhilfe und des Familienlastenausgleichs ist das *Äquivalenzprinzip* zu betonen, m. a. W. muß die *personelle Umverteilung* in vertikaler Richtung *außerhalb der Sozialversicherung* erfolgen.

Auch das *Subsidiaritätsprinzip* ist wiederzubeleben; mit wachsendem Wohlstand sind die Voraussetzungen für *eigenverantwortliches* Handeln der Bürger geschaffen worden, das sich wohl nicht allein in der Abgabe seiner Wahlstimme erschöpfen sollte. Mit der Betonung der *Eigenverantwortlichkeit* verbunden ist die *Einführung von Marktelementen in die Sozialversicherung*. Das würde z. B. in der GRV die Einführung einer *freiwilligen Höherversicherung* (über die Grundsicherung hinaus) bedeuten. In der GKV können *Selbstbeteiligungsmodelle* und *Wahltarife* die gegebenen Instrumente sein. Beide stärken das Kostenbewußtsein und reduzieren die Gefahren des »moral hazard«.

Vertreter des »public choice« fordern eine stärkere *Dezentralisierung* der Entscheidungen, damit der einzelne Wähler stärker angereizt wird, sich an den aktuellen politischen Entscheidungen zu beteiligen. So könnte beispielsweise die Institutionalisierung von *Referenden* über wichtige politische Fragen die Vorteile einer direkten Demokratie in das Modell der repräsentativen Demokratie hineintragen (FREY/POMMEREHNE). Vom Wähler losgelöste politische Entscheidungen, die im wesentlichen von den Interessen der Parlamentarier, Bürokraten und Verbandsfunktionäre getragen sind, wären schwieriger durchzusetzen.

Wie könnte eine **integrierte Steuer- und Sozialreform** in groben Zügen aussehen? Im Mittelpunkt steht dabei die *Einkommensteuer*, die als zentrales und koordinierendes Instrument der Steuer- und Transferpolitik auszugestalten ist. Dazu sind eine Reihe von Maßnahmen erforderlich, über die im wissenschaftlichen Bereich zwischenzeitlich ein weitgehender Konsens hergestellt worden ist:

- Die *Beseitigung der Erosion der Bemessungsgrundlage* über eine Annäherung an das theoretische Konzept einer »comprehensive tax base« (PETERSEN: Finanzwissenschaft II, E.1.1.6.); in der Praxis bedeutet das, daß existierende Steuerbefreiungen bei bestimmten Einkunftsarten beseitigt werden. Letzteres gilt ganz speziell für die Alterseinkünfte (insbesondere die Renten). Darüber hinaus sind Steuertechniken einzuführen, die die heutige Hinterziehung von Einkünften aus Zinsen, Vermietung und Verpachtung sowie aus selbständiger Arbeit verhindern (z. B. Kapitalertragsteuer als Quellensteuer bei Einkünften aus Kapitalvermögen). Auch die steuerliche Begünstigung des Grund und Bodens ist ein historisches Relikt und erweist sich zunehmend als kontraproduktiv (ENGELS).
- Der Abbau der spezielle Einkunftsarten begünstigenden Frei- und Abzugsbeträge sowie Pauschbeträge und die *Schaffung eines einheitlichen Grundfreibetrags*, der das sozialkulturelle Existenzminimum (gegebenenfalls das Sozialhilfeniveau) ausdrücken soll, so daß reine Sozialtransfers (also die interpersonelle Umverteilung) von der Steuer befreit sind. Besondere Abzugsbeträge sind nur in Ausnahmefällen (z. B. bei körperlicher Schwerbeschädigung) zu gewähren.
- Die *Abzugsfähigkeit der Zwangsbeiträge zur Sozialversicherung*, soweit diese mit intertemporalem Einkommensausgleich verbunden sind (also insbesondere die Beiträge zur gesetzlichen Rentenversicherung; WISSENSCHAFTLICHER BEIRAT BEIM BUNDESMINISTERIUM DER FINANZEN).
- Die Ausdehnung der Möglichkeiten des Verlustausgleichs und des Ausgleichs von Schwankungen des Periodeneinkommens über eine mehrjährige Durchschnittsbe-

D. Soziale Sicherung in der Krise

steuerung. Steigende Grenzsteuersätze führen bei stark schwankenden Jahreseinkommen zu einer höheren Steuerlast als bei konstantem, insgesamt aber gleich hohem Mehrperiodeneinkommen. Dem könnte durch eine *Ausdehnung des Steuerausgleichs über mehrere Jahre* entgegengewirkt werden.
- Der *Abbau der Tarifprogression*, der bei dem oben angeführten Entlastungsvolumen über eine nachhaltige Reduktion des Verlaufs des Grenzsteuersatzes erreicht werden kann; die Forderungen gehen hier bis zu einer völligen Beseitigung der direkten Progression über die Einführung eines über den gesamten Einkommensbereich konstanten Grenzsteuersatz von 30% und damit über das amerikanische Modell eines Zwei-Zonen-Grenzsteuersatztarifs noch hinaus (MITSCHKE). Nachteile derartig einfach strukturierter Tarife sind die erheblichen Sprünge, beim rein indirekt progressiven Tarif gerade bei Überschreiten des Grundfreibetrags. Diese Nachteile könnten durch einen durchgehend verzögert progressiven Tarif vermieden werden, bei dem der Grenz- und Durchschnittssteuersatz kontinuierlich von Null auf beispielsweise 40% ansteigt. Angesichts des weitgehenden Konsenses über die direkte Tarifprogression dürfte ein solches Modell realistischer sein.
- Die Ausschaltung der »kalten Progression« durch eine *Indexbindung des Einkommensteuersystems*. Die hohe Elastizität des Einkommensteuersystems resultierte in der Vergangenheit nicht zuletzt daraus, daß auch rein nominelle Einkommenserhöhungen der progressiven Besteuerung unterlagen. Eine Indexbindung würde die Grenzbelastung senken und die »fiscal drag«-Wirkungen in Phasen der Stagflation vermeiden.

Ausdehnung der Bemessungsgrundlage, Durchforstung der Frei- und Abzugsbetragsregelung, saubere Verwirklichung der Lebenseinkommensbesteuerung über eine entsprechende Behandlung der Rentenversicherungsbeiträge und Mehrperiodendurchschnittsbesteuerung, nachhaltiger Abbau der Grenzsteuersätze und Beseitigung der »kalten Progression« stellen ein Programm dar, das – wie das amerikanische Beispiel zeigt – bei gutem Willen aller Beteiligten durchaus bewältigt werden kann.

In der Bundesrepublik Deutschland mit einem hoch entwickelten sozialen Sicherungssystem ist aber der *Harmonisierungsbedarf zwischen Steuer- und Transfersystem*, dem wir uns jetzt zuwenden wollen, *weitaus größer*. Auch hier zeichnet sich hinsichtlich der Grundforderungen – jedenfalls im wissenschaftlichen Bereich – eine zunehmende Übereinstimmung ab:

- Die *Integration von Steuer- und Transfersystem bei einer Verwaltung* (möglichst bei der heute bereits die Einkommens- und Vermögenssituation ermittelnden Finanzverwaltung), die die Abwicklung der Transferzahlungen und ihre Verrechnung mit der persönlichen Einkommensteuer (z. B. im Sinne einer negativen Einkommensteuer) vornimmt.
- Die *negative Einkommensteuer* muß ein Grundsicherungsniveau in Höhe des sozial-kulturellen Existenzminimums gewährleisten, und dieses soll mit dem (nach Haushaltsmitgliedern gestaffelten) Grundfreibetrag übereinstimmen. Die Grundsicherung verringert sich mit steigendem Erwerbseinkommen, und zwar so, daß Leistungsanreize erhalten bleiben.
- Sämtliche Transferleistungen (die der personellen Umverteilung in vertikaler und horizontaler Richtung dienen) werden in dieser Grundsicherung zusammengefaßt, die *gesetzliche Sozialversicherung* also von *Umverteilungsaufgaben befreit*. Die Sozialversicherung (bzw. die einzelnen Systeme) sichert ebenfalls beitragsfrei das sozial-kulturelle Existenzminimum; in Höhe dieser Grundsicherung erhält die Sozialversicherung einen Bundeszuschuß, der aus allgemeinen Steuermitteln finanziert wird. Die beitragspflichtige Höherversicherung im Rahmen der GRV (bis zu den heutigen Grenzen) sichert entsprechend der Rentenformel, die einem modifizierten Äquivalenzprinzip

folgt, ein Bruttoversorgungsniveau. Entsprechend werden auch alle anderen Einkommensleistungen der Sozialversicherung bruttoorientiert und als Einkommen im Rahmen der Einkommensteuer erfaßt.
- Die *Überprüfung* und gegebenenfalls der *Abbau* der zahllosen *Steuervergünstigungen* und (direkten) *Subventionen*; beide werden in erster Linie aus (häufig verdeckten) sozialpolitischen Gründen gewährt. Diese Instrumente sind sozialpolitisch ineffizient. Deshalb ist – sofern eine politische Notwendigkeit besteht – ein Übergang zu effizienten Subventions- und Förderungsmethoden erforderlich; Subjektförderung statt Objektförderung oder direkte Einkommenshilfen statt Preis- und Kostensubventionierung. Der zweifellos erforderliche Abbau erweitert die Steuerbemessungsgrundlage und führt zu quantitativ bedeutsamen Ausgabenkürzungen.

Damit ist ein Reformprogramm umrissen, das sicherlich mehr als eine Legislaturperiode beanspruchen wird, aber in der nächsten Legislaturperiode angepackt werden muß, damit die Maßnahmen noch greifen, bevor sich vor allem die Folgen der einschneidenden demographischen Veränderungen auszuwirken beginnen. Diese Regelungen hätten zur Folge, daß *Leistungskumulationen* aus einem zersplitterten System beseitigt würden und Gruppen, die von ihrer Einkommensposition her nicht förderungswürdig sind, auch von dem Genuß sozialer Leistungen ausgeschlossen werden. Es ist zu vermuten, daß ein solches System nicht »teurer« als das gegenwärtige, aber gleichzeitig wesentlich umverteilungseffizienter ist.

17.3. Zukunftsperspektiven der sozialen Sicherung

Die voranstehenden Ausführungen zur »sozialen Sicherung in der Krise« haben deutlich werden lassen, daß im Bereich des deutschen sozialen Sicherungssystems ein erheblicher **Reformbedarf** vorhanden ist. Hinter diesem Reformbedarf bleibt allerdings die **Reformbereitschaft** der Politiker bei weitem zurück. Die bisherigen Kürzungen im Bereich des Sozialrechts waren mehr oder weniger ein *Kurieren an Symptomen* mit der unglücklichen Folge, daß insbesondere die *untersten* Einkommensschichten zur Kasse gebeten worden sind. Insofern kann das Schlagwort von der »sozialen Demontage« nicht als vollkommen abwegig bezeichnet werden. Um eine derartige Sozialdemontage auch in Zukunft zu vermeiden, geht es darum, *langfristige Perspektiven* zu entwickeln, denen man sich über schrittweise Reformen versucht zu nähern. Zweifellos muß dabei in sogenannte **Besitzstände** eingegriffen werden. Nun sehen aber die Interessenvertreter in den Verbänden in der Verteidigung ihrer »Besitzstände« oder auch »wohlerworbenen« Ansprüche ihre vornehmste Aufgabe. Aber es sollte jedem Bürger klar sein, daß er nicht nur Begünstigter, sondern zugleich Steuerzahler ist: Erhält er aufgrund der guten Arbeit seines Verbandes staatliche Leistungen in die eine Tasche, greift der Staat über die Steuer oder Sozialabgaben in seine andere Tasche (oder die Tasche seiner Kinder). Jegliche Staatsleistung wird letztlich vom Bürger selbst finanziert; ein guter Ratschlag von sozialpolitischem Wert könnte sein, alle Betroffenen – seien sie begünstigt oder belastet – an den KANTschen Kategorischen Imperativ zu erinnern.
Die Zusammenarbeit von Politikern, Bürokraten und Verbandsfunktionären macht sehr häufig Reformen überhaupt unmöglich. Politik und Wissenschaft

D. Soziale Sicherung in der Krise

stehen ihr noch weitgehend hilflos gegenüber. Die Moderne Politische Ökonomie hat bei der Aufdeckung der Gruppenegoismen in den Verbänden und Bürokratien wesentliches geleistet und dürfte dazu beitragen, daß man zukünftig diesen Gruppeninteressen wird stärker entgegentreten können. Aber man muß auch weiterhin die Zusammenhänge bewußt machen, damit die demokratischen Staatswesen nicht zum Selbstbedienungsladen für Gruppeninteressen degenerieren.

In den vorstehenden Ausführungen sind Grundelemente einer Zukunftsperspektive der sozialen Sicherung diskutiert worden. Dabei kam es vor allen Dingen darauf an, die **Wertungen**, die zwangsläufig in ein System der sozialen Sicherung einfließen müssen, *deutlich hervortreten* zu lassen. Über diese Wertungen kann und soll diskutiert werden, denn Werte sind bekanntlich nicht ein- für allemal unveränderlich. Wenn ökonomische Gedankengänge verstärkt die praktische Sozialpolitik zu beeinflussen vermögen, dann dürften die Zukunftsprobleme der sozialen Sicherung durchaus lösbar erscheinen. Verdrängen oder Aussitzen von Problemen – wie es heute besonders stark von einigen Politikern gepflegt wird – ist alles andere als hilfreich. Aber auch unter den Politikern gibt es einige, die bereits heute mutige und unkonventionelle Lösungsvorschläge an die Öffentlichkeit herantragen. Besonders erfreulich daran ist, daß diese Politiker in allen demokratischen Parteien zu finden sind. Wenn durch die voranstehenden theoretischen Diskussionen und die Sachaufklärung die Arbeit dieser Politiker erleichtert würde, wäre ein wesentliches Ziel dieses Buches erreicht.

Literatur

ALBERS, W.: Soziale Sicherung. Konstruktionen für die Zukunft. Stuttgart 1982.
BÜCHELE, H. und L. WOHLGENANNT: Grundeinkommen ohne Arbeit. Auf dem Weg zu einer kommunikativen Gesellschaft. 2. Aufl., Wien 1985.
DEUTSCHE LIGA FÜR DAS KIND IN FAMILIE UND GESELLSCHAFT: Rettet die Familie – jetzt! Neuwied 1984.
FELS, G., A. SEFFEN und O. VOGEL (Hrsg.): Soziale Sicherung. Von der Finanzkrise zur Strukturreform. Köln 1984.
HAMM, W., J. JESSEN, D. NORD und H. PEHLKE: Aspekte zur GKV-Strukturreform. Stuttgart, New York 1984.
HELBERGER, Ch.: Sozialpolitik in der Wirtschaftskrise oder Krise der Sozialpolitik? In: Wirtschaftsdienst, 62. Jg., 1982, S. 280 – 286.
HERDER-DORNEICH, Ph. (Hrsg.): Überwindung der Sozialstaatskrise. Ordnungspolitische Ansätze. Baden-Baden 1984.
JÜTTEMEIER, K. H. und H.-G. PETERSEN: Gloomy Prospects for Social Retirement Insurance – An International Phenomenon. In: Intereconomics, Vol. 18, 1983, S. 11 – 17.
JUNGBLUT, M. (Hrsg.): Krise im Wunderland? Neue Wege wagen – Vorschläge zu einer Umorientierung in der Wirtschafts- und Sozialpolitik. München 1983.
KAUSEMANN, E.-P.: Möglichkeiten einer Integration von Steuer- und Transfersystem. Thun, Frankfurt 1983.
KINDLEBERGER, C. P.: The Aging Economy. In: Weltwirtschaftliches Archiv, Bd. 114 (1978), S. 407 – 421.
KOSLOWSKI, P., Ph. KREUZER und R. LÖW (Hrsg.): Chancen und Grenzen des Sozialstaats. Staatstheorie – Politische Ökonomie – Politik. Tübingen 1983.

Literatur

LEIBFRIED, St., B. SCHULTE und F. TENNSTEDT: Die »Grenzen des Sozialstaats« zwingen zur Neuorientierung. In: Frankfurter Rundschau, Nr. 138, 19. Juni 1985, S. 10.

MARTENS, E.: Klassengesellschaft neuer Art? In: Die Zeit, Nr. 22, 24. Mai 1985, S. 25 – 26.

MARTENS, E.: Leben in einem Teufelskreis. In: Die Zeit, Nr. 24, 7. Juni 1985, S. 28 – 29.

MARTENS, E.: Zum Leben zu wenig ... Der »Warenkorb für Sozialhilfeempfänger« deckt kaum den Grundbedarf. In: Die Zeit, Nr. 23, 31. Mai 1985, S. 23 – 24.

MERKLEIN, R.: Griff in die eigene Tasche. Hintergeht der Bonner Sozialstaat seine Bürger? Reinbek 1980.

MIEGEL, M. und St. WAHL: Gesetzliche Grundsicherung, Private Vorsorge – Der Weg aus der Rentenkrise. Bonn 1985.

MITSCHKE, J.: Steuer- und Transferordnung aus einem Guß. Entwurf einer Neugestaltung der direkten Steuern und Sozialtransfers in der Bundesrepublik Deutschland. Baden-Baden 1985.

OBERENDER, P. (Hrsg.): Gesundheitswesen im Wandel. Beiträge zu einer gesundheitspolitischen Neuorientierung. Spardorf 1985.

OPIELKA, M. und G. VOBRUBA (Hrsg.): Das garantierte Grundeinkommen. Entwicklung und Perspektiven einer Forderung. Frankfurt 1986.

PETERSEN, H.-G.: Finanzwissenschaft I. Grundlegung, Haushalt, Aufgaben und Ausgaben, Allgemeine Steuerlehre. Stuttgart, Berlin, Köln, Mainz 1988.

PETERSEN, H.-G.: Finanzwissenschaft II. Spezielle Steuerlehre, Staatsverschuldung, Finanzausgleich, Makroökonomische Finanzwissenschaft und Finanzpolitik. Stuttgart, Berlin, Köln, Mainz 1988.

PETERSEN, H.-G.: Sicherheit der Renten? Die Zukunft der Altersversorgung. Würzburg, Wien, 1981.

PETERSEN, H.-G.: Steuer- und Sozialreform, aber wie? In: Wirtschaftsdienst, 66. Jg., 1986, S. 599 – 607.

PETERSEN, H.-G.: Theorie und Praxis der Alterssicherung. Stand, Ansatzpunkte für Reformen und ihre Auswirkungen in der Bundesrepublik Deutschland. Gießen 1986.

SCHMÄHL, W.: Systemänderung in der Altersvorsorge. Von der einkommensabhängigen Altersrente zur Staatsbürger-Grundrente (SPES-Projekt, Schriftenreihe Bd. 3). Opladen 1974.

SCHNEIDER, F.: The Influence of Political Institutions on Social Security Policies: A Public Choice View. Institute of Economics, University of Aarhus, Memo 1985 – 12.

SPIEKER, M.: Legitimationsprobleme des Sozialstaats. Bern, Stuttgart 1986.

VAUBEL, R.: Die soziale Sicherung aus ökonomischer Sicht. In: H. SIEBERT (Hrsg.): Perspektiven der deutschen Wirtschaftspolitik. Stuttgart, Berlin, Köln, Mainz 1983, S. 151 – 164.

WEGENER, E.: Das garantierte Mindesteinkommen und die Marktwirtschaft. In: Leviathan, 13. Jg., 1985, S. 91 – 114.

ZEPPERNICK, R.: Transfer-Einkommen und Einkommensverteilung (Schriftenreihe des RWI, N. F. H. 47). Berlin 1986.

Abbildungsverzeichnis

Abbildung 1
 Budgetgerade bei Einkommensänderungen 70
Abbildung 2
 Budgetgerade bei Preisänderungen 70
Abbildung 3
 Indifferenzkurven 71
Abbildung 4
 Einkommenseffekte 72
Abbildung 5
 Einkommens- und Substitutionseffekt 73
Abbildung 6
 Realtransfer (privates Gut) 74
Abbildung 7
 Realtransfer (meritorisches Gut) 76
Abbildung 8
 Zwangsnachfrage 76
Abbildung 9
 Arbeitsangebot und einkommensunabhängige Transfers 79
Abbildung 10
 Arbeisangebot und einkommensabhängige Transfers 80
Abbildung 11
 Arbeitsangebot und Sozialhilfe 82
Abbildung 12
 Altersaufbau der deutschen Bevölkerung am 31. 12. 1983 bzw. 2030 . 114
Abbildung 13
 Kinderlastquotient, Alterslastquotient und Gesamtlastquotient für die Bevölkerung des Bundesgebietes 1960 bis 2050 115
Abbildung 14
 Voraussichtliche Entwicklung des Rentnerquotienten 116
Abbildung 15
 Potentielles und tatsächliches Sozialprodukt im Bevölkerungsrückgang 120
Abbildung 16
 Strömungsmodell der PKV 144
Abbildung 17
 PKV als Marktsystem 144
Abbildung 18
 Strömungsmodell der GKV 145
Abbildung 19
 Steuerungsmechanismen der GKV 145
Abbildung 20
 Versorgungslücke 180

Abbildung 21
   Durchschnitts- und Grenzbeitragsbelastung in Abhängigkeit von
   der Einkommenshöhe 206
Abbildung 22
   Beiträge in Abhängigkeit von der Höhe und
   Zusammensetzung des Familieneinkommens 206
Abbildung 23
   Leistungsausgaben je Mitglied der AKV und KVdR und
   durchschnittliche Bruttolohn- und Gehaltssumme (1949 – 1979) 209
Abbildung 24
   Splittingvorteil 227

Tabellenverzeichnis

Tabelle 1
   Finanzierung der GRV 170
Tabelle 2
   Leistungen der GRV 172
Tabelle 3
   Das System der flexiblen Altersgrenze 174
Tabelle 4
   Die Entwicklung des durchschnittlichen Bruttojahresarbeitsentgelts der
   Versicherten, der allgemeinen Bemessungsgrundlage, der Beitragsbe-
   messungsgrenze, eines 1957 festgesetzten Altersruhegeldes und des
   Rentenniveaus in der Rentenversicherung der Arbeiter und der Ange-
   stellten 176
Tabelle 5
   Durchschnittliche Höhe der laufenden Renten in der Rentenversiche-
   rung der Arbeiter und der Angestellten nach Rentenarten 1981 bis
   1987 178
Tabelle 6
   Vergleich von Nettorenten und Nettoaktiveinkommen bei alternativen
   Bruttoeinkommen 190
Tabelle 7
   Ausgaben der Gesetzlichen Krankenversicherung für Gesundheit 208
Tabelle 8
   Selbstbeteiligungsquote in der GKV 1983 211
Tabelle 9
   Unfallversicherung
   – Leistungen in Mill. DM – 216
Tabelle 10
   Die wichtigsten Geldleistungen der Bundesanstalt für Arbeit 219
Tabelle 11
   Arbeitsförderung
   – Leistungen in Mill. DM – 221
Tabelle 12
   Sozialhilfe
   – Leistungen in Mill. DM – 224

Personenregister

Ahrend 180, 187, 189f., 230
Albers 19, 44, 66, 136, 155, 159, 164, 182, 230, 250
Andel 156, 164, 181, 230
Arrow 50, 54, 164
Auge 150, 153, 164

Bäcker 13
Barro 132, 164
Becker 230, 240
Bedau 199, 230
Bentham 24
Berding 45
Bergson 24, 45
Bernsdorf 30, 45
Bieback 13
Bismarck 43, 45
Bispinck 13
Boettcher 167
Boskin 167
Boss 88, 164
Brems 119, 164
Brennan 25
Brentano 41
Brück 13, 87, 95, 164
Brunner 23, 25, 45
Buchanan 235, 246
Büchele 250
Büchtemann 230
Burghardt 13, 89, 164

Clausing 231
Cobb 72, 80
Culyer 13

Debreu 50, 164
Dinkel 118, 120f., 122, 165, 231
Dornbusch 231
Douglas 72, 80

Engel 67
Engels, F. 37, 41, 87
Engels, W. 131, 165, 247
Euler 193, 231
Evers 69, 165

Feldstein 54, 60, 85, 132, 165
Fels 13, 250
Förster 180, 187, 190, 230
Forster 47ff., 58, 105, 164
Frey 87f., 165, 247
Friedman, B. 165

Friedman, M. 60, 132, 165
Fritzsche 45
Fromm 69, 165

Galbraith 234
Gall 44f.
Galler 231
Gans 69, 165
Giersch 16, 44, 107, 165
Gilbert 13
Glaab 137, 165
Göseke 199, 230
Gordon 13
Gossen 72
Greb 192, 231
Grohmann 137, 165, 231

Haavelmo 101f., 104
Haller 156, 159, 165
Hamm 250
Hansen 102
Harms 87, 165
Hauser 231
Hayek, v. 235, 246
Hedtkamp 127, 165
Helberger 250
Henrichsmeyer 69, 165
Henschel 45
Herder-Dorneich 13, 143, 145, 164, 239, 250
Heubeck 165
Heyde 13, 87
Hicks 24
Hintze 45
Höhne 231
Hofmann 13
Huber 167

Imhof 35, 45
Isensee 124, 165

Jahn 13, 229
Jessen 250
Jüttemeyer 45, 53, 165, 250
Jungblut 13, 250

Kaldor 24
Kaltenbach 231
Kant 249
Kausemann 160, 165, 250
Kay 107, 165
Keynes 46, 49, 99, 104, 117, 120f.
Kindleberger 246, 250

King 107
Klanberg 231
Knight 47, 57, 165
Koch 167
Kolb 231
Kolms 38, 45, 66, 165, 167
Koslowski 13, 250
Kreuzer 13, 250
Krüsselberg 150, 165
Krumper 165, 188, 231
Krupp 231
Külp 14f., 167
Kullmer 73, 166

Laffer 103f.
Lampert 13, 44, 164, 229
Lassalle 42f.
Leibenstein 111, 165
Leibfried 244, 251
Leibfritz 165, 188, 231
Leibowitz 149, 166
Liefmann-Keil 13, 15, 27, 44f., 93, 95, 129, 131, 166
Lietmeyer 231
Lindbeck 83f., 166
Littmann 181, 231
Lobscheid 53, 166
Löw 13, 250
Löwe 115, 166
Luckenbach 24, 44
Lüscher 165

Mackenroth 93, 110, 129, 166
Magill 13
Malthus 42
Martens 242, 244, 251
Marx 37, 41, 87, 93
Maslow 66ff., 166
Maydell, v. 231
Meade 85, 166
Meinhardt 132, 166
Meinhold 95, 124, 130, 166
Merklein 234, 243f., 251
Messere 125, 166
Metze 141ff., 164
Miegel 196f., 231, 242, 251
Mierheim 197, 232
Mill 150, 152
Mitschke 248, 251
Müller-Heine 229
Munnel 132, 166
Musgrave, P. B. 73, 166
Musgrave, R. A. 18, 22, 73, 86, 166

Naegele 13
Nash 24
Nell-Breuning, v. 95, 166
Nierhaus 165, 188, 231
Nord 250
Nozick 235, 246

Oberender 251
Olson 56, 166

Opielka 251
Oppitz 111, 166
Ott 143, 147f., 166, 203, 205f., 209, 232, 240

Pareto 24f.
Parsche 188, 231
Partsch 28, 30, 44
Peacock 126, 166
Pehlke 250
Petersen 16, 21f., 24, 44f., 50, 62, 99, 103f., 118, 130, 135, 164, 166f., 185, 229, 232, 246f., 250f.
Pfaff 17, 125, 132, 166
Pommerehne 247
Popper 235, 246
Preller 13, 87, 166
Prinz 231
Proebsting 114, 166

Rawls 24, 235, 246
Reuter 194, 232
Rhys-Williams 126, 166
Ricardo 42f.
Riese 21, 45, 47, 167
Robertson 67, 167
Rössler 180, 187, 190, 230
Rorarius 116, 167
Rosa 19, 45, 96, 132, 167
Roscher 41
Rosen 132, 167
Rosenberg 137, 167
Rüfner 124, 167
Rüstow 89, 167

Samuelson 24
Sanmann 15
Say 141
Schachtschabel 13, 15, 44, 229
Schilcher 15
Schmähl 16, 45, 96, 167, 232, 251
Schmoller 32, 41, 45
Schneider, E. 28
Schneider, F. 245, 251
Schneider, H.-P. 232
Schneider, M. 125, 132, 166
Schönbäck 47, 54, 59, 164
Scholz 232
Schreiber 14, 154, 167
Schulte 229, 244, 251
Schumpeter 107, 121
Schwabe 67f.
Scitovski 24
Seffen 13, 250
Sen 25, 45
Siebert 167
Smiegielski 209, 211, 232
Smith 39, 92
Sombart 38, 45
Spieker 251
Spinnarke 219, 229
Stahl 127, 167
Stroebele 87f., 165
Ströer 230

Struwe 45
Swift 103

Takayama 130, 167
Tennstedt 244, 251
Thieme 183, 232
Tipke 235
Tobin 107, 167
Trenk-Hinterberger 229
Turnbull 20, 45

Vaubel 23, 45, 92, 167, 251
Vobruba 251
Vogel 13, 250
Voigtländer 17

Wagner, A. 41
Wagner, G. 16, 45, 231
Weddingen 94, 167
Wegener 251
Weise 181, 232
Wenkebach 131, 165
Werner 189, 233
Wicke 197, 232
Wilhelm I. 43f.
Wohlgenannt 250

Zacher 165, 167, 185, 233
Zeppernick 97, 162 f., 167, 251
Zerche 164
Zimmermann 66, 167

Sachregister

Abgabenbelastung **103,** 107
Abgabenillusionen 245
Abgabenwiderstände 245
Abzugsbetragsregelung 159, 248
Abzugsfähigkeit 60, 247
additional expenses **20**
adverse selection **56,** 91, 96 → Risikoauslese
Alimentationsprinzip 183
Altenteil 35
Altersgrenze 19, 129, 184
–, flexible 91, **173f.,** 176, 179
Alterslastenausgleich 90, 97, 148, 163f.
Alterslastquotient **113ff.**
Alterssicherung 32, 35, 92f., 122f., **168ff.,** 199ff.
Altersstruktur **113f.**
Altersversorgung, betriebliche **187ff.**
Altruismus **25f.,** 245f.
Anrechenbarkeit 60
Anrechnungsbeträge 159f.
Anrechnungsmodell 236f.
Anreize 31, 42, 81, **88,** 90f., 97, 163
Anreizwirkungen 126f., 163
–, negative 18, 21, **80f.,** 88, 91, 96f., 103f., 106f., 109, 127, 130, 135, 138
–, positive 88, 127
Äquivalenz 31f., 95ff., 144
– Beitrags- 27f., 90, 126
– Steuer- **126ff.**
Äquivalenzprinzip **21,** 48, 124, 134, 154, 171, 247
–, modifiziertes **99,** 123, 146, 248f.
–, reines (strenges) **96ff.,** 124, 127
–, versicherungstechnisches **53,** 90, 124
Arbeitnehmer-Schutzpolitik 43
Arbeitsangebot **78ff.,** 83f., 119, 122, 138
Arbeitskräftepotential 121f., 149, 239
Arbeitslosengeld **218f.,** 241
Arbeitslosenhilfe 220
Arbeitslosenversicherung (ALV) 44, 105, **217ff.,** 241
Arbeitslosigkeit 58, 102f., 105, 242
Arbeitsteilung **30,** 32f., 38f., 40, 92, 94, 108
Armut **36,** 89, 244
–, neue 106, 242
–, relative **55,** 57, 60ff., 89, 96, 123, 139
Armutsgrenze 60, 67, 225, 243
→ Existenzminimum
Aufkommenselastizität 105
Auftragsfertigung 38
Ausbeutung 235
Ausbildungsförderung **161f., 228f.**
Ausbildungsfreibeträge 228
Ausfallzeiten 175, **177**

Ausgabenbelastung, zusätzliche **20**
Ausschlußprinzip **22,** 48

Basisversorgung **181,** 201 → Grundsicherung
Beamtenversorgung 183ff.
Bedarf 87, 89f., 133f.
Bedarfsgerechtigkeit **17,** 87, 89
Bedürfnishierarchie **66ff.,** 85
Bedürftigkeitsprüfung **89,** 99, 220, 223
Beihilfe **213f.**
Beitrag **124ff.,** 135, 169, 205, 215, 218
–, einkommensabhängiger **147**
– Geld- 98, 134, 154, 163
– Reproduktions- **98,** 134, 154, 163
–, risikoabhängiger 139, 147, **210**
Beitragsbemessungsgrenze 170, 175, 181, 205
Beitragsrückerstattung 212f.
Beitragssatz 129, 138, 170
Beitragssatzunterschiede 205
Beitragszeiten **175f.**
Belastungsbewußtsein 234
Bemessungsgrundlage 125f.
–, allgemeine 171, **173,** 175, 180
– Erosion der – 247
–, persönliche **66, 173,** 175, 177, 180
Berufsgenossenschaften 214
Besitzstände 249
Bestandsunsicherheit **57f.,** 60f., 93, 96, 123
Bevölkerungsentwicklung 28, 36, 38f., 43, **108ff.,** 128ff., 138, 238f.
Bevölkerungspolitik 110, **151**
Bewertung **22** → Normen, Werte
Bonus-Malus-System 56
Bruttoprinzip 219 → Versorgungsniveau
Budgetgerade **69f.**
Budgetinzidenz 73 → Gesamtinzidenz
built-in flexibility 105f.
Bundesanstalt für Arbeit (BfA) **217**
Bundesausbildungsförderungsgesetz (BAföG) **228f.**
Bundeszuschuß **169ff.,** 184, 248

Chancengleichheit → Startchancengleichheit
comprehensive tax base 125
crowding-out 130ff., 194

Deckungskapital 57
→ Kapitaldeckungsverfahren, Kapitalfonds
Defizit, strukturelles **106,** 234, 238f.
Defizitfinanzierung 131, 245
Demokratie, repräsentative 245
Demontage, soziale 235, **245f.,** 249

257

Differenzierung, soziale 30
Dienstleistungen, soziale 108
Drei-Säulen-System **200**, 202
Durchschnittsbesteuerung 247 f.
Dynamisierung 177
– Brutto- **137**
– Netto- **137**

economic insecurity 20
Effizienz 23 f., 26, 122
Egalisierung **26**, 35, 94, 246
Egoismus **24**, 39, 85, 91, 141, 245
Ehegattenbesteuerung **156 ff.**, 226 f.
Ehegattensplitting **156 ff.** → Splitting-
Eigeninteressen 146, 234
Eigennutz 141 → Egoismus
Eigenproduktion **38**, 40, 65, 79, 84, 103, 108, 159
Eigenverantwortlichkeit **28**, 64, 90, 95, 164, 247
Eigenvorsorge **29**, 63
Einheitsversicherung 98
Einkommen, unsicheres 20
Einkommen-Freizeit-Modell **78 ff.**
Einkommensänderungen **69 f.**
Einkommensausfall 20
Einkommensausgleich → Umverteilung
Einkommenseffekt 69, **72 f.**, 80 f., 83, 91, 103
Einkommenselastizität 68
Einkommenshilfen, direkte 73, **77**, 161, 249
Einkommensknappheit 110
Einkommensteuer 125, 156 f., 181 f., 185, 228
– Begünstigung in der – **60**, 181
–, negative 23, 67, 81, 126, 160, 163, 248
– system 135, 155 ff.
Einkommensumverteilung → Umverteilung
Einkommensziele **19**
Entmündigung 59, 95, 132
Entwicklungsländer **28**, 67
Ersatzkassen 203
Ersatzzeiten **175 ff.**
Ersparnis 49, 53, 84 f., 91, 105, 130 ff.
  → Sparmotiv
Ertragsanteilsbesteuerung **182**, 187, 191, 194
Erwerbspersonenpotential 239
  → Arbeitskräftepotential
Erziehungszeiten 237
excess burden **73**, 81
Existenzminimum 27, 55
–, physisches 40, 66 f.
–, sozial-kulturelles 67, 74, 84, 90, 98 f., 133, 160 f., 162 f., 243 ff., 247 f.
externe Effekte **22 f.**, 140, 161
–, negative **62**, 77
–, positive 140, 149 f.

Familie 31, **148 ff.**
Familienlastenausgleich 28, 90, 97 f., 109, 138, **148 ff., 226 ff.**
Familienpolitik **149**
Familiensplitting 159, 228 → Splitting-
Feudalismus **33**, 38
Finalprinzip **19**, 134, 179, 246 f.
Förderung der Ehe **226 f.**
Fortschritt, technischer 39, 92, 94, 119 ff.

free-rider 25 → Trittbrettfahrer
Freibeträge 159 f.
Freiheit 17, 28
Freiheitsrechte 38 f., 48, 64, 94, 151
Freizeit 78 ff., 107
Fruchtbarkeit, Ökonomische Theorie der – **110 ff.**
Fürsorge 33, 35, **89 ff.** → Sozialhilfe
Fürsorgeprinzip **62**

Geburtenverhalten **42 f.**, 110 f., 112 f., 117, 121, 138, 150 f., 163
Gebührenfinanzierung **161**
Gegenseitigkeit → Reziprozität
Geldleistungen 207, 219
Geldvermögensbestände 196
Gemeinwohl → Altruismus
Generationenvertrag **97**, 108 f., 116, 138, 154
Gerechtigkeit **17**, 21, 23 ff., 63, 102, 140, 152, 234
Gesamtinzidenz 61, **83 f.**, 155 → Budgetinzidenz
Gesamtlastquotient **115**
Gesamtwohlstand 21, 108
Gesellschaft
–, archaische **30 ff.**, 51
–, feudale 30, **32 ff.**, 51
–, industrielle 30, **36 ff.**, 110
–, nach-(post-)industrielle 30
Gesellschaftsrente **93**
Gesellschaftsstruktur **28 ff.**, 65
Gesundheitswesen **139 ff.**, 203 ff.
Gleichheit 234 → Egalisierung
Gleichverteilung → Egalisierung
grants economics **51**
Grenzrate der Substitution **71**
Großfamilie **31**, 34, 40 f., 47, 110
Grundfreibetrag 247 f.
Grundsicherung 84, **98 f.**, 127, 133, 137, 201, 244, 246, 248 → Existenzminimum
Grundtarif 156
Gruppen-Theorie **56**
Güter
–, alte 68
–, demeritorische **62**, 77
–, einkommensunabhängige 75
–, (freizeit)komplementäre 71, **83 f.**
–, (freizeit)substitutive 71, 84
–, inferiore **68**, 75
–, meritorische **22**, 74 f., 77, 83 f., 140, 151 f., 161
–, neue 66, 68
–, öffentliche **22**, 26, 47, 50, 62, 83 f., 139 f., 151 f., 161
– Options- 50
–, private **22**, 74, **83 f.**, 139
–, superiore **68**, 75, 85

Harmonisierungsbedarf 248
Haushaltsprinzip **66**, 96, 125, 134, 147 f., 156, 247
Hauswirtschaft **33**
Hilfe
– in besonderen Lebenslagen **223**, 242
– zum Lebensunterhalt **223**, 242
Hinterbliebenenversorgung 134, 179, 184 f., 236 f.
Höherversicherung **127**, 133, 247 f.

homo oeconomicus **37,** 69, **87f.,** 90f.
Humankapitalbildung **98,** 149, 151ff., 156, 159ff., 163

Indexbindung 74, 106, 248
Indifferenzkurve **71f.**
Individualismus **87,** 89, 91, 94, 235
Individualprinzip **65,** 125, 134, 147f., 205, 226
Infektion 22, **57,** 139
Inflation 73, 103, 106, 130, 137, 243
Informationen 124f., 141, 144
insufficient income **20**
Interessengruppen 131, 245f.
interne Effekte **22f.**
Intervention
–, marktfördernde **59f.,** 62, 246f.
–, marktsubstituierende **59f.,** 63
Interventionismus **46f.**
Inzidenz, differentielle **83**

Kaiserliche Botschaft **44**
Kapitalangebot **84f.**
Kapitalbildung 21, 97, 107, 123, 132f.,
Kapitaldeckungsverfahren 123, **128f.,** 132, 182, 186, 188, 193
Kapitalfonds **128ff.**
Kapitalismus **39,** 42, 94
Kapitalstock **92,** 119f., 152
Kapitalwertrisiken 130
Kassenarten 203
Kathedersozialisten **42,** 94
Kausalprinzip **19,** 179, 217
Kindererziehungszeit **169**
Kinderfreibeträge 159f., **227f.**
Kindergeld **160f.,** 227
Kinderlastenausgleich 28, 90, 97, 109, **148ff.,** 155, 163f., **227f.**
Kinderlastquotient **113ff.**
Kindersplitting 159 → Splitting-
Kleinfamilie **31,** 36, 110
Kollektivismus 26, **87ff.,** 94, 140
Kompensation, staatliche **62**
Konsumentenpräferenzen, gestörte **62f.,** 77
Konsumentensouveränität 22, 62, 75, 151, 161
Korrespondenzprinzip **135**
Kostenbewußtsein **146,** 247
Kostendämpfung 210, 239f.
Kostenexplosion 239f.
Krankenschein **145**
Krankenversicherung
– der Rentner 148, **172,** 203f., 236
–, gesetzliche 44, 139, **144ff.,** 203f.
–, private **144f.,** 210ff.
Krankenversicherungs-Kostendämpfungsgesetz 209
Kreditfinanzierung 104 → Defizitfinanzierung
Kumulation **19,** 99, 136, 202, 249

Lebenseinkommen **20f.,** 27, 49, 99, 127ff., 132, 135f., 147, 181f., 248
Lebenserwartung 182
–, unsichere **92**
Lebensniveau **66,** 75, 103, 111, 132

Lebensstandard **66,** 103
Lebensversicherung
–, gesetzliche → Rentenversicherung
–, private 55, 57, 127, 134, **193ff.**
Lebenszyklus **49,** 85, 92, 153
Lehenswesen **34**
Leibrente 36
Leistungen 87, 106
–, versicherungsfremde 96, 127
Leistungsfähigkeit 19, 156, 159f.
Leistungsfähigkeitsprinzip 99, 136, 155f.
Leistungsgerechtigkeit **17,** 87, 89
Leiturgien 75
Liberalismus 16, **37,** 41f., 89, 94
Liquiditätsreserve **128**
Lohnersatzfunktion **175**
Lohnfortzahlung 208
Lohngesetz, ehernes **42f.**
Lohnsummensteuer 215
loss of income **20**
lump-sum transfer **80**

Markteinkommen 19, 27, 67
Marktsektor 36
Marktwirtschaft, soziale **37**
Massenarbeitslosigkeit 242
Massenproduktion **36,** 68
Massenrisiken **96,** 107
Maximin 24 → Wohlfahrtsfunktion, RAWLSsche
Mehrbelastung 73 → excess burden
Meritorik 62, 88, 93, 95, 109, 128, 132, 139, 152
→ Güter, meritorische
Merklichkeit 84, 104
Mindesteinkommen 246 → Grundsicherung
Mindestpension **184**
Mindestrente 125
Mindestsicherung → Grundsicherung
Mindeststandards **20**
moral hazard **56,** 91, 139, 247 → Risiko, moralisches
Multiplikatorwirkungen 99ff.
Mündelsicherheit 57

Nachtwächterstaat **43**
Nebenerwerbstätigkeit **198f.**
Negativsteuer 99 → Einkommensteuer, negative
Neid 25
Nettoprinzip 219 → Versorgungsniveau
Nettoreproduktionsrate **112f.,** 238
Nettoumverteilungssaldo **27**
Nivellierung **27,** 63, 83, 94, 97, 102, 160
→ Umverteilung
Nonaffektationsprinzip 90, 124, 126, 155f.
Normen **23f.,** 29 → Wertungen
Nulltarif 23, 74, 78, 84, 140, 146, 151, 161, 228
Nutzendifferenzen **26**
Nutzenfunktion, individualistische **24f.,** 69, 72
→ Wohlfahrtsfunktion

Opportunitätskosten 18, **26,** 111, 246
Orientierung → Wertungen
–, immaterielle 23, 30, 67, 121
–, materielle 30, 37, 67, 121

259

PARETO-Kriterium 24 → PARETO-Effizienz
payroll tax → Lohnsummensteuer
Pension 172, 184
Periodeneinkommen 20
   → Jahresperiodizitätsprinzip
Pflegekostenrisiko 223
Pflegeleistungen 63
Pflichtversicherung **169**
   → Versicherung, Zwangs-
Philanthropie **25**
Politische Ökonomie, Moderne 49, 98, 146, **245 f.**, 250
Präferenzen, gestörte **22,** 109, 139
   → Konsumentenpräferenzen
Prämienrückerstattung 144, 147
   → Beitragsrückerstattung
Progression, kalte 248
Progressionsvorbehalt 219
Protestantische Ethik **37**

Quasi-Märkte **144,** 146
Quotentarife 184, **214**

Rationalisierungsinvestition 107, 118, 121
Rechtsstaat 39
Referenzsystem 235
Reformbedarf **249**
Reformbereitschaft **249**
Regelsätze 225, 243
Regression 93, 205 f.
Regulierungen 106
Renten
– anpassung 106, **135 f.,** 191 → dynamische Rente
– Bestands- 136 f., **177 f.**
– Besteuerung der – **135 ff.,** 181 ff.
– Betriebs- 134
–, dynamische 129, 135, 137, 177 f., 181, 191
– formel 126, **133, 173,** 175
– Kinder- **153 f.**
– kumulation **202**
– lastquote 129, 171 → Alterslastquotient
–, leistungsbezogene 27, 123, 133
– nach Mindesteinkommen **175,** 180
–, nettolohnbezogene 136
– niveau 138, **188** → Versorgungsniveau
Rentenversicherung
–, gesetzliche 44, 105 f., 127, **168 ff.**
–, private → Lebensversicherung
Reprivatisierung 108, 235
Reproduktion 21, 32, **41,** 65
Reproduktionsbeitrag **97 f.,** 134, 154 f., **163**
   → Beitrag
Reziprozität **31 f.,** 34, 51
Risiko **46 ff.,** 49, 54 ff., 93
– ausgleich **16,** 21, 47, 50 f., 54, 85, 88, 140, 195
– auslese 55 f., 91, 96, 123, 139 f., 213
   → adverse selection
– aversion 55, 96 → scheu
– begriff **20**
– bereitschaft 86, 121
– infektion 57, 60 ff., 96, 139
– kapital **85,** 107

–, moralisches **56,** 61 f., 91, 139, 141, 144, 147
   → moral hazard
– neigung **49,** 54, 60 ff., 84, 96, 140
– scheu **49,** 54, 62, 96, 107, 140
–, schlechtes **55,** 60 f., 127, 139, 240
– Selbstübernahme des -s 47
–, soziales **19**
– überwälzung 47
– vermeidung 47
– verminderung 47
– zuschlag 55, **212**
Rückversicherung 21
Ruhestandsbeginn 129 132, 179, 181
   → Altersgrenze
Sachleistungen 207
Sachvermögensbestände 196 f.
Sättigung **68 f.,** 113
Schadenfreiheitsrabatte 56
Schattenwirtschaft 28, 91
Selbstbeteiligung (-behalt) 56, 62, 140, 146 f., 210, 212 f., **240,** 247
Selbsthilfe **48,** 95
Selbstverantwortung **48,** 87 f., 95
Selektion schlechter Risiken → Risikoauslese
Sicherheit **17,** 85
Sicherung
–, individuelle 18, 29, 47, 94
–, kollektive (soziale) 18, **29,** 47, 94
Sicherungslücken **95,** 222
Sicherungsniveau **19** → Versorgungsniveau
Sicherungsökonomik **16,** 63
social choice 25
Solidaritätsprinzip 31, 34, **48,** 54, 87, 138
soziale Frage **38 ff.**
sozialer Konsens 86
Sozialgesetzgebung **43**
Sozialhilfe 37, 51, 63, 81, 89 f., 95, 133, 161, **222 ff.,** 241 ff.
– bedürftigkeit 89, **222**
– empfänger 222 ff., 241 f.
– standard 225 → Armutsgrenze
Sozialisierung der Verluste 64
Sozialleistungen 52 → Transfers
–, bruttolohnbezogene 125
–, nettolohnbezogene 125
Sozialpolitik
–, betriebliche 58
–, integrierte 17
Sozialreformer 37, 41 f.
Sozialrevolutionäre **37,** 41, 87
Sozialversicherung 37, 138 → Versicherung
Sozialversicherung 37, 138 → Versicherung
Sozialversicherungspflicht 62
Sozialversicherungsprinzip → Äquivalenzprinzip, modifiziertes
Sparmotive **49,** 85, 118, 131, 195
Sparneigung → Ersparnis, Vermögensbildung
Spender, private **25,** 29, 52, 94 → Philanthropie
Splittingtarif 156 f.
Splittingvorteil **157 f., 226 f.**
Staatsbürgerversorgung **89 f.**
Staatszuschuß **127** → Bundeszuschuß
Stabilitätsgesetz 105

Stagnation 102, 117, **120f.**
Standardrisiken **19,** 47
Startchancengleichheit 93f., **150,** 154, 161f., 235
Steigerungssatz **173,** 177, 180
Steueräquivalenz → Äquivalenz
steuerfreie Jahresrente **182**
Steuerhinterziehung 107
Steuerillusionen 104
Steuer-/Transfersatz, marginaler 81, **83**
Steuer-/Transfersystem 23, 66, 136, 162, 248
–, integriertes 99, 123, 125, 160f., **246ff.**
Steuervermeidung 103
Strukturwandel **117f.**
Subsidiaritätsprinzip **48,** 59, 63, **95,** 98, 155, 161, 234, 247
Subsistenzrisiko **31**
Substitutionsbeziehungen **65f.,** 151
Substitutionseffekte 69, **72f.,** 77, 81, 83f., 91, 103
Subventionen **52,** 60f., 62, 70ff., 83f., 127, 249

Tarifprogression 248
Technisierung 31
Teilhabemodell 236
trade-off **26,** 150
Transfer 42f., **51f.**
–, direkte **83,** 151 → Einkommenshilfen, direkte
–, einkommensabhängige 79, **81,** 83
–, einkommensunabhängige **79f.,** 83
–, freiwillige 29 → Philanthropie
–, monetäre 100f., 150, 228
 –, gebundene – 150
 –, ungebundene – 150
– ökonomik 51
– oktroyierte Real- **74f.**
–, private **51f.,** 132 → Spender, Philanthropie
– Real- **74ff.,** 100, 151f.
– Sicherungs- 48, **51,** 63
–, staatliche 52
Trittbrettfahrer **25,** 29, 93f., 97, **110,** 163

Übergang, demographischer **110**
Überversorgung **19,** 187, 200
Umlageverfahren 107, 123, **128f.,** 131f., 134f., 137ff., 154, 163, 169, 171, 181, 184, 218
Umverteilung 20f., 24ff., 83
–, altersspezifische 147
–, geschlechtsspezifische 147,
–, horizontale **28,** 62, 97f., 125, 134, 144, 148, 152f., 155f., 248
–, intergenerative **27f.,** 138
–, interpersonelle 27, 88f., 107, 147
–, intertemporale **27,** 32, 49, 51, 86, 88f., 95, 97, 107, 128f., 153f., 181
–, personelle 29, 51, 62, 66, 92, 94, 96f., 125, 140, 151, 213, 246ff. → interpersonelle
– Prinzip der steuerlichen – 99, 160
–, vertikale **28,** 62, 97, 125, 127, 144, 147f., 152f., 155f., 159, 161ff., 246, 248
– zwischenfamilien 147
Umweltlasten 152
uncertainty of income **20**
Unfallversicherung 44, **214ff.**
Ungewißheit **47,** 57, 93, 123

Unsicherheit 23, 46ff., 50 → Risiko
Unterversorgung **19**

Veranlagung
–, gemeinsame 156ff.
–, getrennte 156ff.
Verbände, Macht der 146, 246
 → Interessengruppen
Vermögen 36
Vermögensbestände **196**
Vermögensbildung 20, **49,** 85, **92f.,** 132f., **195ff.**
 → Ersparnis
Vermögensbildungspolitik **50**
Versichertenkohorte **27**
Versicherung 25, 53ff., 88f.
–, freiwillige 47
– Individual- **53ff.,** 86, 88, 90ff., 105, 123, 127
–, privatwirtschaftliche **20f.**
– Sozial- **95ff.,** 105, 123, 128, 132, 134
– Zwangs- 23, 77, 169
Versicherungsjahre, Zahl der anrechnungsfähigen **173,** 175, 177, 180f.
Versicherungspflicht **61f.,** 96
Versicherungspflichtgrenze 204
Versicherungsprämie **54** → Beitrag
Versicherungsprinzip 16, 93
 → Äquivalenzprinzip
Versorgungsanstalt des Bundes und der Länder (VBL) **186**
Versorgungshierarchie **200**
Versorgungslücke **180f.,** 183, 187, 200
Versorgungsniveau **27,** 90, 127, **129,** 133f., 136ff., 154, 198f., 238
– Brutto- **135,** 177f., 183f., 191, 249
– Netto- **135ff.,** 177f., 181, 183, 187, 189, 191
Versorgungsprinzip **88f.**
Versorgungssystem 90f., 95
Verteilungsökonomik **16,** 23, 63
Verwendungsauflagen 151, 161
Volksversicherung **125f.,** 169
 → Einheitsversicherung
Vollversorgung 134, 201
Vorsorge, individuelle (private) **95**
Vorsorgeaufwendungen **181**
Vorsorgemotiv 118, 195, 198 → Sparmotiv

Wachstum **106ff.,** 129f., 137
Wachstumshemmungen 107, 132, 246
Wachstumsmodell 118ff.
Wachstumspotential 149
Wahlen 146, 168
Wahlfreiheit 140
Wahltarife 247
Warenkorb der Sozialhilfe **243**
Wertewandel 29, 37, 69, 121
Werthaltungen **29,** 48, 67
Wertungen 23, 26, **87,** 95, 140, 160, 162f., 250
Wettbewerb 140f., 146
Wohlfahrtsfunktion
–, diktatorische **26**
–, Soziale 24**ff.**
Wohlfahrtsstaat, Grenzen des -s **106f.**
Wohlfahrtstheorie **23ff.**

261

Wohlstandsniveau **29,** 65, 84
Wohlstandszielsetzung 17

Zeitpräferenzrate 109, **123**
Ziele
–, finanzpolitische 18
–, gesamtgesellschaftliche **17,** 26
–, gesamtwirtschaftliche 18
Zumutbarkeit 219
Zurechnungszeiten 175, **177**
Zusatzversorgung **185 ff.**
Zwangsnachfrage **77**

Kohlhammer

Hans-Georg Petersen
Finanzwissenschaft I
Grundlegung – Haushalt – Aufgaben und Ausgaben – Allgemeine Steuerlehre

1988. 343 Seiten. Kart. DM 49,80
ISBN 3-17-009812-8

Finanzwissenschaft II
Spezielle Steuerlehre – Staatsverschuldung – Finanzausgleich – Makroökonomische Finanzwissenschaft und Finanzpolitik

1988. 280 Seiten. Kart. DM 44,–
ISBN 3-17-009908-6

Diese Lehrbücher sind so konzipiert, daß sie das weite Gebiet der Finanzwissenschaft vollständig abdecken. Neben der Darstellung der wesentlichen Fachinhalte wurde besonderes Gewicht auf die Berücksichtigung der neueren Entwicklungen in Theorie und Politik gelegt. Herausgehoben werden die Schattenwirtschaftsproblematik, die Diskussionen um die Grenzen der Staatstätigkeit und die Wirksamkeit der Fiskalpolitik aus neoklassischer und ungleichsgewichtstheoretischer Sicht (Band II). Als weitere Schwerpunkte werden die Wirkungen staatlicher Aktivitäten sowie die Besteuerung behandelt.
Der enge Bezug zu empirischen Forschungsergebnissen sowie zu aktuellen finanzpolitischen Problemen sichert eine praxisnahe Darstellung.

Verlag W. Kohlhammer
Stuttgart · Berlin · Köln

Kohlhammer

Grosser / Lange / Müller-Armack / Neuss

Soziale Marktwirtschaft

Geschichte – Konzept – Leistung

1988. IX, 293 Seiten. Kart. DM 39,80
ISBN 3-17-010004-1

Soziale Marktwirtschaft ist das Modell einer leistungsfähigen, sozial verpflichteten Wirtschaftsordnung, an dem sich die Wirtschaftspolitik der Bundesrepublik Deutschland vor allem in den 50er Jahren orientierte. Der Erfolg dieser Politik führte dazu, daß nicht nur das Modell, sondern bald auch das reale Wirtschaftssystem „Soziale Marktwirtschaft" genannt wurde.
In diesem Buch werden zunächst das Modell vorgestellt und die wichtigsten ordnungspolitischen Entwicklungen von 1948 bis heute nachgezeichnet. Den Schwerpunkt des Buches bilden Analysen der Erfolge und Mißerfolge der Wirtschafts- und Sozialpolitik 1948 bis 1987. Den aktuellen Problemkreisen der Arbeitslosigkeit, des Umweltschutzes und der internationalen Wettbewerbsfähigkeit wird dabei besondere Aufmerksamkeit gewidmet.
Diese komplizierten Zusammenhänge werden von den Autoren dieses Buches allgemeinverständlich erklärt. Statistiken, die die Entwicklungen seit 1950 detailliert belegen, ergänzen den Text. Das Werk hat damit einen hohen Informationswert für alle, die Grundlegendes über Geschichte und derzeitige Situation der Bundesrepublik Deutschland erfahren wollen.

458-988-345/35

Verlag W. Kohlhammer
Stuttgart · Berlin · Köln